Introduction

사회 수업 시간에 무슨 말인지 몰라
한숨만 쉬다 온 친구!
사회가 공부할 내용은 많은데 어떻게 정리해야 할지 모르겠고,
어떤 사람은 외우면 된다고 하고, 다른 사람은 이해만 하면 된다고 하고!
사회 공부에 갈피를 못 잡겠어서 고민이라고요?

걱정마세요,
이제 올리드를 만났잖아요 :D

올리드가 여러분의 사회 공부 친구가 되어 드릴게요.
중요 개념을 중심으로 한 쪽에 정리한 내용과
개념을 쉽고 빠르게 확인해 볼 수 있는 문제,
학교 시험 유형과 유사한 실전 문제,
중간·기말고사에 대비할 수 있는 시험대비 문제까지!
빠지는 게 하나도 없는 **올리드**가
여러분이 가는 사회 공부의 길을 꽃길로 만들어 줄게요.

올리드와 함께 걸을 준비 되었나요?

이제 시작이에요.

여러분이 걷는 꽃길의 끝에는 **사회 만점이 기다리고 있답니다!**

Structure

올리드는 8종 사회 교과서를 완벽 분석하여 개발한 필수 개념서로, 개념학습편과 시험대비편으로 되어 있습니다. 개념학습편은 짧은 시간에 효율적으로 개념을 완성하도록 구성하였고, 시험대비편은 시험 직전 최종 점검할 수 있도록 구성하였습니다.

개념 학습편

주제별 3쪽 학습으로 짧게! 개념 완성!

1 교과서 내용 정리

짧고 간결하게 주제별 1쪽 내용 정리로 구성하여 학습의 집중도를 높였습니다.

2 꼭 나오는 자료

시험에 꼭 나오는 알짜 자료만 엄선하여 알기 쉽게 자료 분석을 하였습니다.

3 용어 사전

꼭 알아야 하는 어려운 용어를 설명하여 개념 이해를 돕도록 구성하였습니다.

4 개념 문제

학습한 개념을 제대로 알고 있는지 빠르게 확인할 수 있도록 구성하였습니다.
빈칸 채우기, 선 연결, ○× 문제 등 다양한 개념 문제로 잘못 이해하고 있는
개념은 없는지, 혼동하고 있는 개념은 없는지 체크할 수 있습니다.

5 실력 문제

다양한 유형의 문제로 탄탄하게 실력을 다져 나갈 수 있도록 구성하였습니다.
핵심 개념이 빠짐없이 다루어지도록 문제를 배열하였고, 고난도 문제뿐만
아니라 시험에 자주 출제되는 서술형 문제도 제시하였습니다.

❻ 올리드 특강

중요한 개념을 다시 한 번 짚어 볼 수 있도록 여러 유형의 문제와 함께 구성하였습니다.

❼ 표와 자료로 마무리하기

개념을 일목요연하게 정리한 후 필수 자료와 연관지어 확실하게 단원을 마무리할 수 있습니다.

❽ 실전문제로 마무리하기

다양한 실전 문제와 단원 통합 문제로 종합적인 분석 능력과 응용력을 키울 수 있습니다.

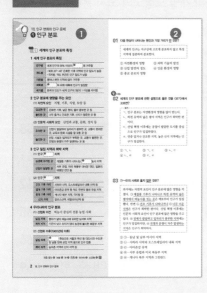

시험 대비편

핵심 요약과 기출 문제로 빠르게! 최종 점검!

❶ 중단원별 핵심 요약

중단원별 시험에 잘 나오는 핵심 개념만 뽑아 한눈에 정리하여 시험 직전에 쉽고 빠르게 공부할 수 있습니다.

❷ 중단원별 기출 문제

기출 문제를 분석하여 학교 시험과 유사한 유형과 난이도로 문제를 구성하여 시험 대비를 완벽하게 할 수 있습니다.

차례 Contents

❶ 내가 가지고 있는 교과서의 출판사명과 학교 시험 범위를 확인한다.

❷ 올리드의 해당 쪽수를 찾아서 공부한다.

예 학교 시험 범위가 미래엔 사회 교과서 148~150쪽일 경우, 올리드의 41~43쪽을 공부하면 된다.

금성	동아	박영사	비상	지학사	천재교과서	천재교육
120~123	120~123	120~123	122~125	124~127	126~129	128~131
124~129	124~129	124~129	126~131	128~131	130~135	132~135
130~132 133	130~133	130~133	132~134 135~137	132~135 136~137	136~138 139	136~139 140~141
138~143	138~141	138~141	142~145	142~145	144~149	146~149
144~147	142~146	142~145	146~149	146~149	150~153	150~153
148~149 150~151	148~149 150~151	146~147 148~149	150~152 153	150~153	154~155 156~157	154~155 156~157
152~155	152~155	150~153	154~157	154~157	158~163	158~161
160~163	160~165	158~161	162~165	162~167	168~173	168~171
164~167	166~169	164~167	166~169	168~171	174~177	172~175
168~171	170~173	168~171	170~173	172~175	178~181	176~179
178~183	178~181	176~179	178~183	182~187	186~189	184~187
184~187	182~185	180~183	184~187	188~191	190~193	188~191
188~191	186~191	184~187	188~193	192~195	194~197	192~195
196~197 198~200	196~197 198~199	194~195 196~198	198~200 201~203	202~204 205~207	204~205 206~209	200~201 202~205
202~205	200~203	199~203	204~207	208~211	210~215	206~209
206~209	204~209	204~206	208~211	212~217	216~219	210~213
214~217	214~217	212~216	216~219	222~227	224~227	218~223
218~221	218~223	217~220	220~223	228~231	228~231	224~227
222~227	224~227	221~224	224~227	232~235	232~235	228~231

성공은 열심히 노력하며
기다리는 사람에게 찾아온다.
- 토마스 A. 에디슨 -

VII

인구 변화와 인구 문제

세계의 인구 분포와 특징

1 세계 인구 분포의 특징   지역 간 불평등한 분포 <mark>자료1</mark>

(1) **반구별**   세계 인구의 90% 이상이 육지가 많은 북반구에 거주

(2) **위도별**   북위 20°~40° 지역의 *인구 밀도가 높음, 극지방과 적도 부근의 인구 밀도는 낮음 └온화한 기후가 나타나.

(3) **지형별**   평야나 해안 지역에 많이 거주

(4) **대륙별**   아시아와 유럽의 인구 밀도가 높음, 오세아니아는 인구 밀도가 낮음 └대륙별 인구 순위 : 아시아 > 아프리카 > 유럽 > 남아메리카 > 북아메리카 > 오세아니아

(5) **국가별**   중국과 인도에 세계 인구의 3분의 1이상이 분포함

2 인구 분포에 영향을 주는 요인

(1) **자연적 요인**   지형, 기후, 식생, 토양 등
왜? 평야가 넓으면 농경에 유리하기 때문이야.

유리한 곳	기후가 온화한 곳, 평야가 넓은 곳, 물을 얻기 쉬운 곳 등
불리한 곳	너무 춥거나 건조한 곳, 험준한 산지가 있는 곳 등

(2) **인문적·사회적 요인**   산업과 교통, 문화, 정치 등

유리한 곳	교통이 편리한 곳, 2·3차 산업이 발달하여 일자리가 풍부한 곳, 교육과 문화 시설을 잘 갖춘 곳 등
불리한 곳	교통이 불편한 곳, 산업 시설과 일자리가 부족한 곳, 전쟁과 분쟁이 자주 발생하는 곳 등

3 인구 밀집 지역과 희박 지역 <mark>자료2</mark>

(1) **인구 *밀집 지역**
왜? 벼는 인구 부양력이 큰 작물이며 재배 시 많은 노동력이 필요하기 때문에 벼농사 지역에는 많은 사람이 모여 살아.

① **농경에 유리한 곳**   물이 풍부하고 평야가 넓은 곳 예 계절풍 기후가 나타나 벼농사가 활발한 동남 및 남부 아시아

② **산업이 발달한 곳**   경제가 발달하고 일자리가 풍부한 곳 예 서부 유럽, 미국 북동부 대서양 연안, 일본의 태평양 연안 └인문적·사회적 요인이 유리한 곳이야.

(2) **인구 *희박 지역**

① **건조 기후 지역**   강수량이 적어 농업에 부적합함 예 사하라 사막, 오스트레일리아 내륙 지역

② **열대 기후 지역**   고온 다습하고 밀림이 우거짐 예 아마존강 유역

③ **한대 기후 지역**   연중 기온이 낮음 예 스칸디나비아 반도, 캐나다 북부 지역

④ **험준한 산지 지역**   지형이 높고 경사가 가파름 예 알프스산맥, 히말라야산맥 └왜? 형성 시기가 오래되지 않은 신기 습곡 산지이기 때문이야.

(3) **거주 지역의 확대**   과학 기술의 발달로 자연환경의 제약 극복 └최근에는 인문적·사회적 요인의 영향을 크게 받고 있어.

4 우리나라의 인구 분포 <mark>자료3</mark>

(1) **산업화 이전**   농업 중심 국가 → 자연적 요인의 영향이 큼

① **인구 밀집 지역**   평야가 넓고 기후가 온화하여 벼농사에 유리한 남서부 지역

② **인구 희박 지역**   산지나 고원이 많고 기온이 낮아 농경에 불리한 북동부 지역 └우리나라 인구의 절반 정도가 수도권에 집중하게 되었어.

(2) **산업화 이후(1960년대 이후)**   인문적·사회적 요인의 영향이 큼

① **인구 밀집 지역**   *이촌 향도 → 대도시·공업 도시의 인구 증가

② **인구 희박 지역**   농어촌 지역과 산지 지역 등
예 태백산맥과 소백산맥 일대

꼭 나오는 자료

자료1 세계의 인구 분포

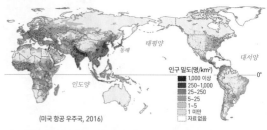

인구 밀도(명/km²)
- 1,000 이상
- 250~1,000
- 25~250
- 5~25
- 1~5
- 1 미만
- 자료없음

(미국 항공 우주국, 2016)

△ 2015년 기준으로 전 세계에는 약 74억 명의 사람이 사는데, 지구상에 고르게 분포하지 않고 특정 지역에 밀집한다.

자료2 인구 밀집 지역과 희박 지역

▲ 방글라데시(계절풍 기후)

▲ 그린란드(한대 기후)

△ 벼농사에 유리한 동남 및 남부 아시아의 계절풍 기후 지역과 산업 및 교통이 발달한 대도시 및 공업 지역은 많은 인구가 밀집한다. 그러나 건조·열대·한대 기후 지역은 인간 거주와 농경이 불리하고 산업 발달이 어려워 인구가 희박하다.

자료3 우리나라의 인구 분포

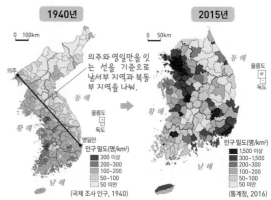

1940년 / 2015년

의주와 영일만을 잇는 선을 기준으로 남서부 지역과 북동부 지역을 나눠.

인구 밀도(명/km²)
- 300 이상
- 200~300
- 100~200
- 50~100
- 50 미만

(국제 조사 인구, 1940)

인구 밀도(명/km²)
- 1,500 이상
- 300~1,500
- 200~300
- 100~200
- 50 미만

(통계청, 2016)

△ 과거 농업 중심 국가였던 우리나라는 평야가 넓고 기후가 온화하여 벼농사에 유리한 남서부 지역을 중심으로 인구가 많이 분포하였다. 그러나 1960년대 이후 산업화의 진행으로 일자리가 풍부한 서울·부산·인천·대구 등의 대도시와 남동 임해 공업 지역에 포함되는 포항·울산·광양·여수 등 공업 도시의 인구가 증가하였다.

◉ 용어 사전

* **인구 밀도**   어떤 지역이나 나라의 총인구를 총면적으로 나눈 값으로, 1km²의 면적에 사는 인구를 나타냄

* **밀집**(密 빽빽하다, 集 모이다)   빽빽하게 모여 있는 상태

* **희박**(稀 드물다, 薄 적다)   매우 드물고 밀도가 낮은 상태

* **이촌 향도**(移 옮기다, 村 마을, 向 향하다, 都 도읍)   산업화와 도시화로 농촌의 인구가 도시로 이동하는 현상

개념 문제

01 다음 설명이 맞으면 ○표, 틀리면 ×표를 하시오.

(1) 오늘날 세계 인구의 90% 이상이 육지가 많은 북반구에 거주한다. ·································· (   )

(2) 오늘날의 인구 분포는 인문적·사회적 요인의 영향을 더 크게 받는다. ······················· (   )

02 빈칸에 들어갈 알맞은 말을 쓰시오.

(1) (   )은/는 어떤 지역이나 나라의 총인구를 총면적으로 나눈 값으로, 1km²의 면적에 사는 인구를 나타내는 지표이다.

(2) 인구 분포에 영향을 주는 (   ) 요인에는 산업과 교통, 문화, 정치 등이 있다.

03 〈보기〉의 지역을 인구 밀집 지역과 인구 희박 지역으로 구분하여 기호를 쓰시오.

┌─ 보기 ─────────────────┐
ㄱ. 서부 유럽   ㄴ. 사하라 사막
ㄷ. 아마존강 유역   ㄹ. 미국 북동부 대서양 연안
└──────────────────────┘

(1) 밀집 지역 (   )   (2) 희박 지역 (   )

04 ㉠, ㉡ 중 알맞은 것을 고르시오.

(1) 동남 및 남부 아시아 지역은 (㉠ 계절풍, ㉡ 편서풍)의 영향으로 벼농사에 유리하여 인구가 밀집한다.

(2) 일자리가 풍부하고 교통이 발달한 곳은 인구가 (㉠ 밀집, ㉡ 희박)하고, 너무 춥거나 건조한 지역과 험준한 산지 지역은 인구가 (㉠ 밀집, ㉡ 희박)하다.

(3) 현재 우리나라 인구의 절반 정도가 (㉠ 수도권, ㉡ 남동 임해 공업 지역)에 집중한다.

실력 문제

05 세계의 인구 밀집 지역을 〈보기〉에서 고르면?

┌─ 보기 ─────────────────┐
ㄱ. 극지방   ㄴ. 동남 및 남부 아시아
ㄷ. 북위 20°~40°   ㄹ. 오스트레일리아 내륙 지역
└──────────────────────┘

① ㄱ, ㄴ   ② ㄱ, ㄷ   ③ ㄴ, ㄷ
④ ㄴ, ㄹ   ⑤ ㄷ, ㄹ

06 중요 세계의 인구 분포 특징에 관한 설명으로 옳지 **않은** 것은?

① 저위도와 고위도 지역의 인구 밀도가 높다.

② 남반구보다 북반구에 더 많은 인구가 거주한다.

③ 인구가 가장 많이 거주하는 대륙은 아시아이다.

④ 내륙보다 해안 지역에 인구가 더 많이 거주한다.

⑤ 공업과 서비스업 등 산업이 발달한 지역에 인구가 많이 분포한다.

07 그래프는 대륙별 인구 분포를 나타낸 것이다. A 대륙에 관한 설명으로 옳은 것을 〈보기〉에서 고르면?

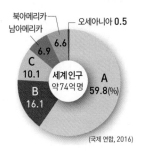

북아메리카   오세아니아 0.5
남아메리카   6.6
6.9
C 10.1   세계인구 약74억명   A 59.8(%)
B 16.1

(국제 연합, 2016)

┌─ 보기 ─────────────────┐
ㄱ. 중국과 인도를 포함한 대륙이다.
ㄴ. 계절풍의 영향으로 벼농사가 발달하였다.
ㄷ. 산업화를 일찍 이룬 국가가 많이 분포한다.
ㄹ. 정치적으로 안정되어 전쟁과 분쟁이 거의 없다.
└──────────────────────┘

① ㄱ, ㄴ ② ㄱ, ㄷ ③ ㄴ, ㄷ ④ ㄴ, ㄹ ⑤ ㄷ, ㄹ

08 고난도 ㉠~㉤에 관한 설명으로 옳지 **않은** 것은?

┌────────────────────────────┐
│ ㉠세계의 인구는 지구상에 고르게 분포하지 않고 특정 지역에 집중하여 분포한다. 일부 지역은 ㉡인구가 많이 분포하지만, ㉢어떤 지역은 사람이 거의 살지 않는다. 이러한 인구 분포에 영향을 미치는 요인은 ㉣자연적 요인과 ㉤인문적·사회적 요인으로 구분할 수 있다. │
└────────────────────────────┘

① ㉠ : 세계 인구의 약 60%가 서부 유럽에 거주한다.

② ㉡ : 물을 구하기 쉬운 하천 유역이 대표적이다.

③ ㉢ : 사하라 사막이나 아마존강 유역 등지가 있다.

④ ㉣ : 과학 기술의 발달로 거주에 불리한 자연적 요인을 극복하면서 거주 지역이 확대되고 있다.

⑤ ㉤ : 현재 인구 분포에 많은 영향을 미치고 있다.

고난도

09 지도는 세계의 인구 분포를 나타낸 것이다. A~E 지역에 관한 설명으로 옳은 것은?

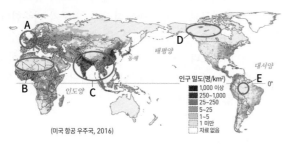

(미국 항공 우주국, 2016)

① A : 연중 기온이 낮아 농업에 불리해 인구가 희박하다.
② B : 기후가 고온 다습하고 밀림이 우거져 인간 거주에 불리하다.
③ C : 벼농사가 발달하여 인구가 밀집한다.
④ D : 2·3차 산업이 발달하고 일자리가 풍부하여 인구가 밀집한다.
⑤ E : 연 강수량이 적고 물을 구하기 어려워 인간 거주에 불리하다.

10 인간 거주에 가장 유리한 조건을 지닌 지역은?

①  ②

③  ④

⑤

[11~12] (가), (나) 두 시기의 우리나라 인구 분포 지도를 보고 물음에 답하시오.

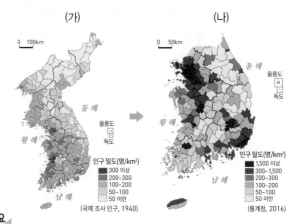

(국제 조사 인구, 1940) | (통계청, 2016)

중요

11 위 지도의 (가), (나) 시기에 관한 설명으로 옳지 <u>않은</u> 것은?

① (가) 시기의 주요 산업은 농업이다.
② (가) 시기의 인구 분포는 자연적 요인의 영향을 많이 받았다.
③ (나) 시기의 인구 분포는 이촌 향도 현상과 관련 있다.
④ (나) 시기에는 평야보다 산간 지역에 인구가 더 많이 분포한다.
⑤ (가) 시기보다 (나) 시기에 인구 이동이 더 활발하다.

12 위 지도의 (나) 시기에 인구 밀도가 높은 지역을 〈보기〉에서 고르면?

┌─ 보기 ─
ㄱ. 대도시 지역　　　　ㄴ. 산지가 많은 지역
ㄷ. 평야의 농업 지역　　ㄹ. 남동 임해 공업 지역
└─

① ㄱ　　　② ㄱ, ㄹ　　　③ ㄴ, ㄷ
④ ㄴ, ㄹ　　⑤ ㄷ, ㄹ

서술형

13 지도의 (가), (나) 지역에 인구가 밀집한 이유를 각각 서술하시오.

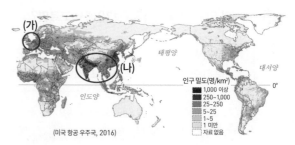

(미국 항공 우주국, 2016)

인구 밀집 지역과 인구 희박 지역

세계의 인구 분포와 인구 밀집 지역 및 인구 희박 지역의 특징을 묻는 문제는 다양한 형태로 시험에 출제된다. 특히 지도에서 인구 분포의 특징을 파악하고 각 지역의 인구 분포에 영향을 준 자연적 요인과 인문적·사회적 요인을 따로 정리해 두어야 한다. 우리나라의 인구 분포는 산업화 이전과 이후의 변화를 이해하고 있어야 한다.

주제 탐구하기

탐구 1 세계의 인구 분포

A 서부 유럽
기후가 온화하고 산업 혁명 이후 공업과 서비스업이 발달하여 경제 성장을 이루었다.

B 사하라 사막
연중 강수량이 적어 물을 구하기 어렵고 농경과 목축에 불리하다.

C 동남 및 남부 아시아
계절풍의 영향으로 강수량이 많고, 하천 주변의 평야 지역에서 벼농사가 활발하다.

D 캐나다 북부 지역
연평균 기온이 낮아 농업 활동이 어렵다.

E 미국 북동부 지역
경제 수준이 높고, 교통 및 문화 시설을 잘 갖추고 있다.

F 아마존강 유역
연중 고온 다습하고 밀림이 발달해 있다.

탐구 2 우리나라의 인구 분포

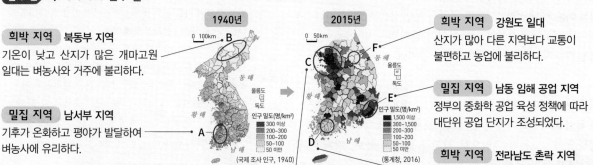

희박 지역 북동부 지역
기온이 낮고 산지가 많은 개마고원 일대는 벼농사와 거주에 불리하다.

밀집 지역 남서부 지역
기후가 온화하고 평야가 발달하여 벼농사에 유리하다.

밀집 지역 수도권
다른 지역보다 산업이 발달하고 일자리가 많아 우리나라 인구의 절반 이상이 거주한다. 특히 서울은 정치·경제·문화의 중심지로 약 20%의 인구가 모여 있다.

희박 지역 강원도 일대
산지가 많아 다른 지역보다 교통이 불편하고 농업에 불리하다.

밀집 지역 남동 임해 공업 지역
정부의 중화학 공업 육성 정책에 따라 대단위 공업 단지가 조성되었다.

희박 지역 전라남도 촌락 지역
산업화와 도시화의 진행으로 농업과 어업 중심의 촌락은 이촌 향도가 진행되었다.

★ 바른답·알찬풀이 2쪽

문제 연습하기

유형 1 인구 밀집 지역과 희박 지역의 특징을 구분하는 문제

1. 〈탐구 1〉의 A~F 지역을 인구 밀집 지역과 인구 희박 지역으로 구분하시오.

(1) 인구 밀집 지역	
(2) 인구 희박 지역	

2. 〈탐구 1〉의 A~F 지역에 해당하는 설명에 기호를 쓰시오

(1) 기온이 매우 낮아 인간 거주와 농업 활동에 불리하다. ( )
(2) 일 년 내내 기온이 높고 강수량이 많아 거주에 불리하다. ( )
(3) 상공업이 발달하여 일자리가 풍부하다. ( )
(4) 강수량이 적어 물이 부족하고 농업에 부적합하다. ( )
(5) 강수량이 많고 평야가 넓어 벼농사가 발달하였다. ( )

유형 2 우리나라의 인구 분포에 관해 묻는 문제

1. 〈탐구 2〉의 지도에 관한 설명이 맞으면 ○표, 틀리면 ×표를 하시오.

(1) 과거의 인구 분포는 자연적 요인의 영향을 크게 받았다. ( )
(2) A, B 지역의 인구 분포가 차이나는 이유는 1차 산업의 발달 정도 때문이다. ( )
(3) C 지역에 우리나라 인구의 절반 정도가 거주한다. ( )
(4) D 지역은 산지와 고원이 많아 농경에 불리하다. ( )

2. 〈탐구 2〉의 지도를 보고 빈칸에 알맞은 말을 쓰시오.

C 지역에 인구가 집중한 이유는 일자리를 찾아 촌락의 인구가 도시로 이동하는 ( ) 현상 때문이다.

주제 02 인구 이동과 지역의 변화

1 인구 이동

(1) **의미** 사람들이 원래 살던 지역을 떠나 다른 지역으로 옮기는 것

(2) **원인**

흡인 요인	인구를 끌어들여 머무르게 하는 요인 ⑩ 높은 임금, 풍부한 일자리, 쾌적한 주거 환경, 다양한 교육 기회와 문화·의료 시설 등
배출 요인	인구를 다른 지역으로 밀어내는 요인 ⑩ 낮은 임금, 열악한 주거 환경, 빈곤, 교육·문화 시설의 부족, 전쟁과 분쟁, 자연재해 등

※ 인구 이동의 유형
- 이동 범위에 따라 : 국내 이동과 국제 이동
- 이동 의지에 따라 : 자발적 이동과 강제적 이동
- 이주 기간에 따라 : 일시적 이동과 영구적 이동
- 이동 목적에 따라 : 경제적 이동, 정치적 이동, 종교적 이동 등

2 인구의 국제 이동

(1) **과거의 국제 이동** └ 신항로 개척 이후 영토 확장을 위한 이동이야.

① **경제적 이동** 유럽인의 아메리카와 오스트레일리아로의 이주

② **강제적 이동** 아프리카 흑인의 아메리카로 이주

③ **종교적 이동** 영국 *청교도의 아메리카로 이주 [왜? 대규모 농장과 광산에서 부족한 노동력을 보충하기 위한 노예 무역에 따른 이동이야.]

(2) **오늘날의 국제 이동** [자료1] └ 대부분 경제적 목적으로 이동하고 있어.

① **경제적 이동** 개발 도상국에서 선진국으로 일자리를 찾기 위한 이동 ⑩ 아시아·아프리카·라틴 아메리카인의 서부 유럽·앵글로 아메리카로의 이동, 중국인의 동남아시아 이주

② **정치적 이동** *내전과 분쟁 등 정치적 불안정을 피하기 위한 *난민의 이동 ⑩ 아프리카와 서남아시아 등지의 난민 이동

③ **환경 난민** 지구 온난화와 자연재해 증가에 따른 이동

3 인구 이동이 지역에 미치는 영향 [자료2]

[왜? 정치 및 사회 불안정과 낮은 임금 수준, 좋은 일자리 부족으로 인구가 유출돼.]

(1) **인구 유입 지역** 북아메리카, 유럽, 오세아니아 등의 선진국

① **긍정적 영향** 노동력 유입으로 저임금 노동력 확보, 경제 활성화, 다양한 문화 교류 등

② **부정적 영향** 이주민과 현지인 간의 갈등 발생 ⑩ 일자리 경쟁, 인종 차별, 문화 간 충돌 발생 등 [⑩ 유럽으로 이주한 서남아시아인들의 히잡 착용이 사회 문제가 되기도 했어.]

(2) **인구 유출 지역** 아시아, 아프리카, 남아메리카 등의 일부 국가

① **긍정적 영향** 실업률 감소, 외화 유입으로 경제 발전 등

② **부정적 영향** 고급 기술 인력의 유출에 따른 산업 및 사회 성장 둔화, 성비 불균형 및 노동력 부족 문제 발생 등 [└ 장기적으로는 국가 발전이 침체될 수 있어.]

[왜? 주로 청장년층의 남성 인구가 유출되기 때문이야.]

4 우리나라의 인구 이동 [자료3]

(1) **국제 이동** ┌ 광부와 간호사들이 주로 취업을 위해 이주했어.
┌ 주로 건설 노동자들의 이동이야.

1960~70년대	미국·독일·서남아시아 등지로 경제적 목적의 이동 증가
1990년대 이후	중국과 동남아시아에서 우리나라로 이주하는 외국인 증가
최근	이민·취업·유학 등의 이동 활발, 국내 다문화 가정 증가

(2) **국내 이동** ┌ 취업을 위한 경제적 이동이 많으며, 최근에는 결혼이 목적인 이주가 증가했어.

1960년대 이후	산업화 이후 이촌 향도로 대도시와 공업 도시의 인구 급증
1990년대 이후	대도시 주변의 *신도시나 촌락으로 이동(역도시화)

[왜? 대도시의 생활 환경이 악화되었기 때문이야.]

꼭 나오는 자료

[자료1] 최근 세계 인구의 국제 이동

2010년-2015년
■ 주요 인구 유출 지역
■ 주요 인구 유입 지역
이동 방향
→ 경제적 이동
→ 정치적 이동

(국제 연합, 디르케 세계 지도, 2015)

⊙ 유럽·북아메리카 등의 선진국이 많은 지역과 석유 자본이 풍부한 서남아시아의 일부 국가는 인구 유입이 많고, 라틴 아메리카·아프리카·아시아의 일부 개발 도상국은 인구 유출이 많다.

[자료2] 인구 이동에 따른 지역의 변화

〈사례 1〉 프랑스, 학교에서 이슬람 전통 의상 착용 금지
프랑스는 초·중·고등학교뿐만 아니라 대학교까지 이슬람 여성의 전통 의상인 히잡과 부르카, 니캅 등의 착용을 금지하는 방안을 추진 중이다. 프랑스의 이슬람교도는 전체 인구 중 약 8%에 달하는데, 이들은 히잡 등의 착용 금지는 종교의 자유를 억압하는 행위라며 반발하고 있다.

〈사례 2〉 필리핀 노동자의 국제 이동 [┌ 이주민과 현지인 간 문화 차이로 갈등이 발생하기도 해.]
필리핀 총인구의 10%가 넘는 약 1,300만 명의 노동자들이 미국과 사우디아라비아, 홍콩, 일본 등지에서 가사 도우미나 간호사로 일한다. 그들은 번 돈을 필리핀의 가족에게 송금하는데, 그 규모가 2015년 기준으로 약 258억 달러이며, 이는 필리핀 국내 총생산의 10%에 달한다.

[인구 유출 지역] [└ 저임금 노동력이 풍부해지는 인구 유입 지역] [└ 외화가 유입되는 필리핀]

[자료3] 우리나라의 인구 이동

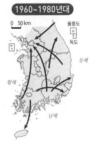

1960~1980년대

1990년대

⊙ 1960년대 산업화 이후 촌락에서 수도권과 공업 도시로 청장년층이 이동하였다. 1990년대 이후에는 쾌적한 주거 환경을 찾아 도시 주변 지역으로 이동하는 역도시화 현상이 나타났다.

🔵 용어 사전

* **청교도** 16세기 후반 영국에서 생긴 개신교의 한 교파
* **내전**(內 안, 戰 싸우다) 한 나라 안에서 일어나는 싸움
* **난민**(難 어렵다, 民 백성) 전쟁이나 정치적 탄압, 박해, 재난 등으로 곤경에 빠진 사람
* **신도시** 대도시의 인구를 분산하기 위해 계획적으로 건설한 도시로, 분당·일산·평촌 등이 있음

문제로 실력다지기

개념 문제

01 〈보기〉의 내용을 인구 흡인 요인과 인구 배출 요인으로 구분하여 기호를 쓰시오.

┌─ 보기 ─────────────────────┐
ㄱ. 자연재해   ㄴ. 낮은 임금
ㄷ. 전쟁과 분쟁   ㄹ. 풍부한 일자리
ㅁ. 쾌적한 주거 환경   ㅂ. 다양한 교육 기회
└───────────────────────────┘

(1) 흡인 요인 (   )   (2) 배출 요인 (   )

02 ㉠, ㉡ 중 알맞은 것을 고르시오.

(1) 인구 이동은 (㉠ 이동 목적, ㉡ 이동 기간)에 따라 일시적 이동과 영구적 이동으로 구분한다.

(2) 신항로 개척 이후 유럽인들이 아프리카의 흑인을 아메리카로 이주시킨 것은 (㉠ 경제적, ㉡ 강제적) 이동의 대표적인 사례이다.

(3) 오늘날 인구의 국제 이동은 (㉠ 경제적, ㉡ 종교적) 목적에 따른 것이 대부분이다.

03 다음 설명이 맞으면 ○표, 틀리면 ×표를 하시오.

(1) 최근의 국제 이동은 대부분 경제적 목적에 따른 것이며, 도착지는 주로 선진국이다. ··········· (   )

(2) 인구 유입이 많은 지역은 이주민과 현지인 간의 문화 융합 현상이 활발하여 문화 갈등이 거의 발생하지 않는다. ·········· (   )

(3) 인구 유출이 많은 지역에서는 노동력 부족 문제가 나타나기도 한다. ·········· (   )

(4) 1960년대 우리나라는 산업화의 영향으로 대도시 주변의 농촌 인구가 증가하였다. ·········· (   )

실력 문제

04 글에서 설명하는 인구 이동의 유형으로 옳은 것은?

┌───────────────────────────┐
오늘날의 국제 이동은 아시아와 아프리카, 라틴 아메리카의 개발 도상국에서 유럽과 북아메리카 등 산업이 발달한 지역으로의 이동이 활발하다.
└───────────────────────────┘

① 강제적 이동   ② 경제적 이동
③ 문화적 이동   ④ 정치적 이동
⑤ 종교적 이동

중요
05 인구 이동에 관한 설명으로 옳은 것은?

① 주로 선진국에서 개발 도상국으로 이동한다.
② 오늘날에는 정치적 목적의 인구 이동이 대부분이다.
③ 인구의 배출 요인으로는 풍부한 일자리와 높은 임금 등이 있다.
④ 인구 이동의 범위에 따라 일시적 이동과 영구적 이동으로 나눌 수 있다.
⑤ 신항로 개척 이후 유럽인의 아메리카 이주는 경제적 목적에 따른 것이다.

[06~07] 지도에 나타난 오늘날의 다양한 인구 이동을 보고 물음에 답하시오.

고난도
06 다음은 어느 이주민의 일기 내용 중 일부이다. 이주민의 인구 이동 방향을 위 지도의 A~E에서 고르면?

┌───────────────────────────┐
우리 가족은 내전 때문에 살던 곳을 잃어버리고 어쩔 수 없이 고국에서 도망쳐 나왔어요. 지금은 인접 국가의 난민촌에서 생활하고 있지만, 언제 고향으로 돌아갈 수 있을지 막막해요.
└───────────────────────────┘

① A   ② B   ③ C   ④ D   ⑤ E

고난도
07 그림과 같은 목적의 인구 이동을 위 지도의 A~E에서 고르면?

① A, C   ② B, E   ③ A, C, D
④ B, C, D   ⑤ B, D, E

08 지도의 인구 이동에 관한 설명으로 옳은 것은?

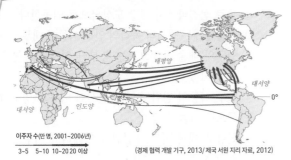

이주자 수(만 명, 2001~2006년)
3-5 5~10 10-20 20 이상
(경제 협력 개발 기구, 2013/제국 서원 지리 자료, 2012)

① 관광이나 휴양을 위한 이동이다.
② 자연재해 발생에 따른 환경 난민의 이동이다.
③ 주로 유럽계 백인이 주도한 강제적 이동이다.
④ 인구 유입 지역은 저임금의 노동력이 풍부해진다.
⑤ 대부분의 이주자는 정착지의 전통문화에 동화된다.

고난도
09 ㉠~㉢에 관한 설명으로 옳은 것을 〈보기〉에서 고르면?

▲ 보트를 타고 그리스에 도착한 시리아 난민

㉠시리아는 2011년에 정부군과 반군 간의 내전이 발생하여 전체 인구 중 절반 이상이 ㉡난민이 되었다. 이들은 시리아와 인접한 터키나 레바논을 통해 ㉢유럽으로 이동하고 있다. 시리아에 남은 인구는 이슬람 무장 단체의 잦은 테러와 농업의 어려움으로 식량 부족과 빈곤에 시달리고 있다.

보기
ㄱ. ㉠은 인구의 흡인 요인이 많다.
ㄴ. ㉡은 아프리카와 서남아시아에서 많이 발생한다.
ㄷ. ㉢에서는 이주민과 현지인 간의 문화적 차이로 갈등이 발생하기도 한다.
ㄹ. ㉡에 해당하는 사람들은 풍부한 일자리를 찾기 위해 ㉢ 지역으로 이동한다.

① ㄱ, ㄴ   ② ㄱ, ㄷ   ③ ㄴ, ㄷ
④ ㄴ, ㄹ   ⑤ ㄷ, ㄹ

10 지도의 인구 이동 발생 시기에 나타난 현상으로 옳은 것은?

① 이촌 향도 인구의 급증
② 해외 동포의 일시 귀국
③ 대도시 주변의 신도시 급성장
④ 남부 지방으로 이동하는 피난민
⑤ 광공업이 발달한 북부 지방으로 인구 이동

중요
11 그래프는 우리나라의 외국인 현황을 나타낸 것이다. 이에 관한 설명으로 옳지 않은 것은?

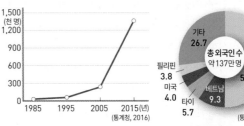

▲ 우리나라 체류 외국인 변화   ▲ 우리나라 체류 외국인의 국적별 비율(2015년)

① 국제결혼으로 다문화 가정이 증가하고 있다.
② 동남아시아와 중국 출신 외국인의 비율이 높다.
③ 국내로 유입한 외국인의 체류 기간은 영구적이다.
④ 우리나라의 체류 외국인 수는 꾸준히 증가하고 있다.
⑤ 국내 체류 외국인 대부분은 경제적 목적으로 입국하였다.

서술형
12 지도는 모로코 출신 이주자의 도착 국가를 나타낸 것이다. 물음에 답하시오.

(1) 위 지도에 나타난 인구 이동의 주요 목적을 쓰시오.

(2) 모로코인이 유입한 지역에서 발생할 수 있는 사회 문제를 서술하시오.

우리나라 인구의 국내 이동

우리나라의 시기별 국내 인구 이동은 원인과 그 이동 방향의 차이점이 명확하다. 그러므로 지도를 보고 어떤 시기의 인구 이동이며, 왜 이러한 이동이 나타나는지를 정리해 두어야 한다. 특히 산업화 이후(1960년대 이후)의 이촌 향도 현상에 따른 인구 이동과 1990년대 이후의 역도시화 현상은 그 방향이 반대로 나타나 비교하여 파악해 두는 것이 좋다.

탐구 1 우리나라의 인구 이동

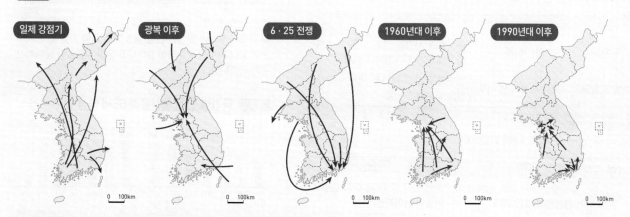

❶ **일제 강점기** : 광공업이 발달한 북부 지방으로 일자리를 찾아 이동하는 인구가 많았다.
❷ **광복 이후** : 일제 강점기에 해외에 거주하던 동포들이 광복을 맞이 하면서 귀국하였다.
❸ **6·25 전쟁** : 전쟁을 피해 수많은 피난민이 남부 지방으로 이동하였다.
❹ **1960년대 이후** : 산업화로 경제가 급성장하면서 농촌 인구가 보다 나은 일자리를 찾아 대도시와 공업 도시로 이동하는 이촌 향도 현상이 뚜렷하게 나타났다.
❺ **1990년대 이후** : 대도시에 인구가 밀집하여 도시 문제가 심화하자 대도시 인구가 주변의 신도시나 농촌으로 이동하는 역도시화 현상이 나타나고 있다.

★ 바른답·알찬풀이 3쪽

주제 탐구하기

문제 연습하기

유형 1 시기별 국내 인구 이동의 특징을 묻는 문제

1. 다음의 인구 이동이 주로 나타난 시기를 〈탐구 1〉을 보고 쓰시오.

(1) 정치적 불안정을 피하기 위한 피난민의 이동이다.
( )

(2) 많은 사람들이 일자리를 찾기 위해 북부 지방의 함경도로 이주하였다. ( )

(3) 많은 인구가 농촌을 떠나 수도권과 신흥 공업 지역으로 이동하였다. ( )

(4) 쾌적한 생활 환경을 찾아 도시 지역을 떠나는 현상이 나타나고 있다. ( )

2. ㉠, ㉡에 들어갈 알맞은 내용을 쓰시오.

> 1960년대의 인구 이동은 일자리를 찾기 위해 농촌에서 대도시나 공업 도시로 이동하는 (㉠) 현상이 두드러지게 나타났다. 1990년대 이후의 인구 이동은 쾌적한 주거 환경을 찾아 대도시를 떠나는 (㉡) 현상과 관련이 깊다.

유형 2 외국의 국내 인구 이동과 비교하는 문제

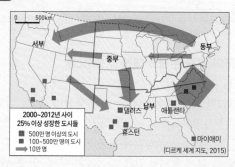

> 미국은 과거 인구가 밀집했던 북동부 해안에서 기후가 온화하고 환경이 쾌적한 (㉠)(으)로 많은 사람이 이동하였다. 다른 선진국도 더욱 쾌적한 환경을 찾아 도시의 인구가 도시 주변 지역이나 촌락으로 이동하는 현상이 나타나고 있다.

1. ㉠에 들어갈 알맞은 말을 쓰시오.

2. 위 지도와 같은 국내 이동이 우리나라에서 나타난 시기를 쓰시오.

03 세계의 인구 문제

1 세계의 인구 성장 자료1

(1) **산업 혁명 이전** 높은 출생률과 사망률, 낮은 의료 수준 → 높은 사망률 → 인구의 증가 속도가 느림

(2) **산업 혁명 이후** 의학 기술 발달, 생활 수준 향상 → 평균 수명 연장, *영아 사망률 감소 → 인구의 증가 속도가 빨라짐

(3) **세계의 지역별 인구 변화**

구분	인구 급증 시기	현재
선진국	산업 혁명 이후	출생률과 사망률 모두 낮음 → 인구 증가 속도가 완만하거나 정체함
개발 도상국	제2차 세계 대전 이후	인구의 폭발적 증가로 세계 인구 성장을 주도하고 있음

한 나라의 인구가 유지되기 위해서는 합계 출산율이 2.1명 이상이어야 해.

65세 이상 인구 비율	구분
7% 이상	고령화 사회
14% 이상	고령 사회
20% 이상	초고령 사회

2 선진국의 인구 문제와 대책 자료2 자료3

구분	저출산	고령화
의미	*합계 출산율이 2.1명 이하가 되어 출생률이 낮은 상태	전체 인구 중 65세 이상 인구의 비율이 높아지는 현상
원인	• 여성의 사회 진출 증가 • 자녀에 관한 가치관 변화 • 육아에 따른 경제적 부담 증가	• 의학 기술의 발달 • 생활 수준의 향상으로 평균 수명 연장
문제점	• *생산 가능 인구 감소에 따른 문제 : 노동력 부족, 생산성 저하, 경제 성장 둔화, 외국인 노동자 유입에 따른 문화 갈등과 사회 문제 발생 등 • 노인 인구 증가에 따른 문제 : 청장년층의 노인 인구 부양 부담 증가, 노인 빈곤과 노인 소외 문제 등	
대책	• 출산 장려 정책 강화 : 출산 장려금 지급, 양육·보육 시설 증대 등 • 노인 복지 정책 강화 : 노인의 재취업 기회 제공, 정년 연장, 연금 제도 개선 등 • 노동력 부족 문제 완화 정책 : 외국인 노동자 유입 확대 추진	

3 개발 도상국의 인구 문제와 대책 자료2 자료3

(1) **인구 급증**

① **원인** 제2차 세계 대전 이후의 식량 생산량 증가, 의학 기술 발달에 따른 사망률 감소 ┌ 식량 생산량이나 일자리 확보, 경제 성장 속도가 인구 증가를 따라가지 못하고 있어.

② **문제점** 낮은 *인구 부양력에 따른 기아와 빈곤 문제

③ **대책** 출산 억제 정책과 같은 가족계획 시행, 인구 부양력을 높이기 위한 농업의 기계화 및 산업화 정책 등 └ 농업의 생산력을 높일 수 있어.

(2) **도시 과밀화** ┌ 상대적으로 촌락은 노동력이 부족해져.

① **원인** 이촌 향도에 따른 도시 인구의 급증

② **문제점** 주택 부족, 교통 혼잡, 실업자 증가, 환경 오염, 생활 환경 악화 등 ┌ 여러 노력을 하고 있지만 효과는 미비해.

③ **대책** 농촌 지역의 생활 환경 개선, 도시 인구의 지방 분산 등

(3) **출생 *성비의 불균형**

① **발생 지역** 중국과 인도 등 아시아 일부 국가, 전쟁을 겪은 국가

② **문제점** 결혼 적령기의 여성 부족, 여성이 겪는 사회 차별 등

③ **대책** 여성의 지위 향상을 위한 노력, 양성평등 문화 정착

꼭 나오는 자료

자료1 세계의 인구 성장

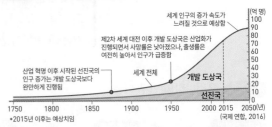

세계 인구의 증가 속도가 느려질 것으로 예상함

제2차 세계 대전 이후 개발 도상국은 산업화가 진행되면서 사망률은 낮아졌으나, 출생률은 여전히 높아서 인구가 급증함

산업 혁명 이후 시작된 선진국의 인구 증가는 개발 도상국보다 완만하게 진행됨

*2015년 이후는 예상치임 (국제 연합, 2016)

◎ 18세기 후반에 발생한 산업 혁명 이후 의학 기술 및 생활 수준이 향상하여 평균 수명이 늘어나고 영아 사망률이 낮아져 인구가 급증하였다.

자료2 국가별 합계 출산율과 65세 이상 인구 비율

▲ 주요 국가의 합계 출산율 (2010~2015년)

▲ 주요 국가의 65세 이상 인구 비율(2015년)

(국제 연합, 2016)

◎ 선진국은 세계 평균보다 합계 출산율은 낮고 65세 이상 인구 비율은 높아 저출산과 고령화 문제가 나타나고 있다. 개발 도상국은 합계 출산율이 세계 평균보다 높고 사망률이 낮아 인구가 급증하면서 이에 따른 문제가 발생하고 있다.

자료3 선진국과 개발 도상국의 인구 구조

(국제 연합 인구 기금, 2015)

◎ 선진국인 독일은 65세 이상 노년층의 비율이 높고 유소년층의 비율이 낮아 저출산·고령화 문제가 나타나고 있으며, 앞으로 인구가 감소할 수 있다. 반면 개발 도상국인 앙골라는 유소년층의 인구 비율이 매우 높아 인구가 급증할 것이며, 낮은 인구 부양력으로 인한 일자리 부족 등의 문제가 나타날 것이다.

🅘 용어 사전

* **영아 사망률** 연간 1,000명 출생당 생후 일 년 미만의 사망자 수, 영아 사망률(‰) = (영아 사망자 수/출생자 수)×1,000

* **합계 출산율** 한 여성이 평생 낳을 것으로 예상되는 평균 자녀 수

* **생산 가능 인구** 15세부터 64세까지의 인구로 실제 생산 활동을 할 수 있는 인구

* **인구 부양력** 한 국가의 인구가 그 국가의 사용 가능한 자원으로 생활할 수 있는 능력

* **성비** 여성 100명당 남성의 수, 정상 출생 성비는 103~107명임

개념 문제

01 다음 설명이 맞으면 ○표, 틀리면 ×표를 하시오.

(1) 세계 인구의 증가 속도는 산업 혁명 이후 빨라지기 시작하였다. ‥‥‥‥‥‥‥‥‥‥‥‥‥ (   )

(2) 저출산과 고령화로 생산 가능 인구가 감소하면 경제 성장이 둔화할 수 있다. ‥‥‥‥‥‥‥‥ (   )

(3) 개발 도상국은 출생률과 사망률이 모두 낮아 인구 증가 속도가 완만하다. ‥‥‥‥‥‥‥‥‥ (   )

02 빈칸에 들어갈 알맞은 말을 쓰시오.

(1) 저출산이란 (   )이/가 2.1명 이하가 되어 출생률이 낮은 상태를 말한다.

(2) (   )은/는 한 국가의 인구가 그 국가의 사용 가능한 자원으로 생활할 수 있는 능력으로, 개발 도상국은 이 지표가 낮아 기아와 빈곤 문제가 발생한다.

03 ㉠, ㉡ 중 알맞은 것을 고르시오.

(1) 고령화란 전체 인구 중 (㉠ 노년층, ㉡ 청장년층) 인구의 비율이 높아지는 현상이다.

(2) (㉠ 선진국, ㉡ 개발 도상국)은 노동력 부족 문제를 해결하기 위해 외국인 노동자를 적극적으로 유입하는 정책을 시행하기도 한다.

실력 문제

[04~05] 세계의 인구 성장을 나타낸 그래프를 보고 물음에 답하시오.

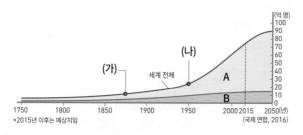

04 위 그래프의 (가)~(나) 시기에 나타나는 현상으로 옳은 것을 〈보기〉에서 고르면?

┌─ 보기 ─────────────────────┐
ㄱ. 평균 수명 연장   ㄴ. 출생 성비 불균형
ㄷ. 영아 사망률 감소   ㄹ. 인구 부양력 감소
└────────────────────────────┘

① ㄱ, ㄴ ② ㄱ, ㄷ ③ ㄴ, ㄷ ④ ㄴ, ㄹ ⑤ ㄷ, ㄹ

중요
05 위 그래프의 A, B 지역에서 발생할 수 있는 인구 문제에 관한 설명으로 옳은 것을 〈보기〉에서 고르면?

┌─ 보기 ─────────────────────┐
ㄱ. A 지역은 출생률이 감소하여 인구가 정체되었다.
ㄴ. A 지역은 (나) 시기 이후 인구가 대도시로 집중하여 다양한 문제가 발생하고 있다.
ㄷ. B 지역은 최근 외국인 노동자의 유입 증가로 문화 갈등이 발생하기도 한다.
ㄹ. A는 선진국, B는 개발 도상국이다.
└────────────────────────────┘

① ㄱ, ㄴ   ② ㄱ, ㄷ   ③ ㄴ, ㄷ
④ ㄴ, ㄹ   ⑤ ㄷ, ㄹ

06 세계의 인구 성장 및 문제에 관한 설명으로 옳지 않은 것은?

① 아시아 일부 국가는 출생 성비 불균형이 심각하다.

② 세계의 인구는 산업 혁명 이후 증가하기 시작했다.

③ 최근 개발 도상국은 합계 출산율 감소에 따른 저출산 문제가 심각하다.

④ 인구 성장 속도는 경제 발전 정도에 따라 국가 및 지역별로 차이가 크다.

⑤ 개발 도상국은 경제 성장 속도가 인구 증가 속도를 따라가지 못해 인구 부양력이 낮다.

고난도
07 그래프는 주요 국가의 65세 이상 인구 비율(2015)이다. (나)에 비해 (가)에서 주로 나타나는 현상으로 옳은 것은?

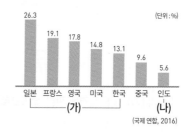

① 청장년층의 노인 부양 부담이 크다.

② 정부는 출산 억제 정책을 시행하고 있다.

③ 일자리가 부족하여 실업 문제가 심각하다.

④ 합계 출산율이 높아 인구가 폭발적으로 증가한다.

⑤ 급격한 이촌 향도로 도시 과밀화 문제가 심각하다.

중요
08 다음과 같은 정책이 필요한 국가는 어디인가?

- 단계적으로 정년을 연장하거나 폐지한다.
- 임신과 출산, 육아와 교육까지 국가가 책임진다.

① 인구 부양력이 낮은 국가
② 성비 불균형이 심각한 국가
③ 노년층 인구 비율이 높은 국가
④ 유소년층 인구 비중이 높은 국가
⑤ 출생률과 사망률이 모두 높은 국가

[09~10] 인구 피라미드를 보고 물음에 답하시오.

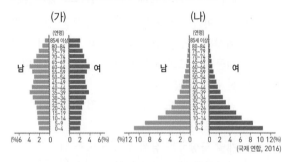

09 위 그래프에서 (가) 지역보다 (나) 지역에서 높은 수치가 나타나는 지표로 옳은 것은?

① 국민 소득
② 유입 인구수
③ 영아 사망률
④ 여성의 결혼 연령
⑤ 노령 인구 비율

고난도
10 위 그래프의 (가), (나) 지역에 관한 설명으로 옳은 것은?

① (가) 지역은 사망률이 높아 인구가 감소할 것이다.
② (나) 지역은 출생률이 낮아 인구 감소가 우려된다.
③ (가) 지역은 (나) 지역보다 유소년층 부양비가 높을 것이다.
④ (나) 지역은 (가) 지역보다 합계 출산율이 높을 것이다.
⑤ (가)는 개발 도상국, (나)는 선진국의 인구 구조이다.

11 그래프는 중국의 성비 변화를 나타낸 것이다. 이에 관한 설명으로 옳은 것을 〈보기〉에서 고르면?

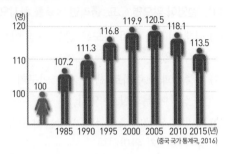

(중국 국가 통계국, 2016)

─ 보기 ─
ㄱ. 남아 선호 사상이 반영된 결과이다.
ㄴ. 인구 고령화에 대비하여 사회 복지 시설을 확충해야 한다.
ㄷ. 현재 결혼 적령기의 남성들은 배우자를 찾기 어려울 것이다.
ㄹ. 정부는 인구 급증을 막기 위한 가족계획 사업을 추진해야 한다.

① ㄱ, ㄴ
② ㄱ, ㄷ
③ ㄴ, ㄷ
④ ㄴ, ㄹ
⑤ ㄷ, ㄹ

서술형
12 그래프는 주요 국가의 65세 이상 인구 비율을 나타낸 것이다. 물음에 답하시오.

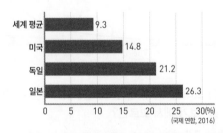

(국제 연합, 2016)

(1) 위 그래프의 국가에서 공통적으로 나타나는 인구 문제를 세 가지 서술하시오.

(2) (1)의 인구 문제에 대한 대책을 세 가지 서술하시오.

우리나라의 인구 문제

1 우리나라의 인구 성장과 인구 정책 [자료1]

시기	인구 성장	인구 정책
1960년대	• 사회 안정으로 출생률 증가 • 사망률 감소로 인구 급증	출산 억제 정책
1970~1980년대	인구 증가, 출생률 감소 시작	
1990년대 이후	출생률 감소로 저출산 문제 발생	출산 장려 정책

2 저출산 [자료2]

(1) **현황** 2015년 기준 합계 출산율이 1.24명 → 세계적으로도 매우 낮은 수준임
└─ OECD 회원국의 평균인 1.68명에도 못 미치는 세계 최저 수준이야.

(2) **원인**

① **사회적·경제적 요인** 여성의 활발한 사회 참여, 결혼 연령 상승, 미혼 인구 증가, 주택 마련 비용 증가, 양육비 부담 등

② **개인적 요인** 결혼 및 가정에 대한 가치관 변화, 개인주의 가치관의 확산, 출산 기피, 육아와 가사 노동 부담 등

3 고령화 [자료2]

(1) **현황**
┌─ 2018년에는 고령 사회, 2026년에는 초고령 사회에 진입할 것으로 예상하고 있어.
① 2000년에 전체 인구 중 65세 이상 인구의 비율이 7%를 넘음 → 고령화 사회 진입

② 2015년에 *중위 연령이 40대에 진입함

(2) **원인** 경제 발전과 의학 기술의 발달에 따른 평균 수명의 연장으로 노인 인구 급증

4 저출산·고령화에 따른 문제 [자료3]
┌─ 저출산 현상이 계속되어 2030년경부터는 총인구의 감소가 예상되고 있어.

(1) **저출산·고령화에 따른 사회적 영향** 저출산 → 인구 정체와 감소, 인구에서 노년층이 차지하는 비중 증가 → *경제 활동 인구 감소 → 세금 감소, 연금과 보험 비용 증가, 경기 침체 등의 사회 문제 발생
└─ 노동력이 부족해지면 국가 경쟁력도 약해질 수 있어.

(2) ***노년층 인구 부양비 증가** 청장년층의 고령 인구 부담 증가

(3) **노인 문제 발생** 노년층의 질병·빈곤·소외 등

5 저출산 대책

(1) **출산 장려 지원** 임신·출산 관련 의료비 지원 확대, 양육비 및 보육료 지원, 영·유아 보육 시설 확충 등

(2) **사회적 노력** 청년층의 고용 안정 보장, 남성의 육아 참여 확대 등
└─ 고용이 안정되어야 결혼에 관련된 주택과 양육 등의 비용 부담이 덜해지기 때문이야.

6 고령화 대책

(1) **노인의 경제적 안정 보장** 연금 및 사회 보장 제도 정비, 정년 연장 및 노인 일자리 개발, 노년층의 취업 훈련 기회 제공 등

(2) **기타** 노인 복지 시설 확충, 노인 관련 산업인 *실버산업 확충 등

꼭 나오는 자료

자료1 우리나라의 시기별 가족계획 포스터

▲ 1970년대　　▲ 1980년대　　▲ 2000년대

◎ 1970~80년대의 포스터를 보면 정부가 인구 급증을 우려해 출산 억제 정책을 펼쳤음을 알 수 있다. 2000년대에 들어서는 저출산 현상이 지속되면서 이를 해결하기 위해 출산 장려 정책을 펴고 있음을 알 수 있다.

자료2 우리나라의 합계 출산율 감소와 고령화

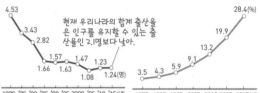

현재 우리나라의 합계 출산율은 인구를 유지할 수 있는 출산율인 2.1명보다 낮아.

▲ 합계 출산율　　　▲ 65세 이상 인구 비율

◎ 우리나라는 1960년대 출산 억제 정책을 중심으로 가족계획을 실시하여 합계 출산율이 급감하였다. 또한 평균 수명 연장으로 전체 인구에서 노년층 인구의 비율이 높아졌다.

자료3 우리나라의 인구 구성 비율 변화

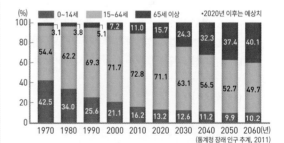

◎ 우리나라의 인구 구성 비율을 살펴보면 유소년층(0~14세)과 청장년층(15~64세)의 인구 비율은 줄고 있으며 앞으로도 감소가 예상된다. 노년층(65세 이상)은 빠르게 증가하여 2030년 경에는 초고령 사회에 진입할 것으로 예상된다.

용어 사전

* **중위 연령** 총인구를 연령순으로 나열할 때 정중앙에 있는 사람의 연령

* **경제 활동 인구** 15세 이상의 인구 가운데 노동 능력 및 의사를 지닌 인구, 생산 가능 인구·생산 연령층·청장년층·15~64세 인구와 동일 범위를 가리킴

* **노년층 인구 부양비** 생산 연령 인구인 청장년층에 대한 노년층의 비율, (65세 이상 노인 인구/15~64세 인구)×100

* **실버산업** 노년층을 대상으로 한 상품과 서비스를 제조 및 판매하거나 제공하는 것을 목적으로 하는 산업

개념 문제

01 다음 설명이 맞으면 ○표, 틀리면 ×표를 하시오.

(1) 1970년대의 가족계획은 출산 억제 정책을 중심으로 추진되었다. ······················· ( )

(2) 우리나라는 1970~80년대를 거치면서 경제 성장과 함께 사회 안정으로 출생률이 증가하였다. ( )

02 빈칸에 들어갈 알맞은 내용을 쓰시오.

(1) 1960년대 이후 출산 억제 정책 추진과 여성의 활발한 사회 참여 증가 등으로 오늘날 우리나라는 (   ) 현상이 나타나고 있다.

(2) 우리나라는 2000년에 노년층 인구 비율이 총인구의 7% 이상인 (   ) 사회로 진입하였다.

(3) 오늘날 우리나라는 저출산·고령화로 인해 노인 부양 부담 증가, (   ) 부족 등의 문제가 나타나고 있다.

03 우리나라의 인구 문제에 대한 해결 방안을 〈보기〉에서 골라 기호를 쓰시오

> **보기**
> ㄱ. 정년 연장   ㄴ. 양육비 지원
> ㄷ. 실버산업 육성   ㄹ. 연금 제도 정비
> ㅁ. 출산 지원금 지급   ㅂ. 영·유아 보육 시설 확대

(1) 저출산 (   )   (2) 고령화 (   )

실력 문제

04 우리나라의 인구 성장 과정에 관한 설명으로 옳지 <u>않은</u> 것은?

① 1960년대 이후 사망률이 낮아져 인구가 급증하였다.
② 6·25 전쟁이 끝난 이후 사회가 안정되면서 출생률이 높아졌다.
③ 정부가 출산 억제 정책을 추진한 이후부터는 출생률이 낮아졌다.
④ 산업화 이후 여성의 사회 진출이 활발해지면서 출생률이 높아졌다.
⑤ 오늘날 우리나라는 저출산으로 인해 인구 정체 및 감소가 우려되고 있다.

[05~06] 그래프는 우리나라의 시기별 가족계획 포스터이다. 물음에 답하시오.

(가)   (나)

05 위의 (가), (나) 포스터에 나타난 인구 정책을 실시한 배경을 바르게 짝지은 것은?

	(가)	(나)
①	낮은 출생률	높은 사망률
②	높은 출생률	낮은 출생률
③	높은 사망률	높은 출생률
④	국제결혼 증가	출생 성비 불균형
⑤	고령화 사회 진입	고령 사회 진입

<u>고난도</u>
06 위의 (가), (나) 포스터에 관한 설명으로 옳은 것은?

① (가)는 출생률을 높이기 위한 것이다.
② (나)는 출산 억제 정책과 관련이 깊다.
③ (나) 시기에는 유소년층 인구 비율이 높다.
④ (가)는 (나)보다 포스터 제작 시기가 느리다.
⑤ (가)는 (나)의 제작 시기보다 출생률이 높다.

<u>중요</u>
07 우리나라의 합계 출산율이 그래프와 같이 변화한 이유로 옳지 <u>않은</u> 것은?

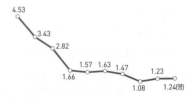

① 결혼 연령 상승   ② 미혼 인구 증가
③ 자녀 양육비 부담   ④ 남아 선호 사상 심화
⑤ 결혼에 관한 가치관 변화

08 그림은 노인 한 명을 부양할 때 필요한 생산 가능 인구를 나타낸 것이다. (가)에서 (나)로 변화할 때 발생하는 인구 문제를 해결하기 위한 대책으로 적절하지 <u>않은</u> 것은?

(가)   (나)

① 청장년층의 부양 부담을 완화해야 한다.
② 연금 및 사회 보장 제도를 정비해야 한다.
③ 노년층에 취업 훈련 기회를 제공해야 한다.
④ 영·유아 보육 시설의 정비와 확충이 필요하다.
⑤ 실버산업의 발전을 위한 정책을 시행해야 한다.

[09~10] 그래프는 우리나라의 연령별 인구 비율 변화를 나타낸 것이다. 물음에 답하시오.

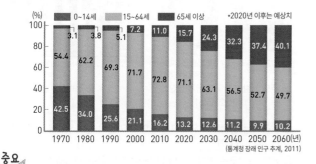

(통계청 장래 인구 추계, 2011)

중요
09 위 그래프와 같은 인구 구성 변화가 나타나는 이유를 〈보기〉에서 고르면?

┌─ 보기 ───────────────────
ㄱ. 산업화에 따른 인구의 도시 집중
ㄴ. 의료 기술 발달에 따른 평균 수명 연장
ㄷ. 자녀 양육비 부담에 따른 출산율의 감소
ㄹ. 남아 선호 사상에 따른 출생 성비 불균형
└──────────────────────────

① ㄱ, ㄴ ② ㄱ, ㄷ ③ ㄴ, ㄷ ④ ㄴ, ㄹ ⑤ ㄷ, ㄹ

고난도
10 위 그래프를 통해 알 수 있는 2030년 이후에 발생할 것으로 예상되는 인구 문제에 관한 설명으로 옳지 <u>않은</u> 것은?

① 노동력 부족 문제가 발생할 것이다.
② 인구 성장률이 더욱 낮아질 것이다.
③ 중위 연령이 현재보다 낮아질 것이다.
④ 출생률을 높이기 위한 대책이 필요할 것이다.
⑤ 생산 인구가 감소하여 경제 성장이 둔화될 것이다.

11 다음의 인구 정책을 추진한 배경으로 옳은 것은?

• 난임 의료비 전액 지원
• 아버지 육아 휴직 할당제
• 출산 전후 휴가 급여 지원
• 신혼부부 대상 주택 자금 지원 확대

① 혼인 연령이 낮아지고 있다.
② 외국인 노동자 수가 감소하고 있다.
③ 청장년층 인구 비율이 높아지고 있다.
④ 출산율 저하로 총인구 감소가 우려된다.
⑤ 은퇴한 노인의 경제 빈곤이 사회 문제가 되고 있다.

중요
12 자료에 나타난 우리나라의 인구 문제를 해결하기 위한 대책으로 적절한 것은?

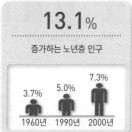

① 농촌 지역의 생활 환경을 개선한다.
② 노인의 일자리 창출을 위해 노력한다.
③ 가족계획을 통해 인구 성장을 억제한다.
④ 양성평등 문화를 정착시키기 위해 노력한다.
⑤ 다문화 가정에 혜택을 지원하는 정책을 실시한다.

서술형
13 자료를 통해 알 수 있는 인구 문제에 대한 대책을 세 가지 서술하시오.

합계 출산율 1.24명
세계 최저 수준
아기 울음 사라지는
대한민국

 **올리드 특강**

세계의 인구 문제

인구 성장이 지역에 따라 다르게 나타나므로 각 지역이 당면한 인구 문제도 다를 수 밖에 없다. 선진국과 개발 도상국, 그리고 우리나라가 처한 인구 문제가 무엇인지, 왜 발생하였는지, 그리고 이를 해결하기 위해 어떤 노력을 해야 하는지 차이점을 파악하여 알아두어야 한다.

주제 탐구하기

탐구 1 선진국의 인구 문제 **탐구 2** 개발 도상국의 인구 문제

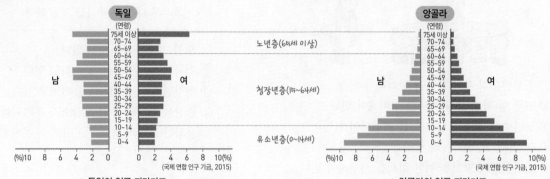

▲ 독일의 인구 피라미드 ▲ 앙골라의 인구 피라미드

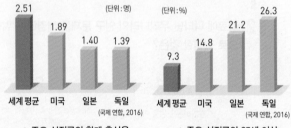

▲ 주요 선진국의 합계 출산율 (2010~2015년)

▲ 주요 선진국의 65세 이상 인구 비율(2015년)

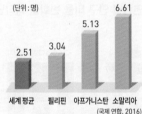

▲ 주요 개발 도상국의 합계 출산율 (2010~2015년)

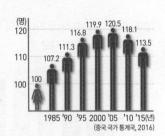

▲ 중국의 성비 변화

❶ 독일은 유소년층의 비율이 매우 적으므로 저출산 문제가 심각할 것이며, 노인 인구 비율이 매우 높게 나타나는 전형적인 선진국형 인구 구조가 나타난다.

❷ 선진국은 저출산과 고령화 현상이 지속되고 있다.

❸ 저출산과 고령화에 따라 노동력 부족과 청장년층의 노인 인구 부양 부담 증가 등의 문제가 발생하고 있다.

❶ 앙골라는 출생률과 유소년층의 인구 비율이 높아 앞으로 인구 급증이 예상된다.

❷ 개발 도상국은 합계 출산율이 매우 높아 현재 세계의 인구 성장을 주도하고 있다.

❸ 중국과 인도 등 일부 아시아 국가에서는 남아 선호 사상에 따른 성비 불균형 문제가 나타나고 있다.

탐구 3 우리나라의 시기별 인구 문제와 인구 정책

인구 급증을 완화하기 위한 출산 억제 정책

출생 성비 불균형 해결을 위한 정책

저출산 해결을 위한 출산 장려 정책

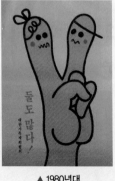

▲ 1970년대

▲ 1980년대

▲ 1990년대

▲ 2000년대   ▲ 2015년

문제 연습하기

유형 1 선진국과 개발 도상국의 인구 구조를 비교하는 문제

1. 〈탐구 1〉과 〈탐구 2〉의 인구 피라미드를 분석하여 빈칸에 알맞은 말을 쓰시오.

구분	독일	앙골라
출생률	(1)	(2)
사망률	낮다	높다
유소년층 비중	낮다	(3)
노년층 비중	(4)	(5)
평균 수명	길다	짧다
경제 수준	(6)	(7)

2. 〈탐구 1〉과 〈탐구 2〉의 국가에서 나타나는 인구 문제에 관한 설명이 맞으면 ○표, 틀리면 ×표를 하시오.

(1) 독일은 앙골라보다 외국인 노동자의 유입이 많을 것이다.
( )

(2) 앙골라는 출생률이 낮으므로 출산 장려 정책을 추진해야 한다.
( )

(3) 앙골라는 독일보다 인구 부양력이 낮아 기아와 빈곤 문제 등을 겪고 있을 것이다.
( )

유형 2 다양한 자료로 세계의 인구 문제를 파악하는 문제

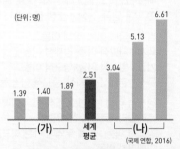

(단위: 명)

1.39 1.40 1.89 2.51 3.04 5.13 6.61

└─(가)─┘ 세계 평균 └─(나)─┘
(국제 연합, 2016)

▲ 주요 국가의 합계 출산율(2010~2015년)

1. 위 그래프를 보고 ㉠, ㉡ 중 알맞은 것을 고르시오.

(1) ㈎는 (㉠ 선진국, ㉡ 개발 도상국), ㈏는 (㉠ 선진국, ㉡ 개발 도상국)에 해당한다.

(2) ㈎는 ㈏보다 15세 미만 유소년층의 인구 비율이 (㉠ 높고, ㉡ 낮고), 65세 이상 노년층의 인구 비율이 (㉠ 높다, ㉡ 낮다).

(3) ㈏와 비슷한 수치가 나타나는 국가는 대체로 (㉠ 유럽, ㉡ 아프리카)와/과 (㉠ 라틴 아메리카, ㉡ 앵글로아메리카) 대륙에 속해 있다.

2. (가) 국가보다 (나) 국가에서 높은 수치가 나타나는 것을 〈보기〉에서 골라 기호를 쓰시오.

┌─ 보기 ─────────────────────┐
│ ㄱ. 사망률 　　　　 ㄴ. 출생률 │
│ ㄷ. 노년 부양비 　　 ㄹ. 인구 부양력 │
│ ㅁ. 인구 증가율 　　 ㅂ. 1차 산업 종사자 비율 │
└──────────────────────────┘

유형 3 포스터와 표어로 우리나라의 시기별 인구 문제를 찾는 문제

(가)　(나)　(다)
(라)　(마)

1. (가)~(마) 포스터를 시기 순으로 바르게 나열하시오.

2. 각 인구 문제가 나타난 시기의 기호를 쓰시오.

(1) 저출산에 따른 노동력 부족 문제가 우려된다. ( )
(2) 산업화의 진행으로 인구가 급증하였다. ( )
(3) 남아 선호 사상이 강화되어 출생 성비 불균형 문제가 나타났다. ( )
(4) 우리나라의 전체 인구가 점차 감소하여 경제 성장이 둔화될 수 있다. ( )

유형 4 그래프 분석을 통해 우리나라의 인구 문제를 찾는 문제

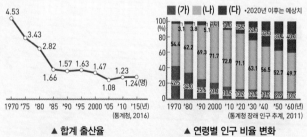

4.53 3.43 2.82 1.66 1.57 1.63 1.47 1.08 1.23 1.24(명)

1970 '75 '80 '85 '90 '95 2000 '05 '10 '15(년)
(통계청, 2016)

▲ 합계 출산율

■(가) ■(나) ■(다) •2020년 이후는 예상치

▲ 연령별 인구 비율 변화

1. 합계 출산율의 변화에 관한 설명이 맞으면 ○표, 틀리면 ×표를 하시오.

(1) 자녀 양육비 부담, 결혼 연령 상승 등이 원인이다. ( )
(2) 총인구 감소와 노동력 부족 문제를 심화시킨다. ( )

2. 빈칸에 들어갈 연령별 인구 비율 변화의 (가)~(다) 기호를 쓰시오.

(1) ( )의 증가로 노인 복지를 위한 비용이 늘어난다.
(2) ( )의 감소로 노동력 부족과 경기 침체 등의 문제가 나타난다.
(3) ( )의 감소는 저출산 문제와 관련이 깊다.

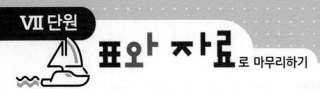

표와 자료로 마무리하기

주제 01 **세계의 인구 분포와 특징**

세계의 인구 분포 자료1	특징	• 지역 간 불평등한 분포 • 반구별 : 세계 인구의 90% 이상이 북반구에 거주 • 위도별 : 북위 20°~40°의 온화한 기후 지역에 인구 집중 • 지형별 : 평야나 해안 지역에 인구 집중 • 대륙별 : 인구 순위 '아시아>아프리카>유럽>남아메리카>북아메리카>오세아니아' • 국가별 : 중국과 인도가 세계 인구의 3분의 1 이상을 차지
	인구 밀집 지역	• 자연적 요인 : 온화한 기후, 넓은 평야, 풍부한 물 예 벼농사가 활발한 동남 및 남부 아시아의 계절풍 기후 지역 등 • 인문적·사회적 요인 : 풍부한 일자리, 편리한 교통, 좋은 교육 및 문화 환경 예 서부 유럽, 미국 북동부의 대서양 연안, 일본의 태평양 연안 등
	인구 희박 지역	• 자연적 요인 : 춥고 건조한 기후, 험준한 산지 예 사하라 사막, 아마존강 유역, 캐나다 북부 지역, 알프스산맥 등 • 인문적·사회적 요인 : 부족한 일자리, 불편한 교통, 전쟁과 분쟁이 잦은 곳 등
우리나라의 인구 분포 자료2	산업화 이전	• 특징 : 자연적 요인의 영향이 큼 • 인구 밀집 지역 : 농경에 유리한 남서부 지역 • 인구 희박 지역 : 농경에 불리한 북동부 지역
	산업화 이후	• 특징 : 인문적·사회적 요인의 영향이 큼 • 인구 밀집 지역 : 이촌 향도 현상으로 대도시와 공업 도시에 인구 집중 • 인구 희박 지역 : 농어촌 및 산지 지역 등

자료1 **세계의 인구 분포**

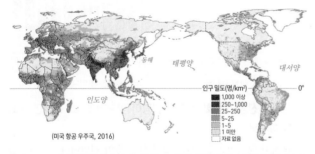

(미국 항공 우주국, 2016)

❶ (　　　) 유럽은 기후가 온화하고, 산업 혁명 이후 공업과 서비스업이 발달하여 경제 성장을 이루어 인구가 밀집한다.

❷ 아프리카에 위치한 (　　　) 사막 주변 지역은 연중 강수량이 적고 물을 구하기 힘들어 인구가 희박하다.

❸ 동남 및 남부 아시아 지역은 여름철 (　　　)의 영향으로 벼농사가 발달해 있어 인구가 밀집한다.

❹ 남아메리카에 위치한 (　　　)강 유역은 연중 고온 다습하고 열대 우림이 우거져 있어 인간 거주에 불리하다.

자료2 **우리나라의 인구 분포**

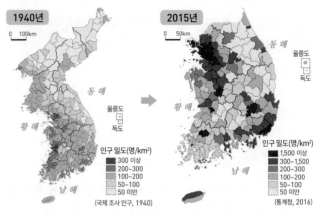

❶ 1940년에는 평야가 넓고 농업에 유리한 (　　　) 지역에 인구가 밀집하였다.

❷ 산업화 이후의 인구 분포는 (　　　) 요인의 영향을 크게 받았다.

❸ 오늘날 대도시와 공업 도시의 인구 밀도가 높은 이유는 농촌 지역으로부터의 (　　　) 현상 때문이다.

주제 02 **인구 이동과 지역의 변화**

인구 이동	원인	• 흡인 요인 : 인구를 끌어들이는 요인 예 풍부한 일자리, 높은 임금 등 • 배출 요인 : 인구를 다른 지역으로 밀어내는 요인 예 낮은 임금, 전쟁과 분쟁 등
	유형	• 범위 : 국내 이동, 국제 이동 • 의지 : 자발적 이동, 강제적 이동 • 기간 : 일시적 이동, 영구적 이동 • 목적 : 경제적·정치적·종교적 이동 등
인구의 국제 이동 자료3	과거	• 경제적 이동 : 신항로 개척 이후 아메리카와 오스트레일리아로 이주한 유럽인 • 강제적 이동 : 노예 무역에 따른 아프리카 흑인의 아메리카 이동 • 종교적 이동 : 영국 청교도의 아메리카 이동
	오늘날	• 경제적 이동 : 일자리를 찾기 위한 개발 도상국에서 선진국으로의 이동 • 정치적 이동 : 내전과 분쟁을 피해 이동하는 아프리카와 서남아시아 등지의 난민 • 환경 난민 : 지구 온난화와 자연재해에 따른 이동
인구 이동과 지역 변화	인구 유입 지역	• 긍정적 영향 : 저임금 노동력 확보, 경제 활성화 • 부정적 영향 : 이주민과 현지인 간 일자리 경쟁과 문화 충돌 발생, 인종 차별 등
	인구 유출 지역	• 긍정적 영향 : 실업률 감소, 외화 유입 등 • 부정적 영향 : 산업 및 사회 성장 둔화, 성비 불균형, 노동력 부족 등
우리나라의 인구 이동 자료4	1960년대~	대도시와 공업 도시에 인구 집중, 미국·독일·서남아시아 등지로 경제적 목적에 따른 이동
	1990년대~	대도시 주변의 신도시와 촌락 지역으로의 이동, 중국과 동남아시아 출신 외국인의 유입 증가
	최근	해외 이동 증가, 국내 다문화 가정 증가

자료3 인구의 국제 이동

○ 출발지 ● 도착지

❶ A는 영국의 청교도들이 북아메리카로 이주한 (   ) 이동이다.

❷ B는 일자리를 찾기 위한 (   )에서 (   )으로의 이동으로, 경제적 목적에 따른 이동이다.

❸ C는 내전과 분쟁을 피하기 위한 (   )의 이동이다.

❹ B, D, E는 (   ) 목적에 따른 이동이 대부분이다.

자료4 우리나라의 국내 이동

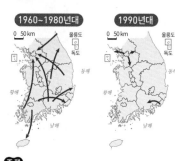

| 1960~1980년대 | 1990년대 |

❶ 1960년대 산업화로 농촌의 인구가 대도시와 공업 도시로 일자리를 찾아 이동하는 (   ) 현상이 나타났다.

❷ 1990년대 이후에는 쾌적한 생활 환경을 찾아 도시를 떠나 주변 지역으로 이동하는 (   ) 현상이 나타났다.

주제 03 세계의 인구 문제

세계의 인구 성장	산업 혁명 이후 의학 기술 발달 → 평균 수명 증가, 영아 사망률 감소	
	선진국	산업 혁명 이후 인구 급증, 현재는 인구 증가 속도가 완만하거나 정체 상태
	개발 도상국	제2차 세계 대전 이후 인구 급증, 현재는 세계 인구 성장 주도
세계의 인구 문제 자료5	선진국	• 저출산 : 가치관의 변화와 양육의 경제적 부담 등으로 출생률 저하 → 생산 가능 인구 감소 → 경제 성장 둔화 • 고령화 : 평균 수명 연장 → 인구 중 노인 인구 비율 증가 → 노년 부양비 증가, 노동력 부족, 노인 소외 등 • 대책 : 출산 장려 정책, 연금 제도 개선, 노인 복지 강화, 외국인 노동자 유입 확대 등
	개발 도상국	• 인구 급증 : 낮은 인구 부양력으로 기아와 빈곤 발생, 출산 억제 정책과 농업의 기계화·산업화 정책 등이 필요 • 도시 과밀화 : 이촌 향도에 따른 도시 인구 급증으로 도시 생활 환경 악화, 농촌의 생활 환경 개선과 인구 분산 등의 대책 필요 • 출생 성비 불균형 : 아시아 일부 국가에서 나타남, 양성평등 문화 정착 필요

자료5 선진국과 개발 도상국의 인구 문제

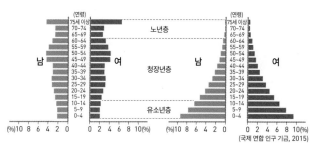

▲ 독일의 인구 피라미드   ▲ 앙골라의 인구 피라미드

(국제 연합 인구 기금, 2015)

❶ 독일은 출생률과 사망률이 (   ), 평균 수명이 길어 노년층의 인구 비율이 높기 때문에 저출산과 (   ) 문제가 나타난다.

❷ 앙골라는 (   )이/가 높아 인구가 지속적으로 증가하고 있지만, (   )이/가 낮기 때문에 빈곤과 기아 문제를 겪고 있다.

주제 04 우리나라의 인구 문제

인구 성장과 인구 정책	• 6·25 전쟁 이후 : 출생률 증가+사망률 감소 → 인구 급증 • 1960~80년대 : 높은 출생률과 인구 급증으로 출산 억제 정책 실시 • 1990년대 이후 : 저출산 문제로 출산 장려 정책 실시	
인구 문제 자료6	저출산	• 현황 : 2015년 기준 합계 출산율 1.24명 • 원인 : 여성의 활발한 사회 참여, 미혼 인구 증가, 자녀 양육비 부담, 결혼과 가정에 관한 가치관 변화 등 • 문제 : 총인구 감소, 노동력 부족, 경기 침체 등 • 대책 : 임신 및 출산 관련 의료비·양육비 지원과 보육 시설 확대, 청년 고용 안정 보장 등
	고령화	• 원인 : 경제 발전과 의학 기술 발달로 평균 수명 연장 • 문제 : 노년층 인구 부양비 증가, 노년층의 질병 및 빈곤 문제 발생 • 대책 : 연금 및 사회 제도 확충, 정년 연장, 실버산업 육성, 재취업 훈련 기회 제공 등

자료6 우리나라의 저출산과 고령화

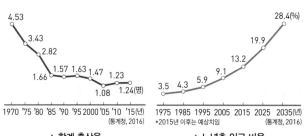

▲ 합계 출산율   ▲ 노년층 인구 비율

❶ 세계 최저 수준의 합계 출산율이 나타나는 우리나라는 (   )에 따른 총인구 감소가 예상된다.

❷ 우리나라는 2015년을 기준으로 노인 인구가 전체 인구의 7% 이상인 (   ) 사회에 속한다.

01 인구 분포에 영향을 미치는 인문적·사회적 요인을 〈보기〉에서 고르면?

> ─ 보기 ─
> ㄱ. 기온　　　ㄴ. 교통　　　ㄷ. 산업
> ㄹ. 교육　　　ㅁ. 지형　　　ㅂ. 강수량

① ㄱ, ㅁ, ㅂ　　② ㄴ, ㄷ, ㄹ　　③ ㄴ, ㅁ, ㅂ
④ ㄷ, ㄹ, ㅁ　　⑤ ㄹ, ㅁ, ㅂ

[02~03] 세계의 인구 분포 지도를 보고 물음에 답하시오.

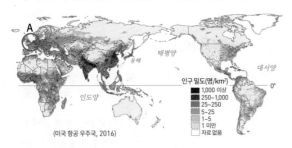

(미국 항공 우주국, 2016)

02 위 지도를 보고 알 수 있는 세계 인구 분포의 특징을 〈보기〉에서 고르면?

> ─ 보기 ─
> ㄱ. 적도와 극지방은 인구가 희박하다.
> ㄴ. 북반구의 중위도 지역은 인구 밀도가 높다.
> ㄷ. 해안 지역보다 내륙 지역에 인구가 집중한다.
> ㄹ. 주로 아시아와 오스트레일리아에 인구가 밀집한다.

① ㄱ, ㄴ　　② ㄱ, ㄷ　　③ ㄴ, ㄷ
④ ㄴ, ㄹ　　⑤ ㄷ, ㄹ

03 위 지도의 A 지역에 관한 설명으로 옳은 것은?

① 물을 구하기 어려워 인구 밀도가 낮다.
② 세계 최대의 인구 대국이 위치해 있다.
③ 일찍부터 산업이 발달하여 인구 밀도가 높다.
④ 해발 고도가 높고 지형이 험준해 인구가 희박하다.
⑤ 세계 인구의 절반 이상이 거주하는 인구 밀집 지역이다.

04 A에 해당하는 대륙은 어디인가?

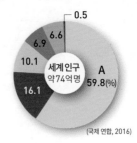

(국제 연합, 2016)

① 유럽
② 아시아
③ 아프리카
④ 북아메리카
⑤ 오세아니아

[05~06] 지도를 보고 물음에 답하시오.

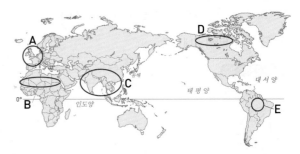

05 다음과 같은 특징이 나타나는 지역을 위 지도의 A~E에서 고르면?

> 일 년 내내 고온 다습한 기후 지역으로 크고 작은 나무들이 빽빽한 우림을 이루고 있기 때문에 인간 거주에 불리해 인구 밀도가 낮은 편이다.

① A　　② B　　③ C　　④ D　　⑤ E

06 ㉠에 해당하는 곳을 위 지도의 A~E에서 고르면?

(㉠)은/는 계절풍의 영향으로 강수량이 풍부하고, 하천 유역에 넓은 평야가 발달하였다. 이는 벼농사에 유리한 자연 조건으로, 인간 생활에 유리하여 인구가 밀집한다.

① A　　② B　　③ C　　④ D　　⑤ E

07 A, B 국가의 인구 분포에 관한 설명으로 옳은 것은?

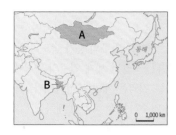

① A는 기온이 높고 강수량이 풍부하여 인간 거주에 유리하다.
② A의 강 하류 지역에 넓은 평야가 있어 인구가 밀집한다.
③ B의 주민 대부분은 벼농사를 짓는다.
④ A는 B보다 인구 밀도가 높다.
⑤ B는 A보다 해발 고도가 높아 인간이 거주하기에 불리하다.

08 우리나라의 (가), (나) 시기별 인구 분포에 관한 설명으로 옳은 것을 〈보기〉에서 고르면?

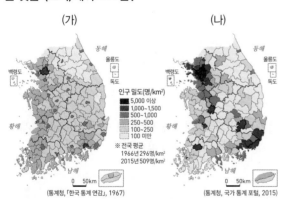

(통계청, 「한국 통계 연감」, 1967) (통계청, 국가 통계 포털, 2015)

보기
ㄱ. (가) 시기 우리나라는 전통적인 농업 사회이다.
ㄴ. (가) 시기의 인구 분포는 인문적·사회적 요인의 영향을 크게 받은 것이다.
ㄷ. (나) 시기에는 대도시와 수도권에 인구가 밀집하고 있다.
ㄹ. (가) 시기의 인구 분포가 이촌 향도 현상이 발생하여 (나)로 바뀌었다.

① ㄱ, ㄴ ② ㄱ, ㄹ ③ ㄱ, ㄴ, ㄷ
④ ㄱ, ㄷ, ㄹ ⑤ ㄴ, ㄷ, ㄹ

09 (가)~(다) 인구 이동의 유형을 바르게 짝지은 것은?

	(가)	(나)	(다)
①	일시적	경제적	정치적
②	일시적	정치적	경제적
③	경제적	일시적	정치적
④	경제적	정치적	강제적
⑤	정치적	강제적	경제적

10 (가), (나)에 해당하는 인구 이동을 지도의 A~E에서 골라 바르게 짝지은 것은?

(가) 아프리카인들은 노예 무역 때문에 강제적으로 아메리카로 이동하였다.
(나) 내전을 피해 소말리아에서 케냐의 난민촌으로 이동하였다.

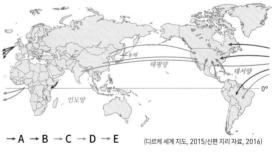

→A →B →C →D →E (디르케 세계 지도, 2015/신편 지리 자료, 2016)

	(가)	(나)		(가)	(나)
①	A	D	②	B	C
③	B	E	④	C	B
⑤	D	E			

11 ⊙, ⓒ 들어갈 용어를 바르게 짝지은 것은?

> • 개발 도상국에서는 농촌보다 일자리가 풍부하고 높은 임금을 받을 수 있는 도시로 인구가 이동하는 (⊙) 현상이 활발하다.
> • 일부 선진국에서는 (ⓒ) 현상이 나타나는데, 이는 쾌적한 환경을 찾아 도시의 인구가 도시 주변 지역이나 촌락으로 이동하는 것이다.

	⊙	ⓒ		⊙	ⓒ
①	산업화	교외화	②	산업화	역도시화
③	역도시화	교외화	④	이촌 향도	도시화
⑤	이촌 향도	역도시화			

13 ⊙~㉣에 관한 옳은 설명을 〈보기〉에서 고르면?

> 선진국은 (⊙)을/를 거치면서 인구가 성장하였으나, 현재는 인구의 증가 속도가 완만하거나 정체되어 있다. 오늘날 세계 인구의 증가에 가장 큰 영향을 미치는 지역은 개발 도상국이다. 특히 가장 많은 인구가 거주하는 (ⓒ) 대륙에 위치한 개발 도상국은 제2차 세계 대전 이후 ⓒ 사망률과 ㉣ 출생률이 변화해 인구가 급증하고 있다.

> ─ 보기 ─
> ㄱ. ⊙ - 농업 기술 발달로 농업 생산량이 증가하였다.
> ㄴ. ⓒ - 세계 인구의 3분의 1 정도가 거주하는 중국과 인도를 포함한다.
> ㄷ. ⓒ - 의료 기술의 발달로 사망률이 낮아졌다.
> ㄹ. ㉣ - 여성의 사회 진출 증가 등을 이유로 출생률이 낮아졌다.

① ㄱ, ㄴ ② ㄱ, ㄷ ③ ㄴ, ㄷ
④ ㄴ, ㄹ ⑤ ㄷ, ㄹ

12 지도는 세계의 인구 유입 지역과 유출 지역을 나타낸 것이다. A, B 지역에 관한 설명으로 옳은 것을 〈보기〉에서 고르면?

*2005~2015년의 인구 순 이동을 나타낸 것임
**인구 유입 및 유출 초과 상위 30개국을 나타낸 것임
(국제 연합, 2015)

> ─ 보기 ─
> ㄱ. A 지역은 인구의 고령화로 노동력 부족 문제가 나타난다.
> ㄴ. B 지역은 일찍이 산업이 발달하여 일자리가 풍부하다.
> ㄷ. A 지역은 B 지역보다 인구 부양력이 높다.
> ㄹ. A 지역은 주로 개발 도상국, B 지역은 선진국이 분포한다.

① ㄱ, ㄴ ② ㄱ, ㄷ ③ ㄴ, ㄷ
④ ㄴ, ㄹ ⑤ ㄷ, ㄹ

14 (가) 지역보다 (나) 지역에서 수치나 비중이 높게 나타나는 지표를 〈보기〉에서 고르면?

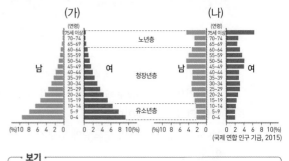

(국제 연합 인구 기금, 2015)

> ─ 보기 ─
> ㄱ. 중위 연령 ㄴ. 인구 부양력
> ㄷ. 합계 출산율 ㄹ. 유소년 부양비

① ㄱ, ㄴ ② ㄱ, ㄷ ③ ㄴ, ㄷ
④ ㄴ, ㄹ ⑤ ㄷ, ㄹ

15 대화에 나타난 정책을 실시하는 이유로 옳은 것은?

미국은 정년 연장으로 노년층의 일자리를 보장하고 있어요.

일본은 퇴직 후에도 안정적으로 살 수 있도록 연금 제도를 개선했어요.

① 실업자가 많아 일자리를 늘리기 위해서
② 저출산으로 노동력이 부족해졌기 때문에
③ 인구 급증으로 인구 부양력이 낮아졌기 때문에
④ 고령화로 노인 부양 부담이 증가하였기 때문에
⑤ 의료 기술 발달로 노인 인구가 감소했기 때문에

16 A 국가에서 나타나는 인구 문제를 〈보기〉를 고르면?

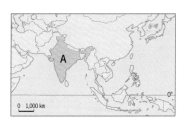

┌─ 보기 ─────────────────────┐
│ ㄱ. 노동력 부족   ㄴ. 출생 성비 불균형 │
│ ㄷ. 인구의 폭발적 증가   ㄹ. 노인 복지 비용 증가 │
└──────────────────────────┘

① ㄱ, ㄴ ② ㄱ, ㄷ ③ ㄴ, ㄷ ④ ㄴ, ㄹ ⑤ ㄷ, ㄹ

17 우리나라에서 그래프와 같은 현상이 계속될 경우 나타날 수 있는 문제로 옳지 <u>않은</u> 것은?

▲ 합계 출산율   ▲ 65세 이상 인구 비율

① 경제 활동 인구가 감소할 것이다.
② 장기적으로 경기가 침체될 것이다.
③ 인구 성장이 정체하거나 감소할 것이다.
④ 청장년층의 인구 부양비 부담이 줄어들 것이다.
⑤ 인구에서 노년층이 차지하는 비중이 높아질 것이다.

✎ 서술형 문제

18 우리나라의 시기별 인구 분포에 영향을 준 요인과 인구 분포 특징을 서술하시오. (단, 많은 인구가 거주한 지역의 특징만 서술할 것)

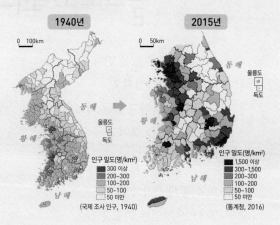

19 지도에 나타난 인구 이동의 목적과 이동 방향에 관해 서술하시오.

20 자료를 통해 알 수 있는 우리나라의 인구 문제를 쓰고, 각 문제에 대한 대책을 <u>한 가지</u>씩 서술하시오.

슬프고도 괴로운 일을 만나거든

슬프고 괴로운 일을 만나거든
이렇게 생각하십시오.
'지금 내가 당하고 있는 괴로운 일은
앞으로도 있을 것이고
다른 사람들도 당하는 일이다.'라고.

또 이렇게 생각하십시오.
'오늘 처음 있는 괴로운 일이
과거에도 있었던 일인데 다만 지금은
잊어버리고 무관심하게 되었을 뿐이다.'라고.

당신을 괴롭히고 슬프게 하는 일은
단지 하나의 시련일 뿐이라고 생각하십시오.
쇠는 뜨거운 불에 달구어야 강해집니다.
지금의 시련을 통해서
더욱 굳센 마음을 지니게 될 것입니다.

– 아우렐리우스, 이가출판사 〈지금 이 순간 꼭 필요한 한마디〉 중에서

VIII

사람이 만든 삶터, 도시

세계의 다양한 도시

1 도시의 의미와 특징
└ 도시의 기준은 나라마다 다른데, 일반적으로 인구를 기준으로 해. 우리나라는 2만 명 이상의 인구가 모여 사는 곳을 도시라고 해.

(1) **도시의 의미** 일정한 면적에 많은 인구가 모여 사는 거주 공간

(2) **도시의 특징** 세계 인구의 절반가량이 도시에 거주, 높은 인구 밀도, 생활 편의 시설과 각종 기능 집중

(3) **촌락과 도시의 비교** [자료 1]
└ 도시보다 공동체 의식이 강해. 왜? 좁은 공간에 많은 사람이 모여 살기 때문이야.

구분	촌락	도시
인구	낮은 인구 밀도	높은 인구 밀도
산업	1차 산업 비율 높음	2·3차 산업 비율 높음
주민 직업 구성	단순한 직업 구성	다양한 직업 구성
토지 이용	*조방적 이용	*집약적 이용(→ 고층 건물 발달)
경관	자연 경관 발달	인문 경관 발달
기능	농수산물 공급, 휴양 공간	재화와 서비스를 공급, 정치·경제·사회 문화의 중심지

왜? 2·3차 산업 종사자가 많고 병원·상가·관공서 등 생활 편의 시설과 각종 기능이 집중하기 때문이야.

2 도시의 형성과 발달
└ 오늘날 이라크의 하천으로 기원전 3,500년 무렵 역사상 최초의 도시가 발달했어.

(1) **최초의 도시** 티그리스강과 유프라테스강 유역 → 농업에 유리

(2) **중세 도시** 시장을 중심으로 상업 도시 발달
└ 교역과 교환이 활발한 곳이야.

(3) **근대 도시** 산업 혁명으로 석탄 산지 주변에 공업 도시 발달

(4) **현대 도시** 첨단 산업·서비스업·교육·문화 등의 다양한 기능을 수행하는 도시 발달
└ 20세기 이후의 도시들이야.

3 세계의 다양한 도시

(1) **도시의 다양한 모습**

① **도시의 모습** 지리와 역사, 문화, 그리고 그곳에 사는 사람들의 삶터에 관한 가치관에 따라 다양하게 나타남

② **랜드마크** 도시의 독특하고 매력적인 건축물은 도시를 대표하는 역할을 함 **예** 뉴욕의 자유의 여신상, 카이로의 스핑크스와 피라미드, 베이징의 자금성, 시드니의 오페라 하우스 [자료 2]
└ 카이로는 천 년이 넘는 역사를 지닌 곳으로, 아프리카 최대 도시야.

(2) **세계 주요 도시의 특징** [자료 3]

① **세계 도시** 경제·문화·정치의 중심지로 전 세계에 영향력 행사 → 금융 기관·다국적 기업의 본사 및 국제기구의 본부 입지, 자본과 정보의 집중 **예** 뉴욕(미국), 런던(영국), 도쿄(일본)

② **환경·생태 도시** 생태 환경을 잘 가꾸는 도시 **예** 프라이부르크 (독일), 쿠리치바(브라질)
└ 국제 연합(UN) 본부가 있어.
└ 동서양의 역사·종교·문화 등이 어우러져 독특한 경관이 나타나.

③ **역사·문화 도시** 역사와 문화 유적이 많은 도시 **예** 시안(중국), 로마(이탈리아), 아테네(그리스), 이스탄불(터키)

④ **관광 도시** 나폴리(이탈리아)와 시드니(오스트레일리아)의 아름다운 항구, 옐로나이프(캐나다)의 오로라, 키토(에콰도르)의 고산 도시 경관

⑤ **기타** 북대서양 조약 기구(NATO)와 유럽 연합(EU) 본부가 있는 브뤼셀(벨기에), 아시아 국제 교통의 중심인 싱가포르

(3) **세계 주요 도시 간의 관계** 교통과 통신 기술의 발달로 도시 간 활발한 상호 작용 발생

꼭 나오는 자료

자료 1 도시와 촌락 경관

▲ 중국의 촌락   ▲ 중국의 도시

◎ 사람들이 살아가는 삶터를 취락이라고 하며, 취락은 촌락과 도시로 구분된다. 상대적으로 인구가 적은 촌락은 숲과 하천, 산지 등과 같은 자연 경관이 많으며, 많은 인구가 밀집한 도시는 건축물이나 도로와 같은 인문 경관이 많다.

자료 2 세계 여러 도시의 매력적인 경관

▲ 뉴욕의 자유의 여신상   ▲ 로마의 콜로세움

▲ 카이로의 스핑크스와 피라미드   ▲ 리우데자네이루의 구세주 그리스도상

자료 3 세계의 주요 도시

◎ 세계에는 유명하거나 매력적인 도시들이 많다. 세계 경제의 중심지 역할을 하는 도시, 생태 환경이 우수한 도시, 관광 산업이 발달한 도시 등 다양한 기준으로 분류할 수 있다.

용어 사전

* **조방**(粗 거칠다, 放 놓다) 거칠게 놓음, 넓은 면적에 자본과 노동력을 적게 집중하여 상대적으로 면적에 비해 낮은 수익을 얻음

* **집약**(集 모으다, 約 묶다) 한데 모아서 묶음, 좁은 면적에 많은 자본과 노동력을 집중하여 최대한의 수익을 얻음

개념 문제

01 ㉠, ㉡ 중 알맞은 것을 고르시오.

(1) 도시는 인구 밀도가 (㉠ 낮고, ㉡ 높고) 토지 이용이 (㉠ 조방적, ㉡ 집약적)으로 이루어진다.

(2) 미국의 뉴욕, 영국의 런던, 일본의 도쿄는 다국적 기업의 본사가 (㉠ 많고, ㉡ 적고) 주변 국가와 도시들에 미치는 영향력이 (㉠ 작다, ㉡ 크다).

02 다음 설명이 맞으면 ○표, 틀리면 ×표를 하시오.

(1) 도시는 일정한 면적에 많은 인구가 모여 사는 거주 공간으로 인구 밀도가 높은 편이다. ········ (   )

(2) 도시의 주된 기능은 농산물과 임산물 등을 생산하여 촌락에 공급하는 것이다. ···················· (   )

(3) 촌락은 자연 경관이 발달하였고 도시는 인문 경관이 발달하였다. ········· (   )

03 도시와 랜드마크를 바르게 연결하시오.

(1) 뉴욕 •　　　　　　• ㉠ 에펠탑

(2) 파리 •　　　　　　• ㉡ 콜로세움

(3) 로마 •　　　　　　• ㉢ 자유의 여신상

(4) 시드니 •　　　　　• ㉣ 오페라 하우스

실력 문제

04 ㉠~㉤에 관한 설명으로 옳지 <u>않은</u> 것은?

> 사람들이 살아가는 삶터를 ㉠ <u>취락</u>이라고 하며, 그 중 일정한 면적에 많은 사람들이 모여 사는 지역을 도시라고 한다. 도시는 ㉡ <u>2·3차 산업</u>에 종사하는 인 구 비율이 높고 ㉢ <u>주변 지역</u>에 ㉣ <u>재화와 서비스를</u> 제공하며 ㉤ <u>정치·경제·문화의 중심지</u>이다.

① ㉠에는 도시와 촌락이 있다.

② ㉡에는 공업과 서비스업이 속한다.

③ ㉢과 도시는 서로 영향을 주고받는다.

④ ㉣은 생활 편의 시설과 기능이 다양하여 가능하다.

⑤ ㉤의 영향으로 토지 이용이 조방적으로 나타난다.

05 ^{고난도} (가), (나) 지역에 관한 설명으로 옳은 것은?

(가)	(나)

① (가)는 (나)보다 인구 밀도가 높다.

② (가)는 (나)보다 주거 환경과 편의 시설이 더 좋다.

③ (나)는 (가)보다 농업에 종사하는 인구가 많다.

④ (가)와 (나)는 상호 보완적인 관계이다.

⑤ (가)와 (나)는 주요 산업의 종류가 같다.

06 ^{중요} 촌락과 도시에 관한 설명으로 옳은 것은?

	구분	촌락	도시
①	인구 밀도	높다	낮다
②	주요 경관	자연 경관	인문 경관
③	건물 높이	높다	낮다
④	주요 산업	공업, 서비스업	농업
⑤	주민 직업 구성	다양하다	단순하다

07 다음 글은 도시의 형성과 발달에 관한 내용이다. ㉠~㉣ 중 옳은 내용을 고르면?

> ㉠ 도시는 대체로 적의 침입으로부터 안전한 고산 지역이나 열대 밀림에서 발생하였다. ㉡ 역사상 최초의 도시는 기원전 3,500년 무렵 티그리스강과 유프라테스강 유역의 농업에 유리한 조건을 갖춘 지역에서 발달하였다. ㉢ 중세에는 공업이 발달하면서 석탄 산지를 중심으로 공업 도시가 번성하였다. ㉣ 오늘날에는 산업, 서비스업, 교육, 문화 등의 여러 기능을 수행하는 도시가 발달하였다.

① ㉠, ㉡　　　② ㉠, ㉢　　　③ ㉡, ㉢

④ ㉡, ㉣　　　⑤ ㉢, ㉣

08 도시의 발달 과정을 순서대로 나열한 것은?

> (가) 시장을 중심으로 상업 도시 발달
> (나) 석탄 산지를 중심으로 공업 도시 발달
> (다) 농경에 유리한 문명의 발상지에 도시 발달
> (라) 정치, 경제, 문화 등 여러 기능을 가진 도시 발달

① (가) – (나) – (다) – (라)　　② (가) – (나) – (라) – (다)
③ (나) – (가) – (다) – (라)　　④ (다) – (가) – (나) – (라)
⑤ (다) – (나) – (가) – (라)

중요
09 친구에게 소개하고 있는 ㉠ 도시를 지도의 A~E에서 고르면?

> 서연아 안녕, 나는 지금 (㉠)에 있어. 이곳에는 국제 연합(UN) 본부가 있고 세계 경제·금융·문화의 중심지 역할을 하는 곳이야. 내가 있는 곳의 그림도 그려 봤는데 어때?

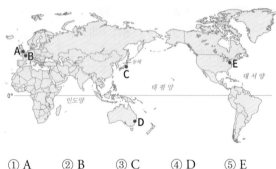

① A　② B　③ C　④ D　⑤ E

10 다음 중 매력적인 도시라고 보기 <u>어려운</u> 곳은?

① 자연 경관이 아름답고 기후가 쾌적한 도시
② 오랜 역사와 다양한 문화가 어우러져 있는 도시
③ 지역 주민들이 친절하고 지역에 애정을 가지고 있는 도시
④ 공업 발달로 소득이 높으나 환경 오염 문제가 나타나고 있는 도시
⑤ 다른 지역에서 경험할 수 없는 독특한 자연환경이나 인문 환경을 가진 도시

11 ㉠에 들어갈 도시로 알맞은 것은?

> 유럽과 아시아에 걸쳐 있는 (㉠)은/는 동서양의 역사·종교·문화 등이 자연스럽게 어우러져 독특한 경관이 나타난다.

① 키토(에콰도르)　　② 카이로(이집트)
③ 이스탄불(터키)　　④ 쿠리치바(브라질)
⑤ 옐로나이프(캐나다)

고난도
12 지도에 표시된 A~E 도시에 관한 설명으로 옳은 것은?

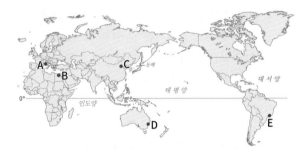

① A는 콜로세움이 유명한 그리스의 아테네이다.
② B는 고산 도시로 유명한 이집트의 카이로이다.
③ C는 세계 최대의 경제 중심지인 중국의 상하이이다.
④ D는 항구가 아름다운 세계적인 관광 도시인 오스트레일리아의 시드니이다.
⑤ E는 자본과 정보가 집중하는 세계 경제의 중심 도시인 브라질의 리우데자네이루이다.

서술형
13 자료를 보고 물음에 답하시오.

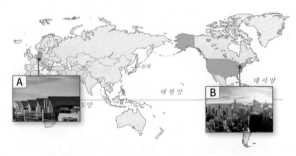

(1) A, B에 해당하는 도시를 각각 쓰시오.

(2) A, B 도시의 특징을 각각 서술하시오.

도시의 다양한 경관

1 도시 경관

(1) **의미** 눈으로 파악할 수 있는 도시의 겉모습

(2) **특징** 도시 중심에서 주변 지역으로 가면서 건물의 높이가 낮아지고 아파트가 많아지는 등 경관이 달라짐 **자료1**

① 도시의 규모가 작을 때 관공서, 상점, 주택, 학교, 공장 등의 다양한 기능이 도시 내부에 섞여 있음

② 도시의 규모가 커졌을 때 도시의 기능이 다양해지고, 같은 종류의 기능끼리 모이는 현상이 발생함

2 도시 내부의 지역 분화 ← 도시의 다양한 기능들은 입지 조건이 서로 달라.

(1) **지역 분화의 의미** 도시의 기능들이 최적의 입지 장소를 찾아 비슷한 기능끼리 모이는 현상 → 도시 내부가 중심 업무 지역, 상업 지역, 공업 지역, 주거 지역으로 나뉨

(2) **지역 분화에 영향을 주는 요인** ← 교통이 편리한 지역의 접근성이 높아.

접근성	• 한 장소에서 다른 장소로 도달하기에 편리한 정도 • 위치, 거리, 교통의 편리성, 통행 시간 등의 영향을 받음
지가(땅값)	땅값, 토지의 가격 또는 경제적 가치
지대	건물이나 토지를 이용하여 얻을 수 있는 수익 혹은 건물이나 토지를 빌린 대가로 지급하는 비용

(3) **지역 분화의 과정** **자료2**

① 집심 현상 비싼 땅값을 지급하고도 이익을 낼 수 있는 중심 업무 및 상업 기능이 도심으로 집중하는 현상 **예** 기업 본사, 은행 본점, 관공서, 고급 호텔, 백화점 등

② 이심 현상 비싼 땅값을 지급할 수 없으며 넓은 토지가 필요한 주거 및 공업 기능이 주변 지역으로 향하는 현상 **예** 주택, 학교, 공장 등

3 도시 내부의 모습 **자료2**

왜? 지가가 높아서 토지를 효율적으로 사용하기 위해서야.

구조	특징 및 경관
도심	• 위치 : 접근성과 지가가 가장 높은 도시 중심부 • 토지 이용 : 집약적 → 고층 건물 밀집 • 주요 시설 및 기능 : 행정 및 금융 기관, 기업의 본사, 고급 상점 등 → *중추 관리 기능을 수행하는 *중심 업무 지구(CBD) 형성 • 인구 공동화 현상 발생 **자료3**
부도심	• 위치 : 도심과 주변 지역을 연결하는 교통의 요지 • 주요 기능 : 도심의 기능 분담 → 상업 및 업무 기능, 일부 주거 기능 혼재
중간 지역	• 주요 기능 : 주거 및 공업 기능 등이 혼재 • 중간 지역에서 주변 지역으로 갈수록 공장이 많아짐
주변 지역	도시와 농촌의 모습이 혼재 → 다양한 규모의 주택, 학교, 공장 등이 입지
개발 제한 구역	도시의 무질서한 팽창을 막고 녹지 공간을 보존하기 위해 설정하는 공간(=그린벨트)
위성 도시	• 위치 : 교통이 편리한 대도시 인근 • 기능 : 주거, 공업, 행정 등과 같은 대도시의 일부 기능을 분담

└ **예** 성남, 고양, 안산, 양산 등

꼭 나오는 자료

자료1 도시의 다양한 경관

도심 / 부도심 / 중간 지역 / 주변 지역

◎ 도시 중심부에서 주변 지역으로 이동하면서 건물의 높이가 점차 낮아진다.

자료2 도시 내부 구조 모식도와 지가 변화

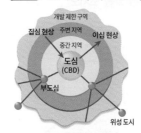

개발 제한 구역 / 집심 현상 / 주변지역 / 이심 현상 / 중간 지역 / 도심(CBD) / 부도심 / 위성 도시

지가 / 도심 / 중간 지역 / 부도심 / 주변 / 거리

▲ 도시 내부 구조 모식도　　▲ 도시 내부 지가 변화

◎ 도시 내부 구조에서 도시 중심부에는 도심이, 교통이 편리하여 도심과 주변 지역을 연결하는 곳에는 부도심이, 도심과 부도심 사이에는 중간 지역이 있다. 개발 제한 구역은 가장 외곽에 있으며, 중간 지역과의 사이에는 주변 지역이 있다. 도시 외부에는 도시의 일부 기능을 분담하는 위성 도시가 있다. 지가별로 보면 접근성이 좋은 도심의 지가가 가장 높고, 부도심, 중간 지역, 주변 지역 순으로 낮아진다.

자료3 도심의 인구 공동화

▲ 통합한 주민 센터　　▲ 교동초등학교 입학식

◎ 도심 지역은 상업 및 업무 기능이 집중하여 낮에는 인구 밀도가 높다. 그러나 밤에는 도심에서 활동하던 사람들이 주거 지역으로 돌아가면서 도심의 인구 밀도가 낮아지는데, 이를 인구 공동화 현상이라고 한다. 도심은 *상주인구가 적어 주민 센터를 몇 개의 동이 통합하여 사용하거나, 초등학교에 입학하는 학생 수가 매우 적다.

용어 사전

* **중추 관리 기능** 은행이나 대기업 본사와 같이 도시의 운영과 성장을 위한 중요한 업무를 관리하는 기능
* **중심 업무 지구**(Central Business District) 대도시에서 중추 관리 기능과 상업 및 고급 서비스업이 밀집한 지역
* **상주인구** 한 지역에 주소를 두고 늘 거주하는 인구

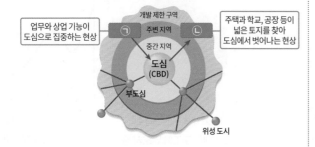

문제로 실력다지기

개념 문제

01 다음 설명이 맞으면 ○표, 틀리면 ×표를 하시오.

(1) 도시의 중심부에서 주변 지역으로 이동할수록 대체로 건물의 높이는 낮아진다. ⋯⋯⋯⋯⋯ (　　)

(2) 도시가 성장하면 비슷한 기능끼리 모이는 도시 내부의 지역 분화 현상이 나타난다. ⋯⋯⋯⋯ (　　)

(3) 접근성이 높을수록 지대는 낮아진다. ⋯⋯ (　　)

02 ㉠, ㉡에 들어갈 알맞은 말을 쓰시오.

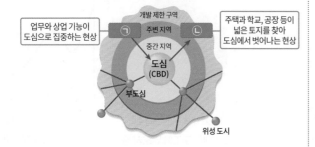

03 도시의 내부 구조와 특색을 바르게 연결하시오.

(1) 도심　　•　　• ㉠ 도시와 농촌의 모습이 혼재

(2) 부도심　•　　• ㉡ 도심의 기능 분담, 교통의 요지

(3) 주변 지역 •　　• ㉢ 고층 건물 밀집, 중심 업무 지구

실력 문제

04 A, B 지역에 관한 설명으로 옳지 <u>않은</u> 것은?

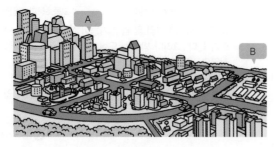

① A는 고층 건물이 밀집한다.

② A는 상업·행정 등의 기능이 집중한다.

③ B는 농촌과 도시의 모습이 혼재되어 나타난다.

④ B는 A보다 지가와 지대가 낮다.

⑤ B는 A보다 토지 이용이 집약적이다.

05 (가), (나)에 관한 설명으로 옳은 것은?

> ㉮ : 어느 한 장소에서 다른 장소까지 도달하기 쉬운 정도
>
> ㉯ : 건물이나 토지를 이용하여 얻을 수 있는 수익 또는 건물이나 토지를 빌린 대가로 지급하는 비용

① ㉮는 지대이다.

② ㉮는 주변 지역에서 가장 높다.

③ ㉯는 접근성이다.

④ ㉯는 도심에서 거리가 멀어질수록 높아진다.

⑤ ㉮와 ㉯는 도시 내부 지역 분화의 원인이다.

06 도시 내부의 지역 분화 현상에 관한 설명으로 옳은 것을 〈보기〉에서 고르면?

> ─ 보기 ─
> ㄱ. 기능별로 입지 조건이 달라 발생하는 현상이다.
> ㄴ. 도시의 규모가 커지면 특정 지역에 다양한 기능이 섞여 있게 된다.
> ㄷ. 교통이 편리한 지역의 접근성이 높으므로, 도시 중심부의 접근성이 가장 높다.
> ㄹ. 업무와 상업 기능은 접근성이 높은 주변 지역으로 집중하는 집심 현상이 나타난다.

① ㄱ, ㄴ　　② ㄱ, ㄷ　　③ ㄴ, ㄷ

④ ㄴ, ㄹ　　⑤ ㄷ, ㄹ

07 그림은 도시 내부 구조의 모식도를 나타낸 것이다. A～E에서 볼 수 있는 경관으로 옳지 <u>않은</u> 것은?

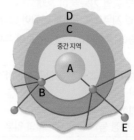

① A - 밀집한 고층 빌딩

② B - 넓은 농업 지역

③ C - 도시와 농촌 혼재

④ D - 그린벨트

⑤ E - 대단지 아파트

고난도

08 ㉠ 지역을 지도의 A~E에서 고르면?

(㉠)은/는 접근성과 지가가 가장 높은 도시 중심부에 있으며, 행정 및 금융 기관, 백화점, 대기업의 본사 등의 모여 있다. 이곳은 토지를 집약적으로 이용하여 고층 건물이 밀집한다.

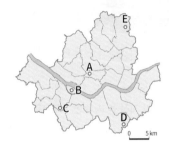

① A
② B
③ C
④ D
⑤ E

중요

09 기사에 나타난 현상이 발생한 이유로 가장 적절한 것은?

광주 도심에 있는 ○○ 초등학교는 한때 학생 수가 3,000명을 넘었지만 지금은 100명 남짓이다. 주거 기능이 도심에서 시 주변의 택지 지역으로 대거 이동하였기 때문이다. – ○○ 신문, 2013. 3. 28. –

① 도심의 높은 지가
② 도심의 높은 접근성
③ 도심의 편리한 교통
④ 도심 내 개발 제한 구역 설정
⑤ 주변 지역의 인구 공동화 현상

10 ㉠에 들어갈 내용으로 옳은 것은?

개발 제한 구역은 (㉠)으로, 도시 내부 구조의 가장 외곽에 위치한다.

① 중추 관리 기능을 수행하는 공간
② 주로 교통의 요지에 입지하는 공간
③ 주거 및 공업 기능 등 다양한 기능이 혼재하는 지역
④ 주거, 공업, 행정 등과 같은 대도시 일부 기능을 분담하는 지역
⑤ 도시의 무질서한 팽창을 막고 녹지 공간을 보존하기 위해 설정하는 공간

고난도

11 다음 질문에 대한 답으로 옳은 것은?

도심에서 주변 지역으로 가면서 나타나는 지가의 변화를 그래프로 간단히 그리시오.

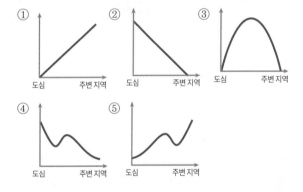

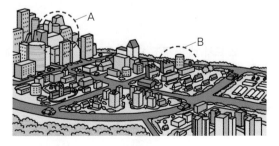

서술형

12 도시의 경관 변화를 보고 물음에 답하시오.

(1) 위 그림에서 A, B 지역의 명칭을 각각 쓰시오.

(2) 위 그림과 같이 도시의 경관이 다르게 나타나는 원인을 <u>두 가지</u> 서술하시오.

서울의 내부 경관과 지가 변화

서울 내부의 경관과 지가 변화는 관련 내용을 서로 연결 짓거나 지도에서 찾는 등의 형태로 출제된다. 따라서 시험에 효과적으로 대비하기 위해서는 도시의 기능, 도시 내부 구조, 기능에 따른 도시 내부의 경관과 경관 변화에 영향을 주는 지가 분포를 이해할 수 있어야 한다.

주제 탐구하기

탐구 1 서울의 내부 경관

도심의 중심 업무 지구

서울의 도심인 종로와 을지로는 중추 업무 기능을 담당한다.

부도심의 상업·업무 지구

여의도, 영등포, 강남, 용산, 청량리 등은 교통의 요지에 입지한다.

주변 지역의 공업 지역

서울 디지털 단지에는 정보 기술(IT) 업체가 모여 있다

주변 지역의 주거 지역

노원구에는 대규모 아파트 단지가 밀집한다.

탐구 2 서울의 지가 변화

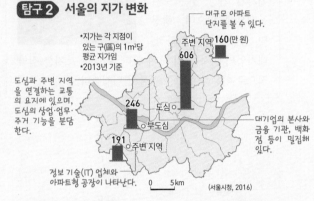

* 지가는 각 지점이 있는 구(區)의 1m²당 평균 지가임
* 2013년 기준

대규모 아파트 단지를 볼 수 있다.

주변 지역 160(만 원)

606

도심과 주변 지역을 연결하는 교통의 요지에 있으며, 도심의 상업·업무·주거 기능을 분담한다.

246 도심

○부도심

191 ○주변 지역

대기업의 본사와 금융 기관, 백화점 등이 밀집해 있다.

정보 기술(IT) 업체와 아파트형 공장이 나타난다.

0 5km

(서울시청, 2016)

❶ 지가는 접근성이 좋은 도심이 가장 높고, 주변 지역으로 갈수록 낮아진다.

❷ 지역에 따라 집중된 시설과 기능은 다음과 같다.

도심	• 접근성이 중요한 기능이 도심에 집중하는 현상이 나타남 = 집심 현상 • 경관 : 대기업의 본사, 은행 본점, 백화점, 고급 상점 등
주변 지역	• 넓은 용지가 필요한 기능이 주변 지역으로 향하는 현상이 나타남 = 이심 현상 • 경관 : 학교, 공장, 주거지 등

★ 바른답·알찬풀이 9쪽

문제 연습하기

유형 1 도시 내부 구조와 경관을 찾는 문제

1. 〈탐구 1〉의 각 지역과 경관을 바르게 연결하시오.

(1) 도심 •　　　　　• ㉠ 고밀도의 고층 건물

(2) 부도심 •　　　　• ㉡ 상업, 업무, 일부 주거 지역

(3) 주변 지역 •　　　• ㉢ 대규모 아파트 단지, 공장 등

2. 도시 내부 구조 모식도의 A~C에 해당하는 지역의 명칭을 쓰시오.

개발 제한 구역
C
중간 지역
A
B
위성 도시

유형 2 도시 내부 구조와 지가의 관계를 파악하는 문제

1. 〈탐구 2〉의 지가 변화를 보고 설명이 맞으면 ○표, 틀리면 × 표를 하시오.

(1) 지가가 가장 높은 지역은 도심이다.　　　　（　　）

(2) 지가가 높을수록 고층 건물이 밀집한다.　　（　　）

(3) 넓은 주거 지역이 나타나는 곳의 지가가 높다.（　　）

2. 다음 시설의 입지에 가장 유리한 지역을 바르게 쓰시오.

은행 본점이나 대기업 본사	(1)
학교, 공장 및 아파트 단지	(2)

3. 〈탐구 2〉의 지가를 보고 해당하는 지역을 바르게 연결하시오.

(1) 도심 •　　　　　• ㉠ 종로, 을지로

(2) 부도심 •　　　　• ㉡ 노원구, 구로구 등

(3) 주변 지역 •　　　• ㉢ 여의도, 영등포 등

선진국과 개발 도상국의 도시화

1 도시화

(1) **도시화의 의미** 도시의 수가 증가하거나 도시에 거주하는 인구 비율이 높아지고, 2·3차 산업에 종사하는 인구가 증가하며, 도시적 생활 양식이 확산하는 과정 → 도시화가 진행되면 도시의 수가 늘고 그 면적이 넓어져.

(2) **도시화의 특징** 일반적으로 도시화는 산업화와 함께 진행 → 도시화가 진행되는 지역의 인구 유입이 활발해지고, 제조업·서비스업 중심으로 주민 경제 활동 변화 자료1

(3) **도시화 단계** *도시화율에 따라 3단계로 구분함 자료2

초기 단계	• 산업화 이전 → 낮은 도시 인구 비율, 느린 도시화 속도 • 전 국토에 걸쳐 인구가 고르게 분포, 1차 산업 중심
가속화 단계	• 산업화에 따라 이촌 향도 현상이 본격적으로 나타남 • 도시 인구 비율의 급격한 증가 • 인구 및 경제 활동이 도시에 집중 → 도시 문제 발생
종착 단계	• 도시 인구 비율의 증가가 점차 둔화 ┌도시 인구가 줄어들게 돼. • 주로 도시 간의 인구 이동 발생, 일부 지역에 역도시화 현상 발생

2 선진국의 도시화 자료2

왜? 제조업이 발달한 도시에서는 많은 노동력이 필요했고, 농촌은 농업 기술의 발달로 일자리가 줄어 농촌의 사람들이 도시로 몰려들었기 때문이야.

(1) **시기** 산업 혁명 이후 공업 발달과 함께 이루어짐

(2) **과정**

① 도시화가 200여 년에 걸쳐 서서히 진행됨

② 주로 촌락의 인구가 도시로 이동하는 이촌 향도로 이루어짐

(3) **현재** 도시화의 종착 단계 → 도시화율의 완만한 증가 혹은 정체, 역도시화 현상 발생 ─ 20세기 중반 이후에 도달했어.

3 개발 도상국의 도시화 자료2

(1) **시기** 20세기 중반 이후 산업화가 진행되면서 이루어짐 ─ 제2차 세계 대전 이후 시기야.

(2) **과정**

① 30~40년 정도의 단기간동안 매우 빠르게 진행됨

② 산업화에 따른 이촌 향도와 인구의 자연 증가로 급격한 도시화 진행

왜? 이촌 향도는 청장년층이 중심이 된 인구 이동이기 때문에 출산율이 높아져서 인구의 자연 증가가 나타나.

③ 산업 기반을 갖추지 못한 상태에서 도시화 진행 → 이 때문에 각종 도시 문제가 발생하고 있어.

④ *수위 도시로 인구가 집중하는 현상 발생

(3) **현재** 가속화 단계 → 오늘날 선진국보다 도시화가 활발히 이루어짐

4 우리나라의 도시화 자료3

(1) **시기** 1960년대 이후 산업화로 빠르게 진행

(2) **과정**

예 인구 및 기능이 수도권과 남동 해안 지역에 집중하는 국토 불균형 문제가 나타나고 있어.

구분	시기	특징
초기 단계	1960년대 이전	대부분의 인구가 촌락에 거주, 농업 사회
가속화 단계	1960년대 중반 이후	• 산업화와 이촌 향도 → 도시 인구 급증 • 대도시의 과도한 성장, 지방 도시의 성장 정체
종착 단계	1990년대 이후	대도시 주변에 위성 도시 발달

(3) **현재** 전체 인구의 90% 이상이 도시에 거주하는 종착 단계
예 서울의 성남과 고양, 부산의 양산이 대표적 위성 도시야.

꼭 나오는 자료

자료1 대륙별 및 국가별 도시화율

73.4% 유럽
40.0% 아프리카
47.5% 동행
70.8% 아시아
81.5% 북아메리카
79.5% 대서양
0° 남아메리카
태평양 오세아니아
인도양

도시화율(%)
75 이상
50~75
25~50
25 미만
자료 없음

(국제 연합 세계 도시화 전망 보고서, 2014)

➊ 현재의 도시화율은 선진국의 도시화율이 높은 편이나, 대도시의 수와 그 규모가 개발 도상국을 중심으로 빠르게 증가하고 있다. 도시화 단계는 경제 성장과 밀접하므로 이를 통해 한 국가나 지역의 경제 수준을 파악할 수 있다.

자료2 선진국과 개발 도상국의 도시화

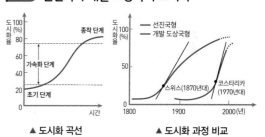

▲ 도시화 곡선 ▲ 도시화 과정 비교

➊ 도시화 곡선은 초기, 가속화, 종착 단계를 거치며 S자 형태로 나타나는데, 이 곡선의 기울기가 급할수록 도시화가 빠르게 진행된 것이다. 선진국인 스위스는 19세기 후반에 가속화 단계에 접어들었으며, 이촌 향도를 중심으로 도시화가 진행되었다. 개발 도상국인 코스타리카는 20세기 후반에 가속화 단계에 접어들었으며, 이촌 향도와 도시 인구의 자연 증가로 급속한 도시화가 진행되었다.

자료3 우리나라의 도시화율 변화

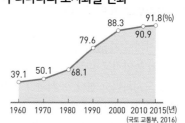

39.1 50.1 68.1 79.6 88.3 91.8(%) 90.9

1960 1970 1980 1990 2000 2010 2015(년)
(국토 교통부, 2016)

➊ 우리나라는 1960년대 중반 대도시와 공업 도시를 중심으로 산업화가 시작되어 이촌 향도에 따른 도시화가 진행되었다.

➊ 용어 사전

* **도시화율** 총인구 중 도시 거주 인구의 비율, 도시화 정도를 파악할 수 있는 지표

* **수위(首 첫째, 位 위치) 도시** 한 국가 내에서 인구가 가장 많은 제1의 도시

문제로 실력다지기

개념 문제

01 빈칸에 들어갈 알맞은 말을 쓰시오.

(1) (   )(이)란 전체 인구에서 도시 인구가 차지하는 비율이 높아지고, 도시적 생활 양식이 보편화하는 과정을 말한다.

(2) 도시화의 가속화 단계에서는 (   ) 현상이 활발해지는데, 이는 산업화가 빠르게 진행되면서 인구가 촌락을 떠나 도시로 향하는 것이다.

02 다음 설명이 맞으면 ○표, 틀리면 ×표를 하시오.

(1) 도시화가 진행되면 1차 산업에 종사하는 사람의 비율은 점차 감소한다. ·························· (   )

(2) 대륙별 도시화율을 통해 한 국가의 경제 수준을 파악하기는 어렵다. ·························· (   )

(3) 우리나라는 도시화의 가속화 단계를 거치면서 국토의 균형 발전을 이루었다. ·························· (   )

03 ㉠, ㉡에 들어갈 알맞은 말을 쓰시오.

구분	시기	현재
선진국	(㉠) 이후	종착 단계
개발 도상국	제2차 세계 대전 이후	(㉡) 단계

실력 문제

04 ㉠~㉢에 관한 설명으로 옳은 것은?

> ㉠ 도시의 수가 증가하거나 ㉡ 도시에 거주하는 인구 비율이 높아지고 ㉢ 도시적 생활 양식이 확산되는 현상을 도시화라고 한다. 도시화가 본격적으로 진행되면 ㉣ 1차 산업에 종사하는 인구 비율은 감소하고, ㉤ 2·3차 산업에 종사하는 인구 비율이 증가한다.

① ㉠은 건물 수를 기준으로 한다.

② ㉡을 인구의 자연 증가라고 한다.

③ ㉢으로 위생 및 보건 환경이 점차 악화한다.

④ ㉣이 90% 이상이면 도시화의 종착 단계에 해당한다.

⑤ ㉤을 통해 한 국가나 지역의 경제 발전 수준을 파악할 수 있다.

05 도시화의 진행으로 나타나는 변화로 옳지 않은 것은?

① 도시의 수가 많아진다.

② 도시 면적이 넓어진다.

③ 도시적 생활 양식이 확대된다.

④ 2·3차 산업 종사자 수가 증가한다.

⑤ 도시화가 진행되는 지역의 인구 유출이 증가한다.

중요
06 도시화 곡선의 A 단계에 나타나는 현상으로 옳은 것을 〈보기〉에서 고르면?

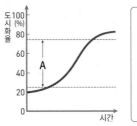

> **보기**
> ㄱ. 역도시화 현상
> ㄴ. 이촌 향도 현상
> ㄷ. 산업화의 본격적 시작
> ㄹ. 가장 높은 도시 거주 인구 비율

① ㄱ, ㄴ   ② ㄱ, ㄷ   ③ ㄴ, ㄷ

④ ㄴ, ㄹ   ⑤ ㄷ, ㄹ

고난도
07 지도는 대륙 및 국가별 도시화율을 나타낸 것이다. 이에 관한 설명으로 옳은 것을 〈보기〉에서 고르면?

(국제 연합 세계 도시화 전망 보고서, 2014)

> **보기**
> ㄱ. 현재 유럽의 도시화율이 가장 높다.
> ㄴ. 남아메리카의 도시화율은 높은 편이다.
> ㄷ. 대체로 경제 발전 수준이 높은 대륙의 도시화율이 높다.
> ㄹ. 아시아는 산업화가 진행되고 있어 도시화의 가속화 단계에 해당한다.

① ㄱ   ② ㄱ, ㄴ   ③ ㄴ, ㄷ

④ ㄷ, ㄹ   ⑤ ㄴ, ㄷ, ㄹ

08 ㉠에 들어갈 용어로 옳은 것은?

(㉠) 현상은 도시에서 주변의 촌락으로 인구가 이동·분산하는 과정으로, 그 결과 도시 인구가 감소하게 된다.

① 도시화   ② 역도시화   ③ 수위 도시
④ 이촌 향도   ⑤ 인구 공동화

09 선진국의 도시화 과정에 관한 설명으로 옳은 것은?

① 도시화의 역사가 짧다.
② 오늘날 가속화 단계에 접어들었다.
③ 공업 발전과 함께 도시화가 시작되었다.
④ 급격한 도시화로 생활 환경이 악화되었다.
⑤ 20세기 중반 이후 본격적으로 시작되었다.

고난도
10 A, B 지역의 도시화율 변화를 보고 바르게 설명한 것을 〈보기〉에서 고르면?

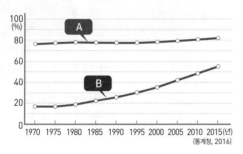

보기
ㄱ. A는 2015년 기준으로 도시화의 초기 단계에 해당한다.
ㄴ. B는 급격한 도시화가 이루어지고 있다.
ㄷ. B보다 A 지역의 경제 발전 수준이 높다.
ㄹ. 이촌 향도는 A 지역에서, 역도시화는 B 지역에서 주로 나타난다.

① ㄱ, ㄴ   ② ㄱ, ㄷ   ③ ㄴ, ㄷ
④ ㄴ, ㄹ   ⑤ ㄷ, ㄹ

중요
11 ㉠의 원인으로 옳은 것을 〈보기〉에서 고르면?

도시화 시기는 나라마다 다르다. 선진국은 대체로 산업 혁명 이후 도시화가 시작되어 200여 년간 점진적으로 도시화가 진행되었다. 반면 ㉠ 개발 도상국은 20세기에 들어 도시화가 급속하게 진행되고 있다.

보기
ㄱ. 출산 장려 정책   ㄴ. 이촌 향도 현상
ㄷ. 1차 산업의 발달   ㄹ. 도시 인구의 자연 증가

① ㄱ, ㄴ   ② ㄱ, ㄷ   ③ ㄴ, ㄷ
④ ㄴ, ㄹ   ⑤ ㄷ, ㄹ

중요
12 그래프는 우리나라의 도시화율 변화를 나타낸 것이다. 이에 관한 설명으로 옳지 <u>않은</u> 것은?

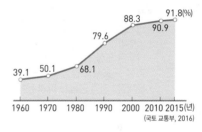

① 1960년 이전은 도시화의 초기 단계에 해당한다.
② 1960년대 이후에 도시 인구가 급격히 증가하였다.
③ 1980년에는 인구의 절반 이상이 도시에 거주하였다.
④ 2015년 기준으로 도시화의 가속화 단계에 해당한다.
⑤ 비교적 짧은 시간 동안 도시화가 빠르게 진행되었다.

서술형
13 선진국과 개발 도상국의 도시화율을 비교한 그래프를 보고 물음에 답하시오.

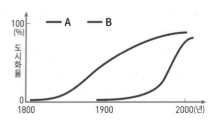

(1) A, B에 해당하는 지역을 쓰시오.

(2) A, B 지역의 도시화 과정을 시기, 원인, 속도의 측면에서 비교하여 서술하시오.

주제 08

선진국과 개발 도상국의 도시 문제

1 도시 문제

(1) **발생 원인** 도시화 과정에서 인구와 기능이 도시로 집중

(2) **종류** 교통 혼잡, 주택 부족, 환경 오염 등

2 선진국의 도시 문제

(1) **지역** 영국을 비롯한 서부 유럽과 미국 등 경제가 발전한 지역

(2) **특징** 오랜 도시화 기간 동안 체계적인 도시 계획을 바탕으로 도시 문제를 해결하거나 완화함

(3) **문제** 자료1

> 높은 지가와 임대료로 도시의 주거 및 경제 활동 비용이 상승하는 도시 문제도 발생하고 있어.

① **인구 감소** 도심 과밀화에 따른 땅값 상승, 도시 주거 비용 증가로 인구 유출

> 왜? 줄어든 인구로 도심이 활기를 잃고 거주 환경이 노후화되어 가난한 사람들과 이주민들이 모여 살게 되었기 때문이야.

② **시설의 *노후화** 노후화된 건물과 산업 시설, *도시 기반 시설 등

③ **도심의 불량 주거 지역 형성** 도시 성장 초기의 도심에 건설된 낡고 허름한 건물을 중심으로 *슬럼 형성 자료2

④ **실업률 상승** 일부 도시 내 제조업 쇠퇴 → 실업률 상승

⑤ **기타** 교통 체증, 범죄 문제, 노숙자 문제, 이주민과 지역 주민 간의 갈등 문제 등

> 왜? 오래전 설계된 도로는 늘어난 교통량을 감당하기에 역부족이고, 교외로 거주지를 옮긴 사람들이 출퇴근 시간에 몰려들면서 교통 체증이 발생하고 있어.

(4) **대책**

도시 재개발	• 노후화된 시설을 주민을 위한 문화 공간으로 새롭게 조성 • 낙후된 도심을 재개발하여 업무용 고층 건물과 고급 주거지 조성 → 도시의 경쟁력이 높아짐 • 문제점 : 지역 공동체 파괴 문제, 기존 주민과의 갈등 발생
경제 활성화	제조업 중심의 산업 구조를 *첨단 산업과 관광 산업을 중심으로 개편 → 도시의 일자리 창출 촉진

3 개발 도상국의 도시 문제 자료1

(1) **지역** 소득이 상대적으로 낮아 경제 발전이 진행 중인 국가

(2) **특징** 도시화가 짧은 시간에 급격하게 진행되어 도시 문제가 선진국보다 심각하게 나타남

(3) **문제**

> 왜? 도시화가 진행 중이기 때문에 기존의 도시 시설로는 빠르게 늘어난 인구를 감당할 수 없기 때문이야.

① **인구 급증과 시설 부족** 이촌 향도와 높은 출산율로 인구 급증 → 도시 기반 시설 및 *공공 서비스 부족

② **불량 주거 지역 형성** 도심 주변으로 몰려드는 사람에 비해 낮은 주택 보급률 → 무허가 주택 및 빈민촌 형성 자료2

③ **일자리 부족** 산업이 발달하지 못한 상태에서 급격한 도시화가 진행되어 발생

> 예) 브라질 리우데자네이루는 빈부 격차가 매우 크게 나타나고 있어.

④ **국토 공간의 불균형** 특정 지역에만 인구와 기능 집중

⑤ **기타** 교통 혼잡, 빈부 격차 문제, 범죄 증가, 환경 오염 등

> 왜? 도로 부족과 정비 불량 등이 원인이야.

(4) **대책**

경제 발전 정책	선진국의 자본과 기술을 받아들여 일자리를 늘리고 주거 환경 개선
도시 기반 시설 확충	부족한 시설 및 도시 기반 시설을 확충하기 위한 정부의 노력 필요

꼭 나오는 자료

자료1 선진국과 개발 도상국의 도시 문제

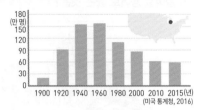

▲ 미국 디트로이트의 인구 변화

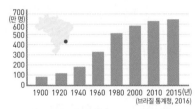

▲ 브라질 리우데자네이루의 인구 변화

🔎 디트로이트는 20세기 초 자동차 산업의 발전으로 도시화가 진행되었으나 자동차 산업의 쇠퇴로 인구 감소와 실업률 상승, 경기 침체 등의 문제가 발생하였다. 리우데자네이루는 20세기 중반 이후 이촌 향도가 급격하게 진행되었고 그 과정에서 각종 기반 시설 부족 문제가 나타났으며, 특히 주택 부족에 따른 슬럼의 확대가 문제가 되고 있다.

자료2 선진국과 개발 도상국의 불량 주거 지역

▲ 미국 뉴욕의 할렘 ▲ 인도 뭄바이의 다라비

🔎 선진국의 도시화는 역사가 오래되어 도심의 건물과 각종 시설이 노후화되어 불량 주거 지역인 슬럼이 형성되어 있다. 개발 도상국은 가난한 주민들이 형성한 불량 주거 지역의 환경이 매우 열악하여 기반 시설 부족에 따른 실업과 범죄 등의 사회적 문제가 발생하고 있다.

🔵 용어 사전

* **노후화**(老 늙다, 後 뒤처지다, 化 변화) 늙고 뒤처지게 됨 혹은 오래되고 낡아 쓸모가 없어짐

* **도시 기반 시설** 도시의 기초가 되는 시설, 도로·전기·상하수도 등 도시의 기능을 수행하는 데 바탕이 되는 시설

* **슬럼** 대도시 내에서 빈민이 주로 거주하고 주거 환경이 나쁜 지역, 도시 내부의 다른 지역과 빈부 격차가 매우 큼

* **첨단 산업** 최신 기술을 이용하여 부가 가치가 큰 산업으로 정보 통신, 우주 공학, 항공 기술 등이 있음

* **공공 서비스** 공동으로 생산·소비되는 서비스, 국방·치안·교육·대중교통·도서관·소방·보건·의료 등이 있음

★ 바른답·알찬풀이 10쪽

개념 문제

01 다음 설명이 맞으면 ○표, 틀리면 ×표를 하시오.

(1) 도시 문제는 개발 도상국에서만 나타난다.
　.. (　　)

(2) 선진국의 도시에서는 각종 시설의 노후화 문제가
　나타나고 있다. .... (　　)

(3) 다양한 도시 문제가 발생하는 근본적인 이유는 인
　구와 기능이 도시로 집중하기 때문이다. (　　)

02 표는 선진국과 개발 도상국의 불량 주거 지역 문제를 비교
한 것이다. ㉠, ㉡에 알맞은 말을 쓰시오.

구분	원인	내용
선진국	(㉠　　)의 인구 유출	도시화 초기에 지어진 노후화된 건물을 중심으로 문제 발생
개발 도상국	주택 부족	무허가 주택 및 (㉡　　) 형성

03 ㉠, ㉡ 중 알맞은 것을 고르시오.

(1) 오랜 기간 도시화가 진행된 선진국은 도심의 지가
　상승으로 주거 기능이 (㉠ 강화, ㉡ 약화)되고 있다.

(2) 브라질 리우데자네이루는 급격한 도시화로 몰려든
　인구가 많아 각종 시설의 (㉠ 부족, ㉡ 노후화) 현상
　과 불량 주거 지역 확대 문제가 나타나고 있다.

실력 문제

중요
04 ㉠에 들어갈 알맞은 말을 〈보기〉에서 고르면?

> 도시화 과정에서 선진국과 개발 도상국은 다양한 도
> 시 문제를 겪는다. 그러나 개발 도상국에서 문제 발생
> 에 따른 피해가 더 두드러지는데, 그 이유는 　㉠
> 때문이다.

┌─ 보기 ─
ㄱ. 도시 거주 인구가 감소하고 있기
ㄴ. 노동력, 자본, 기술 등의 요소가 충분하기
ㄷ. 도시화의 속도가 빨라 대비할 시간이 부족하기
ㄹ. 체계적인 도시 계획이 없거나 경험이 부족하기
└─────

① ㄱ, ㄴ　　② ㄱ, ㄷ　　③ ㄴ, ㄷ
④ ㄴ, ㄹ　　⑤ ㄷ, ㄹ

05 사진에 나타난 도시 문제의 공통적인 발생 원인으로 가장
적절한 것은?

▲ 미국 출근길의 교통 체증　　▲ 좁은 공간에 밀집한 일본 주택

① 물가 하락　　　　② 급격한 산업화
③ 도시 계획 미비　　④ 자본과 기술 부족
⑤ 인구와 기능의 집중

06 자료는 미국 디트로이트에 관한 것이다. 이를 통해 알 수 있
는 디트로이트의 도시 문제로 가장 적절한 것은?

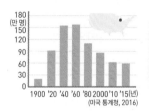

▲ 인구 변화　　　　　▲ 비어 있는 건물

① 주택 부족　　　　② 환경 오염
③ 도심 과밀화　　　④ 도시 인구 감소
⑤ 도시 재개발에 따른 공동체 파괴

중요
07 오늘날 선진국의 도시에서 발생하고 있는 도시 문제로 보
기 어려운 것은?

① 인구 감소로 도시의 활력이 떨어지고 있다.
② 낡고 오래된 건물이 도시 미관을 해치고 있다.
③ 도시 내 제조업이 쇠퇴하여 실업률이 상승하였다.
④ 도심 과밀화에 따른 과도한 땅값 상승 문제가 나
　타난다.
⑤ 주택, 상하수도 시설 등과 같은 도시 기반 시설이
　부족하다.

08 ㉠ 현상으로 발생하는 도시 문제를 〈보기〉에서 고르면?

(㉠)은/는 산업화에 따라 촌락의 인구가 도시로 집중하는 현상이다.

보기
ㄱ. 노동력 부족
ㄴ. 시설의 노후화
ㄷ. 공공 서비스 부족
ㄹ. 불량 주거 지역 형성

① ㄱ, ㄴ   ② ㄱ, ㄷ   ③ ㄴ, ㄷ
④ ㄴ, ㄹ   ⑤ ㄷ, ㄹ

고난도
09 다음은 어떤 학생의 형성 평가 답안이다. 이 학생이 받은 점수는 몇 점인가?

※ 선진국에서 나타나는 도시 문제와 관련이 있으면 '선', 개발 도상국에서 나타나는 도시 문제와 관련 있으면 '개', 모두 관련 있으면 '모'라고 쓰시오.

번호	도시 문제	답
1	도심의 시설 낙후	선
2	범죄 문제	모
3	낮은 주택 보급률	개
4	열악한 위생 환경	선
5	땅값 및 도시 주거 비용 상승	개

※ 배점은 문항당 각 1점이며, 틀려도 감점하지 않음

① 1점   ② 2점   ③ 3점   ④ 4점   ⑤ 5점

중요
10 선진국과 개발 도상국의 도시 문제를 바르게 비교한 것은?

	문제	선진국	개발 도상국
①	기반 시설	부족	부족
②	공공 서비스	부족	부족
③	범죄 문제	없음	빈민촌 주변 증가
④	교통	교통 혼잡	도로 정비 불량
⑤	주택	낮은 주택 보급률	노후화된 주택

11 사진은 브라질이 겪고 있는 도시 문제이다. 이를 해결하기 위한 공통 대책으로 가장 적절한 것은?

▲ 상파울루의 지하철역

▲ 리우데자네이루의 주택 지역

① 산업 유치
② 기반 시설 확충
③ 도시 재개발
④ 도시의 일자리 창출
⑤ 사회 복지 제도 확대

고난도
12 사진은 시기별 뉴욕 할렘의 모습이다. 이러한 변화에 따른 긍정적 효과로 옳은 것은?

1988년

2011년

① 임대료가 높아졌다.
② 교통 문제가 악화되었다.
③ 주거 환경이 개선되었다.
④ 지역 경쟁력이 약화되었다.
⑤ 지역 공동체가 파괴되었다.

서술형
13 사진의 (가), (나) 지역에서 발생하는 도시 문제의 공통점과 차이점을 비교하여 서술하시오.

(가)

▲ 미국 뉴욕

(나)

▲ 인도 뭄바이

살기 좋은 도시

1 도시 문제의 발생

(1) **원인** 인구와 기능의 도시 집중

(2) **해결 방법**

문제	해결 방법
도시 낙후	*도시 재생, *도심 재활성화 등
주택 문제	공공 주택 건설, 낡은 지역의 재개발 등
교통 문제	• 도로 환경 개선, 대중교통 이용 장려 • 도심 진입 차량에 혼잡 통행료 부과
환경 문제	• 쓰레기 분리수거와 친환경 에너지 사용 정책 추진 • 오염된 하천을 생태 하천으로 복원
지역 불균형	지역 균형 발전 정책 추진

2 도시 문제의 해결로 살기 좋은 도시가 된 곳 `자료1`

(1) **울산** '태화강 살리기 사업'을 통해 수질 오염 해결

(2) **벵갈루루(인도)** 소프트웨어 산업 육성 정책으로 일자리 부족과 빈곤 문제를 완화 → 세계 IT 산업의 중심 도시로 성장

(3) **쿠리치바(브라질)** 대중교통 시스템 개선으로 교통 혼잡 완화

(4) **채터누가(미국)** 정부와 시민의 노력으로 대기·수질 오염 해결

(5) **빌바오(에스파냐)** 구겐하임 미술관 건립으로 연 100만 명 이상이 방문하는 예술·관광 도시로 발전

(6) **그라츠(오스트리아)** 인공 섬과 미술관 건설로 동·서 지역 간 교류 확대 및 지역 격차 완화

(7) **슈투트가르트(독일)** 옥상 정원, 바람길 조성으로 대기 오염 해결

지형적으로 대기 오염 물질이 빠져나가지 못하자 옥상 정원을 만들고 바람이 잘 통하도록 건물을 만들었어.

3 살기 좋은 도시
삶의 질이란 경제적 조건뿐만 아니라 개인의 행복감과 정치·경제·사회적 조건에 따라 결정되는 주관적 개념이야.

(1) **살기 좋은 도시의 조건** 삶의 질이 높은 지역 `자료2`

① **사회적 조건** 각종 기반 시설을 잘 갖춘 도시, 전쟁과 범죄의 위험이 적어 사회적 안정성이 높은 곳, 적정한 인구, 교육·보건·의료·문화·주거 환경·행정 서비스 등을 잘 갖춘 도시

② **경제적 조건** 높은 소득 수준, 풍부한 일자리

③ **자연적 조건** 깨끗하고 아름다운 자연, 넓은 녹지, 온화한 기후

(2) **살기 좋은 도시의 사례** `자료3`
┌ 2013년에 국가 정원 1호로 지정되었어.

도시	특징
순천(전라남도)	순천만 정원이 있는 국내 최대의 생태 관광 도시
빈(오스트리아)	문화와 예술의 도시, 풍부한 역사 유적, 넓은 녹지
밴쿠버(캐나다)	수려하고 쾌적한 도시 환경, 우수한 사회 보장 제도
헬싱키(핀란드)	도시 농업을 장려하는 자연 친화적인 도시
멜버른(오스트레일리아)	무료 운행하는 트램, 높은 녹지율, 다양한 문화 시설, 다문화 사회, 낮은 범죄율

(3) **살기 좋은 도시를 만들기 위한 노력** 도시의 긍정적 이미지를 홍보, 정부와 지방 자치 단체의 합리적인 정책 수립, 지역 사회와 시민의 적극적 정책 참여와 공동체 의식 함양

꼭 **나오는 자료**

자료1 도시 문제를 해결한 살기 좋은 도시의 사례

▲ 쿠리치바(브라질)　　▲ 울산

⊙ 쿠리치바는 교통 혼잡 문제를 해결하기 위해 굴절 버스와 원통형 버스 정류장, 버스 전용 차선 등을 도입하였다. 울산광역시는 태화강의 오염을 해결하기 위해 시민·환경 단체와 함께 '태화강 살리기 사업'을 추진하였다.

자료2 살기 좋은 도시의 조건

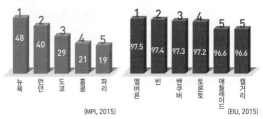

순위	1	2	3	4	5
세계 도시 경제 순위	뉴욕 48	런던 40	도쿄 29	홍콩 21	파리 19

순위	1	2	3	5	5
세계의 살기 좋은 도시 순위	멜버른 97.5	빈 97.4	밴쿠버 97.3	토론토 97.2	애들레이드 96.6 / 캘거리 96.6

▲ 세계 도시 경제 순위 (MPI, 2015)　　▲ 세계의 살기 좋은 도시 순위 (EIU, 2015)

⊙ 세계 도시 경제 순위는 전반적인 경제 영향력, 도시 경쟁력 지수, 세계 금융 센터 지수, 도시 GDP 전망을 고려하여 50점 만점으로 도시를 평가한다. 세계의 살기 좋은 도시 순위는 교육, 안정성, 기반 시설, 문화 및 환경, 의료를 고려하여 100점 만점으로 도시를 평가한다. 이를 통해 경제 순위와 살기 좋은 도시 순위는 그 평가 항목과 상위에 진입한 도시가 다르며, 경제력이 높다고 반드시 살기 좋은 도시가 아님을 알 수 있다.

자료3 살기 좋은 도시의 경관

▲ 전라남도 순천　　▲ 빈(오스트리아)

▲ 밴쿠버(캐나다)　　▲ 헬싱키(핀란드)

📖 **용어 사전**

* **도시 재생**(再 다시, 生 살다) 쇠퇴하는 도시를 활성화하는 정책
* **도심 재활성화**(再 다시, 活 살아나다, 性 성질, 化 되다) 낙후된 도심의 기능을 살리기 위해 주택 및 건물을 개량하고 중산층의 이주로 도심의 환경을 변화시키는 노력

개념 문제

01 다음 설명이 맞으면 ○표, 틀리면 ×표를 하시오.

(1) 노후된 도시를 활성화하는 정책을 도시 재생이라고 한다. ······················ (　　)

(2) 교통 문제 해결을 위해 친환경 에너지 사용 정책을 시행해야 한다. ······················ (　　)

(3) 소득이 높은 도시는 모두 살기 좋은 도시다. ······················ (　　)

02 ⊙, ⓒ에 알맞은 말을 쓰시오.

구분	도시 문제	문제 해결 과정	결과
울산	(⊙　) 문제	태화강 살리기 사업	생태 하천으로 변화
쿠리치바	교통 문제	(ⓒ　) 시스템 개선	교통 체증 완화

03 ⊙, ⓒ 중 알맞은 것을 고르시오.

(1) (⊙ 그라츠, ⓒ 빌바오)는 철강 산업의 쇠퇴로 지역 경제가 활기를 잃었으나 구겐하임 미술관 유치로 예술과 관광 도시로 발전하였다.

(2) (⊙ 빈, ⓒ 멜버른)은 자전거 이용이 편리하며 넓은 녹지 공간과 아름다운 경관을 가진 세계적인 음악 도시이다.

(3) 살기 좋은 도시를 만들기 위해 도시의 (⊙ 경제력, ⓒ 삶의 질)을 높여야 한다.

실력 문제

04 ⊙~⑩에 관한 설명으로 옳지 않은 것은?

> ⊙도시는 ⓒ많은 인구와 기능이 집중한 곳이다. 그 결과 ⓒ교통 문제, ②환경 문제, ⑩범죄 문제 등의 다양한 도시 문제가 발생하고 있으며 세계의 도시들은 이를 해결하기 위해 노력하고 있다.

① ⊙은 정치·경제·문화의 중심지 역할을 한다.

② ⓒ은 도시 문제의 주요 원인이다.

③ ⓒ은 수질 오염의 주요 원인이다.

④ ②은 건강한 삶을 유지하기 위해 해결해야 한다.

⑤ ⑩은 사회적 안정성과 관련이 있다.

05 도시 문제와 그 해결 방법으로 옳지 않은 것은?

	도시 문제	해결 방법
①	교통 문제	대중교통 이용 장려
②	안전 문제	학교와 공연장 등의 시설 확충
③	주택 문제	공공 주택 건설 및 보급
④	환경 문제	쓰레기 분리수거
⑤	일자리 부족 문제	직업 교육 확대, 창업 지원

06 사진에 나타난 지역이 살기 좋은 도시로 발전한 이유로 가장 적절한 것은?

1900년대　　　　　　　현재

① 인구가 증가하였다.

② 교통 문제가 해결되었다.

③ 생태 복원 운동이 시행되었다.

④ 친환경 에너지를 사용하게 되었다.

⑤ 진입 차량에 관해 혼잡 통행료를 부과하였다.

07 ⊙, ⓒ에 관한 설명으로 옳은 것을 〈보기〉에서 고르면?

> 전라남도 ⊙순천시가 '2015 대한민국 도시 대상'에서 전국 229개 시·군·구 중 ⓒ삶의 질이 가장 높은 도시로 선정되었다.

보기

ㄱ. ⊙은 우리나라의 대표적인 조선 공업 도시이다.

ㄴ. ⊙은 국가 정원 1호인 순천만 정원을 조성하여 생태 관광 도시로 발전하게 되었다.

ㄷ. ⓒ은 정치·경제·사회적 조건에 따라 결정되는 주관적 개념이다.

ㄹ. ⓒ을 높이기 위해서는 깨끗한 자연환경을 보전하는 것보다 산업 발전을 우선하는 정책을 시행한다.

① ㄱ, ㄴ　　　② ㄱ, ㄷ　　　③ ㄴ, ㄷ

④ ㄴ, ㄹ　　　⑤ ㄷ, ㄹ

08 삶의 질을 높이기 위한 노력으로 옳은 것은?

① 획일적인 문화를 유지한다.
② 도심에 많은 인구가 살도록 노력한다.
③ 특정한 지역에 많은 기능을 집중시킨다.
④ 산지를 개발하여 대규모 주택 단지를 조성한다.
⑤ 도시 문제에 관심을 가지고 해결하기 위해 노력한다.

09 그림과 관련 있는 도시는 어디인가?

① 그라츠   ② 빌바오   ③ 쿠리치바
④ 슈투트가르트   ⑤ 프라이부르크

10 그림은 삶의 질이 높은 도시의 조건을 나타낸 것이다. 이에 관한 설명으로 옳은 것을 〈보기〉에서 고르면?

(머서 삶의 질 조사 보고서, 2016)

─ 보기 ─
ㄱ. 자연환경 조건이 가장 중요하다.
ㄴ. 교육과 문화의 수준이 높아야 한다.
ㄷ. 제시된 조건을 모두 만족해야 살기 좋은 도시이다.
ㄹ. 아름다운 자연과 함께 안전한 삶을 즐길 수 있어야 삶의 질이 높다.

① ㄱ, ㄴ   ② ㄱ, ㄷ   ③ ㄴ, ㄷ
④ ㄴ, ㄹ   ⑤ ㄷ, ㄹ

중요
11 다음 도시 카드에 해당하는 곳은 어디인가?

소속 : 오스트리아
별명 : 소통과 화합의 도시
소개 : 무어강의 동·서 지역 간 소득 격차가 컸으나, 인공섬과 미술관을 건립하여 교류 확대와 지역 격차 완화

① 빈   ② 멜버른   ③ 밴쿠버
④ 그라츠   ⑤ 채터누가

고난도
12 두 그래프를 통해 알 수 있는 내용으로 옳은 것은?

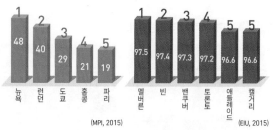

(MPI, 2015)   (EIU, 2015)
▲ 세계 도시 경제 순위   ▲ 세계의 살기 좋은 도시 순위

① 가장 살기 좋은 도시는 뉴욕이다.
② 경제 순위에서 도시 간 격차는 거의 없다.
③ 경제 순위와 살기 좋은 도시 순위는 일치하지 않는다.
④ 세계의 살기 좋은 도시는 대륙별로 고르게 분포한다.
⑤ 경제 순위가 높은 도시는 모두 적도 주변에 위치한다.

서술형
13 자료를 보고 물음에 답하시오.

인도 남서부에 위치한 ㉠ 이 도시는 1980년대 중반 소프트웨어 산업 육성 정책을 시행하여 글로벌 기업을 유치하고, 인재를 양성하였다. 그 결과 인도뿐만 아니라 세계 IT 산업의 중심이 되었다.

(1) 위 자료에서 ㉠ 도시의 명칭과 위치한 국가를 쓰시오.

(2) 위 자료의 ㉠ 도시가 살기 좋은 도시로 변화하게 된 이유를 도시 문제와 해결 방법을 포함하여 서술하시오.

주제 05 세계의 다양한 도시

	도시	촌락
도시와 촌락	• 높은 인구 밀도 • 2·3차 산업 중심 • 다양한 직업과 생활 방식 • 집약적 토지 이용 • 인문 경관 • 재화와 서비스 공급	• 낮은 인구 밀도 • 1차 산업 중심 • 단순한 직업 구성 • 조방적 토지 이용 • 자연 경관 • 농·임·수산물, 휴양 공간 제공

도시 발달 과정		
최초	티그리스강과 유프라테스강 주변에서 농업	
중세	시장을 중심으로 도시 발달 → 상업 도시	
근대	산업 혁명 후 석탄 산지 주변 → 공업 도시	
현대	산업, 서비스업, 교육, 문화 등 다양한 기능 수행	

세계의 도시 자료1 자료2	• 세계 도시 : 뉴욕, 런던, 도쿄 • 환경·생태 도시 : 프라이부르크, 쿠리치바 등 • 역사·문화 도시 : 로마, 아테네, 이스탄불 등 • 관광 도시 : 키토, 옐로나이프 등

자료1 세계 여러 지역의 랜드마크

▲ 뉴욕의 자유의 여신상

▲ 로마의 콜로세움

▲ 시드니의 오페라 하우스

▲ 베이징의 자금성

❶ (   )은/는 도시를 상징하는 주요 건물이나 상징물 등으로 도시의 모습을 개성있고 매력적으로 만들어 준다.

❷ 자유의 여신상은 (   )의, 콜로세움은 (   )의 랜드마크이다.

자료2 세계 주요 도시의 분포

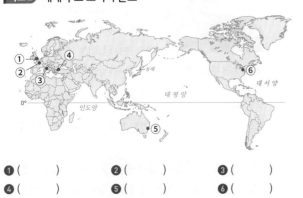

❶ (   )　　❷ (   )　　❸ (   )
❹ (   )　　❺ (   )　　❻ (   )

주제 06 도시의 다양한 경관

도시 내부의 지역 분화		• 의미 : 도시가 성장하고 기능이 다양해지면서 도시 내부가 기능에 따라 공간적으로 나누어지는 현상 • 원인 : 접근성과 지가(땅값), 지대의 차이	
	지역 분화 과정	집심 현상	업무와 상업 기능 등이 접근성이 좋은 도심으로 집중하려는 현상
		이심 현상	주거와 공업 기능 등이 지가가 저렴한 도시 주변 지역으로 분산하려는 현상

도시 내부 구조 자료3 자료4	도심	• 편리한 교통 → 높은 접근성과 지대 • 고층 건물 밀집, 토지의 집약적 이용 • 중심 업무 지구(CBD) 형성 • 인구 공동화 현상
	부도심	• 교통의 요지, 도심의 기능 분담 • 상업 및 업무 기능 집중, 일부 주거 기능
	중간 지역	• 도심과 주변 지역 사이에 위치 • 주택, 학교, 공장 등 다양한 기능 혼재
	주변 지역	• 도시와 농촌의 모습 혼재 • 대규모 주택 단지와 학교, 공장 등 • 일부 지역에 개발 제한 구역 설정
	위성 도시	대도시의 기능을 분담하는 도시

자료3 도시의 다양한 경관

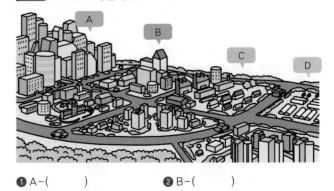

❶ A-(   )　　❷ B-(   )
❸ C-(   )　　❹ D-(   )

자료4 도시 구조의 모식도

❶ (   )은/는 교통이 편리하고 접근성과 지가가 높아 고층 건물이 밀집해 있으며 중심 업무 지구(CBD)를 형성하고 있다.

❷ (   )은/는 교통이 편리한 곳을 중심으로 상업 및 업무 등 도심의 기능을 분담한다.

❸ (   )은/는 도시와 농촌의 모습이 함께 나타난다.

주제 07 선진국과 개발 도상국의 도시화

도시화	의미		도시의 수가 증가하거나 도시에 거주하는 사람의 비율이 높아지고 도시적 생활 양식이 확산하는 과정	
	도시화 단계	초기 단계	• 1차 산업 발달 • 대부분의 인구가 촌락에 거주 • 도시 인구 비율이 낮고 속도가 느림	
		가속화 단계	• 이촌 향도 • 도시 인구 비율의 급격한 증가	
		종착 단계	• 도시 인구 비율의 증가가 둔화 • 일부 지역에서 역도시화 현상 발생	
지역별 도시화 자료5 자료6			선진국	개발 도상국
			• 산업 혁명 이후(유럽) • 공업 발달과 함께 도시화 • 점진적인 도시화 • 현재 종착 단계 • 일부 지역 역도시화 현상	• 20세기 중반 이후 • 산업 기반이 약한 도시화 • 단기간의 급격한 도시화 • 현재 가속화 단계 • 이촌 향도, 높은 출산율
우리 나라의 도시화	초기 단계		1960년대 이전	
	가속화 단계		1960년대 중반 이후, 이촌 향도	
	종착 단계		1990년 이후, 위성 도시 발달	

자료5 대륙별 및 국가별 도시화

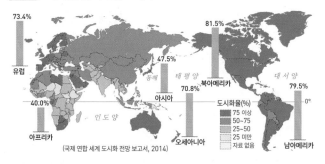

73.4%
81.5%
47.5%
유럽
동해 태평양 북아메리카 대서양
40.0% 70.8% 79.5%
아시아
도시화율(%)
75 이상
50~75
25~50
25 미만
자료 없음
인도양
아프리카
오세아니아
남아메리카

(국제 연합 세계 도시화 전망 보고서, 2014)

❶ (   )은/는 총인구 중 도시에 거주하고 있는 인구가 차지하고 있는 비율을 말한다.

❷ (   )와/과 아프리카는 도시화율이 낮고, 북아메리카·남아메리카·유럽·오세아니아는 도시화율이 높다.

❸ 국가별로 보면 (   )의 도시화율이 개발 도상국보다 높은 편이다.

자료6 선진국과 개발 도상국의 도시화 곡선

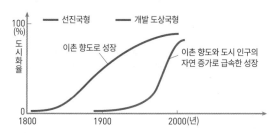

100(%)
도시화율
선진국형
개발 도상국형
이촌 향도로 성장
이촌 향도와 도시 인구의 자연 증가로 급속한 성장
0
1800 1900 2000(년)

❶ 도시화 곡선은 알파벳 (   )자 형태로 나타나며, 기울기가 급할수록 도시화의 진행 속도가 (   ) 것이다.

❷ 개발 도상국의 도시화 속도는 선진국보다 매우 (   ) 편이다.

주제 08 선진국과 개발 도상국의 도시 문제

구분	도시 문제 자료7	해결 방안
선진국	• 인구 감소와 시설 노후화 • 도심의 불량 주거 지역	• 도시 재개발 • 경제 활성화
개발 도상국	• 인구 급증 • 시설 및 공공 서비스 미비 • 주택 부족, 불량 주거 지역	• 인구 분산 정책 • 시설 및 공공 서비스 확충 • 경제 발전 정책
특징	• 선진국은 오랜 도시화 기간 동안 도시 문제를 해결하고 있음 • 개발 도상국의 도시 문제가 더 심각함	

자료7 선진국과 개발 도상국의 불량 주거지

▲ 미국 뉴욕의 할렘   ▲ 인도 뭄바이의 다라비

❶ 선진국은 (   )된 건물이 많은 도심 주변에 가난한 주민과 이주민이 모이면서 불량 주거지가 형성되었다.

❷ 개발 도상국은 급속한 도시화로 도시 내 (   )이/가 부족하여 빈민들이 불량 주거 지역을 형성하게 되었다.

주제 09 살기 좋은 도시

울산	태화강의 수질 오염을 해결하여 생태 하천 조성
순천	우리나라의 대표적인 생태 도시, 순천만 국가 정원
쿠리치바 자료8	굴절형 버스 도입으로 대중교통 시스템 구축
빌바오	구겐하임 미술관을 유치한 문화·관광 도시
벵갈루루	소프트웨어 산업 육성으로 일자리 부족과 빈곤 해결
빈	문화와 예술의 도시, 넓은 녹지 공간
밴쿠버	수려하고 쾌적한 도시, 우수한 사회 보장 제도
멜버른	높은 녹지율, 낮은 범죄율, 풍부한 문화

자료8 살기 좋은 도시의 사례

▲ 쿠리치바(브라질)   ▲ 빌바오(에스파냐)

❶ 굴절 버스, 원통형 버스 정류장 등으로 교통 문제를 해결한 도시는 브라질의 (   )이다.

❷ (   )은/는 철강 산업의 쇠퇴로 지역 경제가 어려워졌으나, 구겐하임 미술관을 유치하면서 문화·관광 도시로 탈바꿈하였다.

실전문제로 마무리하기

01 (가)와 비교한 (나) 지역의 특징으로 옳은 것을 〈보기〉에서 고르면?

(가)    (나)

─ 보기 ─
ㄱ. 1차 산업 종사자 비율이 높다.
ㄴ. 논, 밭과 같은 자연 경관이 많이 나타난다.
ㄷ. 생활 편의 시설과 각종 기능이 집중되어 있다.
ㄹ. 주변 지역에 다양한 재화와 서비스를 공급한다.

① ㄱ, ㄴ   ② ㄱ, ㄷ   ③ ㄴ, ㄷ
④ ㄴ, ㄹ   ⑤ ㄷ, ㄹ

02 도시의 형성과 발달에 관한 내용으로 옳지 않은 것은?

① 큰 강 유역은 농경과 교통이 발달하여 일찍이 도시가 발달하였다.
② 최초의 도시는 기원전 3,500년 무렵 메소포타미아 지역에서 나타났다.
③ 중세에는 교역과 교환이 활발한 시장을 중심으로 상업 도시가 발달하였다.
④ 18세기 후반 산업 혁명이 전개되면서 석유 산지를 중심으로 공업 도시가 발달하였다.
⑤ 오늘날의 도시는 산업·서비스업·문화 등의 여러 기능을 수행하고 있다.

03 (가), (나) 사진은 각 도시를 대표하는 랜드마크이다. 사진의 경관이 나타나는 도시를 바르게 짝지은 것은?

(가)    (나)

	(가)	(나)		(가)	(나)
①	런던	파리	②	런던	시드니
③	파리	런던	④	파리	시드니
⑤	시드니	런던			

04 세계 주요 도시의 특징으로 옳지 않은 것은?

	도시	특징
①	도쿄	아시아 최대의 금융 중심지
②	런던	유럽 연합(UN) 본부가 입지한 도시
③	아테네	그리스의 정치·경제·문화의 중심지
④	카이로	피라미드와 스핑크스가 있는 도시
⑤	시드니	항구가 아름다운 관광 도시

05 ㉠에 들어갈 말로 옳은 것은?

도시 내부의 각 지역은 (㉠)이/가 다르게 나타난다. 이에 따라 도시가 성장하고 기능이 다양해지면서 각 기능의 특징에 따라 도시 내부가 공간적으로 나누어지는 지역 분화 현상이 나타난다.

① 지가와 편리성   ② 접근성과 지가
③ 접근성과 편리성   ④ 접근성과 쾌적성
⑤ 쾌적성과 편리성

06 그래프는 도시 내부의 지가 변화를 나타낸 것이다. A 지역으로 모이려는 기능을 〈보기〉에서 고르면?

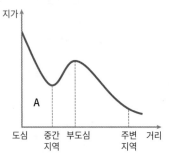

─ 보기 ─
ㄱ. 학교   ㄴ. 주택
ㄷ. 백화점   ㄹ. 기업 본사

① ㄱ, ㄴ   ② ㄱ, ㄷ   ③ ㄴ, ㄷ
④ ㄴ, ㄹ   ⑤ ㄷ, ㄹ

07 사진과 같은 경관이 나타나는 도시 내부 지역의 특징을 〈보기〉에서 고르면?

─ 보기 ─
ㄱ. 주간 인구보다 야간 인구가 더 많다.
ㄴ. 중심 업무 지구(CBD)가 형성되어 있다.
ㄷ. 집약적인 토지 이용으로 고층 건물이 많다.
ㄹ. 일부 지역에 개발 제한 구역을 설정하기도 한다.

① ㄱ, ㄴ   ② ㄱ, ㄷ   ③ ㄴ, ㄷ
④ ㄴ, ㄹ   ⑤ ㄷ, ㄹ

08 다음은 도시 내부 구조의 모식도이다. A~E에 관한 설명으로 옳은 것은?

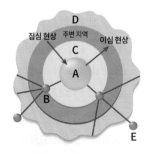

① A - 접근성이 좋아 대규모 아파트 단지를 형성한다.
② B - 도시 내에서 지가가 가장 높은 지역이다.
③ C - 토지의 집약적 이용으로 고층 건물이 밀집한다.
④ D - 교통이 편리하여 업무·상업 기능이 집중한다.
⑤ E - 대도시의 일부 기능을 분담한다.

09 도시화에 관한 설명으로 옳지 <u>않은</u> 것은?

① 도시의 수가 증가하는 것이다.
② 도시의 인구가 증가하는 것이다.
③ 도시화의 정도는 도시화율로 알 수 있다.
④ 2·3차 산업 종사자의 비율이 높아지는 것이다.
⑤ 도시화율을 통해 해당 지역 주민들의 정확한 소득을 파악할 수 있다.

10 (가)~(다)에 해당하는 도시화 단계를 그래프에서 골라 바르게 짝지은 것은?

(가) 대부분의 인구가 촌락에 거주한다.
(나) 이촌 향도로 도시 인구가 급속하게 증가한다.
(다) 도시 인구의 성장 속도가 느려지고 도시 인구가 감소하기도 한다.

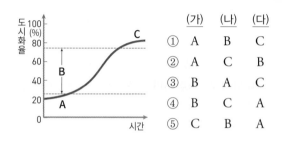

	(가)	(나)	(다)
①	A	B	C
②	A	C	B
③	B	A	C
④	B	C	A
⑤	C	B	A

11 그래프는 우리나라의 도시화율 변화를 나타낸 것이다. 이에 관한 설명으로 옳은 것을 〈보기〉에서 고르면?

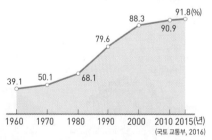

─ 보기 ─
ㄱ. 2015년 기준으로 도시화의 가속화 단계에 진입하였다.
ㄴ. 현재 역도시화 현상으로 도시 인구가 급증하고 있다.
ㄷ. 1990년대 이후부터 도시화의 진행 속도가 느려지기 시작하였다.
ㄹ. 1960년대 이후 산업화와 함께 도시화가 본격적으로 시작되었다.

① ㄱ, ㄴ   ② ㄱ, ㄷ   ③ ㄴ, ㄷ
④ ㄴ, ㄹ   ⑤ ㄷ, ㄹ

12 그래프는 선진국과 개발 도상국의 도시화를 비교한 것이다. A 지역에서 나타나는 도시 문제로 옳은 것은?

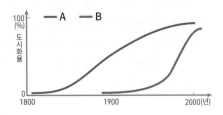

① 도심 낙후
② 기반 시설 부족
③ 무허가 주택 지역 형성
④ 위생 및 공공 서비스 부족
⑤ 급격한 산업화에 따른 환경 오염

13 사진을 통해 설명할 수 있는 도시 문제로 가장 적절한 것은?

▲ 브라질 리우데자네이루

① 실업
② 교통 혼잡
③ 빈부 격차
④ 수질 오염
⑤ 쓰레기 과다 발생

14 (가), (나) 지역에서 발생할 수 있는 도시 문제를 〈보기〉에서 골라 바르게 짝지은 것은?

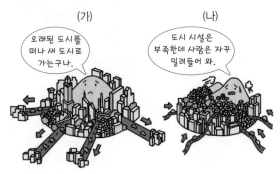

(가) 오래된 도시를 떠나 새 도시로 가는구나.

(나) 도시 시설은 부족한데 사람은 자꾸 밀려들어 와.

┌ 보기 ─────────────────
ㄱ. 시설 노후화
ㄴ. 낮은 주택 보급률
ㄷ. 보건 및 위생 시설 부족
ㄹ. 이주민과 지역 주민과의 갈등
└─────────────────────

	(가)	(나)		(가)	(나)
①	ㄱ, ㄴ	ㄷ, ㄹ	②	ㄱ, ㄹ	ㄴ, ㄷ
③	ㄴ, ㄷ	ㄱ, ㄹ	④	ㄴ, ㄹ	ㄱ, ㄷ
⑤	ㄷ, ㄹ	ㄱ, ㄴ			

15 (가), (나) 도시 문제가 나타나는 지역의 도시화 과정을 비교한 것으로 옳은 것은?

┌─────────────────────
(가) 오래된 다리 붕괴 사고, 노후 하수관 파열 사건 등이 지속적으로 발생하여 이를 보수하는 데 많은 예산이 필요하다.
(나) 비만 겨우 가릴 듯한 판자로 엉성하게 지은 집들이 다닥다닥 붙어 있고, 이곳에 거주하는 대부분의 사람들은 실업 상태이다.
└─────────────────────

① (가)보다 (나)의 도시화 속도가 더 느리다.
② (가)보다 (나)의 도시화 시기가 더 이르다.
③ (가)보다 (나)의 도시화 역사가 더 길다.
④ (나)보다 (가)의 도시 문제가 더 심각하다.
⑤ (나)보다 (가)의 2·3차 산업 발달 수준이 더 높다.

16 도시의 교통 문제를 해결하기 위한 대책으로 적절하지 않은 것은?

① 대중교통 이용을 장려한다.
② 공공 주택을 건설·보급한다.
③ 버스 전용 차선제를 도입한다.
④ 가까운 거리는 자전거를 이용한다.
⑤ 도심 진입 차량에 혼잡 통행료를 부과한다.

17 ㉠ 도시를 지도의 A~E에서 고르면?

┌─────────────────────
브라질의 (㉠)은/는 인구가 증가하면서 교통 혼잡 문제가 심각해졌다. 이에 따라 시(市)는 많은 시민이 이용할 수 있는 굴절 버스와 원통형 버스 정류장, 버스 전용 차선 등을 도입하여 시민들의 대중교통 이용률을 높여 교통 문제를 해소하였다.
└─────────────────────

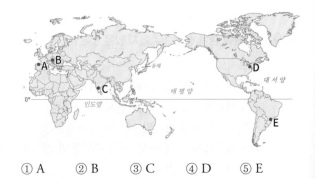

① A   ② B   ③ C   ④ D   ⑤ E

18 (가)~(마) 중 옳은 내용을 고르면?

수행 평가 보고서	
	○학년 ○반 ○○모둠

〈도시 문제를 해결하여 살기 좋은 도시로 변화된 사례〉

(가)	울산	태화강 살리기로 대기 오염 해소
(나)	채터누가	대중교통 시스템 정비로 교통 혼잡 문제 해결
(다)	벵갈루루	인공 섬 건설로 지역 격차 해소
(라)	빌바오	미술관 건립으로 지역 경제 회복
(마)	슈투트가르트	정보 산업 육성 정책으로 실업 해소

① (가)　② (나)　③ (다)　④ (라)　⑤ (마)

19 다음에서 소개하고 있는 도시를 지도의 A~E에서 고르면?

- 우리나라의 대표적인 생태 도시
- 시와 주민이 적극적으로 노력한 결과 갈대숲과 광활한 갯벌, 철새들이 어우러진 관광지로 발전

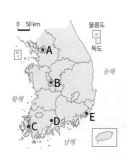

① A
② B
③ C
④ D
⑤ E

20 다음 도시의 공통점은?

- 오스트리아의 빈
- 캐나다의 밴쿠버
- 핀란드의 헬싱키
- 오스트레일리아의 멜버른

① 삶의 질이 높은 도시
② 온대 기후가 나타나는 도시
③ 많은 음악가를 배출한 도시
④ 자본과 정보가 집중하는 도시
⑤ 태양광 에너지를 주로 사용하는 도시

✎ 서술형 문제

21 자료를 보고 물음에 답하시오.

▲ ☐A☐ 도시의 스카이라인과 랜드마크

(1) A 도시의 명칭을 국명과 함께 쓰시오.

(2) A 도시의 특징을 경제적 측면에서 두 가지 서술하시오.

22 자료는 도시 내부의 지가 분포에 관한 것이다. 물음에 답하시오.

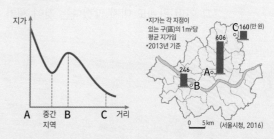

(1) A, B, C에 해당하는 도시 내부 지역을 각각 쓰시오.

(2) A에서 C로 갈수록 나타나는 건물의 높이 변화와 그 이유를 위의 자료와 관련하여 서술하시오.

23 (가), (나) 지역의 도시화 과정을 보고 오늘날 나타날 수 있는 도시 문제를 두 가지씩 서술하시오.

- (가) : 산업 혁명 이후 도시화가 200년에 걸쳐 진행되었으며, 현재는 종착 단계에 해당한다.
- (나) : 20세기 중반 이후 도시화가 급속하게 진행되었으며, 현재는 가속화 단계에 해당한다.

어떤 핑계도 대지 않는 정신

율리시스 그랜트는 미국의 열여덟 번째 대통령입니다. 그는 규율이 매우 엄격한 웨스트포인트 사관학교를 졸업했습니다.

사관 학교에 입학한 초기 몇 주 동안 학생들은 교관의 지시와 학칙에 무조건 따라야 했습니다. 이를 견디지 못한 몇몇의 학생들은 핑계를 대며 훈련에서 이탈하거나 학교를 그만두었습니다. 하지만 그랜트는 최선을 다해 임무를 수행하면서 그 어떤 핑계도 대지 않았습니다. 명령 수행이 군인의 숙명이라고 생각했기 때문입니다.

미국에 내전이 발생하자 그랜트는 상사의 명령을 한 치의 어긋남도 없이 수행하며 명성을 얻었습니다. 훗날 미국의 대통령으로 당선된 후 한 기자가 그에게 물었습니다.

"당신의 용기 있는 행동의 근원은 무엇입니까?"

"핑계를 대지 않는 것입니다."

그 기자가 다시 질문했습니다.

"전쟁에서 패할 때도 이유를 대지 않을 수 있나요?"

"그 어떤 핑계도 대지 않겠다는 것이 제가 댈 수 있는 유일한 핑계입니다."

IX

글로벌 경제 활동과
지역 변화

농업 생산의 기업화와 세계화

1 농업 생산의 기업화와 세계화

(1) 농업의 변화 농업 기술 발달에 따른 생산량 증가로 발생

예) 낙농업, 원예 농업, 대규모 곡물 재배 및 목축업

과거	벼, 밀, 옥수수 등의 곡물을 소규모로 재배해 직접 소비하는 자급적 농업
현재	시장 판매를 목적으로 한 상업적 농업 → 농업 생산의 다각화

(2) 농업 생산의 기업화

예) 넓은 토지 확보, 대형 농기계와 화학 비료 사용, 품종 개량 등

① **기업화 방식** 기업이 많은 자본과 기술을 투입하여 대량으로 농작물 재배 → 농작물의 생산·가공·운송·판매 전 과정을 담당함 → 세계 농산물의 가격과 생산 구조 및 소비에 영향을 미침

② **선진국과 개발 도상국의 농업 생산** [자료1]

예) 밀, 옥수수, 과일, 육류 등

선진국	넓은 농업 지역에서 생산된 농산물을 전 세계로 판매함 예) 미국, 캐나다, 오스트레일리아 등의 넓은 농업 지역
개발 도상국	다국적 기업이 *플랜테이션 농장에서 생산한 열대작물을 전 세계로 유통함 예) 아프리카와 아시아의 열대 기후 지역

예) 커피, 카카오, 바나나 등

(3) 농업 생산의 세계화

예) 세계 무역 기구(WTO) 체제 출범과 자유 무역 협정(FTA) 체결 등

① **배경** 교통과 통신의 발달로 지역 간 교류 증가, *자유 무역의 확대로 농산물 교역량 증가, 생활 수준 향상으로 다양한 농산물의 수요 증가

② **영향** 농산물의 수입·수출이 활발해짐, 먹거리의 세계화 [자료2]

전 세계에 곡물 생산지를 두고 곡물을 수출입하는 다국적 기업을 말해.

2 농업 생산의 기업화와 세계화가 가져온 변화

(1) 농업 생산 구조와 토지 이용 변화

① **곡물 메이저의 영향력 확대** 세계의 곡물 재배와 유통 주도

② **생산 구조와 토지 이용의 변화**

선진국	• 대규모 상업적 농업 발달　대량 생산을 통해 가격 경쟁력을 확보하고 있어. • 대형 농기계와 화학 비료·농약 사용 → 농작물의 대량 생산
개발 도상국	• 플랜테이션 농업 발달 : *기호 작물 재배로 지역 경제 활성화, 곡물 생산량 및 *자영농 감소 (→ 식량 부족 문제 발생) [자료3] • 단일 작물의 대규모 재배 : 생태계 교란, 막대한 농약 사용 등으로 환경 오염, 국제 가격 하락 시 경제 위기 발생

(2) 농작물 소비 특성의 변화 및 영향

예) 베트남은 쌀보다 커피 생산에 집중하여 현재는 브라질에 뒤이어 세계 2위의 커피 생산국이 되었어.

① **식단의 서구화**

변화	• 패스트푸드에 많이 사용하는 밀과 육류 소비량 증가 • 생활 수준 향상으로 기호 작물의 소비 증가
영향	목축업 확대와 기호 작물 재배로 브라질, 인도네시아 등의 열대 우림 파괴

② **외국산 농산물의 소비 증가**

왜? 밀·옥수수·육류의 수입량이 증가했기 때문이야.

변화	• 세계 여러 지역에서 생산한 농산물을 저렴하게 구매 가능 • 우리나라의 경우 주곡 작물인 쌀 소비 감소 → *식량 자급률 하락
영향	• 수입 농산물의 안전성 문제 제기 → 로컬 푸드 운동 등장 • 수입 곡물 의존도가 높은 국가는 국제 농산물 가격 급등에 따른 식량 부족 문제 발생　지역 농산물을 해당 지역에서 우선 소비하자는 운동이야. • 전통 농업 쇠퇴 → 농산물 수입국의 식량 자급률 하락

왜? 수입 과정에서 농산물의 부패를 막기 위해 방부제를 사용하기 때문이야.

꼭 나오는 자료

자료1 지역별 농업 생산 방식

▲ 필리핀의 바나나 생산　　▲ 미국의 밀 생산

◎ 필리핀은 작물 재배에 많은 노동력을 활용하는 반면, 미국은 대규모 농장에서 농기계를 이용하여 작물을 재배한다.

자료2 세계적 농업 기업의 생산과 판매

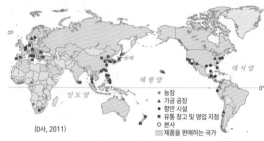

(D사, 2011)

▲ D 농업 회사의 글로벌 네트워크와 제품 판매

◎ 농업 생산의 기업화와 세계화로 열대 기후 지역에 있는 개발 도상국에서 바나나와 같은 열대작물을 대량 생산하고 있다. 교통과 통신 및 운송 기술의 발달 등으로 신선한 상태의 농산물을 전 세계로 유통할 수 있게 되었다. 이에 따라 우리는 열대작물을 대형 상점에서 쉽게 볼 수 있게 되었다.

자료3 필리핀의 쌀 수입량과 바나나 수출량의 변화

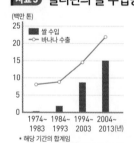

◀ 필리핀은 다국적 기업이 쌀 생산지를 개간하여 바나나를 재배하면서 바나나 수출량이 증가하였다. 그러나 인구 급증으로 쌀 소비량이 증가하여 쌀을 수입하면서 쌀 수출국에서 쌀 수입국으로 변화하였다. 필리핀은 쌀의 수입 의존도가 높아지고 자급률이 낮아져 쌀의 국제 가격이 상승하면 식량 부족 문제가 발생할 수 있다.

* 해당 기간의 합계임

(국제 연합 식량 농업 기구, 2016)

🔍 용어 사전

* **플랜테이션** 열대 기후 지역에서 선진국의 자본과 개발 도상국의 값싼 노동력을 결합하여 상품 작물을 대규모로 재배하는 상업적 농업 방식
* **자유 무역** 국제 무역에서 상품 교역에 관한 정부의 간섭을 최소화하고 자유롭게 거래하는 제도
* **기호(嗜 즐기다, 好 좋아하다) 작물** 차, 커피, 카카오, 사탕수수 등 기호품의 원료가 되는 작물
* **자영농(自 스스로, 營 경영하다, 農 농사)** 자신이 소유한 땅에서 농사를 짓는 사람
* **식량 자급률(自 스스로, 給 공급하다, 率 비율)** 식량의 국내 소비량에서 국내 생산량이 차지하는 비율

개념 문제

01 빈칸에 들어갈 알맞은 말을 쓰시오.

(1) 많은 자본과 기술을 투입하여 농작물을 대량 생산하는 농업 생산의 (　　　) 현상이 확대되고 있다.

(2) 전 세계를 대상으로 하여 농작물을 생산하고 판매하는 농업 생산의 (　　　)이/가 진행되면서 일상생활의 먹거리도 변화하게 되었다.

02 ㉠, ㉡ 중 알맞은 것을 고르시오.

(1) 농업 기술의 발달로 농작물 생산량이 증가하면서 시장 판매를 목적으로 한 (㉠ 상업적, ㉡ 자급적) 농업이 확대되었다.

(2) 미국과 캐나다, 오스트레일리아 등의 대규모 농업 지역에서는 주로 (㉠ 기계, ㉡ 많은 노동력)을/를 이용하여 작물을 재배한다.

(3) 다국적 기업은 (㉠ 선진국, ㉡ 개발 도상국)의 대규모 플랜테이션 농장에서 열대작물을 생산하고 있다.

03 다음 설명이 맞으면 ○표, 틀리면 ×표를 하시오.

(1) 플랜테이션 농장이 위치한 개발 도상국은 곡물 농업을 하는 자영농이 늘고 있다. ·············· (　　　)

(2) 식단이 서구화되면서 밀과 육류, 커피, 카카오 등의 소비량이 증가하였다. ·················· (　　　)

실력 문제

04 사진에 나타난 현상의 발생 배경으로 옳지 <u>않은</u> 것은?

▲ 일본 상점의 우리나라 농산물

▲ 우리나라 상점의 외국 농산물

① 농업 기술의 발달
② 자유 무역의 확대
③ 교통과 통신의 발달
④ 자급적 농업의 확대
⑤ 경제 성장과 생활 수준의 향상

05 ㉠에 들어갈 용어로 알맞은 것은?

> 기업화된 농업 방식은 아프리카와 아시아의 개발 도상국으로 확대되었다. 이 지역에 진출한 다국적 기업은 대규모 (㉠) 농장에서 커피와 카카오, 바나나 등의 열대작물을 생산하여 전 세계로 유통한다.

① 낙농업
② 원예 농업
③ 플랜테이션
④ 기업적 목축
⑤ 기업적 곡물 재배

중요
06 (가), (나) 농업 생산 방식에 관한 설명으로 옳은 것을 〈보기〉에서 고르면?

(가)　　　　　　　(나)

▲ 필리핀의 바나나 생산

▲ 미국의 밀 생산

┌─ 보기 ─────────────────
ㄱ. (가)는 (나)보다 기계를 이용한 농사 비중이 더 높다.
ㄴ. (나)는 (가)보다 농작물 재배 및 수확에 많은 노동력이 필요하다.
ㄷ. (가), (나) 모두 세계 시장을 대상으로 농업 활동을 한다.
ㄹ. (가), (나) 모두 기업이 많은 자본과 기술을 농업에 투입하여 생산하기도 한다.
└──────────────────────

① ㄱ, ㄴ　② ㄱ, ㄷ　③ ㄴ, ㄷ　④ ㄴ, ㄹ　⑤ ㄷ, ㄹ

고난도
07 ㉠~㉤ 중 옳지 <u>않은</u> 부분을 고른 것은?

밀이랑 옥수수는 우리나라에서도 재배하는 작물인데 왜 수입을 하나요?

미국처럼 ㉠ 땅이 넓은 나라에서는 ㉡ 기계를 이용해 ㉢ 대규모로 농작물을 재배하기 때문에 ㉣ 우리나라에서 생산된 작물보다 비싼 가격에 팔 수 있거든. 그래서 과자 회사는 ㉤ 더 많은 이윤을 남기기 위해 밀가루를 수입해서 사용하기도 해.

① ㉠　② ㉡　③ ㉢　④ ㉣　⑤ ㉤

08 ㉠의 농업 방식에 관한 설명으로 옳은 것은?

내가 태어난 곳은 열대 기후 지역의 대규모 농장이야. 하지만 이 지역은 ㉠ 과거 식량 작물을 생산하던 곳이었어.

① 대형 농기계를 이용한다.
② 농작물을 대량 생산한다.
③ 생산한 작물을 전 세계로 수출한다.
④ 다량의 화학 비료와 농약을 사용한다.
⑤ 가족 노동력을 중심으로 작물을 생산한다.

중요
09 그래프는 필리핀의 쌀 수입량과 바나나 수출량의 변화를 나타낸 것이다. 필리핀에서 나타나고 있는 현상으로 옳은 것은?

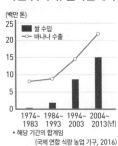

(백만 톤)
■ 쌀 수입
─○─ 바나나 수출

1974~1983 1984~1993 1994~2003 2004~2013(년)
• 해당 기간의 합계임
(국제 연합 식량 농업 기구, 2016)

① 자영농의 급증
② 바나나 수출량의 감소
③ 상품 작물 재배의 감소
④ 쌀 수입국에서 수출국으로 변화
⑤ 쌀의 국제 가격 상승 시 식량 부족 발생

10 ㉠에 들어갈 국가로 알맞은 것은?

(㉠)은/는 열대 기후 지역에 있는 대표적인 쌀 수출국이었다. 그러나 쌀의 가격 변동성이 커지고 기호 작물 수요의 증가로 쌀보다 커피 생산에 집중하였다. 1990년대부터 커피 생산을 확대하여 2007년 커피 수출액이 쌀 수출액보다 많아졌으며, 2016년 현재 브라질에 이어 세계 2위의 커피 생산국이 되었다.

① 미국
② 베트남
③ 캐나다
④ 필리핀
⑤ 아르헨티나

고난도
11 제시된 사례와 관련된 학습 주제로 옳은 것은?

로컬 푸드 운동	특정 지역에서 생산한 먹거리를 가능한 그 지역에서 소비하자는 운동
100마일 다이어트 운동	100마일(약 160km) 범위 내에서 생산되는 음식만 먹자는 운동
지산지소 운동	지역 농산물을 지역에서 소비하자는 운동

① 플랜테이션 농업의 확대
② 곡물 메이저의 영향력 확대
③ 선진국의 농업 생산성 향상 노력
④ 저개발국의 상품 작물 재배 방식 변화 모습
⑤ 외국산 농산물의 안전성 문제를 해결하려는 노력

중요
12 농업 생산의 기업화와 세계화에 따른 변화 및 그 영향으로 옳지 않은 것은?

① 식단의 서구화로 육류와 커피 등의 소비량이 증가하였다.
② 기호 작물 재배와 목축업의 확대로 열대 우림이 파괴되고 있다.
③ 세계 각지에서 생산한 농산물을 저렴하게 먹을 수 있게 되었다.
④ 농산물을 대량으로 수입하는 국가는 식량 자급률이 하락하였다.
⑤ 국제 농산물 가격이 하락하면서 식량 부족 문제가 나타나고 있다.

서술형
13 지도는 D 농업 회사의 글로벌 네트워크와 제품 판매를 표시한 것이다. 이를 보고 농작물을 주로 생산하는 지역과 소비하는 지역의 특징을 비교하여 서술하시오.

동해
태평양
대서양
인도양
0°

● 농장
▲ 가공 공장
● 항만 시설
■ 유통 창고 및 영업 지점
○ 본사
▨ 제품을 판매하는 국가

(D사, 2011)

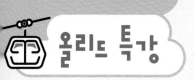

먹거리의 세계화

우리가 즐겨 먹는 음식의 원산지를 확인해 보면서 농업 생산의 기업화와 세계화로 먹거리의 세계화가 어떻게 나타나는지 묻는 문제가 자주 출제된다. 자료를 보고 먹거리의 세계화가 나타난 배경을 추론할 수 있어야 하며, 농업 생산의 기업화와 세계화가 소비 지역에 미친 긍정적 영향과 부정적 영향을 구분할 수 있어야 한다.

주제 탐구하기

탐구 1 먹거리의 세계화가 나타나게 된 배경

◀ 식재료의 이동 거리

교통과 통신의 발달, 농업 생산의 기업화와 세계화, 자유 무역의 확대에 따른 농산물 시장의 개방으로 세계 여러 지역에서 생산하는 농산물을 우리 식탁에서 쉽고 저렴하게 즐길 수 있게 되었다. 먹거리의 원산지를 살펴보면 쌀을 제외한 대부분의 식재료가 수입산으로, 일상생활에서 소비하는 먹거리가 세계화되고 있음을 알 수 있다.

탐구 2 먹거리의 세계화에 따른 영향

긍정적 측면

- 외국에서 생산된 다양한 농산물을 저렴하게 먹을 수 있다.
- 국내산 농산물의 공급이 부족할 때 부족한 부분을 수입하여 충당할 수 있다.

부정적 측면

- 값싼 외국산 농산물이 들어오면서 국내의 농가가 피해를 입을 수 있다.
- 주민 생활이 외국산 농산물의 국제 가격 변동에 영향을 받을 수 있다.
- 장거리 이동에 따른 부패를 막기 위해 사용한 화학 약품의 안전성 문제가 제기되기도 한다.

★ 바른답·알찬풀이 14쪽

문제 연습하기

유형 1 먹거리의 세계화가 나타난 배경을 묻는 문제

다음과 같은 농산물을 쉽게 구입할 수 있게 된 이유를 〈보기〉에서 고르시오.

과일
- 미국 오렌지
- 필리핀 바나나
- 칠레 포도
- 뉴질랜드 키위
- 대한민국 딸기

해물파전
- 미국 밀가루
- 타이 새우
- 칠레 오징어
- 뉴질랜드 홍합
- 중국 콩(간장)

고등어구이
- 노르웨이 고등어
- 프랑스 포도씨유
- 에스파냐 레몬

보기
ㄱ. 냉동 기술의 발달   ㄴ. 농업 시장의 개방
ㄷ. 자유 무역의 축소   ㄹ. 교통과 통신의 발달
ㅁ. 농산물의 수요 감소   ㅂ. 농업 생산의 기업화 확대

유형 2 먹거리의 세계화가 미치는 영향을 묻는 문제

㉠에 들어갈 내용으로 맞으면 ○표, 틀리면 ×표를 하시오.

수입 농산물은 국내 소비자에게 많은 이익을 줍니다. 예를 들면 수입 농산물은 _____ ㉠ .

(1) 매우 다양합니다.   ( )
(2) 가격이 저렴합니다.   ( )
(3) 안전성이 높습니다.   ( )
(4) 국내 농산물보다 신선합니다.   ( )
(5) 방부제나 농약 등을 적게 사용합니다.   ( )
(6) 국내 농산물이 부족할 경우 소비량을 충족시킵니다.   ( )

다국적 기업의 발달과 지역 변화

1 다국적 기업의 발달

(1) 다국적 기업의 의미 국경을 넘어 제품의 기획·생산·판매 활동을 하는 기업 자료1

(2) 성장 배경

① **교통과 통신의 발달** 국가 간 교류 증대

② **자유 무역 확대** *세계 무역 기구(WTO)의 출범으로 국가 간 무역 장벽이 낮아짐, 자유 무역 협정(FTA)의 체결 증가

③ **경제 활동의 세계화** 상품, 자본, 노동, 기술, 서비스 등이 국경을 초월하여 자유롭게 이동하면서 세계적 차원에서 경제적 상호 의존도가 높아지는 현상

(3) 성장 과정 생산비 절감과 시장 개척을 위해 생산 공장과 판매 지점을 여러 나라에 분산하고 있음 자료2

(4) 최근 변화

① **개발 도상국 기업의 성장** 초기에는 선진국 기업이 많았으나 중국과 인도 등 개발 도상국의 기업도 다국적 기업으로 발전함

② **다양한 분야로 진출** 제조업뿐 아니라 농산물 생산과 가공, 자원 개발, 유통·금융 서비스 등 다양한 분야로 진출함

2 다국적 기업의 공간적 분업

(1) 공간적 분업 다국적 기업이 경영의 효율성을 높이고 이윤을 극대화하기 위해 기업의 기획 및 관리·연구·생산·판매 기능을 서로 다른 지역에 배치하는 것

(2) 기능별 입지 특성 각 기능별 역할에 따라 최적의 장소를 찾아 배치하고 있어.

본사	• 역할 : 회사를 경영하고 관리함 → 의사 결정 기능 수행 • 입지 : 다양한 정보 수집과 자본 확보에 유리한 곳 → 선진국에 주로 입지
연구소	• 역할 : 핵심 기술과 디자인 등을 담당하는 연구·개발 기능 • 입지 : 기술 수준이 높고 고급 인력이 많은 곳 → 연구 시설(연구소, 대학)을 잘 갖춘 선진국에 주로 입지
생산 공장	• 개발 도상국에 주로 입지 : 비교적 지가가 낮고 저렴한 노동력이 풍부한 곳 → 생산 비용 절감 가능 • 선진국에 일부 입지 : 시장을 확대하고 *경제 블록 내에 위치하여 *무역 장벽을 피할 수 있는 곳

3 다국적 기업의 진출에 따른 지역 변화 자료3

(1) 다국적 기업의 본국 생산비 절감을 위해 생산 공장을 해외로 이전 → *산업 공동화 현상으로 지역 경제 침체

(2) 다국적 기업의 진출 지역 예 미국의 디트로이트시는 세계적 자동차 기업의 생산 공장이 개발 도상국으로 이전하면서 실업률이 증가하고 지역 경제가 침체되었어.

긍정적 영향	• 자본이 유입되고 일자리가 증가함 • 기술을 이전받아 관련 산업이 발달함 • 지역 경제가 활성화됨 _{왜?} 이윤의 상당 부분이 다국적 기업의 본사가 있는 국가로 빠져나갈 수 있기 때문이야.
부정적 영향	• 유사한 제품을 생산하는 국내 기업의 경쟁력이 약화됨 • 이윤의 해외 유출로 경제 발전을 기대하기 어려움 • 생산 공장이 철수할 경우 대규모 실업과 경기 침체가 발생함

자료1 일상생활 속 다국적 기업의 제품

△△ 휴대전화

기업명	B 전자 회사
본사	타이완 타이베이
생산 지역	중국 쓰촨성
주요 부품	• 중앙 처리 장치(미국산) • 메모리(한국산) • 디스플레이(일본산)

◎ 일상생활에서 우리가 사용하는 제품 중에는 본사와 생산 지역이 서로 다른 국가인 경우가 많다. 이는 경제 활동의 세계화로 다국적 기업의 활동이 활발해졌기 때문이다.

자료2 다국적 기업의 성장 과정

대도시에 공장을 만들고 기업 활동을 시작했어요.

제품 판매가 늘어 지방에 영업 지점을 만들고 생산 시설도 확충했어요.

외국에도 영업 지점을 만들어 제품 판매 시장을 확대했어요.

본사, 생산 공장, 영업 지점 등이 여러 국가에 분포하는 기업이 되었어요.

└ 이 시기부터 다국적 기업이 되었다고 말해.

자료3 글로벌 생산 기지의 이동

▲ 유입 기업 수
▼ 유출 기업 수
중국
타이
베트남
말레이시아
인도네시아
(대한 무역 투자 진흥 공사, 2016)

◀ 글로벌 생산 기지가 중국에서 베트남으로 이동 중이다. 중국의 임금 상승으로 제조업 경쟁력이 낮아지면서 베트남의 매력이 높아지고 있기 때문이다. 실제로도 베트남으로 생산 기지를 이전하는 기업이 가장 많고, 유출 기업이 가장 많은 나라는 중국으로 나타난다.

🔖 **용어 사전**

* **세계 무역 기구(WTO)** 세계 무역 증진을 위해 1995년에 설립된 기구로, 무역 분쟁과 마찰 등을 조정하는 역할을 함

* **경제 블록** 여러 나라가 공통된 경제적 목적을 위해 만든 배타적 성격의 경제권

* **무역 장벽** 국내 산업을 보호하기 위해 수입품에 관세를 부과하는 등의 무역 제한 조치

* **산업 공동화**(空 비다, 洞 마을, 化 변화하다) 지역의 기반을 이루고 있던 산업이 경쟁력을 상실하여 없어지거나 해외로 이전하면서 산업 구조에 공백이 생기는 현상

개념 문제

01 다음 설명이 맞으면 ○표, 틀리면 ×표를 하시오.

(1) 국경을 넘어 제품 기획과 생산, 판매 활동을 하는 기업을 다국적 기업이라고 한다. ………… (   )

(2) 세계 무역 기구(WTO)의 출범과 자유 무역 협정 (FTA)의 확대로 다국적 기업의 활동 범위가 축소되었다. ……………………………… (   )

(3) 다국적 기업의 발달 초기에는 개발 도상국의 기업이 많았으나, 최근에는 선진국의 기업도 다국적 기업으로 발전하고 있다. ………………… (   )

02 다국적 기업의 각 기능이 입지하기에 유리한 지역을 바르게 연결하시오.

(1) 본사 • ㆍ ㉠ 고급 인력이 풍부한 곳

(2) 연구소 • ㆍ ㉡ 지가와 임금이 저렴한 곳

(3) 생산 공장 • ㆍ ㉢ 정보, 자본 확보가 유리한 곳

03 ㉠, ㉡ 중 알맞은 것을 고르시오.

(1) 다국적 기업의 생산 공장이 들어서는 지역은 일자리가 (㉠ 감소한다, ㉡ 증가한다).

(2) 다국적 기업의 생산 공장이 해외로 이전하면 생산 공장이 있던 기존 지역은 (㉠ 경제 활성화, ㉡ 산업 공동화) 현상이 나타난다.

실력 문제

중요

04 다국적 기업의 성장 배경에 관한 설명으로 옳은 것을 〈보기〉에서 고르면?

보기
ㄱ. 세계적 차원에서 경제적 상호 의존도가 점차 낮아지고 있다.
ㄴ. 교통과 통신의 발달로 세계 여러 지역 간 교류가 확대되었다.
ㄷ. 세계 무역 기구(WTO)의 출범으로 국가 간 무역 장벽이 높아졌다.
ㄹ. 자유 무역 협정(FTA)의 확대로 상품과 서비스의 국제 이동이 활발해졌다.

① ㄱ, ㄴ   ② ㄱ, ㄷ   ③ ㄴ, ㄷ
④ ㄴ, ㄹ   ⑤ ㄷ, ㄹ

고난도

05 그림은 다국적 기업의 성장 과정을 나타낸 것이다. (가)~(라)를 순서대로 바르게 나열한 것은?

① (가) - (나) - (다) - (라)   ② (나) - (다) - (라) - (가)
③ (나) - (라) - (다) - (가)   ④ (다) - (가) - (나) - (라)
⑤ (라) - (다) - (가) - (나)

06 A, B 기업의 공통적인 특징으로 옳지 않은 것은?

○○ 하이브리드 자동차		◇◇ 운동화	
기업명	A 자동차 회사	기업명	B 의류 회사
본사	프랑스 파리	본사	독일 바이에른 주
생산 지역	부산광역시	생산 지역	인도네시아
주요 부품	·엔진(일본산) ·타이어(한국산) ·강판(일본산)	원재료명	특수 합성 가죽, 합성 고무, 폴리에스테르 등

① 다국적 기업이다.
② 본사가 개발 도상국에 있다.
③ 경제 활동의 세계화를 주도하고 있다.
④ 기업 규모가 크고 경제 활동 범위가 넓다.
⑤ 사용하는 부품과 재료의 원산지가 다양하다.

07 다음 설명에 해당하는 용어로 옳은 것은?

다국적 기업은 경영의 효율성을 높이고 이윤을 극대화하기 위해 기업의 기획 및 관리·연구·생산·판매 기능을 서로 다른 지역에 배치한다.

① 탈공업화   ② 경제 블록
③ 무역 장벽   ④ 산업 공동화
⑤ 공간적 분업

08 지도를 보고 설명한 내용 중 ㉠에 들어갈 내용으로 옳은 것은?

생산 공장의 근로자 수 상위 5개국은 모두 본사가 위치한 곳보다 _____㉠_____.

① 자본이 풍부하다.
② 기술 수준이 높다.
③ 고급 인력이 많다.
④ 저렴한 노동력이 풍부하다.
⑤ 교통과 통신 시설을 잘 갖추고 있다.

중요
09 그림은 다국적 기업의 공간적 분업에 관한 것이다. ㉠~㉢에 들어갈 알맞은 말을 바르게 짝지은 것은?

	㉠	㉡	㉢
①	본사	연구소	판매 지점
②	본사	판매 지점	연구소
③	연구소	본사	판매 지점
④	연구소	판매 지점	본사
⑤	판매 지점	연구소	본사

10 ㉠에 들어갈 이유로 옳은 것을 〈보기〉에서 고르면?

> 다국적 기업의 생산 공장 중 일부는 ____㉠____ 선진국에 입지하기도 한다.

┌ 보기 ─────────────
ㄱ. 시장 확대를 위해
ㄴ. 인건비가 저렴해서
ㄷ. 무역 장벽을 피하려고
ㄹ. 경제 블록을 벗어나려고
└─────────────────

① ㄱ, ㄴ   ② ㄱ, ㄷ   ③ ㄴ, ㄷ
④ ㄴ, ㄹ   ⑤ ㄷ, ㄹ

고난도
11 지도는 글로벌 생산 기지의 이동을 나타낸 것이다. 이를 보고 설명한 내용으로 옳은 것은?

① 중국의 유입 기업 수가 가장 많다.
② 베트남의 유출 기업 수가 가장 많다.
③ 중국은 베트남보다 인건비가 저렴할 것이다.
④ 중국의 지역 경제는 앞으로 활성화될 것이다.
⑤ 베트남은 일자리가 증가하고 관련 산업이 발달할 것이다.

서술형
12 사진의 제품을 기획 및 디자인한 곳과 만들어진 곳의 입지 조건을 비교하여 서술하시오.

▲ 디자인은 미국의 본사에서 했지만 베트남에서 만들어진 청바지   ▲ 한국에서 기획 및 디자인되었지만 중국에서 만들어진 스마트폰

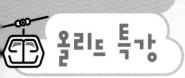

다국적 기업의 공간적 분업

다국적 기업의 공간적 분업 체계는 시험에 반드시 출제되는 부분이다. 단순히 다국적 기업의 본사, 연구소, 생산 공장의 입지 조건을 묻는 문제부터 실제 다국적 기업의 공간적 분업 사례를 보여주는 지도를 제시하고 이를 해석하는 문제까지 다양한 형태로 출제된다.

주제
탐구하기

탐구 1 다국적 기업의 공간적 분업

다국적 기업은 효율성을 높이고 이윤을 극대화하기 위해 기업의 기획 및 관리·연구·생산·판매 기능을 서로 다른 지역에 배치한다.

본사

다양한 정보를 수집하고 자본을 확보하는 데 유리한 지역에 입지

연구소

고급 인력이 풍부하고 교육 및 연구 시설을 잘 갖춘 지역에 입지

○ 본사
● 연구소
● 판매 법인
▲ 생산 공장

(H자동차 누리집, 2016)

개발 도상국의 생산 공장

이곳은 노동력이 풍부하고 아직 인건비가 높지 않아요.

대부분의 생산 공장은 지가가 낮고 저렴하며 노동력이 풍부한 개발 도상국에 입지

선진국의 생산 공장

이곳에 제품을 수출하려는데 관세와 수입량 제한과 같은 규제가 있어서 현지에 공장을 세웠어요.

시장을 확대하고 무역 장벽을 피하기 위해 일부 생산 공장은 선진국에 입지

★ 바른답·알찬풀이 15쪽

문제
연습하기

유형 1 다국적 기업의 입지 조건을 찾는 문제

다국적 기업의 각 기능에 따른 입지 특성으로 옳은 것을 〈보기〉에서 골라 쓰시오.

┌ 보기 ┐
ㄱ. 기술을 갖춘 고급 인력이 풍부한 지역
ㄴ. 다양한 정보와 자본을 확보하기에 유리한 지역
ㄷ. 지가와 임금이 싸서 생산 비용을 줄일 수 있는 지역
ㄹ. 경제 블록 내에 위치하여 무역 장벽을 극복할 수 있는 지역

본사 (의사 결정)	(1)
연구소 (연구 개발)	(2)
생산 공장 (제품 생산)	(3)

유형 2 지도에 나타난 공간적 분업을 해석하는 문제

지도는 어느 운동화를 생산하는 다국적 기업의 활동을 나타낸 것이다. 이를 보고 설명에 해당하는 국가를 〈보기〉에서 골라 쓰시오.

(소스맵(sourcemap), 2016)

┌ 보기 ┐
ㄱ. 미국   ㄴ. 인도   ㄷ. 터키   ㄹ. 베트남

(1) 인건비가 저렴하고 노동력이 풍부하다.   (   )
(2) 핵심 기술자들이 주로 거주하고 있다.   (   )
(3) 원료가 풍부하고 원료 가격이 저렴하다.   (   )

주제 12 서비스 산업의 세계화와 지역 변화

1 서비스 산업의 의미와 유형

(1) **의미** 인간이 필요로 하는 재화나 *용역을 공급하는 활동
(2) **특성** 표준화가 어렵고 고용 창출의 효과가 큼
(3) **유형** 누구에게 제공하느냐에 따라 구분 `왜?` 소비자에 따라 원하는 서비스의 형태가 다르기 때문에 찾는 사람이 많아질수록 노동력이 많이 필요해.

소비자 서비스업	일반 소비자에게 직접 제공하는 서비스 ⑩ 음식업, 숙박업, 소매업 등
생산자 서비스업	기업 활동에 도움을 주는 서비스 ⑩ 금융, 법률, 광고, 시장 조사 등

2 서비스 산업의 성장과 변화

(1) **탈공업화 사회** 제조업보다 서비스 산업이 경제 성장을 이끄는 사회 → 대부분의 선진국에서 나타남 `자료1`
(2) **서비스 산업의 세계화** 관광, 유통, 금융 등의 분야에서 국가 간 경계가 약해지고 상호 의존성이 커짐 ⑩ 온라인 예약, 전자 상거래, 원격 강의, 해외 콜센터 등
① **배경** 교통과 통신의 발달, 다국적 기업의 활동 확대 등
② **입지 변화** 서비스업의 생산·판매·사후 관리 등의 단계 분화

공간적 분산	교통과 통신의 발달로 시·공간적 제약이 완화됨 → 비용 절감과 업무 효율성 증대를 위해 다국적 기업은 일부 업무를 개발 도상국으로 분산함 ⑩ 해외 콜센터 `자료2`
공간적 집중	전문화된 서비스업은 접근성이 좋고 정보가 풍부한 특정 지역에 발달함 ⑩ 광고, 금융, 영화 제작 산업

3 서비스 산업의 세계화와 지역 변화

(1) **전자 상거래의 발달** ← 정보 통신의 발달로 가능해졌어.
① **전자 상거래** 인터넷 등 정보 통신망을 이용하여 물건을 사고파는 행위 → 소비자는 상점 방문 없이 상품 구매와 수령이 가능함
② **영향** 소비 활동의 범위가 전 세계로 확대(⑩ 해외 직접 구매), 오프라인 매장의 감소, 택배 산업 등의 유통 산업 성장 `자료3`
(2) **유통의 세계화** ⑩ 인터넷 서점이 발달하면서 동네 소규모 서점이 많이 사라지게 되었어.
① **다국적 유통 업체의 진출** *영세한 유통 업체의 피해 발생
② **전자 상거래의 발달** 택배 산업과 물류 창고업의 발달, 교통이 편리한 지역에 대규모 물류 창고 입지 편의점·식당·대형 상점 등이 전 세계에서 유사한 상품과 서비스를 제공해.
(3) **관광의 세계화** ⑩ 공항, 고속 도로, 철도역, 항만, 대도시 주변 등
① **배경** 관광 정보의 획득 용이, 소득 수준 향상과 여가의 증대 → 국내 및 해외 관광에 관한 관심 증대
② **영향**

긍정적 측면	• 지역 주민의 고용 창출 및 주민의 소득 증가 • 교통, 통신, 도로, 항공 등 기반 시설 개선
부정적 측면	• 관광 시설 건설로 자연환경 파괴 • 지나친 상업화로 지역 고유문화 쇠퇴

③ **변화** 음악·영화·드라마·축제 등을 이용한 체험 관광 발달, 일반 대중 여행 대신 *공정 여행을 선택하는 사람 증가

꼭 나오는 자료

자료1 경제 발전 수준과 산업 구조

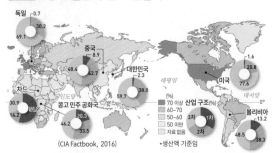

▲ 국가별 국내 총생산에서 서비스 산업이 차지하는 비중과 산업 구조
(CIA Factbook, 2016)

✎ 유럽과 북아메리카 등 선진국이 많은 지역은 서비스 산업 비중이 높은 반면, 아프리카와 동남아시아 등에 위치한 개발 도상국은 서비스 산업 비중이 낮다.

자료2 전 세계 콜센터의 메카, 필리핀

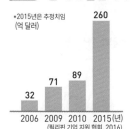

▲ 필리핀 콜센터의 매출액 변화
(필리핀 기업 지원 협회, 2016)

◀ 콜센터는 고객 문의 전화만 받는 것을 넘어 마케팅과 정보 제공, 고객 서비스, 모금 등의 전화 응대를 통해 부가 가치를 창출하는 역할을 한다. 필리핀은 영어를 공용어로 쓰고, 인건비가 저렴하며 미국 문화에 대한 친밀도가 높아 필리핀에 콜센터를 설치한 미국의 다국적 기업들은 고객 응대를 24시간 할 수 있게 되었다. 필리핀은 콜센터의 입지로 일자리 증가와 서비스업 신장을 기대할 수 있으나, 콜센터가 나은 조건을 지닌 지역으로 이동할 수 있으므로 고용 불안정 문제도 나타날 수 있다.

자료3 해외 직접 구매(해외 직구)의 증가

> 관세청에 따르면 국내 소비자의 해외 직구 금액이 2010년부터 매년 두 배 이상으로 성장하여 2014년에는 2조 원을 넘어선 것으로 추산된다. 세계적인 검색 업체 △△은 국내 소비자의 해외 이탈을 막을 수 없다면 해외 소비자를 국내로 끌어오는 데 주력하라고 조언하였다.
> – ○○신문, 2015. 1. 13. –

✎ 해외 직접 구매는 거래 방법이 간소화되고 경험자의 신뢰가 형성되면서 급성장하고 있다. 해외 직접 구매로 소비자는 상품을 저렴하게 구매할 수 있지만, 국내 온라인 쇼핑 업체의 수익성은 악화될 가능성이 높다.

🔍 용어 사전

* **용역**(用 쓰다, 役 일을 시키다) 미용사나 금융업 종사자와 같이 물건의 형태가 아닌 노동력을 제공하는 서비스
* **영세**(零 떨어지다, 細 가늘다) 살림이 보잘 것 없고 가난한 상태
* **공정 여행** 해당 지역에서만 경험할 수 있는 체험과 지역 주민에게 이익이 돌아가면서 환경 피해도 최소화할 수 있는 여행

★ 바른답·알찬풀이 16쪽

개념 문제

01 다음 표는 서비스업을 분류한 것이다. ㉠~㉢에 알맞은 말을 쓰시오.

구분	의미	예시
(㉠) 서비스업	(㉡)에게 직접 제공하는 서비스	음식업, 숙박업, 소매업 등
(㉢) 서비스업	기업 활동에 도움을 주는 서비스	금융, 법률, 광고, 시장 조사 등

02 ㉠, ㉡ 중 알맞은 것을 고르시오.

(1) 선진국은 개발 도상국보다 대체로 국내 총생산에서 서비스 산업이 차지하는 비중이 (㉠ 낮다, ㉡ 높다).

(2) 교통과 통신의 발달 및 세계화로 경제 활동의 시간적·공간적 제약이 (㉠ 감소, ㉡ 증가)하였다.

03 빈칸에 들어갈 알맞은 말을 쓰시오.

(1) ( )은/는 인터넷 상점을 이용한 실시간 상품 거래 행위로, 소비자가 상점을 방문할 필요 없이 상품을 구매하고 원하는 곳에서 받을 수 있다.

(2) 소비 방식 및 시장 환경의 변화로 소비자에게 직접 물건을 배송하는 ( ) 산업이 발달하였다.

(3) 최근 지역 주민에게 이익이 많이 돌아가면서도 환경 피해를 최소화할 수 있는 ( ) 여행을 선택하는 사람이 많아지고 있다.

실력 문제

04 서비스 산업에 관한 설명으로 옳지 **않은** 것은?

① 표준화하기는 쉽지만 고용 창출 효과는 작다.

② 교통과 통신의 발달로 서비스 산업이 확대되었다.

③ 인간이 필요로 하는 재화나 용역을 공급하는 활동이다.

④ 금융, 법률, 광고 등은 기업 활동에 도움을 주는 서비스이다.

⑤ 음식업, 숙박업 등은 일반 소비자에게 직접 제공하는 서비스이다.

고난도
05 지도는 국가별로 국내 총생산(GDP)에서 서비스 산업이 차지하는 비중과 산업 구조의 특징을 나타낸 것이다. 이에 관한 설명으로 옳은 것은?

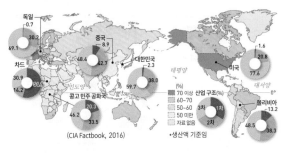

(CIA Factbook, 2016)

① 유럽은 서비스 산업의 비중이 낮다.

② 동남아시아는 서비스 산업의 비중이 높다.

③ 1차 산업 생산액 비중이 가장 높은 국가는 차드이다.

④ 2차 산업 생산액 비중이 가장 높은 국가는 미국이다.

⑤ 3차 산업 생산액 비중이 가장 낮은 국가는 대한민국이다.

중요
06 ㉠~㉤의 내용 중 옳지 **않은** 것은?

> 〈서비스업의 세계화〉
> 오늘날 공업의 기계화와 자동화로 ㉠노동력이 서비스업으로 이동하고 있다. 따라서 공업의 비중은 감소하고 서비스업의 비중이 증가하는 ㉡탈공업화 현상이 나타나고 있다. 또한 ㉢교통의 발달로 국경을 넘는 교류가 활발해지면서 ㉣서비스업의 세계화가 빠르게 진행되고 있다. ㉤정보 통신의 발달로 시간적·공간적 제약이 증가하면서 많은 다국적 기업은 본국이 아닌 다른 나라에서 콜센터를 운영하고 있다.

① ㉠ ② ㉡ ③ ㉢ ④ ㉣ ⑤ ㉤

07 서비스업의 변화 사례로 옳지 **않은** 것은?

① 소비자 대상의 물류 산업이 성장하고 있다.

② 다국적 기업은 세계 여러 지역에 콜센터가 있다.

③ 시간과 장소의 제약 없이 원격 강의를 들을 수 있다.

④ 온라인 상점보다 오프라인 상점의 성장이 더 빠르다.

⑤ 외국의 숙박 시설을 인터넷으로 쉽게 예약할 수 있다.

08 그림에 나타난 상거래의 유통 구조에 관한 설명으로 옳은 것을 〈보기〉에서 고르면?

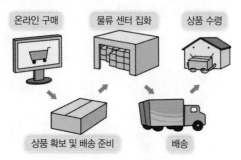

온라인 구매   물류 센터 집화   상품 수령

상품 확보 및 배송 준비   배송

┌ 보기 ─────────────────
ㄱ. 구매 활동의 시간적 제약이 크다.
ㄴ. 택배 산업 발달에 영향을 미친다.
ㄷ. 구매를 위한 소비자의 이동 거리가 길다.
ㄹ. 기존 상거래에 비해 유통 단계가 단순하다.
└──────────────────────

① ㄱ, ㄴ   ② ㄱ, ㄷ   ③ ㄴ, ㄷ
④ ㄴ, ㄹ   ⑤ ㄷ, ㄹ

09 사이버 학습에서 학생들이 남긴 댓글 중 옳지 않은 것은?

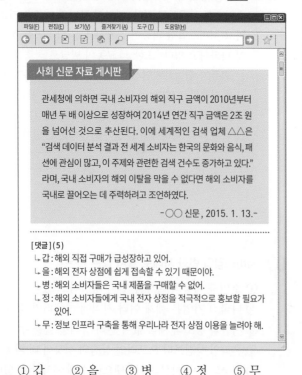

파일(F) 편집(E) 보기(V) 즐겨찾기(A) 도구(T) 도움말(H)

사회 신문 자료 게시판

관세청에 의하면 국내 소비자의 해외 직구 금액이 2010년부터 매년 두 배 이상으로 성장하여 2014년 연간 직구 금액은 2조 원을 넘어선 것으로 추산된다. 이에 세계적인 검색 업체 △△은 "검색 데이터 분석 결과 전 세계 소비자는 한국의 문화와 음식, 패션에 관심이 많고, 이 주제와 관련한 검색 건수도 증가하고 있다." 라며, 국내 소비자의 해외 이탈을 막을 수 없다면 해외 소비자를 국내로 끌어오는 데 주력하려고 조언하였다.

-○○ 신문, 2015. 1. 13.-

[댓글] (5)
ㄴ갑 : 해외 직접 구매가 급성장하고 있어.
ㄴ을 : 해외 전자 상점에 쉽게 접속할 수 있기 때문이야.
ㄴ병 : 해외 소비자들은 국내 제품을 구매할 수 없어.
ㄴ정 : 해외 소비자들에게 국내 전자 상점을 적극적으로 홍보할 필요가 있어.
ㄴ무 : 정보 인프라 구축을 통해 우리나라 전자 상점 이용을 늘려야 해.

① 갑   ② 을   ③ 병   ④ 정   ⑤ 무

10 ㉠에 관한 설명으로 옳지 않은 것은?

┌───────────────────────
교통과 통신의 발달 및 소득 수준 향상, 여가의 증대로 관광에 관한 사람들의 관심이 높아졌다. 그러나 관광 산업이 발달하면서 자연환경이 파괴되거나 고유문화가 사라지는 경우가 있다. 이에 ㉠공정 여행을 선택하는 사람이 많아지고 있다.
└───────────────────────

① 현지 동물을 이용한 쇼나 투어에 참여한다.
② 현지의 동식물로 만든 기념품은 사지 않는다.
③ 현지인이 운영하는 숙소와 음식점을 이용한다.
④ 여행지의 생활 방식을 존중하고 문화를 체험한다.
⑤ 외부인이 운영하는 대규모 리조트에 투숙하지 않는다.

서술형
11 그림을 보고 물음에 답하시오.

미국에 사는 애니는 ㉠공휴일 늦은 밤 시간에 여행사 전화 상담실로 전화를 걸어 여행 예약을 마쳤다.

놀라운 것은 영어를 완벽하게 구사하는 직원이 미국이 아니라 인도에 근무하고 있는 직원이었다는 점이다.

(1) 미국 여행사의 전화 상담실을 인도로 이전한 이유가 무엇인지 제시된 용어를 포함하여 서술하시오.

┌───────────────────────
임금   공용어   정보 통신
└───────────────────────

(2) ㉠의 상황에서도 전화 상담이 가능한 이유를 미국과 인도의 지리적 위치와 관련지어 서술하시오.

서비스 산업의 세계화로 나타나는 변화

기존 상거래와 전자 상거래 방식을 단순히 비교하거나 전자 상거래 방식의 확대가 미치는 영향을 추론하는 등 서비스 산업의 세계화로 나타난 상품 구매 방식의 변화를 묻는 문제는 다양한 형태로 시험에 출제된다. 시험에 효과적으로 대비하기 위해서는 기존 상거래와 전자 상거래를 나타낸 자료를 비교하여 분석해 보는 연습이 필요하다.

주제 탐구하기

탐구 1 서비스 산업의 세계화에 따른 상품 구매 방식의 변화

교통과 통신의 발달로 매장에서 직접 물건을 구매하는 방식에서 텔레비전, 인터넷 등을 이용한 전자 상거래 방식을 이용하는 사람들이 늘고 있다.

구분	기존 상거래	전자 상거래
모식도	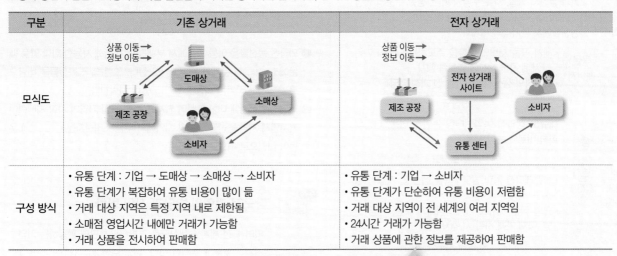	
구성 방식	• 유통 단계 : 기업 → 도매상 → 소매상 → 소비자 • 유통 단계가 복잡하여 유통 비용이 많이 듦 • 거래 대상 지역은 특정 지역 내로 제한됨 • 소매점 영업시간 내에만 거래가 가능함 • 거래 상품을 전시하여 판매함	• 유통 단계 : 기업 → 소비자 • 유통 단계가 단순하여 유통 비용이 저렴함 • 거래 대상 지역이 전 세계의 여러 지역임 • 24시간 거래가 가능함 • 거래 상품에 관한 정보를 제공하여 판매함

전자 상거래의 확대가 미치는 영향
• 상품 배송을 위한 택배 산업 발달
• 교통이 편리한 대도시 주변에 물류 창고 입지
• 온라인 상점을 통해 외국 상품을 직접 구매하는 해외 직접 구매 증가

★ 바른답·알찬풀이 16쪽

문제 연습하기

유형 1 실생활에서 상품 구매 방식을 비교하는 문제

표는 해외 제품을 국내 소비자가 구매하는 방식을 비교한 것이다. (1)~(6)에 들어갈 내용을 〈보기〉에서 골라 쓰시오.

구분	상품 선택	가격 지불	상품 이동
기존 상거래	(1)	(2)	(3)
전자 상거래	(4)	(5)	(6)

┌ 보기 ┐
ㄱ. 신용 카드로 결제함
ㄴ. 해외 상점을 직접 방문함
ㄷ. 직접 비행기를 타고 가져옴
ㄹ. 현지의 돈으로 바꿔 지급함
ㅁ. 온라인 상점의 정보를 확인함
ㅂ. 국제 배송 업체를 통해 집으로 배달됨

유형 2 그림을 보고 전자 상거래의 특징을 찾는 문제

그림에 나타난 상품 구매 방식에 관한 설명이 맞으면 ○표, 틀리면 ×표를 하시오.

(1) 상품 구매의 공간적 제약이 크다. ( )
(2) 상품 구매 활동의 시간적 제약이 크다. ( )
(3) 전통적 구매 방식보다 유통 단계가 복잡하다. ( )
(4) 상품 구매의 편리성 때문에 급성장하고 있다. ( )
(5) 택배 산업과 물류 산업의 발달에 큰 영향을 미친다. ( )

주제 10 농업 생산의 기업화와 세계화

농업의 변화	• 농업 기술 발달에 따른 생산량 증가로 발생 • 소규모 곡물 재배의 자급적 농업 → 시장 판매 목적의 상업적 농업
농업 생산의 기업화	• 기업이 많은 자본과 기술을 농업에 투입 • 선진국 : 넓은 농장에서 기계를 이용하여 대규모 재배 • 개발 도상국 : 다국적 기업이 플랜테이션 농장 운영
농업 생산의 세계화	• 교통과 통신의 발달, 자유 무역의 확대, 생활 수준의 향상 • 전 세계를 대상으로 농작물을 생산 및 소비 • 일상생활에서 먹거리의 세계화

농업의 기업화와 세계화에 따른 변화	곡물 메이저	• 세계 곡물 재배와 유통을 주도하는 다국적 기업 → 세계 곡물 생산에 영향력 행사 • 먹거리의 생산·유통·가공 전 과정 담당
	생산 구조 변화 자료1	**선진국** 대규모 상업적 농업 : 대형 농기계 이용, 다량의 화학 비료와 농약 사용 **개발 도상국** • 플랜테이션 농업 발달 : 곡물 생산 및 자영농 감소 → 식량 부족 문제 • 단일 작물 대규모 재배 : 생태계 교란, 환경 오염, 국제 가격 하락 시 경제 위기
	소비 특성 변화 자료2	**식단의 서구화** 육류 소비량 증가, 기호 작물 소비 증가 → 생산지의 열대 우림 파괴 **외국산 농산물의 소비 증가** 다양한 농산물을 저렴하게 구매 가능, 우리나라의 쌀 소비 감소 → 수입 농산물의 안전성 문제 제기, 전통 농업 쇠퇴, 식량 자급률 하락

자료1 농작물의 다양한 생산 방식

▲ 미국의 밀 생산

▲ 필리핀의 바나나 생산

❶ 과거 전통적 농업은 곡물을 소규모로 재배하여 농가에서 직접 소비하는 (   ) 농업의 형태로 이루어졌다.

❷ 산업화와 도시화, 농업 기술의 발달로 시장 판매를 목적으로 하는 낙농업, 원예 농업, 기업적 곡물 재배, 기업적 목축 등의 (   ) 농업이 발달하였다.

❸ 열대 기후 지역에서는 선진국의 자본과 개발 도상국의 값싼 노동력을 결합하여 하나의 상품 작물을 대규모로 재배하는 (   ) 농업이 이루어진다.

자료2 농업의 기업화와 세계화에 따른 소비 특성 변화

❶ 외국산 농산물은 이동 과정에서 부패를 막기 위해 사용한 화학 약품 때문에 (   ) 문제가 제기되기도 한다. 또한 외국 농산물을 대량으로 수입하는 국가는 식량 (   )률이 하락한다.

❷ 먹거리 안전성에 대한 불신이 커지고, 특정 농업 기업의 시장 지배력이 커지면서 지역 농산물을 해당 지역에서 우선 소비하자는 (   ) 운동이 대안으로 떠오르고 있다.

주제 11 다국적 기업의 발달과 지역 변화

다국적 기업	의미	전 세계를 대상으로 기획·생산·판매 활동하는 기업
	성장 배경	교통과 통신의 발달, 세계 무역 기구(WTO) 출범, 자유 무역 협정(FTA) 확대 → 경제 활동의 세계화
	성장 과정 자료3	① 단일 공장이 있는 지역에서 기업이 성장 ② 자국 내 타 지역에 공장을 건설하여 생산 기능 분리 ③ 해외에 판매 지점을 개설하여 시장 개척 ④ 해외에 생산 공장을 건설하여 제품 공급
	변화	• 다국적 기업의 수 증가, 다양한 분야로 확대 • 개발 도상국의 기업도 다국적 기업으로 성장

다국적 기업의 공간적 분업 자료4	의미	경영의 효율성과 이윤의 극대화를 위해 기업의 기획 및 관리·연구·생산·판매 기능을 서로 다른 지역에 배치하는 것
	입지 본사	의사 결정에 필요한 다양한 정보와 자본 확보에 유리한 선진국
	입지 연구소	기술을 갖추고 고급 인력이 풍부한 선진국
	입지 생산 공장	• 지가와 임금이 저렴해 생산 비용을 절감할 수 있는 개발 도상국 • 시장 확대 및 무역 장벽을 극복할 수 있는 선진국

다국적 기업의 진출에 따른 지역 변화 자료5	본국	생산비 절감을 위한 생산 공장 이전 → 산업 공동화 현상 발생, 지역 경제 침체
	진출 지역 긍정적 영향	• 자본 유입 및 일자리 증가 • 기술 이전으로 관련 산업 발달 • 지역 경제 활성화
	진출 지역 부정적 영향	• 유사한 제품을 생산하는 국내 기업의 어려움 증가 • 해외 본사로 이윤 유출 시 경제 발전 효과 미약 • 생산 공장 철수 시 대규모 실업 발생

자료3 다국적 기업의 성장 과정

기업이 국경을 넘어 제품 기획과 생산, 판매 활동을 하는 다국적 기업으로 성장한 단계는 (가)~(라) 중 (　　　)이다.

자료4 다국적 기업의 공간적 분업 체계

(H자동차 누리집, 2016)

❶ 다국적 기업의 (　　　)은/는 정보 수집과 자본 확보에 유리한 곳에, (　　　)은/는 고급 인력과 연구 시설이 풍부한 곳에 위치한다.

❷ A 생산 공장은 저렴한 (　　　) 확보를 위한 곳에, B 생산 공장은 관세 등 (　　　)을/를 극복할 수 있는 곳에 위치한다.

자료5 생산 공장 이동과 지역 변화

③1970년대 후반 대한민국, 타이완으로 생산 공장을 이전하였다.　②1960년대에는 운동화 생산 공장이 일본에 입지하였다.　①1962년 미국 오리건주에서 창업하였고, 1978년 상표를 개발하였다.

● 사업 본부　● 해외 지사
● 연구소　　　● 생산 국가

(미국 N사 누리집, 2012)

④1980년대에는 중국에 생산 공장을 건설하였다.　⑤1990년대에는 동남아시아 등지로 생산 공장을 이전하였다.

❶ 다국적 기업의 생산 공장이 이동하는 이유는 생산비 중 (　　　)을/를 절감하기 위해서이다.

❷ 다국적 기업의 생산 공장이 다른 지역으로 이전하면 기존 지역은 실업자가 (　　　)하고 소득이 줄어 지역 경제가 (　　　)할 수도 있다.

주제 12 서비스 산업의 세계화와 지역 변화

서비스 산업	의미	인간이 필요로 하는 재화나 용역을 공급하는 활동	
	특성	표준화의 어려움, 큰 고용 창출 효과	
	유형	소비자 서비스업	생산자 서비스업
		일반 소비자에게 제공 예 음식업, 숙박업 등	기업 활동에 도움 예 금융, 법률, 광고 등
탈공업화 사회		제조업보다 서비스 산업이 경제 성장을 이끄는 현상 → 대부분의 선진국이 해당함	
서비스 산업의 세계화 자료6	배경	교통과 통신의 발달 → 경제 활동의 시간적·공간적 제약 감소	
	변화	서비스 산업의 분화와 공간적 분산 예 개발 도상국에 입지하는 다국적 기업의 해외 콜센터, 선진국에 입지하는 의료·광고·금융 등의 전문화된 서비스	
서비스 산업의 세계화에 따른 지역 변화 자료7	전자 상거래	인터넷 상점에서 실시간 상품 거래 → 소비 활동의 범위 확대, 해외 직접 구매 증가	
	유통의 세계화	• 다국적 유통 업체 진출 → 영세한 국내 유통 업체의 피해 발생 • 전자 상거래의 발달 → 택배 산업 발달 → 교통이 편리한 지역에 물류 창고 입지	
	관광의 세계화	긍정적 측면	부정적 측면
		• 고용 창출, 소득 증가 • 사회 기반 시설 개선	• 자연환경 파괴 • 고유문화 쇠퇴
		변화 : 체험 관광 발달, 공정 여행 증가	

자료6 서비스 산업의 세계화

• 2015년은 추정치임 (억 달러)

32 (2006)　71 (2009)　89 (2010)　260 (2015년)

(필리핀 기업 지원 협회, 2016)

▲ 필리핀 콜센터의 매출액 변화

❶ 필리핀은 (　　　)을/를 공용어로 쓰고 (　　　)이/가 저렴하여 다국적 기업의 콜센터가 많이 있다.

❷ 필리핀은 콜센터의 입지로 일자리 증가와 서비스업 성장 등의 효과가 나타났으나, 고용 (　　　) 문제도 나타날 수 있다.

자료7 전자 상거래

온라인 구매　물류 센터 집화　상품 수령

상품 확보 및 배송 준비　배송

소비자가 상점을 직접 방문할 필요 없이 상품을 구매할 수 있는 (　　　)이/가 성장하면서 상품 배송을 위한 (　　　) 산업이 발달하였다.

01 사진에 나타난 농업 방식에 관한 설명으로 옳지 않은 것은?

▲ 미국의 밀 생산

① 농작물을 대량으로 생산한다.
② 많은 자본과 기술을 투자한다.
③ 화학 비료와 농약을 많이 사용한다.
④ 기계보다 인간의 노동력에 의존한다.
⑤ 세계 농산물 가격에 많은 영향을 끼친다.

02 지도는 D 농업 회사의 생산과 판매 네트워크를 나타낸 것이다. 농장이 위치한 지역의 특징을 〈보기〉에서 고르면?

(D사, 2011)

● 농장
▲ 가공 공장
■ 항만 시설
■ 유통 창고 및 영업 지점
○ 본사
▨ 제품을 판매하는 국가

보기
ㄱ. 열대 기후 지역이다.
ㄴ. 경제적 수준이 높은 지역이다.
ㄷ. 농산물 수출 의존도가 큰 지역이다.
ㄹ. 세계 농산물의 주요 소비 지역이다.

① ㄱ, ㄴ   ② ㄱ, ㄷ   ③ ㄴ, ㄷ
④ ㄴ, ㄹ   ⑤ ㄷ, ㄹ

03 ㉠에 들어갈 작물로 적절하지 않은 것은?

기업적 농업으로 농작물이 대량 생산되어 저렴한 가격에 판매되면서 소규모로 농작물을 생산하는 국가는 큰 타격을 입게 되었다. 그 결과 세계 여러 국가는 농업 경쟁력을 높이기 위해 (㉠)을/를 재배하는 등 농업 생산 방식에 변화를 보이고 있다.

① 꽃   ② 쌀   ③ 차
④ 커피   ⑤ 바나나

04 ㉠에 들어갈 내용으로 옳지 않은 것은?

전 세계에서 소비하는 팜유 중 85%는 인도네시아에서 생산하는데, 이는 과자와 초콜릿에 사용하는 식물성 기름이다. 팜유는 열대작물인 기름야자 나무에서 채취하는데, 인도네시아에서는 경작지를 만들고 팜 농장을 넓히는 과정에서 _____㉠_____.

① 열대 우림이 파괴되고 있다.
② 주민들은 삶의 터전을 잃고 있다.
③ 오랑우탄이 멸종 위기에 처하게 되었다.
④ 기후 변화의 위험성이 더욱 커지고 있다.
⑤ 팜유 농장 농민들의 일자리가 감소하고 있다.

05 정리 노트의 ㉠~㉤ 중 옳지 않은 것은?

농업 생산의 기업화와
농산물 시장 개방 확대의 영향

긍정적인 영향	부정적인 영향
㉠ 다양한 외국산 농산물을 손쉽게 접할 수 있다.	㉣ 국내 소규모 농가가 어려움을 겪는다.
㉡ 다양한 농산물을 값싸게 먹을 수 있다.	㉤ 외국산 농산물의 안전성 문제가 제기되고 있다.
㉢ 식량 자급률이 높아진다.	

① ㉠   ② ㉡   ③ ㉢   ④ ㉣   ⑤ ㉤

06 ㉠에 해당하는 운동으로 옳은 것은?

세계는 지금 특정 농업 기업들의 시장 지배력이 커지고 있고 먹거리 안전성에 관한 불신이 커지고 있다. 이에 따라 ㉠ 지역 농산물을 해당 지역에서 우선 소비하자는 운동이 대안으로 떠오르고 있다. 생산자와 소비자 사이의 이동 거리를 줄여 먹거리의 신선도를 높이고 직거래를 통해 생산자와 소비자를 모두 만족시킬 수 있기 때문이다.

① 공정 여행 운동   ② 로컬 푸드 운동
③ 해외 직구 운동   ④ 패스트푸드 운동
⑤ 글로벌 푸드 운동

07 표는 다국적 기업의 성장 과정을 정리한 것이다. ㉠~㉤ 중 다국적 기업으로 성장한 시기로 옳은 것은?

1단계	㉠ 대도시에 공장을 만들고 기업 활동을 시작한다.
2단계	제품 판매가 늘어 지방에 ㉡ 영업 지점을 만들고 ㉢ 생산 시설을 확충한다.
3단계	㉣ 외국에도 영업 지점을 만들어 제품 판매 시장을 확대한다.
4단계	㉤ 본사, 생산 공장, 영업 지점 등이 여러 국가에 분포하는 기업이 된다.

① ㉠   ② ㉡   ③ ㉢   ④ ㉣   ⑤ ㉤

08 다국적 기업에 관한 설명으로 옳은 것을 〈보기〉에서 고르면?

─ 보기 ─
ㄱ. 경영의 효율성을 높이고 이윤을 극대화하기 위해 공간적 분업을 한다.
ㄴ. 다국적 기업의 진출 분야는 공산품의 생산 및 판매에 한정되어 있다.
ㄷ. 최근 중국과 인도 등 개발 도상국의 기업도 다국적 기업으로 발전하고 있다.
ㄹ. 제품의 디자인과 생산 등의 공정이 한 국가 내에서 이루어지는 경우가 많다.

① ㄱ, ㄴ   ② ㄱ, ㄷ   ③ ㄴ, ㄷ
④ ㄴ, ㄹ   ⑤ ㄷ, ㄹ

09 지도는 H 자동차의 해외 진출 현황을 나타낸 것이다. 이에 관한 설명으로 옳은 것은?

(H자동차 누리집, 2016)

① 의사 결정 기능은 여러 지역에서 이루어진다.
② 판매 지점은 제품 구매가 적은 지역에 위치한다.
③ 모든 연구소는 저렴한 노동력이 풍부한 곳에 있다.
④ A 생산 공장은 고급 인력이 풍부한 곳에 위치한다.
⑤ B 생산 공장은 무역 장벽을 극복할 수 있는 곳이다.

10 지도는 신발, 의류를 생산하는 N사의 생산 공장 이전을 나타낸 것이다. 이와 같이 생산 공장을 이전한 이유로 옳은 것은?

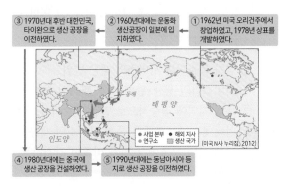
(미국 N사 누리집, 2012)

① 인건비를 절감하기 위해
② 운송비를 절감하기 위해
③ 첨단 기술을 이전받기 위해
④ 무역 장벽을 극복하기 위해
⑤ 풍부한 원료를 확보하기 위해

11 ㉠에서 나타날 수 있는 지역 변화로 옳은 것은?

최근 폴란드가 유럽의 '실리콘 밸리'로 부상하고 있다. 글로벌 IT 기업들의 연구 및 개발 센터가 ㉠ 폴란드의 바르샤바에만 150여 개가 있으며, 세계적인 전자 상거래 기업인 ○○○은 현지 인력만 약 9천 명을 고용하고 있다. 글로벌 IT 기업들이 폴란드로 모이는 가장 큰 원인은 유럽의 중심부에 위치한 지리적 이점 때문인데, 폴란드는 이러한 장점을 극대화하기 위해 각종 도로 및 철도망 정비에 힘을 쏟고 있다.

① 일자리가 감소하였다.
② 지역 경제가 침체되었다.
③ 사회 간접 시설이 확충되었다.
④ 대규모 실업 사태가 발생하였다.
⑤ 산업 공동화 현상이 발생하였다.

12 ㉠에 들어갈 내용으로 옳은 것은?

> 교통과 통신이 발달하고 세계화가 진행되면서 서비스업은 다양한 변화를 보이고 있다. 그 변화 양상으로는 (㉠) 등이 있다.

① 점차 축소되는 서비스의 제공 범위
② 서비스업의 생산·판매·사후 관리의 통합
③ 특정 지역에 집중적으로 발달하는 서비스업
④ 인터넷과 스마트폰을 통한 서비스의 제공 확대
⑤ 전체 산업 구조에서 점차 비중이 감소하는 서비스 산업

13 그래프는 필리핀의 콜센터 매출액 변화를 나타낸 것이다. 이와 같은 변화가 나타난 이유를 〈보기〉에서 고르면?

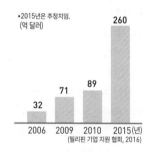

*2015년은 추정치임.
(억 달러)

260
89
71
32

2006 2009 2010 2015(년)
(필리핀 기업 지원 협회, 2016)

┌─ 보기 ─────────────────
ㄱ. 저렴한 임금   ㄴ. 높은 경제 수준
ㄷ. 영어 회화 능력   ㄹ. 아름다운 자연 경관
└────────────────────────

① ㄱ, ㄴ   ② ㄱ, ㄷ   ③ ㄴ, ㄷ
④ ㄴ, ㄹ   ⑤ ㄷ, ㄹ

14 그림은 서로 다른 상거래 방식을 나타낸 것이다. (가)와 비교한 (나)의 상대적 특성으로 옳은 것은?

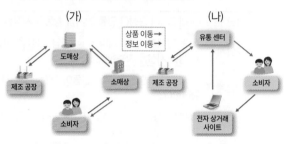

(가)   (나)

상품 이동 →
정보 이동 →

제조 공장 도매상 소매상 제조 공장 유통 센터 소비자
소비자   전자 상거래 사이트

① 유통 단계가 복잡하다.
② 이용 시간에 제한이 있다.
③ 매장 운영에 많은 비용이 든다.
④ 정보에 의한 판매가 이루어진다.
⑤ 특정 지역 내에서만 거래가 가능하다.

15 다음 주제로 발표할 때 그림 자료의 내용이 <u>잘못된</u> 것은?

> 주제 : 냉장고로 보는 세계화 이야기

① 나는 대한민국에서 만들어진 냉장고야. 나의 부품들은 중국, 일본 등에서 왔지.

② 나는 한국-칠레 간 자유 무역 협정(FTA) 덕분에 한국에 오게 되었어.

③ 아몬드, 호두는 미국에서, 캐슈너트는 인도에서 왔어. 경기도 공장에서 하나의 제품이 되었지.

④ 나는 벨기에에서 만들어진 초콜릿이야. 주로 유럽에서 생산된 카카오가 주성분이야.

⑤ 나는 독일에서 만들어졌어. 한국 소비자의 해외 직접 구매로 이곳에 오게 되었어.

16 다음은 사회 수업의 한 장면이다. ㉠에 들어갈 내용으로 옳은 것은?

> 교사 : (㉠) 입점에 따른 장단점을 이야기해 볼까요?
> 학생 1 : 소비자는 싼 물건을 구매할 수 있습니다.
> 학생 2 : 고용 증대 효과도 나타날 것입니다.
> 학생 3 : 지역의 중소 유통 업체들이 피해를 볼 수 있습니다.
> 학생 4 : 동네 상권이 위축될 수 있습니다.

① 국내 전통 시장   ② 외국계 대형 마트
③ 다국적 기업의 본사   ④ 다국적 기업의 콜센터
⑤ 다국적 기업의 생산 공장

17 관광의 세계화에 관한 설명으로 옳은 것을 〈보기〉에서 고르면?

> ─ 보기 ─
> ㄱ. 다양한 형태의 체험 관광이 발달하고 있다.
> ㄴ. 관광지 주민의 일자리와 소득이 감소하게 되었다.
> ㄷ. 정보 통신의 발달로 관광 정보의 획득이 쉬워졌다.
> ㄹ. 지나친 상업화로 고유문화가 사라지는 경우도 있다.

① ㄱ, ㄴ   ② ㄱ, ㄹ   ③ ㄴ, ㄷ
④ ㄱ, ㄷ, ㄹ   ⑤ ㄴ, ㄷ, ㄹ

18 글로벌 경제 활동에 관한 퀴즈의 정답을 순서대로 바르게 나열한 것은?

번호	문제	정답
1	플랜테이션 농장은 주로 선진국에 들어선다.	
2	다국적 기업은 한 국가 내에서 생산 및 판매 활동을 한다.	
3	전자 상거래는 유통 산업의 새로운 발전 동력이 되고 있다.	

① ○-○-○   ② ○-○-×
③ ○-×-○   ④ ×-○-○
⑤ ×-×-○

✎ **서술형 문제**

19 그래프는 필리핀의 쌀 수입량과 바나나 수출량의 변화를 나타낸 것이다. 그래프와 같은 변화가 계속될 경우 나타날 수 있는 문제점을 서술하시오.

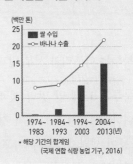

(백만 톤)
■ 쌀 수입
─○─ 바나나 수출

1974~1983 / 1984~1993 / 1994~2003 / 2004~2013(년)
* 해당 기간의 합계임
(국제 연합 식량 농업 기구, 2016)

20 ㉠에 들어갈 중국의 지역 변화와 ㉡에 들어갈 이유를 한 가지씩 서술하시오.

> 중국의 대표적인 공업 지역인 광둥성의 공장들이 문을 닫고 있다. 타이완의 신발 제조업체는 광둥성에 있는 공장을 베트남으로 이전하였고, 일본의 시계 기업과 미국의 휴대 전화 기업은 공장 가동을 중단하였다. 이로 인해 광둥성 지역은 (㉠)하는 문제가 나타나고 있다. 이러한 현상이 나타나는 이유는 _____㉡_____.

21 그림에 나타난 상거래의 구매 방법을 기존 상거래와 비교하여 서술하시오.

유통 센터
제조 공장
소비자
상품 이동 →
정보 이동 →
전자 상거래 사이트

아프리카 통북투

통북투는 아프리카 서부 말리 공화국의 중부에 위치한 도시입니다.

통북투는 13세 말 말리 제국의 술탄이 거대한 이슬람 사원과 왕궁을 건설하면서 번창하기 시작했습니다. 14세기와 15세기 경에 이슬람 사원과 이슬람 고등 교육 기관인 마드라사, 코란 상코레 대학 등이 세워지며 서부 아프리카 최대의 종교, 학술, 문화 중심지가 되었습니다. 이슬람 교리와 논리학, 의학, 천문학, 법학 등 다양한 학문을 배우기 위해 2만 명이 넘는 학생들이 통북투에 머물렀으며, 수천 권의 고서들이 통북투에 남아 있습니다. 그래서 오늘날 수많은 인문학자가 그 서적을 연구하기 위해 통북투를 찾고 있습니다.

아프리카의 오지 중의 하나였던 통북투는 1828년 프랑스인 르네 카이에의 소개로 세상에 알려졌으며, 1988년 유네스코 세계 유산으로 지정되었습니다. 도시의 상당 부분이 사하라 사막의 모래에 묻히고 있는데, 100년 이후에는 통북투 전체가 모래에 묻혀 사라질 것이라고 합니다.

환경 문제와
지속 가능한 환경

주제 13 기후 변화의 영향과 해결 노력

└ 어떤 지역에서 오랜 기간에 걸쳐 나타나는 날씨의 평균적인 상태를 말해.

1 기후 변화의 발생

(1) 기후 변화의 의미와 원인

왜? 화산재가 확산되면 태양빛을 차단하여 기온이 낮아지기 때문이야.

의미	자연적·인위적 요인으로 기후의 평균적인 상태가 변화하는 현상	
원인	자연적 원인	화산 활동에 따른 화산재 분출, 태양의 활동 변화, 태양과 지구의 상대적 위치 변화 등
	인위적 원인	*화석 연료 사용에 따른 *온실가스 배출량 증가, 도시화, 무분별한 토지 및 삼림 개발

└ 산업 혁명 이후 인간의 활동이 기후 변화에 큰 영향을 미치고 있어.

(2) 지구 온난화 자료1

① 의미 대기 중 온실가스의 농도가 증가해 지구의 평균 기온이 상승하는 현상
└ 온실가스 농도와 지구 기온은 비례 관계에 있어. ┘

② 원인 화석 연료의 사용 증가와 무분별한 삼림 개발로 대기 중 이산화 탄소 농도 증가 → 온실 효과의 심화로 지구 평균 기온 상승
└ 대표적인 온실가스야.

왜? 삼림은 이산화 탄소를 흡수하고 산소를 생산하여 온실가스를 줄일 수 있는 기능을 가지고 있는데, 삼림을 무분별하게 개발하면 이 기능을 상실하기 때문이야.

2 기후 변화의 영향 자료2

(1) 빙하 면적 감소와 해수면 상승

지구 평균 기온 상승으로 극지방과 고산 지역의 빙하가 녹아 해수면 상승	▶	• 해발 고도가 낮은 해안 저지대 : 바닷물의 범람과 침수 피해 증가 예 방글라데시 • 태평양의 섬나라 : 국토가 바닷물에 잠겨 지구상에서 사라질 위기 예 몰디브, 투발루

(2) *기상 이변 증가

예 아랄해, 차드호 등 세계적인 호수 면적이 감소하여 건조 지역이 확대되고 있어.

① 기온 상승으로 물의 증발량 증가 → 가뭄과 사막화 심화

② 빙하가 녹아 바닷물의 염분 농도 저하 → 해류 순환 방해 → 태풍, 폭우, 가뭄, 폭설과 같은 기상 이변의 발생 빈도와 피해 규모 증가

③ 여름철 고온 현상 증가 → 폭염 및 *열대야 발생 증가
우리나라도 열대야의 발생 횟수가 증가하고, 강수의 강도도 강해지고 있어.

(3) 생태계 변화

① 해양 생태계 변화 바닷물의 온도 상승으로 물고기가 죽거나 서식지를 옮김
├ 기온 상승으로 고지대에 분포하는 식물의 서식지가 줄어들고 있어.
수온 변화에 적응하지 못한 물고기가 죽거나 사는 곳을 옮겨가고 있어.

② 식생 변화 고산 식물의 분포 범위 축소, 멸종 위기 식물 증가

③ 작물 재배 환경 변화 인류 생존과 밀접한 농작물 재배에 악영향

④ 기타 생태계 *교란, 동식물 서식지 변화, 해충 및 전염병 증가 등
예 식물의 개화 시기가 빨라지고 있어.

전 세계가 지구 온난화를 완화하자는 데에는 동의하지만, 이에 대한 각국의 입장은 달라. 개발 도상국은 오늘날 지구 온난화는 과거 선진국의 산업 활동 결과라고 주장하고 있으며, 선진국은 현재 온실가스 발생의 주된 원인은 개발 도상국이라고 주장하고 있어.

3 기후 변화의 해결 노력

(1) 국제 협력의 필요성 전 지구적 차원에서 기후 변화에 따른 피해 증가 → 국제적 차원의 협력과 합의 필요

(2) 기후 변화 해결을 위한 국제적 노력

기후 변화 협약(1992년)	브라질 리우 환경 개발 회의에서 최초 채택
교토 의정서(1997년)	온실가스 감축을 위한 구체적 이행 방안 제시
파리 협정(2015년)	교토 의정서를 대체할 신기후 체제, 2020년 이후 기후 변화 대응에 관한 논의

(3) 지역적 차원의 노력
예 그린피스 등
비정부 기구(NGO)를 중심으로 환경 의식 개선과 각국 정부 정책의 변화 유도, 우리나라의 경우 탄소 성적 표지 제도와 온실가스 배출권 거래제 등을 시행
└ 온실가스 배출 권리를 사고팔 수 있게 하였어.

꼭 나오는 자료

자료1 온실 효과에 의한 지구 온난화

과도한 온실 효과
온실가스 / 태양광 / 복사열

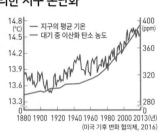
— 지구의 평균 기온
-- 대기 중 이산화 탄소 농도
1880 1900 1920 1940 1960 1980 2000 2013(년)
(미국 기후 변화 협의체, 2016)

△ 태양으로부터 방출된 열에너지는 지구에 도달하였다가 다시 우주로 방출된다. 그러나 지구에서 복사되는 열이 온실가스에 막혀 지구 밖으로 나가지 못하고 지구로 다시 흡수되면 대기와 지표면의 온도가 상승하게 된다. 이러한 현상으로 지난 100여 년간 지구 평균 기온은 지속하여 상승했다.

자료2 기후 변화로 나타난 주요 현상

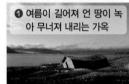
❶ 여름이 길어져 언 땅이 녹아 무너져 내리는 가옥

❷ 태풍의 대형화와 발생 빈도 증가

북극해 : 북극해의 빙하 감소, 북극곰의 서식지 축소
알프스산맥 : 빙하의 후퇴
히말라야산맥 : 빙하의 후퇴
로키산맥 : 1910년 1,500km²이었던 글레이셔 국립 공원의 빙하 면적이 30km로 감소
① 알래스카 : 영구 동토층의 융해
그린란드(덴) : 남부 지역 빙상의 감소
북태평양 : 태풍의 대형화와 발생 빈도 증가
안데스산맥 : 페루 남서부의 코리칼리스 빙하가 1983~2001년 사이에 800m 후퇴
파타고니아 지방 : 빙하의 후퇴
킬리만자로산 : 1912년 이후 산 정상의 빙설 80% 이상 감소
③ 대보초 : 해수면 상승에 따른 산호초의 백화 현상
④ 투발루 : 해수면 상승으로 국토 침수 문제 심각
(상해 현대 지도, 2010)

❸ 하얗게 죽어가는 산호초 군락

❹ 해수면 상승으로 침수되고 있는 투발루

△ 지구 평균 기온 상승으로 빙하가 녹으면서 해수면이 상승하여 태풍·가뭄·홍수 등의 기상 이변이 심화되고 해양 생태계가 변화하기도 한다. 또한 투발루와 같은 섬나라는 침수 피해를 겪어 환경 난민이 발생하기도 한다.

용어 사전

* **화석 연료** 지각에 파묻힌 동식물의 유해가 오랜 세월에 걸쳐 변화된 연료로 석유, 석탄, 천연가스 등이 대표적임

* **온실가스** 이산화 탄소, 메탄, 아산화 질소 등 온실 효과를 일으키는 대기 중의 기체

* **기상 이변** 평상시의 기후 수준을 크게 벗어난 기후 현상

* **열대야(熱 덥다, 帶 띠, 夜 밤)** 밤 중 최저 기온이 25℃ 이상인 무더운 밤

* **교란(攪 흔들다, 亂 어지럽히다)** 뒤흔들어 어지럽게 만듦

개념 문제

01 다음 설명이 맞으면 ○표, 틀리면 ×표를 하시오.

(1) 기후는 자연적 원인에 의해서만 변화한다. ( )

(2) 화산재 분출로 인해 기후 변화가 발생하기도 한다.
.... ( )

(3) 최근 기후 변화는 화석 연료의 과다 사용, 도시화
및 과도한 삼림 개발과 관련이 깊다. ...... ( )

02 다음은 기후 변화의 발생과 영향을 정리한 마인드맵이다.
㉠~㉣에 들어갈 말을 쓰시오.

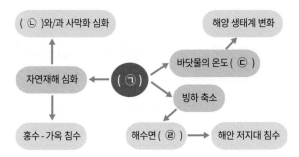

03 각 국제 협약의 특징을 바르게 연결하시오.

(1) 파리 협정 • • ㉠ 브라질 리우 환경 개발
회의에서 최초 채택

(2) 교토 의정서 • • ㉡ 온실가스 감축을 위한
구체적 이행 방안 제시

(3) 기후 변화 협약 • • ㉢ 기후 변화 당사국 노력
과 2020년 이후 기후
변화 대응 논의

실력 문제

04 기후 변화에 관한 설명으로 옳은 것은?

① 단기간의 기후 변화 현상을 가리킨다.

② 최근 자연적 원인의 영향력이 커졌다.

③ 인간 생활에 미치는 영향은 크지 않다.

④ 기후 변화는 산업 혁명 이후에 나타나기 시작했다.

⑤ 화석 연료 사용 등의 인간 활동이 많은 영향을 준다.

05 기후 변화에 영향을 주는 인위적 원인에 해당하는 것을 〈보기〉에서 고르면?

┌ 보기 ┐
ㄱ. 열대림 개발   ㄴ. 화산재 분출
ㄷ. 화석 연료 사용   ㄹ. 태양 활동 변화
└────────────────────┘

① ㄱ, ㄴ   ② ㄱ, ㄷ   ③ ㄴ, ㄷ
④ ㄴ, ㄹ   ⑤ ㄷ, ㄹ

[06~07] 그래프를 보고 물음에 답하시오.

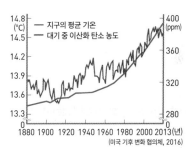

▲ 세계 연평균 기온과 이산화 탄소의 농도 변화

중요
06 오늘날 위의 그래프와 같은 변화가 나타나고 있는 원인을
〈보기〉에서 고르면?

┌ 보기 ┐
ㄱ. 석탄 사용량 감소   ㄴ. 도시 면적의 축소
ㄷ. 삼림 분포 면적 축소 ㄹ. 자동차 배기가스 증가
└────────────────────┘

① ㄱ, ㄴ   ② ㄱ, ㄷ   ③ ㄴ, ㄷ
④ ㄴ, ㄹ   ⑤ ㄷ, ㄹ

고난도
07 위 그래프를 보고 설명한 내용으로 옳은 것은?

① 지구의 평균 기온은 지속해서 상승하고 있다.

② 이산화 탄소의 배출량은 크게 줄어들고 있다.

③ 이산화 탄소의 배출과 지구 기온은 관련이 적다.

④ 대기 중 이산화 탄소의 농도는 지속해서 감소하고
있다.

⑤ 지구의 평균 기온과 이산화 탄소의 농도 변화는 반
비례한다.

08 세계 곳곳에서 다음과 같은 현상이 발생하는 데 영향을 준 원인에 해당하는 것은?

(현대 지도장, 2015)

① 잦은 지각 변동　　② 육지 면적 확대
③ 미세 먼지의 증가　　④ 지구 평균 기온 상승
⑤ 화산 활동으로 화산재 분출

중요
09 최근 기후 변화의 영향으로 발생하고 있는 현상으로 옳지 않은 것은?

① 사막화 지역이 축소되고 있다.
② 태풍에 따른 피해가 커지고 있다.
③ 빙하가 녹아 해수면이 상승하고 있다.
④ 여름철 열대야 일수가 늘어나고 있다.
⑤ 홍수와 폭우의 발생 빈도가 증가하고 있다.

고난도
10 다음과 같은 현상이 지속될 경우 발생할 수 있는 일로 옳지 않은 것은?

> 화석 연료의 사용으로 대기 중에 온실가스 배출량이 증가하면 지구의 에너지 균형이 무너지면서 지구의 평균 기온이 높아진다.

① 지구의 많은 동식물이 멸종될 것이다.
② 고산 식물의 분포 범위가 축소될 것이다.
③ 해수면이 낮아져 사막 지역이 확대될 것이다.
④ 식량 부족으로 굶주리는 사람이 늘어날 것이다.
⑤ 작은 섬들과 해안 저지대의 도시가 물에 잠길 것이다.

11 기후 변화를 해결하기 위한 노력과 관련하여 바르게 설명한 것은?

① 전 지구적 차원의 공동 노력이 필요하다.
② 현재 국제 협력은 이루어지지 않고 있다.
③ 선진국은 온실가스 감축에 반대하고 있다.
④ 비정부 기구는 온실가스 감축에 참여하지 않고 있다.
⑤ 개발 도상국은 온실가스 배출을 줄이기 위해 적극적으로 노력하고 있다.

12 다음에서 설명하는 기후 변화 해결을 위한 국제적 노력에 해당하는 것은?

> 지구 온난화를 막기 위해 1992년 브라질 리우 환경 개발 회의에서 최초로 채택된 국제 협약이다.

① 바젤 협약　　② 파리 협정
③ 교토 의정서　　④ 람사르 협약
⑤ 기후 변화 협약

서술형
13 그래프를 보고 물음에 답하시오.

(환경부, 2016)　(미국 해양 대기국, 2015)

▲ 온실가스의 종류와 비중　▲ 대기 중 [A] 의 농도 변화

(1) 위 그래프의 A에 해당하는 온실가스를 쓰시오.

(2) 오늘날 A의 농도가 그래프와 같이 변화하고 있는 이유를 <u>두 가지</u> 서술하시오.

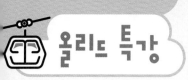

기후 변화의 원인과 영향

기후 변화의 원인과 기후 변화가 미치는 영향을 묻는 문제가 다양한 형태로 출제된다. 특히 온실 가스 배출 증가와 지구 온난화의 관계, 지구 온난화에 따라 세계 곳곳에서 나타나는 기상 이변과 생태계 파괴 등의 내용을 반드시 파악해 두어야 한다.

주제 탐구하기

탐구 1 온실 효과와 지구 온난화

태양 에너지가 지표로 들어온다.

햇빛이 지표에 닿으면 열로 다시 방출 되는데, 온실가스에 부딪쳐 지구 밖으로 나가지 못하고 대기에 흡수된다.

이러한 과정이 반복되면서 지구의 평균 기온이 상승한다

태양으로부터 방출된 열에너지는 지구에 도달하였다가 다시 우주로 방출된다. 그러나 최근에는 인간 활동으로 대기 중에 온실가스가 늘어나면서 열에너지가 지구 밖으로 나가지 못하고 지표로 되돌아와 지구의 평균 기온이 상승하는 온실 효과가 심화되고 있다. 이러한 지구 온난화로 인간 생활에 많은 변화가 나타나고 있다.

탐구 2 기후 변화의 영향

▲ 지구의 평균 기온이 상승하면서 남극과 북극의 빙하뿐만 아니라 알프스산맥, 히말라야산맥 등 고산 지역의 빙하가 녹아 그 면적이 감소하였다. 이렇게 빙하 녹은 물이 바다로 흘러들어 해수면이 상승하고 있다.

▲ 홍수와 태풍의 발생 횟수가 늘어나고, 가뭄과 사막화와 같은 자연재해의 피해 지역이 확대되고 있다.

▲ 수온 상승으로 산호초가 죽어 하얗게 변하는 백화 현상이 나타나는 등 해양 생태계가 파괴되고 있다.

★ 바른답·알찬풀이 19쪽

문제 연습하기

유형 1 기후 변화의 원인을 묻는 문제

1. 기후 변화에 영향을 주는 원인을 자연적 요인과 인위적 요인으로 구분하시오.

┌─ 보기 ─────────────────────┐
ㄱ. 화산재 분출   ㄴ. 화석 연료 사용
ㄷ. 태양 활동의 변화   ㄹ. 무분별한 삼림 개발
└──────────────────────────┘

(1) 자연적 요인 : (   )
(2) 인위적 요인 : (   )

2. 자료의 A에 공통적으로 들어갈 말을 쓰시오.

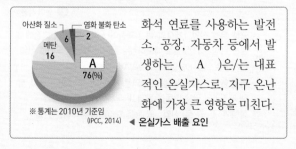

아산화 질소 ─   ┌ 염화 불화 탄소
메탄   6   2
16
       A
     76(%)

※ 통계는 2010년 기준임
(IPCC, 2014) ◀ 온실가스 배출 요인

화석 연료를 사용하는 발전소, 공장, 자동차 등에서 발생하는 (A)은/는 대표적인 온실가스로, 지구 온난화에 가장 큰 영향을 미친다.

유형 2 기후 변화로 나타나는 현상을 묻는 문제

그래프와 같은 지구의 평균 기온 변화로 나타나고 있는 현상이 맞으면 ○표, 틀리면 ×표를 하시오.

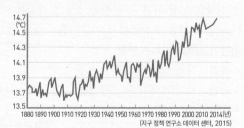

(지구 정책 연구소 데이터 센터, 2015)

(1) 해발 고도가 낮은 곳은 범람 및 침수 피해를 입는다. (   )
(2) 알프스산맥이나 히말라야산맥 등 고지대에 있는 빙하의 면적이 확대된다. (   )
(3) 태풍과 홍수, 폭설 등 기상 이변이 빈번해진다. (   )
(4) 가뭄과 사막화가 심해진다. (   )
(5) 식물의 개화 시기가 빨라지고 생태계가 변화한다. (   )
(6) 농작물 재배에 유리해져 세계 식량 문제의 해결에 도움이 된다. (   )

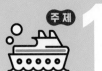

주제 14 산업 이전에 따른 지역의 환경 변화

산업화와 도시화, 인구 급증, 자원 소비 증가, 폐기물 등의 오염 물질 배출 증가 등으로 환경 문제가 심화되고 있어.

1 환경 문제를 유발하는 산업의 이전

(1) *공해 유발 산업의 이전 = 환경 문제 유발 산업 예 제철 공업, 석유 화학 공업, 금속 공업

① 산업 이전의 경향 선진국에서 개발 도상국으로 오래된 제조 설비 및 공해 유발 산업이 이동함

왜? 국가별로 환경 오염에 대한 사회적 인식과 산업화의 시기 및 속도가 다르기 때문이야.

선진국	산업 이전	개발 도상국
• 엄격한 환경 규제 • 오염 물질 배출이 적은 최신 기술 설비 및 청정 산업을 유치함	⇨	• 상대적으로 약한 환경 규제 • 경제 성장 위주의 정책으로 선진국의 산업을 가리지 않고 유치함

② 산업 이전이 지역에 미치는 영향 자료1 – 산업뿐만 아니라 환경 문제도 같이 이동해.

- 선진국 : 환경 문제 해결에 도움, 개발 도상국의 노동력 활용
- 개발 도상국 : 새로운 일자리 창출 및 경제적 효과, 주민 건강을 위협하는 환경 오염 발생

(2) 전자 쓰레기의 이전

① 전자 쓰레기의 발생 사용하고 난 전자 제품에서 나오는 폐기물 → 기술 발달로 제품 사용 주기가 짧아져 전자 쓰레기 양 증가

② 전자 쓰레기 이동의 경향 자료2

왜? 선진국에서는 안전 설비가 갖추어진 곳에서 전자 쓰레기를 폐기하도록 하고 있어서 경제적 부담으로 작용하기 때문이야.

선진국	이동	개발 도상국
환경 및 경제적 부담을 줄이기 위해 개발 도상국에 불법 수출	⇨	수입한 전자 쓰레기에서 구리, 은 등의 자원 추출

'기부'나 '구호품'으로 보내고 있지만 대부분 작동하지 않는 전자 쓰레기야.

③ 전자 쓰레기의 이동에 따른 영향 가공 및 처리 과정에서 중금속 유해 물질 배출 → 개발 도상국의 환경 오염 심화

(3) 기타 산업의 이전

① 석면 산업의 이전 선진국의 석면 사용 규제, 개발 도상국으로 공장 이전 예 우리나라 석면 산업이 동남아시아로 이전했어.

② 의류 산업의 이전 염색 과정에서 다량의 폐수 발생, 개발 도상국에서 수질 오염 심화

2 농업의 이전과 환경 문제 자료3

(1) 농업의 이전 교통의 발달로 임금과 땅값이 저렴한 개발 도상국으로 선진국의 농장 이전 → 선진국의 농업 기술을 이용한 플랜테이션 농업이 개발 도상국에서 이루어짐

대규모 농장에서 과일과 식량 작물, 기호 작물, 축산물, 화초류 등을 재배해.

(2) 농업 이전이 지역에 미치는 영향

① 긍정적 측면 지역 경제 활성화에 도움을 줌

② 부정적 측면 토양의 황폐화, *관개용수 남용에 따른 물 부족, 화학 비료와 농약 사용으로 토양 및 식수 오염, 식량 부족

소비는 주로 선진국에서 이루어지나, 환경 문제는 개발 도상국에서 발생하고 있어.

왜? 기존 식량 생산지를 플랜테이션 농업에 이용하기 때문이야.

3 환경 문제의 공간적 불평등

(1) 환경 문제의 지역적 불평등

① 선진국 쾌적한 환경 조성, 오염 물질 배출 허용 기준 강화

② 개발 도상국 일자리 창출과 경제 성장에 도움이 되지만, 환경 오염 심화 및 주민 건강과 생활 위협

(2) 환경 문제의 공간적 불평등을 해결하기 위한 노력 유해 폐기물과 공해 산업 등의 불법적 확산 방지, 국제 협약 체결(*바젤 협약)

예 인도 보팔시에 있는 미국 농약 회사의 폭발 사고로 많은 사망자와 부상자가 발생하였으며, 주민들이 후유증에 시달리고 있어.

꼭 나오는 자료

자료1 산업 재해로 인한 오염 지역

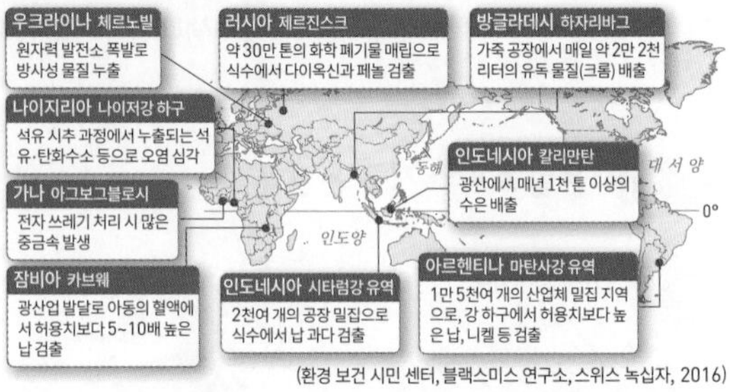

우크라이나 체르노빌
원자력 발전소 폭발로 방사성 물질 누출
러시아 제르진스크
약 30만 톤의 화학 폐기물 매립으로 식수에서 다이옥신과 페놀 검출
방글라데시 하자리바그
가죽 공장에서 매일 약 2만 2천 리터의 유독 물질(크롬) 배출
나이지리아 나이저강 하구
석유 시추 과정에서 누출되는 석유·탄화수소 등으로 오염 심각
인도네시아 칼리만탄
광산에서 매년 1천 톤 이상의 수은 배출
가나 아그보그블로시
전자 쓰레기 처리 시 많은 중금속 발생
잠비아 카브웨
광산업 발달로 아동의 혈액에서 허용치보다 5~10배 높은 납 검출
인도네시아 시타럼강 유역
2천여 개의 공장 밀집으로 식수에서 납 과다 검출
아르헨티나 마탄사강 유역
1만 5천여 개의 산업체 밀집 지역으로, 강 하구에서 허용치보다 높은 납, 니켈 등 검출
동해
대서양
인도양
0°

(환경 보건 시민 센터, 블랙스미스 연구소, 스위스 녹십자, 2016)

산업화로 다양한 오염 물질이 배출되고 있다. 이에 따라 화학 물질 및 방사성 물질 누출 등의 산업 재해가 발생하고, 지구촌 곳곳에서 환경 오염 문제가 나타나고 있다.

자료2 전자 쓰레기의 국제 이동

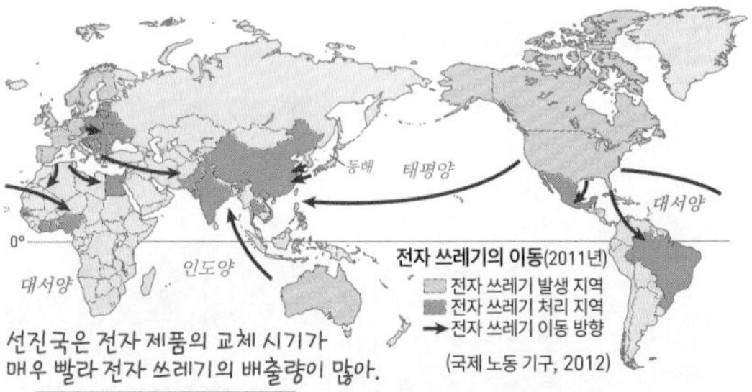

동해
태평양
대서양
인도양
0°
전자 쓰레기의 이동(2011년)
전자 쓰레기 발생 지역
전자 쓰레기 처리 지역
전자 쓰레기 이동 방향

(국제 노동 기구, 2012)

선진국은 전자 제품의 교체 시기가 매우 빨라 전자 쓰레기의 배출량이 많아.

주로 선진국에서 발생한 전자 쓰레기는 아프리카·동남아시아·남아메리카의 개발 도상국으로 이동하고 있다. 개발 도상국의 주민들은 여기에서 금속 자원을 채취하여 경제적 이득을 얻기도 한다. 그러나 보호 장비 없이 작업하여 중금속에 노출되므로 건강의 위협을 받고 있다.

자료3 *화훼 산업의 이동

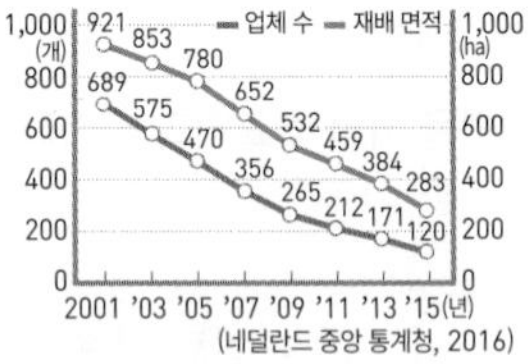

1,000 (개)
800
600
400
200
0
업체 수
재배 면적
1,000 (ha)
921 853 780 652 532 459 384 283
689 575 470 356 265 212 171 120
2001 '03 '05 '07 '09 '11 '13 '15(년)

(네덜란드 중앙 통계청, 2016)

▲ 네덜란드의 화훼 산업

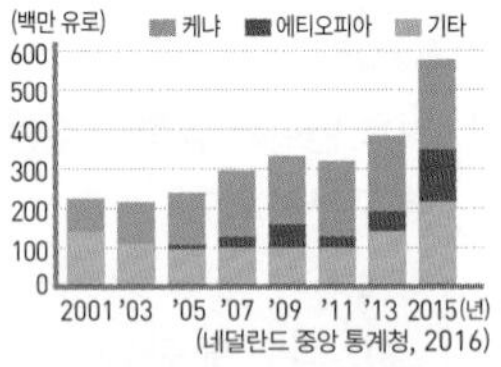

(백만 유로)
케냐
에티오피아
기타
600
500
400
300
200
100
0
2001 '03 '05 '07 '09 '11 '13 2015(년)

(네덜란드 중앙 통계청, 2016)

▲ 네덜란드의 화훼 수입액

네덜란드는 유럽 화훼 생산의 중심지였지만, 최근 유럽에 공급되는 장미꽃의 약 70%는 아프리카의 케냐에서 생산된다. 네덜란드 화훼 농가가 기후 변화와 탄소 배출 비용 절감 등의 이유로 기후가 따뜻하고 비용이 적게 드는 동아프리카로 화훼 단지를 이전하였기 때문이다.

물과 농약을 과도하게 사용하여 호수의 수질이 나빠지는 문제가 나타났어.

용어 사전

- * **공해 유발 산업** 제품의 생산 과정이나 폐기물 처리 과정에서 많은 양의 오염 물질을 배출하거나 환경 문제를 일으키는 산업
- * **관개용수** 농사에 필요하여 논밭에 대는 물
- * **바젤 협약** 유해 폐기물의 교역을 규제하는 국제 환경 협약, 유해 폐기물의 국제 이동을 통제 및 교제하는 것이 목적임
- * **화훼(花 꽃, 卉 풀) 산업** 꽃 등을 재배하여 판매하는 산업

개념 문제

01 다음 설명이 맞으면 ○표, 틀리면 ×표를 하시오.

(1) 국가별 산업화 시기와 발달 속도 차이로 산업의 국가 간 이동이 이루어진다. ………………… ( )

(2) 선진국은 석유 화학, 의류 산업 등의 오래된 공장을 개발 도상국으로 이전하고 있다. ………… ( )

(3) 각종 산업의 이전으로 개발 도상국의 환경은 쾌적해지고 주민 생활은 편리해졌다. ………… ( )

02 지역별 산업 발달과 관련된 특징을 바르게 연결하시오.

(1) 선진국 •

(2) 개발 도상국 •

• ㉠ 청정 산업 유치

• ㉡ 엄격한 환경 규제

• ㉢ 공해 유발 산업 유치

03 ㉠, ㉡ 중 알맞은 것을 고르시오.

(1) (㉠ 선진국, ㉡ 개발 도상국)에서는 제품 사용 주기가 짧아져 많은 전자 쓰레기가 발생하고 있다.

(2) (㉠ 선진국, ㉡ 개발 도상국)에서는 수입한 전자 쓰레기에서 자원을 추출하고, 이를 재활용하는 산업이 이루어지고 있다.

(3) 국제 사회는 유해 폐기물에 관한 국제적 이동의 통제와 규제를 목적으로 (㉠ 바젤, ㉡ 기후 변화) 협약을 체결하였다.

실력 문제

04 오늘날 지도와 같은 산업 재해가 발생하는 원인으로 보기 어려운 것은?

(환경 보건 시민 센터, 블랙스미스 연구소, 스위스 녹십자, 2016)

① 기후 환경의 변화   ② 각종 산업의 발달

③ 폐기물 배출량의 증가   ④ 인구의 폭발적인 증가

⑤ 물질의 생산과 소비 증가

중요
05 선진국과 개발 도상국 간의 공해 유발 산업 이전과 관련된 설명으로 옳은 것은?

① 인구가 많은 지역에서 적은 지역으로 이전한다.

② 대체로 개발 도상국에서 선진국으로 이전하고 있다.

③ 산업화 시기와 발전 속도의 차이로 산업 시설이 이전한다.

④ 개발 도상국은 환경 오염 물질을 엄격하게 규제하고 있다.

⑤ 공해 유발 산업의 이전으로 주요 환경 문제가 해결되고 있다.

[06~07] 지도에 나타난 전자 쓰레기의 국제 이동을 보고 물음에 답하시오.

전자 쓰레기의 이동(2011년)
▨ 전자 쓰레기 발생 지역
▨ 전자 쓰레기 처리 지역
→ 전자 쓰레기 이동 방향
(국제 노동 기구, 2012)

고난도
06 위 지도를 보고 설명한 내용으로 옳은 것은?

① 중국은 전자 쓰레기의 최대 발생 국가이다.

② 아프리카는 전자 쓰레기의 최대 배출 지역이다.

③ 인구가 많은 지역은 전자 쓰레기가 적게 발생한다.

④ 전자 쓰레기의 대부분은 유럽 등의 선진국에서 발생한다.

⑤ 경제 수준과 전자 쓰레기의 발생량은 대체로 반비례한다.

07 위 지도를 보고 전자 쓰레기의 국제 이동에 관해 바르게 설명한 것은?

① 전자 쓰레기의 국제 이동량이 감소하고 있다.

② 우리나라로 많은 전자 쓰레기가 유입되고 있다.

③ 개발 도상국은 전자 쓰레기의 주요 수입 지역이다.

④ 전자 쓰레기는 발생 지역에서 대부분 처리되고 있다.

⑤ 아시아에서 아메리카로 전자 쓰레기가 이동하고 있다.

중요
08 다음과 같은 산업의 이전이 ⊙ 지역에 미치는 영향을 〈보기〉에서 고르면?

> 석면은 건축 자재 등으로 널리 사용되었으나, 인체 유해성이 밝혀지면서 현재는 사용을 제한하고 있다. 그러나 일부 선진국에서는 ⊙인도, 중국 등의 개발 도상국으로 석면 산업을 이전하고 있다.

> ─ 보기 ─
> ㄱ. 환경 오염 유발   ㄴ. 첨단 산업 발달
> ㄷ. 주민들의 건강 위협   ㄹ. 식량 부족 문제 해결

① ㄱ, ㄴ   ② ㄱ, ㄷ   ③ ㄴ, ㄷ
④ ㄴ, ㄹ   ⑤ ㄷ, ㄹ

09 그래프는 네덜란드의 화훼 산업을 나타낸 것이다. 이와 같은 변화의 배경으로 옳은 것은?

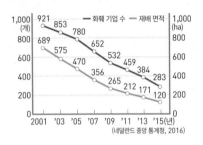

(네덜란드 중앙 통계청, 2016)

① 화훼 수요의 감소
② 다국적 기업의 경쟁 증가
③ 화훼의 인체 유해성 발견
④ 비용 절감을 위한 농업 이전
⑤ 지역 경제 침체로 화훼 산업 쇠퇴

10 다음과 같은 농업의 이전으로 ⊙ 지역에서 발생할 수 있는 문제점으로 보기 어려운 것은?

> 선진국의 농업 기술을 바탕으로 하여 세계 시장을 대상으로 하는 대규모 플랜테이션 농업이 ⊙개발 도상국에서 이루어지는 경우가 증가하고 있다.

① 지역 경제가 침체된다.
② 식량 부족 문제가 발생한다.
③ 주변 지역의 토양이 황폐화된다.
④ 화학 비료와 농약 사용으로 식수가 오염된다.
⑤ 관개용수의 남용으로 물 부족 문제가 나타난다.

고난도
11 다음 글의 제목으로 가장 적절한 것은?

> 개발 도상국은 일자리 창출과 경제 성장을 위해 환경 문제를 유발하는 산업을 선진국으로부터 받아들이고 있다. 이에 따라 개발 도상국은 각종 환경 문제가 나타나고 있으며, 개발 도상국에서 생산한 대부분의 제품을 선진국에서는 환경 오염에 대한 부담 없이 소비하고 있다.

① 환경 문제의 공간적 불평등
② 환경 오염에 대한 기업의 책임
③ 산업의 이전이 지역에 미친 긍정적 영향
④ 세계적으로 영향을 주는 환경 문제의 종류
⑤ 환경 오염을 해결하기 위한 개발 도상국의 노력

12 공해 유발 산업으로 인한 환경 문제를 해결하기 위한 국제 사회의 노력으로 보기 어려운 것은?

① 유해 산업의 불법적 확산을 방지한다.
② 환경 문제는 국제적 문제임을 인식한다.
③ 기업에 대한 환경 규제와 감시를 강화한다.
④ 지역의 형평성을 고려한 환경 정책을 추진한다.
⑤ 개발 도상국은 선진국의 산업 시설을 적극적으로 유치한다.

서술형
13 자료와 같은 농업의 이전으로 케냐에서 나타날 수 있는 문제점과 그 원인을 서술하시오.

> 과거 유럽에서 소비되던 장미는 대부분 네덜란드에서 재배되었다. 그러나 생산비가 증가하면서 동아프리카 등지로 생산지가 이동하였다. 그 중 케냐는 기후 조건이 장미 재배에 적합하고 나이바샤 호수의 수자원도 이용할 수 있어 장미 재배 산업이 발달하였다.

▲ 케냐 장미를 수입하는 국가(2015년)

주제 15 생활 속 다양한 환경 이슈

1 환경 *이슈(환경 쟁점) 자료1

> 각각의 이해관계, 가치관 등이 달라 서로 다른 주장을 하게 돼.

(1) 의미 환경 문제 중에서 원인과 해결 방안이 각자의 입장에 따라 서로 다른 것 → 시대별로 다르게 나타남, 지역적인 것부터 세계적인 것까지 다양한 규모에서 발생함

(2) 다양한 환경 이슈
① 세계적 수준 기후 변화, 열대림 개발 등
② 국가 및 지역적 수준 원자력 발전소 건설, 신공항 건설, 하수 처리장 건설, 갯벌 간척, 쓰레기 처리 문제, 도로 소음 등

2 다양한 환경 이슈

(1) 쓰레기 문제 편리한 생활을 추구하면서 자원 소비 증가, 일회용품과 포장재 사용 증가 → 쓰레기 처리를 둘러싼 갈등 발생

> 종이컵과 스티로폼, 나무젓가락 등의 사용이 늘어나서 쓰레기가 많아졌어.

(2) 유전자 변형 식품(GMO) 자료2
① 의미 유전자 재조합 기술을 이용하여 본래 유전자를 변형시켜 새로운 성질의 유전자를 지니도록 개발한 품종
② 사례 잡초에 강한 옥수수, 잘 무르지 않는 토마토, 카페인이 제거된 커피, 생산량이 증가한 콩과 감자 등
③ 긍정적 측면과 부정적 측면

> 적은 노동력과 생산 비용으로 많은 양을 수확할 수 있어.

긍정적 측면	특정 영양소 강화, 병충해에 강함, 높은 생산성 → 세계 식량 부족 문제 해결에 도움을 줄 것으로 기대함
부정적 측면	인체 유해성 및 생태계 교란 여부가 검증되지 않음

> '지역 음식'이라는 의미야.

(3) 로컬 푸드 운동 자료3
① 의미 지역에서 생산된 농산물을 지역에서 소비하자는 운동
② 등장 배경 식품의 운송 과정에서 많은 온실가스 배출, 신선도 유지를 위한 방부제 과다 사용 → 식품의 안전성 확보와 환경에 대한 부담을 줄이기 위한 관심 증가

> 왜? 비행기와 배 등의 운송 수단은 석탄, 석유 등을 연료로 이용하기 때문에 운송 과정에서 많은 온실가스를 배출해.

③ 효과 신선하고 안전한 먹거리 제공, 온실가스 배출 감소, 농민의 안정적인 소득 보장, 지역 경제 활성화 촉진 등

> 친환경 농업을 발전시킬 수 있기 때문이야.

(4) *미세 먼지 → 우리나라는 중국의 영향으로 미세 먼지 피해가 증가하고 있어.
① 발생 원인

> 석탄을 사용하는 화력 발전소와 노후 경유차의 운행이 미세 먼지의 주요 발생 원인으로 알려지기도 했어.

흙먼지나 식물 꽃가루 등의 자연적 원인	+	화석 연료를 태울 때 생기는 매연, 자동차 배기가스, 건설 현장의 날림 먼지 등의 인위적 원인

② 영향 입자가 매우 작아 호흡기에서 걸러지지 않고 몸속에 들어와 각종 호흡기 질환 유발, 치매와 같은 뇌 질환 유발, *정밀 산업의 불량률 증가, 항공기 및 여객선 운항 차질

> 왜? 가시거리가 떨어지기 때문이야.

3 환경 이슈를 해결하기 위한 방법
> 지구촌의 지속 가능성을 최우선으로 해야 해.

(1) 환경 이슈 해결을 위한 자세 집단 간 서로 다른 의견을 검토하고 대안을 협의·토의·토론하는 과정 필요 → 타당한 근거 제시, 실천 가능성을 고려한 대안 마련

(2) 일상생활에서의 실천 환경 보전 활동에 참여, 대중교통 이용, 저탄소 제품 사용, 에너지 절약, 쓰레기 분리 배출 등

꼭 나오는 자료

자료1 생활과 밀접한 환경 이슈

원자력 발전소 건설

댐과 케이블카 건설

지역 경제 활성화를 위해 원자력 발전소를 유치하려는 사람들과 핵폐기물이 인체에 미칠 영향을 걱정하는 사람들이 대립하고 있다.

댐과 케이블카는 홍수 조절과 산악 관광 활성화 등의 긍정적 측면이 있지만, 이에 따른 생태 환경 파괴를 우려하는 시각도 있다.

🔼 우리는 일상생활에서 다양한 환경 문제를 접하고 있으며, 이에 대해 개인, 기업, 국가, 환경 단체 등이 이해관계에 따라 가치가 대립하거나 갈등이 발생하기도 한다.

> 대립이 지속되면 갈등이 심화되고 사회적 이슈로 발전하게 돼.

자료2 유전자 변형 식품(GMO)

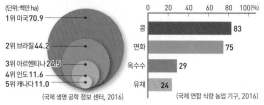

(단위: 백만 ha)
1위 미국 70.9
2위 브라질 44.2
3위 아르헨티나 24.5
4위 인도 11.6
5위 캐나다 11.0
(국제 생명 공학 정보 센터, 2016)

	0 20 40 60 80 100(%)
콩	83
면화	75
옥수수	29
유채	24

(국제 연합 식량 농업 기구, 2016)

▲ 유전자 재조합 농산물 재배 면적 상위 5개국

▲ 세계 농지 면적 중 유전자 재조합 농산물 재배 면적 비중

🔼 유전자 일부를 변형하여 새로이 개발한 농산물로는 콩, 옥수수, 감자 등이 대표적이다. 유전자 변형 농산물은 미국, 브라질 등지에서 대규모로 재배되고 있으며 세계적으로 재배 면적은 늘어나는 추세이다.

> 푸드 마일리지가 높을수록 온실가스 배출량이 많다는 것을 의미해.

자료3 주요 수입 먹거리의 푸드 마일리지

연어 8,180킬로미터 노르웨이
양파, 마늘 907 킬로미터 중국
명태 1,474 킬로미터 일본
오렌지 9,549 킬로미터 미국
바나나 2,598 킬로미터 필리핀
쇠고기 8,283 킬로미터 오스트레일리아
포도 20,361 킬로미터 칠레
대서양 / 태평양 / 인도양 / 대서양 / 0°
※ 2010년 기준임
(국립 환경 과학원, 2012)

🔼 농산물이 생산지에서 식탁에 오르기까지 이동한 거리(km)에 식품의 수송량(t)을 곱한 값을 푸드 마일리지라고 한다. 세계화로 다양한 농산물이 식탁에 오르기까지 먼 거리를 이동하는 경우가 많아졌다. 수입 농산물은 푸드 마일리지가 높고 안전성을 보장하기 어려워 로컬 푸드 운동이 확산되고 있다.

🔖 용어 사전

* **이슈** 어떤 사건이나 문제에 대해 서로 다투는 중심 주제
* **미세 먼지** 지름이 10㎛ 이하의 먼지로 사람 머리카락보다 훨씬 작은 먼지
* **정밀 산업** 반도체와 같이 정밀한 작업이 요구되는 산업

문제로 실력다지기

개념 문제

01 빈칸에 들어갈 알맞은 말을 쓰시오.

(1) (   )은/는 각자의 입장에 따라 원인과 해결 방안이 서로 다른 환경 문제를 말한다.

(2) 기존의 생물체에 다른 생물체의 유전자를 결합하여 만들어 낸 새로운 품종을 (   )(이)라고 한다.

(3) 최근 식품의 안전성과 환경에 관한 관심이 높아지면서 지역에서 생산된 먹거리를 지역에서 소비하자는 (   ) 운동이 전개되고 있다.

02 ㉠, ㉡ 중 알맞은 것을 고르시오.

(1) 원자력 발전소 건설, 쓰레기 문제 등은 (㉠ 국가 및 지역적, ㉡ 세계적) 수준의 환경 이슈에 해당한다.

(2) (㉠ 석탄, ㉡ 천연가스) 화력 발전소와 노후 경유차 등은 미세 먼지 발생의 주요 원인으로 알려져 있다.

03 다음 설명이 맞으면 ○표, 틀리면 ×표를 하시오.

(1) GMO 농산물은 인체에 유익한 유전자를 가지고 있어 식품의 안전성이 높다. ·················· (   )

(2) 푸드 마일리지가 높을수록 식품의 안전성이 높고 환경친화적이다. ······················· (   )

(3) 로컬 푸드를 이용하면 온실가스 배출량을 줄여 지구 온난화를 방지하는 데 도움이 된다. (   )

실력 문제

04 ㉠에 관한 옳은 설명을 〈보기〉에서 고르면?

> 환경 문제 중에는 각자의 이해관계와 가치관 등이 달라 해결 방안을 쉽게 찾지 못하는 것들이 있다. 이러한 환경 문제를 (㉠)(이)라고 한다.

┌ 보기 ┐
ㄱ. 원인과 해결 방안이 각자의 입장에 따라 다르다.
ㄴ. 정부의 적극적인 개입을 통해서만 해결할 수 있다.
ㄷ. 세계적 수준에서부터 지역적 수준까지 다양한 규모에서 나타난다.
ㄹ. 지역의 환경 문제 해결을 위해서는 지역 이기주의의 자세가 필요하다.

① ㄱ, ㄴ ② ㄱ, ㄷ ③ ㄴ, ㄷ ④ ㄴ, ㄹ ⑤ ㄷ, ㄹ

05 그래프와 관련된 환경 이슈에 관해 설명한 내용으로 옳은 것은?

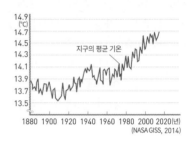

① 세계적 차원의 환경 이슈이다.
② 지역적 차원에서 해결할 수 있다.
③ 농산물의 생산성 향상에 도움이 된다.
④ 특정 국가에서 발생하고 있는 현상이다.
⑤ 최근 논의와 타협을 통해 대부분 해결되었다.

중요
06 그림과 같은 생활 습관이 초래할 수 있는 결과로 보기 어려운 것은?

적절한 실내 냉난방 온도를 지키지 않고, 에너지를 낭비한다.

멀쩡한 휴대 전화를 놔두고 최신 모델로 바꾼다.

① 에너지가 부족해진다.
② 지역 경제가 침체된다.
③ 다양한 환경 문제가 발생한다.
④ 대기 중 온실가스가 증가한다.
⑤ 전자 쓰레기 배출량이 증가한다.

중요
07 유전자 변형 식품(GMO)이 지닌 장점을 〈보기〉에서 고르면?

┌ 보기 ┐
ㄱ. 생산성 향상   ㄴ. 온실가스 배출 감소
ㄷ. 세계 식량 문제 해결   ㄹ. 식품의 안전성 확보

① ㄱ, ㄴ   ② ㄱ, ㄷ   ③ ㄴ, ㄷ
④ ㄴ, ㄹ   ⑤ ㄷ, ㄹ

고난도

08 ㉠에 관한 설명으로 옳지 <u>않은</u> 것은?

> 최근 추위나 병충해 등에 강한 유전자를 다른 생물체에 삽입해 ㉠ 새로운 품종을 만들어 내고 있다.

① 세계 식량 문제 해결에 도움을 줄 수 있다.
② 적은 노동력과 비용으로도 많은 양을 수확할 수 있다.
③ 특정 영양소를 강화하여 식품의 안전성을 확보할 수 있다.
④ 기존의 번식 방법으로는 나타날 수 없는 새로운 성질을 가진다.
⑤ 인체와 생태계에 미치는 영향에 대한 검증이 이루어지지 않았다.

[09~10] 다음은 최근 주목받고 있는 식품 소비 운동과 관련된 것이다. 물음에 답하시오.

"환영합니다."

『농업인은 정성 가득한 농산물을 진심을 다해 팔고, 소비자는 신선하고 안전한 농산물을 정직한 가격으로 살 수 있는 믿음의 직매장으로 여러분을 초대합니다.』

09 위와 같은 소비 운동이 주목받는 이유로 알맞은 것은?

① 수입 농산물의 가격 하락
② 국내 농산물 생산의 감소
③ 수입 농산물의 안전성 문제
④ 수입 농산물의 생산성 향상
⑤ 수입 농산물의 특정 영양소 강화

중요

10 위와 같은 소비 운동을 통해 얻을 수 있는 효과를 〈보기〉에서 고르면?

> **보기**
> ㄱ. 농산물 수입량 증대
> ㄴ. 먹거리의 안전성 확보
> ㄷ. 농민의 안정적 소득 향상
> ㄹ. 유전자 변형 식품의 소비 촉진

① ㄱ, ㄴ　　　② ㄱ, ㄷ　　　③ ㄴ, ㄷ
④ ㄴ, ㄹ　　　⑤ ㄷ, ㄹ

11 그림과 같이 음식물 쓰레기를 줄였을 때 얻을 수 있는 효과를 설명한 내용으로 적절하지 <u>않은</u> 것은?

〈4인 가족이 음식물 쓰레기를 20% 줄였을 때의 효과〉

온실가스 연간
145kgCO₂e 감소
소나무 30그루 연간 흡수량
서울·통영 왕복 운행 시 배출량

에너지 연간
144kwh 절약
냉장고 3.3개월 (2,440시간)
TV 5~6개월
세탁기 1,080회

(환경부, 2010)

① 삼림을 보호할 수 있다.
② 에너지를 절약할 수 있다.
③ 온실 효과가 심화될 수 있다.
④ 지구 환경을 보호할 수 있다.
⑤ 온실가스 배출량을 줄일 수 있다.

12 오늘날 발생하고 있는 여러 환경 이슈의 해결을 위한 바람직한 자세로 보기 <u>어려운</u> 것은?

① 집단 간 상호 협력을 추구한다.
② 실천 가능성이 높은 방안을 찾는다.
③ 우리 지역의 발전을 최우선으로 한다.
④ 자기 의견에 대한 타당한 근거를 제시한다.
⑤ 토의와 토론을 통해 의견 차이를 좁혀 나간다.

서술형

13 그림은 오늘날 발생하고 있는 환경 이슈의 발생 원인을 나타낸 것이다. 물음에 답하시오.

산불, 쓰레기 등 소각
자동차 배기가스
건설 현장의 날림 먼지
도로, 빈 집터
공장

(1) 위 그림의 A에 들어갈 알맞은 말을 쓰시오.

(2) 위 그림에 나타난 환경 문제로 발생하는 문제점을 <u>두 가지</u> 서술하시오.

표와 자료로 마무리하기

주제 13 기후 변화의 영향과 해결 노력

기후 변화	의미		기후의 평균적 상태가 변화하는 현상
	원인 자료1 자료2	자연적 원인	화산재 분출, 태양의 활동 변화, 태양과 지구의 상대적 위치 변화 등
		인위적 원인	화석 연료 사용에 따른 온실가스 배출량 증가, 도시화와 무분별한 삼림 개발
	지구 온난화		대기 중 온실가스의 농도 증가로 온실 효과가 심화되어 지구의 평균 기온이 상승하는 현상
기후 변화의 영향 자료3	해수면 상승		• 지구의 기온 상승으로 극지방과 고지대의 빙하 면적 감소 → 해수면 상승 • 해안 저지대 및 섬나라 침수 ⑩ 방글라데시의 해안 저지대, 몰디브와 투발루 등의 섬나라 침수
	기상 이변 증가		• 물의 증발량 증가 → 가뭄과 사막화 심화 • 바닷물의 염분 농도 저하로 해류 순환 방해 → 태풍, 홍수, 가뭄, 폭설 등 기상 이변의 발생 빈도와 피해 규모 증가 • 폭염과 열대야 등 여름철 고온 현상 증가
	생태계 변화		• 바닷물의 수온 상승으로 해양 생태계 변화 • 고산 식물의 분포 범위 축소, 멸종 위기의 식물 증가 등 식생 분포 변화 • 인류 생존과 밀접한 농작물 재배에 악영향 • 생태계 교란 및 동식물의 서식지 변화, 병해충 증가
해결 노력			• 필요성 : 전 지구적 차원의 기후 변화에 따른 피해 증가 → 국제적 차원의 협력과 합의 필요 • 국제 협약 체결 : 기후 변화 협약(1992년), 파리 협정(2015년) 등

자료1 기후 변화의 원인

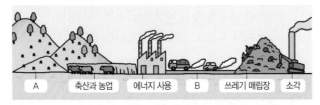

| A | 축산과 농업 | 에너지 사용 | B | 쓰레기 매립장 | 소각 |

❶ A - (　　　　) ❷ B - (　　　　)의 이용

❸ (　　　　)은/는 일정한 지역에서 장기간 나타나는 기후의 평균적인 상태가 변화하는 것으로, 자연적 원인과 인위적 원인에 의해 나타난다.

❹ 산업 혁명 이후 화석 연료의 사용 증가와 무분별한 삼림 개발 등의 인간 활동, 즉 (　　　　) 원인이 기후 변화에 큰 영향을 주고 있다.

자료2 이산화 탄소 농도와 지구 평균 기온 변화

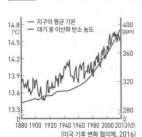

― 지구의 평균 기온
― 대기 중 이산화 탄소 농도
(미국 기후 변화 협의체, 2016)

❶ 지구의 열이 우주로 빠져나가지 못하는 (　　　　)이/가 심화되면 지구의 기온이 지속적으로 상승하는 (　　　　) 현상이 나타난다.

❷ 대표적 온실가스인 (　　　　)은/는 지구의 평균 기온 상승에 가장 큰 영향을 미친다.

자료3 기후 변화로 인한 영향

(가)

(나)

(다)

(라)

❶ (가) – 지구의 기온 상승으로 극지방과 고지대의 (　　　　)이/가 녹아 사라지고 있다.

❷ (나) – 몰디브, 투발루 등의 섬나라는 해수면 (　　　　)(으)로 국토가 물에 잠겨 지구상에서 사라질 위기에 처해 있다.

❸ (다) – 태풍, 홍수, 폭우, 가뭄, 폭설 같은 (　　　　)의 발생 빈도가 높아지고 있으며, 피해 규모도 커지고 있다.

❹ (라) – 우리나라를 비롯한 세계 곳곳에서 폭염, (　　　　) 등과 같은 여름철 고온 현상이 증가하고 있다.

주제 14 산업 이전에 따른 지역의 환경 변화

환경 문제를 유발하는 산업의 이전	공해 유발 산업		제품 생산·폐기물 처리 과정에서 많은 양의 오염 물질을 배출하거나 환경 문제를 일으키는 산업
	이동 경향		선진국에서 개발 도상국으로 오래된 제조 설비 및 공해 유발 산업이 이동함
		선진국	엄격한 환경 규제, 최신 기술 설비 및 청정 산업 유치
		개발 도상국	느슨한 환경 규제, 경제 성장 위주의 정책으로 선진국의 산업 유치
	영향	선진국	환경 문제 해결에 도움, 저임금의 노동력 활용
		개발 도상국	환경 오염 유발, 주민 건강 위협, 일자리 증가, 지역 경제 활성화에 도움
전자 쓰레기의 이전 자료4	전자 쓰레기		• 사용하고 난 전자 제품에서 나오는 폐기물 • 기술 발달로 전자 제품의 사용 주기 감소 → 전자 쓰레기의 배출량 증가
	이동 경향		• 선진국 : 환경 및 경제적 부담을 줄이기 위해 개발 도상국에 수출 • 개발 도상국 : 수입한 전자 쓰레기에서 각종 자원 추출
	영향		가공 및 처리 과정에서 유해 물질 발생 → 개발 도상국의 환경 오염 초래

농업의 이전	이동 배경	교통의 발달 → 임금과 땅값이 저렴한 개발 도상국에서 선진국의 농업 기술을 바탕으로 한 플랜테이션 농업이 가능해짐
	이전한 지역에 미치는 영향	• 긍정적 측면 : 지역 경제 활성화 • 부정적 측면 : 과도한 물 사용으로 물 부족, 화학 비료 및 농약 사용으로 토양 및 식수 오염
환경 문제의 공간적 불평등	선진국	• 환경 문제 유발 산업 유출로 쾌적한 환경 조성 • 오염 물질 배출 허용 기준 강화
	개발 도상국	• 공해 유발 산업 도입으로 환경 문제 심화 • 주민 생계 위협, 각종 질병 유발
해결 노력		환경 오염 최소화, 유해 폐기물과 공해 산업의 불법적 확산 금지, 국제 협약(바젤 협약) 체결

자료4 전자 쓰레기의 이동

전자 쓰레기의 이동(2011년)
▨ 전자 쓰레기 발생 지역
▨ 전자 쓰레기 처리 지역
→ 전자 쓰레기 이동 방향
(국제 노동 기구, 2012)

❶ 전자 쓰레기 주요 발생 대륙 – (　　　), (　　　)
❷ 전자 쓰레기 주요 유입 대륙 – (　　　), (　　　)
❸ 전자 쓰레기의 대부분은 산업화된 (　　　)에서 배출된다.
❹ (　　　)은/는 전자 쓰레기를 가공 및 처리하는 과정에서 경제적 이익을 얻기 위해 이를 선진국으로부터 수입하고 있다.
❺ 전자 쓰레기를 처리하는 지역은 가공 및 처리 과정에서 배출되는 유독 물질로 인해 (　　　)와/과 생태계 파괴 문제가 나타나고 있다.

주제 15 생활 속 다양한 환경 이슈

환경 이슈	의미	환경 문제 중에서 원인과 해결 방안이 각자의 이해 관계와 가치관에 따라 서로 다른 것
	특징	시대별로 다름, 다양한 규모에서 발생함
	다양한 환경 이슈	• 세계적 수준 : 기후 변화, 열대림 개발 등 • 국가 및 지역적 수준 : 원자력 발전소 건설, 신공항 건설, 하수 처리장 건설, 쓰레기 처리 문제 등
	쓰레기 문제	자원 소비 증가, 일회용품과 포장재 사용 증가로 쓰레기 처리 문제 발생
	유전자 변형 식품 (GMO) 자료5	의미	본래 유전자를 변형시켜 새로운 성질의 유전자를 지니도록 개발한 품종
		장점	특정 영양소 강화, 생산성 향상, 병충해에 강함 → 세계 식량 문제 해결에 도움
		단점	인체에 미치는 안전성 검증 미비

생활 속 환경 이슈	로컬 푸드 운동	의미	지역에서 생산된 농산물을 지역에서 소비하는 운동
		등장 배경	식품 운송 과정에서 많은 온실가스 배출, 방부제 사용 → 식품의 안전성과 환경에 미치는 영향에 대한 관심 증가
		효과	신선한 먹거리 제공, 농민 소득 보장, 지역 경제 활성화, 온실가스 배출 감소
	미세 먼지 자료6	발생 원인	화석 연료의 사용 증가, 자동차 배기가스, 건설 현장의 날림 먼지 등
		영향	각종 호흡기 질환 유발, 정밀 산업의 불량률 증가, 항공 및 선박 운행 차질
환경 이슈의 해결 노력			• 토론과 토의 과정 필요 : 실천 가능성을 고려한 대안 마련 • 일상생활에서의 실천 : 자전거 타기, 대중교통 이용, 저탄소 제품 사용, 에너지 절약, 쓰레기 분리 배출 등

자료5 유전자 변형 식품(GMO) 재배

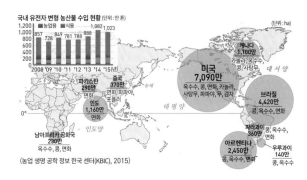

(농업 생명 공학 정보 한국 센터(KBIC), 2015)

❶ (　　　)은/는 본래의 유전자를 변형하여 새로운 형질의 유전자를 지니도록 만든 것으로, 잡초에 강한 옥수수와 잘 무르지 않는 토마토 등 다양한 농산물이 개발되었다.
❷ 유전자 변형 농산물은 병충해에 (강, 약)하며 특정 영양소를 강화할 수 있어 생산성 (하락, 향상)의 효과를 거둘 수 있다.

자료6 미세 먼지의 이동

(환경부, 2016)

❶ 우리 눈에 보이지 않을 정도로 가늘고 작은 입자의 먼지를 (　　　)(이)라고 한다.
❷ 미세 먼지는 입자가 작아 호흡기에서 걸러지지 않아 각종 (　　　) 질환을 유발하고, 뇌 질환을 일으키기도 한다.
❸ 우리나라에 영향을 미치는 미세 먼지 대부분은 (　　　)(으)로부터 유입되고 있어 국제적인 해결 노력이 필요하다.

실전문제로 마무리하기

01 다음은 사회 수업 중 한 장면이다. 교사의 질문에 잘못 대답한 사람을 고르면?

> 교사 : 오늘날 세계적으로 발생하는 기후 변화의 원인과 특징에 대해 발표해 보세요.
> 다은 : 기후는 지구가 생긴 이래로 끊임없이 변화하고 있습니다.
> 승우 : 기후 변화는 기후의 평균적인 상태가 변화하는 것을 말합니다.
> 선빈 : 기후 변화로 나타나는 대표적인 환경 문제는 지구 온난화입니다.
> 승아 : 기후 변화에는 자연적 요인과 인위적 요인이 모두 영향을 주고 있습니다.
> 선하 : 산업 혁명 이후부터는 인위적 요인, 즉 인간의 활동만이 기후에 영향을 미치고 있습니다.

① 다은　　② 승우　　③ 선빈
④ 승아　　⑤ 선하

02 그림을 보고 설명한 내용으로 옳지 않은 것은?

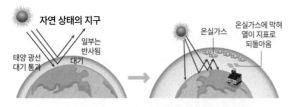

① 온실가스의 배출량이 많아지면 온실 효과가 심화된다.
② 오늘날 태양 에너지는 모두 지구 밖으로 배출되고 있다.
③ 자연 상태에서는 햇빛이 지표에 닿으면 일부는 다시 방출된다.
④ 대기 중 온실가스의 농도가 올라가면 지구의 기온이 높아진다.
⑤ 온실가스는 태양의 복사 에너지가 지구 밖으로 빠져나가지 못하게 한다.

03 그래프를 보고 설명한 내용으로 옳지 않은 것은?

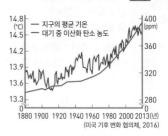

① 대기 중 온실가스가 증가하고 있다.
② 지구의 평균 기온이 계속 상승하고 있다.
③ 지구 평균 기온의 지속적인 증가가 예상된다.
④ 온실가스 농도는 점차 줄어들 것으로 예상된다.
⑤ 대기 중 이산화 탄소 농도 증가는 인간 활동과 관련이 깊다.

[04~05] 지도를 보고 물음에 답하시오.

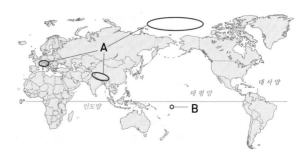

04 기후 변화로 인해 위 지도의 A 지역에서 나타나고 있는 현상으로 옳은 것은?

① 빙하가 급격히 녹고 있다.
② 태풍의 피해가 증가하고 있다.
③ 바닷물의 침수 피해가 발생하고 있다.
④ 외래 동식물의 유입이 증가하고 있다.
⑤ 오랜 가뭄으로 식수가 부족해지고 있다.

05 위 지도의 B 지역 주민들은 최근 다른 국가로 이주를 추진하고 있다. 그 이유로 알맞은 것은?

① 대규모 지진이 자주 발생한다.
② 국토가 점차 바닷물에 잠기고 있다.
③ 토양이 황폐화되어 농업이 불가능하다.
④ 잦은 내전으로 정치적 상황이 불안하다.
⑤ 질병 확산으로 주민 건강이 위협받고 있다.

06 다음과 같은 현상이 나타나는 데 영향을 준 환경 문제에 해당하는 것은?

미국 알래스카의 일부 지역에서는 여름이 길어지면서 언 땅이 녹아 주택이 붕괴되는 일이 증가하고 있다.

① 산성비　　　　　② 사막화
③ 미세 먼지　　　　④ 지구 온난화
⑤ 오존층 파괴

07 오늘날 다음과 같은 현상이 나타나는 데 가장 큰 영향을 준 것은?

세계적인 산호초 지대인 오스트레일리아에 위치한 그레이트베리어리프의 산호초가 하얗게 죽어가고, 주변 해안의 생태계가 파괴되고 있다.

① 오랜 가뭄　　　　② 해양 관광객 증가
③ 바닷물의 수온 상승　④ 태풍의 발생 빈도 증가
⑤ 선박의 기름 유출 사고

08 다음과 같은 일이 가능해진 이유로 알맞은 것은?

아시아와 유럽을 잇는 북극 항로의 항해 가능 일수가 점점 늘어나, 2030년에는 일 년 내내 통행이 가능할 것으로 예측된다.

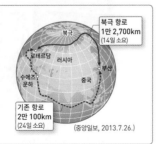

북극 항로
1만 2,700km
(14일 소요)
기존 항로
2만 100km
(24일 소요)
(중앙일보, 2013.7.26.)

① 항공 교통의 쇠퇴　　② 북극 빙하의 축소
③ 해상 운송의 증가　　④ 기존 항로의 폐쇄
⑤ 항로 수심의 변화

09 세계 각국이 다음과 같은 국제 협약을 체결한 가장 큰 목적은 무엇인가?

기후 변화 협약, 파리 협정

① 온실가스 감축　　　② 국제 평화 정착
③ 해양 환경 보호　　　④ 국제 빈곤 탈출
⑤ 유해 폐기물 감축

10 ㉠에 들어갈 탐구 주제로 알맞은 것은?

• 주제 : ㉠
• 발생 원인
 – 폐기물의 양 증가
 – 도시화에 따른 교통량 증가
 – 산업 및 생활 하수 등 오염 물질 방출

① 자원 소비와 환경 문제
② 환경 문제의 국제 이동
③ 국가별 산업화 수준 차이
④ 산업화와 경제 발전 효과
⑤ 환경 문제의 공간적 불평등

11 그림의 A 지역에 발생할 수 있는 현상으로 옳지 않은 것은?

① 유독 물질 배출　　② 수질 오염 발생
③ 대기 오염 심화　　④ 경제적 이익 증대
⑤ 쾌적한 환경 조성

12 도표는 A 지역의 산업 시설 이전을 나타낸 것이다. A 지역의 특징으로 옳은 것은?

우주 산업
첨단 산업
의료 산업
→ 국내 유치 → A → 국외 이전 →
화학 산업
금속 산업
의류 산업

① 경제 수준이 낮다.
② 환경 규제가 엄격하다.
③ 과학 기술 수준이 낮다.
④ 환경에 대한 사회적 인식이 낮다.
⑤ 성장 위주의 경제 정책을 추진한다.

13 ㉠에 들어갈 내용으로 알맞은 것은?

> 대형 의류 브랜드 매장에서 판매되는 의류는 대부분 아시아의 캄보디아, 인도네시아, 중국, 방글라데시 등에서 생산된다. 의류 제품의 생산 공장이 본사가 있는 곳이 아닌 다른 나라에 위치하게 된 까닭은 무엇일까? 그 이유는 _____ ㉠

① 선진국은 의류 제조 설비가 부족하기 때문이다.
② 의류 생산에는 높은 기술력이 필요하기 때문이다.
③ 의류 제품을 생산할 때 오염 물질이 발생하기 때문이다.
④ 의류 생산비에서 인건비가 차지하는 비중이 낮기 때문이다.
⑤ 의류를 만들 때 사용하는 재료 대부분이 개발 도상국에서 생산되기 때문이다.

14 다음은 장미 생산의 특징을 정리한 것이다. 이를 통해 알 수 있는 장미 재배에 따른 문제점으로 보기 어려운 것은?

> • 장미 재배에는 많은 물이 필요하다.
> • 장미 재배에는 비료와 농약이 사용된다.
> • 장미는 생산 후 수천 km 떨어진 외국으로 운송한다.

① 온실가스를 배출한다.
② 수질 오염이 발생한다.
③ 토양 오염이 발생한다.
④ 식수 부족 문제를 초래한다.
⑤ 지역의 주민 소득이 감소한다.

15 환경 이슈에 관한 설명으로 옳지 않은 것은?

① 시대별로 다르게 나타난다.
② 각각의 이해관계와 가치관이 달라 발생한다.
③ 자료의 수집과 분석을 통해 쉽게 해결할 수 있다.
④ 환경에 관한 관심이 커지면서 환경 이슈가 늘어나고 있다.
⑤ 지역적인 것부터 세계적인 것까지 다양한 규모에서 발생한다.

16 ㉠의 발생 원인으로 보기 어려운 것은?

> 최근 환경 이슈로 등장한 것은 ㉠ 미세 먼지이다. 미세 먼지는 우리 눈에 보이지 않을 정도로 가늘고 작은 먼지 입자로, 지름이 10㎛(0.001mm)보다 작다.

① 공장 매연
② 쓰레기 소각
③ 건설 현장의 먼지
④ 자동차 배기가스
⑤ 바닷물의 염분 농도 저하

17 다음과 같은 환경 이슈에 관한 설명으로 옳은 것은?

오늘 오전 미세 먼지 농도가 높아지면서 서울의 대로변이 온통 뿌옇게 보이고 있습니다.

① 국가 내의 환경 이슈이다.
② 각종 호흡기 질환을 일으킨다.
③ 폭염 등 이상 고온 현상이 나타난다.
④ 자연적 요인이 가장 큰 영향을 미친다.
⑤ 전 세계적으로 영향을 미치는 환경 이슈이다.

18 지도에 나타난 유전자 변형 농산물 재배 현황에 관한 설명으로 옳은 것은?

(농업 생명 공학 정보 한국 센터(KBIC), 2015)

① 미국은 최대 수입국이다.
② 중국은 최대 생산국이다.
③ 우리나라에서도 많이 재배되고 있다.
④ 옥수수, 콩 등이 대표적인 재배 작물이다.
⑤ 아프리카 대륙에서 대부분 생산되고 있다.

19 지도는 주요 수입 먹거리의 푸드 마일리지를 나타낸 것이다. 이에 관한 설명으로 옳은 것은?

※ 2012년 기준임

(국립 환경 과학원, 2012)

① 수입 농산물의 푸드 마일리지는 낮다.
② 수입 농산물의 이동 거리는 매우 짧다.
③ 푸드 마일리지가 높은 농산물은 신선하다.
④ 푸드 마일리지가 높을수록 안전한 식품이다.
⑤ 푸드 마일리지가 높은 농산물은 환경에 부정적인 영향을 미친다.

20 유전자 변형 식품(GMO)에 관한 설명으로 옳지 <u>않은</u> 것은?

① 유기농 농산물을 의미한다.
② 병충해에 강한 특성이 있다.
③ 인체 안전성 여부가 확인되지 않았다.
④ 생태계가 교란될 수 있는 문제점이 있다.
⑤ 미래 식량 문제 해결에 도움을 줄 수 있다.

서술형 문제

21 그림을 보고 물음에 답하시오.

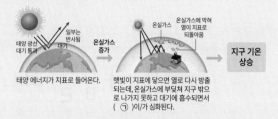

(1) 위 그림의 ㉠에 들어갈 알맞은 용어를 쓰시오.

(2) 위 그림을 참고로 하여 지구 온난화의 과정을 서술하시오.

22 지도는 전자 쓰레기 발생과 이동을 나타낸 것이다. 전자 쓰레기 발생 지역과 유입 지역의 특징을 서술하시오.

(국제 노동 기구, 2012)

23 다음 글을 읽고 물음에 답하시오.

> 다른 나라에서 수입되는 식품은 안전성을 보장하기 어렵고, 환경 오염을 일으키기도 한다. 최근에는 환경에 대한 관심이 커지고, 건강한 먹거리를 찾으려는 소비자가 늘어나면서 ㉠ 지역에서 생산된 먹거리를 지역에서 소비하자는 운동이 확산되고 있다.

(1) 윗글의 ㉠을 무엇이라고 하는지 쓰시오.

(2) 윗글의 ㉠을 실천할 때의 장점을 세 가지 서술하시오.

내 마음을 보내며···

바람결에 훅 불어 날려 보는 마음
네 곁에 슬쩍 예쁜 꽃 피웠으면

세계 속의 우리나라

주제 16 우리나라의 영역

1 영역의 의미와 구성

(1) 의미 한 국가의 *주권이 미치는 범위 → 국민의 생활이 이루어지는 공간, 외부의 침입으로부터 보호해야 하는 공간

(2) 구성 영역은 영토, 영해, 영공으로 구성됨 **자료1**
└ 영토를 기준으로 영공, 영해가 설정되어 영역의 구성 요소 중에서 가장 중요해.

영토	한 국가에 속한 육지의 범위 → 국토 면적과 일치
영해	• 한 국가의 주권이 미치는 바다 → 내륙 국가는 영해가 존재하지 않아 해상 무역 및 수산업에 불리 예 몽골, 볼리비아, 오스트리아, 스위스 • 일반적으로 기준선으로부터 12*해리까지로 범위 설정
영공	• 영토와 영해의 수직 상공 → 다른 국가의 항공기 통행 제한 • 일반적으로 지표면에서 *대기권까지로 제한 • 최근 항공 교통 및 우주 산업 발달, 군사적 중요성이 증대되면서 관심 확대

2 우리나라의 영역

(1) 영토

① **구성** 한반도와 부속 섬 └ 영국, 우간다, 캄보디아, 뉴질랜드, 우루과이 등과 면적이 비슷해.

② **면적** 총면적은 약 22.3만 km², 남한의 면적은 약 10만 km² → 서·남해안의 간척 사업으로 영토 확대
└ 북한보다는 좁고, 포르투갈과 비슷해.

③ **형태** 삼면이 바다로 둘러싸인 반도국, 영토가 남북으로 길어 다양한 기후가 나타남
> **왜?** 영토가 남북으로 길다는 것은 위도의 차이가 있음을 의미해. 즉 위도 차로 인해 남북 간 기후 차가 크게 나타나는 거야.

(2) 영해 해안에 따라 영해 설정 기준이 다름 **자료2**

서해안과 남해안	해안선이 복잡하고 섬이 많음 → 가장 바깥쪽의 섬들을 직선으로 연결한 선인 직선 기선으로부터 12해리로 설정
동해안, 제주도, 울릉도, 독도	해안선이 단조롭고 섬이 적음 → *최저 조위선인 통상 기선으로부터 12해리로 설정
대한 해협	일본과 인접 → 직선 기선으로부터 3해리까지만 설정

(3) 영공 우리나라 영토와 영해의 수직 상공 → 인공위성을 이용한 통신·관측 활동과 항공 교통의 발달로 중요성 확대
> **왜?** 우리나라와 일본의 중간 지점을 기준으로 영해를 설정하게 되면 다른 배들의 통행에 지장을 주기 때문이야.

3 배타적 경제 수역(EEZ)

(1) 의미와 특징

의미	영해를 설정한 기준선으로부터 200해리에 이르는 수역 중 영해를 제외한 바다
특징	• *연안국의 경제적 권리 보장 예 수산·광물·에너지 자원 등 해양 천연자원의 탐사·개발·이용·관리가 가능 • 경제적 목적이 없는 타국의 케이블 설치와 선박 및 항공기 등의 자유로운 통행 가능

(2) 우리나라의 배타적 경제 수역 **자료3**

① **특징** 중국, 일본과 인접하여 200해리의 배타적 경제 수역 확보가 어려움

② **어업 협정 체결** 어업 질서의 혼란을 막기 위해 중국, 일본과 어업 협정 체결 → 어족 자원 공동 관리

(3) 이어도 마라도 서남쪽 149km에 위치, 우리나라 종합 해양 과학 기지에서 기상 관측 및 해양 관측 활동이 이루어짐
└ 바다 표면으로부터 약 4.6m 잠겨 있는 수중 암초로 국제법상 우리나라의 배타적 경제 수역에 속해 있어.

꼭 나오는 자료

자료1 영역의 구성

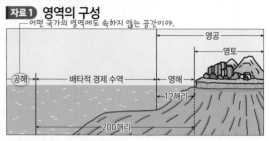
└ 어떤 국가의 영역에도 속하지 않는 공간이야.

❶ 한 국가의 주권이 미치는 영역은 영토, 영해, 영공으로 구성된다. 영역은 국제법상 한 국가가 다른 국가의 간섭을 받지 않고 지배할 수 있는 공간으로 국민 생활의 터전이 된다.

자료2 우리나라의 영해와 4극

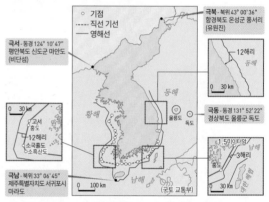

극북 - 북위 43° 00′ 36″ 함경북도 온성군 풍서리 (유원진)
극서 - 동경 124° 10′ 47″ 평안북도 신도군 마안도 (비단섬)
극동 - 동경 131° 52′ 22″ 경상북도 울릉군 독도
극남 - 북위 33° 06′ 45″ 제주특별자치도 서귀포시 마라도

❶ 우리나라는 해안의 특징에 따라 영해 설정 방법이 다르다. 해안선이 복잡한 서해안과 남해안은 직선 기선, 해안선이 단조로운 동해안과 제주도·울릉도·독도 등지는 통상 기선으로부터 12해리를 영해로 설정하고 있다. 대한 해협은 일본과 가까워 12해리를 확보할 수 없어 3해리만을 영해로 설정하였다.

자료3 우리나라의 배타적 경제 수역

❶ 우리나라와 중국, 일본은 지리적으로 가까워 배타적 경제 수역의 설정에 어려움이 많았다. 이에 따른 혼란을 막기 위해 어업 협정을 맺어 어족 자원을 공동으로 관리하고 있다. 황해에서는 중국과 한·중 잠정 조치 수역을, 동해에서는 일본과 한·일 중간 수역을 설정하였다.

🅝 용어 사전

* **주권** 국가의 의사를 최종적으로 결정하는 권력
* **해리** 바다에서 거리를 나타내는 단위로, 1해리는 약 1,852m임
* **대기권**(大 크다, 氣 공기, 圈 범위) 지구를 둘러싸고 있는 공기가 존재하는 범위
* **최저 조위선** 썰물로 해수면이 가장 낮아졌을 때의 해안선
* **연안국** 해당 바다에 가장 인접해 있는 국가

개념 문제

01 다음 설명이 맞으면 ○표, 틀리면 ×표를 하시오.

(1) 영역은 한 국가의 주권이 미치는 범위로 외부의 침입으로부터 보호해야 하는 공간이다. ····· (   )

(2) 영해는 일반적으로 기준선으로부터 3해리까지의 바다로 설정한다. ····························· (   )

(3) 최근 우주 산업과 항공 교통의 발달로 영토의 중요성이 확대되고 있다. ···················· (   )

(4) 공해에서는 다른 국가의 선박과 항공기의 통행이 자유롭다. ································· (   )

02 그림은 영역의 구성 요소를 나타낸 것이다. A~E에 들어갈 알맞은 말을 쓰시오.

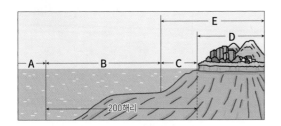

03 우리나라 각 해안에 적용되는 영해 설정의 기준선을 바르게 연결하시오.

(1) 서해안 •

(2) 남해안 •

(3) 동해안 •

• ㉠ 직선 기선

• ㉡ 통상 기선

실력 문제

중요

04 영역에 관한 설명으로 옳은 것을 〈보기〉에서 고르면?

┌ 보기 ┐
ㄱ. 영토, 영공, 공해로 구성된다.
ㄴ. 한 국가의 주권이 미치는 범위이다.
ㄷ. 다른 국가의 간섭을 받지 않는 공간이다.
ㄹ. 타국 선박과 항공기의 자유로운 통행이 가능하다.

① ㄱ, ㄴ   ② ㄱ, ㄷ   ③ ㄴ, ㄷ
④ ㄴ, ㄹ   ⑤ ㄷ, ㄹ

05 ㉠에 들어갈 영역의 구성 요소는 무엇인가?

(㉠)은/는 한 국가의 주권이 미치는 육지의 범위로, 국토 면적과 일치한다. (㉠)을/를 기준으로 바다와 하늘의 범위를 설정한다.

① 공해   ② 영공   ③ 영토
④ 영해   ⑤ 배타적 경제 수역

[06~07] 그림은 영역의 구성을 나타낸 것이다. 물음에 답하시오.

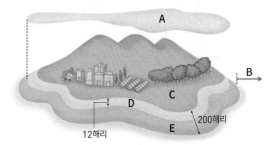

고난도

06 위 그림의 A~E에 관한 설명으로 옳은 것은?

① A - 다른 국가의 항공기 운항이 자유롭다.
② B - 다른 국가의 선박 통행이 제한된다.
③ C - 다른 국가와 공동으로 이용한다.
④ D - 간척 사업을 통해 확대된다.
⑤ E - 연안국의 경제적 권리가 인정된다.

중요

07 다음 글에서 설명하고 있는 영역의 구성 요소를 위 그림에서 고르면?

최근 항공 교통 및 우주 산업 발달과 관련한 인공위성 기술, 군사적 목적으로서 중요성이 확대되고 있는 영역이다.

① A   ② B   ③ C   ④ D   ⑤ E

08 지도에 표시된 몽골과 볼리비아 영역의 특징으로 옳은 것은?

① 국토 면적이 매우 좁다.
② 영해가 존재하지 않는다.
③ 영토에 대한 주권 행사가 어렵다.
④ 영공의 수직 한계를 설정하기 어렵다.
⑤ 넓은 배타적 경제 수역을 확보하고 있다.

09 우리나라의 영토에 관한 설명으로 옳은 것은?

① 영토가 조금씩 좁아지고 있다.
② 삼면이 바다로 둘러싸여 있다.
③ 북한보다 남한의 면적이 더 넓다.
④ 한반도만을 영토로 인정하고 있다.
⑤ 동서 방향으로 긴 형태를 하고 있다.

[10~11] 지도를 보고 물음에 답하시오.

중요
10 위 지도를 보고 설명한 내용으로 옳은 것은?

① 영해선과 해안선 모양이 일치한다.
② 영해 설정은 수심의 영향을 받는다.
③ 영해의 범위를 200해리로 정하고 있다.
④ 배타적 경제 수역을 설정할 수 없는 상황이다.
⑤ 해안의 특징에 따라 영해 설정 기준이 달라진다.

11 위 지도의 A~E 중 영해 설정 기준이 <u>다른</u> 곳은?

① A   ② B   ③ C   ④ D   ⑤ E

고난도
12 ㉠에 들어갈 질문으로 알맞은 것은?

질문	㉠	
대답	영해	배타적 경제 수역
	예	아니요

① 기선으로부터 200해리까지 범위인가요?
② 자원 탐사와 개발 및 보존 권리가 있나요?
③ 정치적 주권을 행사할 수 있는 수역인가요?
④ 다른 나라의 어선이 어업 활동을 할 수 있나요?
⑤ 경제적 목적이 없다면 케이블 설치가 가능한가요?

중요
13 A 수역에 관한 설명으로 옳은 것은?

① 우리나라의 주권이 미치는 바다이다.
② 다른 국가의 선박 통행이 불가능하다.
③ 기선으로부터 12해리 범위 내에 포함된다.
④ 중국과 일본의 영해 분쟁이 발생하고 있다.
⑤ 어족 자원을 주변 국가와 공동으로 관리하고 있다.

서술형
14 지도를 보고 물음에 답하시오.

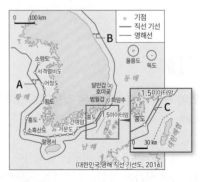

(1) A~C 수역에서 설정하고 있는 영해의 범위를 쓰시오.
A-(   )해리   B-(   )해리   C-(   )해리

(2) C 수역에서의 영해 설정에 관해 서술하시오.

독도의 가치와 중요성

1 독도의 지리적 특색

(1) 위치 우리나라 영토 중 가장 동쪽에 위치한 섬 **자료1**
└ 해가 가장 빨리 뜨는 곳이야.

경상북도 울릉군 울릉읍 독도리	북위 37°, 동경 132°	울릉도 동남쪽 87.4km

(2) 자연환경
┌ 독도는 원래 하나의 섬이었으나, 바닷물의 오랜 침식을 받아 두 개의 섬으로 분리되었어.

지형	• 동해의 해저에서 분출된 용암이 굳어져 형성된 화산섬 ┐제주도나 울릉도보다 • 동도와 서도 2개의 큰 섬과 89개의 바위섬으로 구성 └먼저 만들어졌어. • 대부분 해안이 급경사로 거주 환경이 불리한 편
기후	• 난류의 영향을 받는 *해양성 기후 • 연평균 기온 12.4℃ 내외로 온난한 기후, 연중 강수량이 고른 편

왜? 바다의 영향으로 연중 습기를 공급받아 일 년 내내 비와 눈이 내리는 날이 많기 때문이야.

(3) 인문 환경

① 512년 신라 장군 이사부가 우산국을 신라의 영토로 편입한 후 울릉도와 함께 우리 영토가 됨└ 과거 울릉도에 있던 소국이야.

② 현재 우리나라 주민 거주, 각종 주민 생활 시설과 경비 활동을 위한 시설이 있음

2 독도의 다양한 가치

(1) 영역적 가치 ┌ 동해 한가운데 위치해 있어 동해를 통행하는 선박 및 항공기 관찰에 유리해.

① 우리 영토의 동쪽 끝 영해 및 배타적 경제 수역 설정의 기준점

② 해상 전진 기지 역할 태평양 진출에 유리한 위치 → 동아시아의 해상 주도권 확보에 있어 중요한 위치

③ 군사적 *요충지 항공 기지, 방어 기지로서 국가 안보에 필요한 역할 수행

(2) 경제적 가치 **자료2**
┌ 북쪽에서 내려오는 차가운 해류야.

① 풍부한 어족 자원 난류와 한류가 교차하는 조경 수역 형성 → 어족 자원이 풍부하여 수산업 발달에 유리
└ 남쪽에서 올라오는 따뜻한 해류야.

② 풍부한 해저 자원

메탄 하이드레이트	• 천연가스와 물이 결합하여 형성된 고체 에너지 • 미래의 청정 에너지원으로 주목받고 있음
해양 심층수	• 수심 200m 이하의 물 • 식수와 식품, 의약품 또는 화장품의 원료로 이용

왜? 병원균이 없어서 인간에 무해할 뿐 아니라 다양한 영양소를 함유하고 있기 때문이야.

(3) 환경 및 생태적 가치

① 화산 지형의 보고 다양한 암석과 지질 경관 보유, 해저 화산의 형성과 진화 과정을 볼 수 있는 세계적인 지질 유적

② 생태계의 보고 조류·식물·곤충 등 290여 종의 다양한 동식물 서식, 섬 전체가 *천연 보호 구역으로 지정

왜? 독도는 생물 서식이 불리한 지형 조건임에도 불구하고 다양한 동식물이 서식하고 있어서 연구 및 보존 가치가 큰 지역이기 때문이야.

3 독도를 지키려는 노력

(1) 명백한 우리나라의 영토 다양한 역사적 사실과 지리적 특징으로 우리의 영토임을 입증 **자료3**
┌ 일본은 주변 해역의 경제적 이권을 획득하기 위해 독도를 국제 분쟁 지역화하려 하고 있어.

(2) 독도를 지키기 위한 다양한 노력 독도 경비대, 해외 광고, 독도 탐방 캠프 진행, 독도 문화 대축제 등 다양한 활동 개최

자료1 독도의 위치

울릉도에서 독도는 배로 약 1시간 30분 정도 걸리고, 일본과는 두 배 이상의 시간이 걸려.

↺ 독도는 울릉도에서 87.4km 떨어져 있으며, 일본의 오키섬에서는 157.5km 떨어져 있어 지리적으로도 우리나라와 더 가까운 우리의 영토이다.

자료2 독도의 경제적 가치

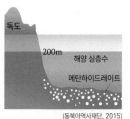

▲ 조경 수역의 형성　　▲ 해저 자원 분포

(동북아역사재단, 2015)

↺ 독도 주변 해역은 한류와 난류가 만나 조경 수역을 형성하여 각종 어족 자원이 풍부하다. 또한 주변 바다의 해저에는 미래의 에너지로 주목받는 메탄하이드레이트와 해양 심층수가 분포해 있어서 경제적 가치가 높다.

자료3 고지도 속의 독도

▲ 팔도총도(1531년)　　▲ 삼국접양지도(1785년)

↺ 『신증동국여지승람』의 「팔도총도」에서는 울릉도와 독도가 그려져 있어 우리 조상들이 독도를 분명히 인식하고 있었음을 알 수 있다. 또한 일본 지리학자가 제작한 「삼국접양지도」에서도 울릉도와 독도를 조선의 영토와 같은 색으로 표현하여 명백한 우리 영토로 표시하고 있다.

용어 사전

* **해양성 기후** 바다의 영향을 받는 기후로 기온의 연교차가 비교적 작고 연중 강수량이 고른 기후
* **요충지**(要 중요하다, 衝 찌르다, 地 땅) 중요한 가치를 지닌 곳
* **천연 보호 구역** 식물·동물·지질학적 또는 특별한 가치가 있는 기념물의 중요성을 인정하여 보존을 위해 설정한 보호 구역

문제로 실력다지기

개념 문제

01 다음 설명이 맞으면 ○표, 틀리면 ×표를 하시오.

(1) 독도는 행정구역상 경상북도 울릉군에 속한다.
 ··· ( )

(2) 독도는 울릉도와 인접해 있어 맑은 날에는 맨눈으로 볼 수 있다. ································· ( )

(3) 독도는 조선 시대 이후부터 우리나라의 영토로 편입되었다. ···································· ( )

(4) 독도는 사람이 거주하지 않는 무인도이다. ( )

02 다음 설명에 해당하는 독도의 가치를 〈보기〉에서 찾아 기호를 쓰시오.

(1) 우리나라의 가장 동쪽 끝으로, 영해와 배타적 경제 수역 설정의 기준이 된다. ··················· ( )

(2) 과거 화산 폭발로 형성된 섬으로, 해저 화산의 진화 과정을 관찰할 수 있다. ··················· ( )

> **보기**
> ㄱ. 영역적 가치   ㄴ. 경제적 가치   ㄷ. 생태적 가치

03 ㉠, ㉡ 중 알맞은 것을 고르시오.

(1) 독도는 우리나라에서 해가 가장 (㉠ 빨리, ㉡ 늦게) 뜨는 지역이다.

(2) 독도는 제주도나 울릉도보다 (㉠ 일찍, ㉡ 늦게) 형성된 화산섬이다.

(3) (㉠ 해양 심층수, ㉡ 메탄하이드레이트)는 물과 천연가스가 결합하여 만들어진 고체 에너지로, 미래 에너지로서 주목받고 있다.

(4) 독도 주변 바다는 한류와 난류가 교차하는 (㉠ 조경, ㉡ 청정) 수역이 형성되어 어족 자원이 풍부하다.

실력 문제

04 독도의 위치를 바르게 표현한 것을 〈보기〉에서 고르면?

> **보기**
> ㄱ. 제주도 남쪽 해상
> ㄴ. 북위 132°, 동경 37°
> ㄷ. 우리나라의 가장 동쪽
> ㄹ. 경상북도 울릉군 울릉읍 독도리

① ㄱ, ㄴ   ② ㄱ, ㄷ   ③ ㄴ, ㄷ
④ ㄴ, ㄹ   ⑤ ㄷ, ㄹ

05 (중요) 지도를 통해 알 수 있는 독도의 특징으로 옳은 것은?

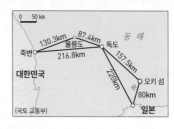

① 일본과 더 가깝다.
② 우리나라의 동쪽 끝 영토이다.
③ 황해 한가운데에 위치해 있다.
④ 울릉도보다 오키섬과 더 가깝다.
⑤ 죽변에서 맨눈으로 볼 수 있는 거리이다.

06 (고난도) 지도에 나타난 지역의 지리적 특징으로 옳지 <u>않은</u> 것은?

① 화산 폭발로 만들어진 화산섬이다.
② 우리나라에서 해가 가장 빨리 뜨는 곳이다.
③ 바다의 영향을 받아서 해양성 기후가 나타난다.
④ 두 개의 큰 섬과 여러 개의 작은 섬들로 구성된다.
⑤ 해안의 경사가 완만하여 다양한 동식물이 살고 있다.

07 (중요) 다음의 특징을 통해 알 수 있는 독도의 가치는 무엇인가?

> • 해상 주도권을 갖기 위한 전진 기지 역할
> • 주변 국가의 선박 및 항공기 이동 상황을 파악하는 역할

① 환경적 가치   ② 경제적 가치
③ 영역적 가치   ④ 생태적 가치
⑤ 지리적 가치

고난도
08 독도와 관련된 모습이 <u>아닌</u> 것은?

①  ②

③  ④

⑤

중요
09 다음 글을 통해 알 수 있는 독도의 특징으로 옳은 것은?

> 독도 주변 바다에서는 북쪽에서 내려오는 차가운 해류와 남쪽에서 올라오는 따뜻한 해류가 만난다.

① 해상 교통의 요지이다.
② 화산 활동이 활발한 곳이다.
③ 에너지 자원이 매장되어 있다.
④ 항공 교통의 발달로 중요해지고 있다.
⑤ 어족 자원이 풍부해 수산업 발달에 유리하다.

10 다음 글에서 설명하고 있는 자원은 무엇인가?

> 독도 주변 바다 깊은 곳에는 '불타는 얼음'이라 불리는 미래의 에너지원이 많이 매장된 것으로 확인되고 있다.

① 갈탄   ② 석탄   ③ 석유
④ 철광석   ⑤ 메탄하이드레이트

11 독도의 환경 및 생태적 가치를 〈보기〉에서 고르면?

> 보기
> ㄱ. 독특한 해저 화산
> ㄴ. 다양한 동식물 서식
> ㄷ. 울릉도와 인접한 거리
> ㄹ. 우리나라에서 가장 큰 섬

① ㄱ, ㄴ   ② ㄱ, ㄷ   ③ ㄴ, ㄷ
④ ㄴ, ㄹ   ⑤ ㄷ, ㄹ

12 독도에서 사진과 같은 활동을 하는 목적으로 가장 적절한 것은?

① 독도를 지키려는 노력
② 국제 분쟁 지역화 추진
③ 독도의 지역 경제 활성화
④ 독도 주민들의 자긍심 향상
⑤ 군사적 요충지로서의 독도 역할 홍보

서술형
13 (가), (나)를 통해 알 수 있는 사실을 구체적으로 서술하시오.

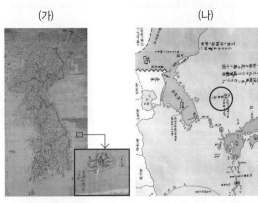

(가)   (나)

▲ 조선 시대에 제작된 동국지도(1463년)   ▲ 일본에서 제작된 삼국접양지도(1785년)

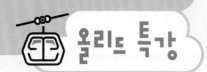

독도의 지리적 특성과 가치

독도는 우리 고유의 영토로서 지리적 특색이나 위치적 중요성을 바탕으로 독도의 다양한 가치를 묻는 문항이 자주 출제된다. 따라서 독도의 지리적 특색을 기억하고 독도의 영역적, 경제적, 환경·생태적 가치를 다양한 자료를 통해 살펴보면서 이를 이해하고 분석하는 훈련이 필요하다.

주제 탐구하기

탐구 1 독도의 지리적 위치

❶ 독도는 우리나라에서 가장 동쪽에 위치한 섬으로, 해가 가장 빨리 뜨는 곳이다.

❷ 독도는 울릉도와 87.4km 떨어져 있고, 일본의 오키섬과는 157.5km 떨어져 있어 우리나라와 더 가까운 우리나라의 영토이다.

❸ 독도는 동해 한가운데에 위치해 있어 영해 및 배타적 경제 수역 설정의 중요한 기준점이자 군사적 요충지 역할을 할 수 있는 곳이다.

탐구 2 독도의 다양한 가치

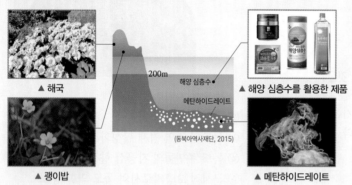

▲ 해국

▲ 괭이밥

▲ 해양 심층수를 활용한 제품

▲ 메탄하이드레이트

❶ 독도는 해국, 괭이밥 등을 비롯한 다양한 식물과 각종 조류의 서식지가 되고 있어 생태적 가치가 크다.

❷ 수심 200m 부근에 존재하는 해양 심층수는 다양한 미네랄과 영양 성분을 포함하고 있어 식수와 식품, 의약품 또는 화장품의 원료로 이용 가치가 매우 높은 자원이다.

❸ 수심 300m 이하의 깊은 바다에 존재하고 있는 메탄하이드레이트는 저온·고압 상태에서 물과 천연가스가 결합하여 형성된 고체 에너지로, 차세대 에너지원으로 주목받고 있다.

탐구 3 고문헌 속의 독도

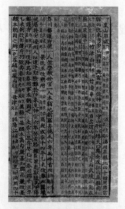

▲ 『세종실록』 「지리지」에는 "우산(于山)과 무릉(武陵, 울릉도) 두 섬이 울진현의 정동쪽 바다에 있다. 두 섬은 거리가 멀지 않아 날씨가 맑으면 서로 바라볼 수 있다."라고 기록되어 있다.

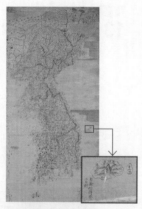

▲ 조선 영조 때 정상기가 만든 우리나라 지도인 「동국지도」에는 울릉도와 독도가 나란히 표현되어 있다.

▲ 일본 메이지 정부의 최고 행정 기관인 태정관이 '죽도와 그 밖의 일도(독도)에 관한 것은 본국과 관련 없음을 명심할 것'이라고 결정하여 지령을 내렸다.

▲ 일본인 학자가 만든 「삼국접양지도」에서는 울릉도와 독도를 조선의 색깔과 맞추어 놓았으며, 울릉도에는 '조선의 것'이라고 적어 놓았다.

문제 연습하기

유형 1 사진이나 지도에 나타난 독도의 지리적 특징을 묻는 문제

지도에 나타난 지역에 관한 설명이 맞으면 ○표, 틀리면 ×표를 하시오.

(1) 두 개의 큰 섬과 여러 개의 작은 섬으로 이루어져 있다. (　)
(2) 바다의 영향을 받아 기온의 연교차가 큰 편이다. (　)
(3) 화산 활동으로 분출한 용암이 굳어 형성된 섬이다. (　)
(4) 일 년 내내 비와 눈이 내리는 날이 거의 없다. (　)
(5) 대부분 해안이 급경사를 이루고 있어 거주에 불리하다. (　)
(6) 현재 우리나라 국민이 거주하고 있다. (　)
(7) 섬 전체가 천연 보호 구역으로 지정되어 있다. (　)

유형 2 지도를 보고 독도의 위치 특성에 관해 묻는 문제

지도를 보고 알 수 있는 독도의 위치 특성이 맞으면 ○표, 틀리면 ×표를 하시오.

(1) 행정 구역상 경상북도 울릉군에 속한다. (　)
(2) 일본보다 우리나라에 더 가까운 우리 영토이다. (　)
(3) 우리나라 영토 중 가장 동쪽에 위치한다. (　)
(4) 우리나라에서 해가 가장 빨리 뜨고, 가장 늦게 지는 곳이다. (　)
(5) 동해의 한가운데에 위치하여 영역적 가치가 크다. (　)
(6) 섬이 많은 황해에서 우리나라 영해의 서쪽 끝을 확정 짓는 역할을 한다. (　)

유형 3 독도의 다양한 가치에 관해 묻는 문제

다음은 독도의 다양한 가치에 관해 설명한 것이다. 어떤 측면의 가치에 관한 것인지 해당하는 기호를 쓰시오.

> A 태평양을 향한 해상 전진 기지 역할을 한다.
> B 조류, 식물, 곤충 등 다양한 동식물이 서식한다.
> C 플랑크톤이 풍부하여 좋은 어장을 형성하고 있다.
> D 주변국의 정세를 파악할 수 있는 군사적 요충지이다.
> E 주변 바다 깊은 곳에 있는 메탄하이드레이트와 해양 심층수의 개발 가능성이 높다.
> F 우리나라의 영해와 배타적 경제 수역 설정의 기준이 되는 곳이다.
> G 해저 화산의 진화 과정을 살펴볼 수 있는 세계적인 지질 유적이다.

영역적 가치	(1)
경제적 가치	(2)
환경 및 생태적 가치	(3)

유형 4 독도 주변 해저에 분포하는 자원에 관해 묻는 문제

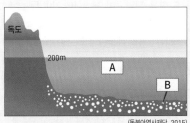

(동북아역사재단, 2015)

1. 독도 주변 해저의 A와 B에 분포하는 자원을 쓰시오.
(1) A – (　　　　　) (2) B – (　　　　　)

2. A, B 자원 중 어느 자원에 관한 설명인지 기호를 쓰시오.
(1) 다양한 미네랄과 영양 성분을 포함하고 있다. (　)
(2) 차세대 에너지원으로 주목받고 있다. (　)
(3) 식수, 식품, 의약품 개발에 활용이 가능하다. (　)
(4) 저온·고압에서 얼음 형태로 존재한다. (　)
(5) 불을 붙이면 타는 성질이 있어 '불타는 얼음'이라고 불린다. (　)

지역의 특색을 살리는 지역화 전략

1 세계화 시대의 지역 경쟁력

(1) **세계화와 지역화** 지역 간 교류 확대 → 특정 지역이 세계의 정치·경제·사회·문화의 주체로 등장하는 지역화 현상 발생

(2) **세계화 시대의 지역성**

① 지역성 〔왜? 지역의 특성을 강조하여 세계 여러 지역에 알리고 이를 통해 다양한 산업 유치, 관광 수입 증대 등을 이루기 위해서야.〕

• 지역 주민이 자연환경에 적응하면서 오랜 시간에 걸친 상호 작용으로 만들어 낸 다른 지역과 구별되는 특성

• 세계화 시대에 지역성은 그 지역만의 가치와 경쟁력을 제공함

② 경쟁력 있는 우리나라의 여러 지역 〔자료1〕

세계 자연 유산	제주도의 한라산과 성산 일출봉, 거문오름 용암동굴계
세계 문화유산	서울의 종묘, 수원의 화성, 경주의 문화 유적 지구 등

└ 유네스코(UNESCO)는 인류가 보존해야 할 자연 유산과 문화유산을 세계 유산으로 지정해 보호하고 있어.

2 다양한 지역화 전략 〔지역 간 경쟁이 확대되면서 지역을 홍보하고 특성을 발굴하는 지역화 전략이 강조되고 있어.〕

(1) **지역화 전략의 의미와 필요성**

의미	지역 경쟁력 향상을 위해 경제적·문화적 관점에서 다른 지역과 차별화할 수 있는 계획을 마련하는 것
필요성	• 세계화로 지역 간 경쟁 확대 → 지역의 경쟁력 강화를 위해 지역의 고유한 특성을 발굴해야 함 〔지역의 정체성을 확인하고 장점과 잠재력을 잘 파악해야 해.〕 • 지역의 긍정적 이미지를 확대시켜 지역의 가치를 높일 수 있음 • 지역 주민의 자긍심 향상, 일자리 창출, 관광 수입 증대 효과

(2) **지역 브랜드** 〔자료2〕

의미	• 상표 개념을 지역에 적용한 것 • 해당 지역만이 지닌 핵심적이면서 매력적인 가치와 정체성을 담아 브랜드를 만들어야 함 〔자연환경, 역사, 문화, 산업, 인물 등을 활용해.〕 • *슬로건, 캐릭터 등을 활용 → 지역의 고유한 특성을 드러냄
효과	지역 홍보와 지역 경쟁력 향상, 지역의 상품과 서비스에 대한 신뢰도 향상, 지역 경제 활성화에 기여 등
사례	강원도 평창군의 'HAPPY 700', 울산광역시의 '해울이', 미국 뉴욕의 'I♥NY', 독일 베를린의 'Be Berlin'

〔울산 앞바다의 고래를 캐릭터로 만들었어. 캐릭터를 활용하면 친밀한 느낌을 줄 수 있어.〕

(3) **지리적 표시제** 〔자료3〕

의미	특정 상품의 품질이나 특성 등이 해당 지역의 지리적 특성에서 비롯되고 우수성이 인정될 때 원산지의 지명을 상표권으로 인정해 주는 제도
효과	지리적 특산물의 품질 향상, 지역 특화 산업의 육성, 안정적인 생산 활동 가능, 소비자에게 신뢰 제공, 지역 경제 활성화 등
사례	보성 녹차(지리적 표시 제1호), 횡성 한우, 이천 쌀, 영동 포도

(4) **장소 마케팅** 〔건축물, 조형물 등 지역을 대표하는 상징물을 말해. 예) 파리 에펠탑, 뉴욕 자유의 여신상〕

의미	*장소성이나 *장소 자산, 랜드마크 등을 활용하여 지역을 홍보하고 판매하는 것
효과	장소의 효율적 홍보, 매력적인 지역 이미지 구축 등
사례	• 경상북도 문경시의 폐광을 활용한 석탄 박물관 • 전라북도 김제의 *지평선 축제, 경상남도 진주의 남강 유등 축제

〔임진왜란 당시 진주성 싸움에서 희생된 7만여 명의 넋을 기리기 위해 시작된 풍습에서 유래했어.〕

꼭 **나오는 자료**

자료1 우리나라 여러 지역의 특징

▲ 세계 문화유산 수원 화성

▲ 경주 역사 유적 지구

▲ 갯벌 체험이 발달한 보령

▲ 세계 자연 유산을 간직한 제주

자료2 지역 이미지를 활용한 브랜드와 캐릭터

충청남도 보령의 캐릭터 '머돌이'와 '머순이'

HAPPY 700 평창
강원도 평창군의 지역 브랜드와 캐릭터 '눈동이'

전라북도 전주시의 지역 브랜드

울산광역시의 캐릭터 '해울이'

➡ 강원도 평창의 경우 해발 고도 700m에서 동식물과 인간이 살아가기에 가장 적합한 것을 강조하기 위해 'HAPPY 700'이라는 지역 브랜드와, 눈이 많이 오는 기후를 상징하기 위해 '눈동이'라는 캐릭터를 활용하여 지역을 홍보하고 있다.

자료3 우리나라의 지리적 표시 상품

(국립 농산물 품질 관리원, 2016)

◀ 지리적 표시제에 등록되면 다른 곳에서 임의로 상표권을 이용하지 못하도록 법적 권리가 발생하고, 이를 통해 지역 특산품을 보호하고 알리는 효과를 얻을 수 있다.

🔴 **용어 사전**

* **슬로건** 어떤 단체의 주의나 주장 등을 간결한 말이나 문장으로 표현한 것
* **장소성** 장소가 가지고 있는 독특한 개성
* **장소 자산** 장소가 지닌 유형·무형의 자원으로 자연적 요소, 인적 요소, 삶의 질 요소 등을 포함함
* **지평선(地 땅, 平 평평하다, 線 선)** 지형이 평탄하여 땅과 하늘이 맞닿아 경계를 이루는 선

개념 문제

01 다음 설명이 맞으면 ○표, 틀리면 ×표를 하시오.

(1) 특정 지역이 세계의 정치, 경제, 사회, 문화의 주체로 등장하는 현상을 세계화라고 한다. …… (　　　)

(2) 지역성은 지역의 자연환경과 주민들의 오랜 상호 작용에 의해 형성된 지역의 특성을 말한다. (　　　)

(3) 세계화로 지역 간 경쟁이 확대되면서 지역의 특색을 살린 지역화 전략이 강조되고 있다. … (　　　)

02 다음에서 설명하고 있는 지역화 전략을 쓰시오.

(1) 특정 상품의 원산지 지명을 상표권으로 인정하는 제도 ………………………………… (　　　)

(2) 슬로건, 캐릭터를 활용하여 상표 개념을 지역에 적용한 것 ……………………………… (　　　)

(3) 장소성, 랜드마크 등을 활용하여 특정 장소를 홍보하고 경제적 가치를 높이는 것 ……… (　　　)

03 다음 지역화 전략에 해당하는 것을 〈보기〉에서 골라 기호를 쓰시오.

(1) 우리나라 지리적 표시 제1호 ……………… (　　　)

(2) 땅과 하늘이 만나는 곳을 볼 수 있는 특징을 이용한 장소 마케팅 ……………………… (　　　)

(3) 높은 해발 고도와 눈이 많이 내리는 자연환경의 특성을 지역 브랜드로 개발 ……………… (　　　)

┌ 보기 ┐

ㄱ.　　　　　　ㄴ.　　　　　　ㄷ.

실력 문제

04 오늘날 나타나고 있는 세계화와 지역화에 관한 설명으로 옳은 것은?

① 세계화로 인해 지역화가 축소되고 있다.

② 교통·통신 발달로 세계화가 축소되고 있다.

③ 지역 간 경쟁 확대로 지역화가 강조되고 있다.

④ 지역의 특성이 사라지고 세계화가 확대되고 있다.

⑤ 지역화로 세계 여러 지역에서 동일한 특징이 나타나고 있다.

05 우리나라의 여러 지역에서 다음과 같은 노력을 하는 이유로 옳은 것은?

> • 충청남도 보령시는 갯벌이 발달한 자연환경을 이용하여 매년 머드 축제를 개최한다. 머드 축제는 해마다 많은 관광객이 방문한다.
> • 강원도 평창군은 높은 해발 고도에 위치한 지리적 특색을 내세워 'HAPPY 700'이라는 브랜드를 개발하여 지역을 홍보하고 있다.

① 깨끗한 자연환경을 보존하기 위해서

② 지역으로의 인구 유입을 막기 위해서

③ 유네스코 세계 문화유산으로 등재하기 위해서

④ 지역의 가치를 높이고 경쟁력을 확보하기 위해서

⑤ 다른 지역과 유사한 지역의 특성을 개발하기 위해서

06 다음 두 지역의 공통점으로 적절한 것은?

▲ 경기도 수원 화성　　　▲ 제주도 한라산

① 우리나라의 천연기념물이다.

② 산업화 이후 만들어진 상징물이다.

③ 유네스코에 등재된 세계 유산이다.

④ 우리나라만의 독특한 자연경관이다.

⑤ 세계화 과정에서 만들어 낸 장소 자산이다.

07 ^{중요} 다양한 지역화 전략을 추진하여 얻을 수 있는 효과로 옳은 것을 〈보기〉에서 고르면?

┌ 보기 ┐
ㄱ. 관광 수입 증대
ㄴ. 지역 경제의 활성화
ㄷ. 주민들의 자긍심 향상
ㄹ. 지역의 가치와 경쟁력 저하

① ㄱ, ㄴ　　② ㄴ, ㄷ　　③ ㄷ, ㄹ
④ ㄱ, ㄴ, ㄷ　　⑤ ㄴ, ㄷ, ㄹ

고난도

08 그림을 통해 알 수 있는 지역화 전략에 관한 설명으로 옳은 것은?

▲ 강원도 평창군　　▲ 울산광역시

① 매해 다른 캐릭터를 사용한다.
② 지역의 소득 수준을 보여 준다.
③ 지역의 고유한 특성을 반영한다.
④ 모든 지역에서 공통적으로 사용한다.
⑤ 보편적이고 일반적인 문화 자산을 이용한다.

09 다음 사례에서 설명하고 있는 지역화 전략으로 옳은 것은?

전라남도 보성군은 녹차 생산에 유리한 조건이 나타나는 곳으로, 이 지역에서 생산된 녹차는 지명을 상표권으로 인정하여 '보성 녹차'로 불리고 있다.

① 랜드마크　　② 장소 마케팅
③ 지역 브랜드　　④ 세계 문화유산
⑤ 지리적 표시제

중요

10 다음과 같은 인증 마크가 있는 상품의 생산을 통해 얻을 수 있는 효과를 〈보기〉에서 고르면?

┌─ 보기 ─────────────┐
│ ㄱ. 지역 소득 증대
│ ㄴ. 특산물의 품질 향상
│ ㄷ. 안정적인 생산 활동
│ ㄹ. 지역 특화 산업 육성
└──────────────────┘

① ㄱ, ㄴ　　② ㄴ, ㄷ
③ ㄱ, ㄴ, ㄷ　　④ ㄴ, ㄷ, ㄹ
⑤ ㄱ, ㄴ, ㄷ, ㄹ

11 지도와 관련된 지역화 전략의 특징으로 옳은 것은?

① 중앙 정부가 주도하여 열린다.
② 지역 브랜드의 대표적인 전략이다.
③ 지명과 지역의 특산물을 연계한다.
④ 세계의 보편적인 문화를 활용한다.
⑤ 지역의 독특한 정체성과 이미지를 만든다.

12 사진의 지역 축제에 관한 설명으로 옳은 것은?

① 지역의 역사와 관련된 축제이다.
② 지리적 표시제의 대표 사례이다.
③ 지역의 문화유산을 활용하고 있다.
④ 지형 경관의 특색을 반영하고 있다.
⑤ 역사적 사건을 축제에 활용하고 있다.

서술형

13 다음은 세계 여러 지역의 지역화 전략 사례이다. 물음에 답하시오.

(1) 위의 사례에 적용된 지역화 전략을 쓰시오.

(2) 세계 여러 지역에서 위의 사례를 비롯해 다양한 지역화 전략을 추진하게 된 배경을 서술하시오.

국토 통일과 통일 한국의 미래

1 우리 국토의 위치

(1) 우리나라의 위치 특징 자료1

└─ 국토가 바다로 뻗어 나와 삼면이 바다로 둘러싸여 있고 나머지 한 면은 육지와 연결되어 있어.

① 유라시아 대륙 동쪽에 위치한 반도국

② 동아시아 각국을 연결하는 중심부에 위치

(2) 우리나라 위치의 중요성

① 대륙과 해양을 연결하는 지리적 요충지 유라시아 대륙과 태평양으로 진출하기에 유리함

└─ 최근 동아시아가 새로운 세계의 중심지로 떠오르면서 우리나라의 위치적 중요성이 더욱 커지고 있어.

② 동아시아 교통의 요지 동아시아 국가 간 경제적·문화적 흐름을 주도하여 세계의 중심으로 도약할 수 있음

2 국토 통일의 필요성

(1) 분단에 따른 문제

① 지리적 장점 활용 불가능 대륙 진출 통로 단절, 국토 공간의 불균형한 이용

└─ 우리나라는 대륙 진출이 어려워졌고, 북한은 해양 진출에 제약을 받고 있어.

② *분단 비용 증가 군사적 대립과 갈등으로 막대한 국방비 지출

③ 민족의 동질성 약화 남북한 주민의 생활 수준 차이, 문화의 *이질성 심화, *이산가족과 *실향민 발생

④ 국제 사회에서의 위상 약화 국가의 신용이 낮게 평가되어 경제 발전에 걸림돌

왜? 군사적 긴장 상태가 지속되고 있기 때문이야.

(2) 통일의 필요성 자료2

지리적 장점 활용	경제적 이익 증대
• 대륙과 해양을 연결하는 *중계 무역의 핵심지로 성장 • 대륙 철도를 활용한 물류비 절감, 부산항 등 물류 거점 기지 형성	• 분단 비용 감소 → 경제·교육·사회·복지 분야 등에 투자 증대 • 남한의 자본과 기술 + 북한의 자원과 노동력 결합
민족 동질성 회복	국제적 위상 상승
• 이산가족 상봉 • 분단으로 심화된 이질성 완화 • 북한의 기아와 인권 문제 해결 가능	• 정치 안정과 동아시아 및 세계 평화에 기여하는 통일 한국 • 국제적 지위 향상과 경쟁력 강화

3 통일 한국의 미래

(1) 국토 공간의 변화

① 국토의 효율적 이용 가능 균형 있는 국토 개발 가능, 주민들의 생활 공간 확대

└─ 남한만이 아닌 한반도 전체와 중국 및 러시아, 유럽을 대상으로 하여 더욱 넓은 시각으로 국토 개발 계획을 수립할 수 있어.

② 동아시아 중심지로 성장 가능 대륙과 해양을 연결하는 정치·경제·교통·물류·관광의 중심지 자료3

③ 매력적인 국토 공간 조성 제주도와 백두산, 금강산, *비무장 지대(DMZ) 등의 생태 지역과 서울, 개성 등 역사 문화유산의 결합 가능

└─ 생태·환경·문화가 조화된 국토를 만들 수 있어.

(2) 생활 모습의 변화

① 이념 갈등에 따른 긴장 완화와 자유 민주주의 이념 확대 → 다양한 생각과 가치관을 존중하는 사회 분위기 형성

② 생활권 확대 → 일자리 창출, 경제 활성화, 삶의 질 향상 기대

왜? 통일을 이루면 경제 규모가 확대되어 기존 산업이 더욱 성장하고, 새로운 산업이 발달하면서 새로운 일자리가 생겨날 수 있기 때문이야.

꼭 나오는 자료

자료1 우리나라의 위치 특성

→ 해양 개발 축
→ 대형 선박 운송망
─ 과거 해상 운송망

(국토 교통부, 2008)

◁ 우리나라는 유라시아 대륙의 동쪽에 위치한 반도국으로, 북쪽으로는 유라시아 대륙과 남쪽으로는 태평양으로 진출할 수 있는 곳에 있다. 또한 경제 및 인구 규모가 커서 다양한 분야의 성장 가능성이 큰 동아시아의 중심에 자리하고 있다.

자료2 남북한 경제 지표의 비교

■ 북한 ■ 남한 (2014년)

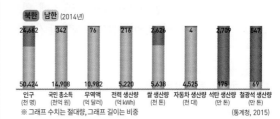

	인구 (천 명)	국민 총소득 (천억 원)	무역액 (억 달러)	전력 생산량 (억 kWh)	쌀 생산량 (천 톤)	자동차 생산량 (천 대)	석탄 생산량 (만 톤)	철광석 생산량 (만 톤)
남한	24,662	342	76	216	2,626	4	2,709	647
북한	50,424	14,908	10,982	5,220	5,638	4,525	175	69

※ 그래프 수치는 절대량, 그래프 길이는 비중
(통계청, 2015)

⌃ 남한은 인구 규모, 총소득, 식량 생산량 등에서 높은 지표가 나타나고 있으며, 북한은 석탄, 철광석 등 자원이 풍부하게 매장되어 있다. 따라서 통일 이후 남한의 자본과 기술, 북한의 풍부한 자원이 결합한다면 경제 분야의 상승 효과를 거둘 수 있을 것이며 국토를 효율적으로 이용할 수 있게 된다.

자료3 대륙 철도망의 이용

━ 대륙 횡단 철도
── 아시안 하이웨이

(국가 지도집, 2014)

⌃ 통일 이후 남북한의 육상과 해상 교통망을 연결하게 되면 우리나라에서 유럽까지 가는 화물과 여객 수송에 필요한 시간과 비용을 절감할 수 있다.

용어 사전

* **분단 비용** 군사비 등 남북 분단으로 발생하는 비용

* **이질성**(異 바꾸다, 質 바탕, 性 성질) 서로 바탕이 다른 성질이나 특성

* **이산가족**(離 떼놓다, 散 헤어지다, 家 집, 族 겨레) 전쟁 따위로 헤어지거나 흩어져 서로 소식을 모르는 가족

* **실향민**(失 잃다, 鄕 마을, 民 백성) 고향을 잃고 다른 곳에서 살아가는 사람

* **중계 무역**(中 가운데, 系 잇다, 貿 바꾸다, 易 바꾸다) 다른 국가로부터 사들인 물자를 그대로 제3국으로 수출하는 무역 형식

* **비무장 지대**(DMZ) 군사 시설이나 인원을 배치하지 않는 지역으로, 충돌을 방지하는 구실을 함

개념 문제

01 빈칸에 들어갈 알맞은 말을 쓰시오.

(1) 우리나라는 국토가 바다로 뻗어 나온 (　　　　) (으)로 대륙과 해양 진출에 유리하다.

(2) 남북 분단 이후 남한은 (㉠　　　) 진출에, 북한은 (㉡　　　) 진출에 어려움을 겪게 되었다.

(3) 우리나라와 중국, 일본을 비롯한 (　　　　)은/는 천연자원과 인적 자원이 풍부해 발전 잠재력이 높다.

(4) 우리나라는 동아시아 교통의 요지에 위치해 있어 (　　　　) 무역의 핵심으로 성장할 가능성이 높다.

02 ㉠, ㉡ 중 알맞은 것을 고르시오.

(1) 남북한의 군사적 갈등으로 군사비 등 많은 (㉠ 분단, ㉡ 통일) 비용이 발생하였다.

(2) 오랜 분단으로 남북한 주민의 생활 양식과 언어 등에서 (㉠ 동질성, ㉡ 이질성)이 점차 커지고 있다.

(3) 통일 한국은 동아시아에서의 주도적 역할이 더욱 (㉠ 약화, ㉡ 강화)될 것이다.

03 다음 설명이 맞으면 ○표, 틀리면 ×표를 하시오.

(1) 우리나라는 지리적으로 대륙과 해양 진출에 유리한 조건을 갖추고 있다. ················· (　　　)

(2) 우리나라는 동아시아의 중심에 자리 잡고 있어 발전 가능성이 크다. ················· (　　　)

(3) 통일 이후 남한의 자원, 북한의 기술력을 결합하면 경제적 이익이 증대될 것이다. ········· (　　　)

(4) 통일이 되면 우리의 국토 공간과 삶의 모습은 달라질 것이다. ················· (　　　)

실력 문제

중요
04 우리나라의 위치에 관한 설명으로 옳지 <u>않은</u> 것은?

① 유라시아 대륙의 동쪽에 있다.
② 동아시아의 중심부에 위치한다.
③ 주변국과의 문화 교류에 불리하다.
④ 삼면이 바다로 둘러싸인 반도국이다.
⑤ 대륙과 해양으로의 진출에 유리하다.

05 지도를 통해 알 수 있는 우리나라의 위치적 장점으로 옳은 것은?

① 대서양을 통한 해양 진출에 유리하다.
② 육로를 통해 아메리카 대륙으로 연결된다.
③ 국제 물류 중심지로의 발전 가능성이 크다.
④ 세계 항공 교통의 요지로 성장이 기대된다.
⑤ 주변국과 떨어져 있어 정치적으로 안정되었다.

[06~07] 지도를 보고 물음에 답하시오.

06 위 지도와 같이 대륙 횡단 철도를 이용하기 위해 전제되어야 할 조건은 무엇인가?

① 한반도 평화 통일
② 해상 무역의 축소
③ 청년 일자리 확충
④ 철도 기술 수준 향상
⑤ 자유 무역 구조의 확대

고난도
07 위 지도와 같은 철도 이용 확대로 나타날 수 있는 통일 한국의 변화로 적절하지 <u>않은</u> 것은?

① 물류비용이 절감된다.
② 동아시아와 유럽의 무역액이 감소한다.
③ 유럽으로의 제품 운송 시간이 줄어든다.
④ 부산항 등을 통한 해상 무역이 활발해진다.
⑤ 세계 여러 지역을 잇는 중계 무역이 성장한다.

08 남북 분단으로 나타난 문제를 〈보기〉에서 고르면?

┌─ 보기 ─────────────────────────┐
ㄱ. 군사비 축소   ㄴ. 이산가족 감소
ㄷ. 민족 동질성 약화   ㄹ. 국토 공간의 불균형
└────────────────────────────────┘

① ㄱ, ㄴ   ② ㄱ, ㄷ   ③ ㄴ, ㄷ
④ ㄴ, ㄹ   ⑤ ㄷ, ㄹ

09 남북 분단과 관련하여 다음 자료를 통해 알 수 있는 사실로 옳은 것은?

남한말	북한말	남한말	북한말
볶음밥	기름밥	도넛	가락지빵
달걀	닭알	주스	과일단물
달걀찜	닭알두부	도시락	곽밥
달걀말이	색쌈	족발	발쪽찜
양계장	닭공장	잡곡밥	얼럭밥
수제비	뜨더국	아이스크림	얼음보숭이

(통일교육원 자료, 2016)

① 사고방식이 다양해졌다.
② 다양한 학문이 발달하였다.
③ 민족의 동질성이 확대되었다.
④ 지역마다 지역성이 뚜렷해졌다.
⑤ 주민 생활의 이질화가 심화되었다.

10 다음 글을 통해 알 수 있는 통일의 필요성으로 옳은 것은?

┌────────────────────────────────┐
통일 한국의 인구는 약 8,000만 명으로, 지금보다 약
1,700만 명의 생산 가능 인구가 증가하는 효과를 얻
을 수 있다. 이는 우리나라가 겪고 있는 저출산, 고령
화로 인한 노동력 부족 문제 해결에 도움을 줄 것으
로 기대된다. 또한 국내 총생산 규모는 2013년 세계
12위에서 2060년 세계 10위로 상승할 것으로 예상
되며, 다양한 생산 유발 효과가 나타날 것으로 기대
된다.
└────────────────────────────────┘

① 국토의 균형 발전이 가능하다.
② 주민들의 생활 공간이 확대된다.
③ 경제 규모가 확대되고 경제가 성장한다.
④ 전쟁의 불안감 해소로 세계 평화에 기여한다.
⑤ 언어, 생활 양식 등 민족의 정체성을 회복한다.

11 지도를 보고 통일 이후의 기대 효과를 예측한 내용으로 옳은 것은?

(통일연구원, 2014)

① 균형 있는 국토 개발이 가능하다.
② 동아시아의 긴장 완화에 기여한다.
③ 항공 교통 중심의 교통망이 구축된다.
④ 북한 중심의 경제 성장이 이루어진다.
⑤ 다양한 가치관을 존중하는 사회가 된다.

12 통일 이후 나타날 수 있는 사회의 변화 모습으로 적절하지 않은 것은?

① 국민 생활권이 확대된다.
② 새로운 일자리가 생겨난다.
③ 다양한 가치관이 존중된다.
④ 새로운 관광지가 개발된다.
⑤ 남한 중심의 경제 발전이 나타난다.

서술형
13 그래프와 관련하여 알 수 있는 국토 통일의 기대 효과에 관해 서술하시오.

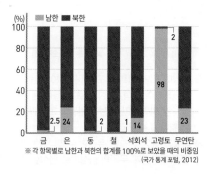

※ 각 항목별로 남한과 북한의 합계를 100%로 보았을 때의 비중임
(국가 통계 포털, 2012)

국토 통일의 필요성

지도를 통해 우리나라의 위치 특성을 묻고, 이와 관련하여 위치적 장점을 묻는 문제가 많이 출제된다. 또한 분단으로 인해 나타나는 문제점을 지리적, 사회적 측면에서 해석하며 통일의 필요성과 통일 이후 달라질 우리 사회와 국토의 모습을 찾아보는 연습이 필요하다.

주제 탐구하기

탐구 1 우리나라의 지리적 위치

▲ 해양 진출에 유리한 위치

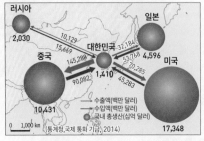

▲ 우리나라와 주변 국가의 국내 총생산

❶ 우리나라는 유라시아 대륙 동쪽에 위치하며 삼면이 바다로 둘러싸인 반도국이다. 이로 인해 대륙을 통해 중국, 러시아, 유럽으로 진출할 수 있고, 해양을 통해 태평양과 세계로 진출하는 데에도 유리한 조건을 가지고 있다.

❷ 우리나라를 중심으로 태평양을 둘러싸고 있는 중국, 일본, 러시아, 미국 등은 천연자원이 풍부하고 경제 규모가 매우 큰 지역이다.

탐구 2 남북한의 경제 지표 비교

● 북한 ● 남한

	인구(만 명)	1인당 국민 총소득(만 원)	군사비 (억 달러)	쌀 생산량 (천 톤)	철광석 생산량 (천 톤)	석탄 생산량 (천 톤)
북한	2,466	139	100 (2013년 추산)	2,156	5,471	27,090
남한	5,042	2,957	319	4,241	693	1,748

※ 군사비는 국방부 자료임   (국방부·통일부, 2015)

❶ 남한은 북한에 비해 경제 규모가 크고, 식량 생산량이 많다. 북한은 경제 규모는 작지만 각종 지하자원과 노동력이 풍부하다.

❷ 통일 이후 남한의 높은 기술력, 자본이 북한의 저렴한 노동력, 풍부한 천연자원과 결합되면 우리나라는 높은 경제 성장을 이룩할 수 있다.

탐구 3 통일 후 국토 공간과 우리 삶의 변화

▲ 대륙 철도와 항로   (국제 연합, 기타)

인구는 더 많아지고, 더 젊어진다

통일 후 총인구 약 7,371명

65세 이상 인구 비중 12.1% 10.8%

* 2013년 남북한 인구 기준

전쟁 끝! 군사비가 절감된다

군사비 지출을 독일 수준인 GDP 대비 1.4%로 낮출 경우, 2050년까지

총 1조 8,862억 달러 절감

* 2013~2050년 누적 감축액

❶ 통일이 되면 대륙 철도를 이용하여 유럽까지 갈 수 있어 물류비용을 줄일 수 있다. 또한 육로를 통한 물류 이동이 활발해짐에 따라 아시안 하이웨이 노선이 연결되고, 시베리아 횡단 철도 등의 이용이 확대될 수 있다.

❷ 대륙과 해양 진출이 유리한 우리나라는 유라시아 대륙과 태평양을 연결하는 중계 무역의 중심지로 성장할 가능성이 매우 높다.

❸ 남북 통일로 인구는 증가하지만 65세 인구 비중이 약 12%에서 10% 이하로 감소하고 생산 가능 인구가 증가하면서 인구 고령화 완화에 도움이 된다.

❹ 남북이 통일되면 막대한 군사비 지출을 줄이고, 이를 경제·사회·복지 등 다양한 분야에 투자할 수 있어 국민 삶의 질 향상이 기대된다.

문제 연습하기

유형 **1** 우리나라의 지리적 위치에 관해 묻는 문제

지도를 보고 우리나라의 위치 특성에 관해 설명한 내용이 맞으면 ○표, 틀리면 ×표를 하시오.

▲ 우리나라의 위치 특징

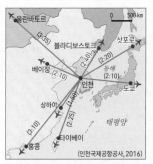

▲ 인천 국제공항과 동아시아 주요 도시 간의 비행시간

(1) 우리나라는 대륙과 해양을 연결하는 지리적 요충지이다. (　)
(2) 우리나라는 주변 국가들에 의해 고립되어 있다. (　)
(3) 우리나라는 해양을 통한 진출에는 불리하다. (　)
(4) 우리나라는 육지를 통해 중국, 러시아, 나아가 유럽까지 진출할 수 있는 조건을 갖추고 있다. (　)
(5) 우리나라는 동아시아 주요 도시들을 2시간 내외로 연결할 수 있는 교통의 중심지에 위치한다. (　)

유형 **2** 남북 간 여러 지표를 비교하는 문제

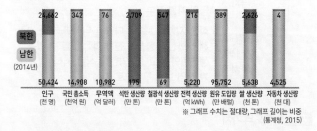

※ 그래프 수치는 절대량, 그래프 길이는 비중
(통계청, 2015)

1. 그래프를 보고 남한과 북한이 상대적으로 우위에 있는 것을 구분하여 기호를 쓰시오.

A 인구 규모	B 국민 총소득	C 무역액
D 석탄 생산량	E 철광석 생산량	F 전력 생산량
G 원유 도입량	H 쌀 생산량	I 자동차 생산량

(1) 남한 우위 지표 : (　　　　　)
(2) 북한 우위 지표 : (　　　　　)

2. 그래프를 참고하여 빈칸에 들어갈 알맞은 내용을 쓰시오.

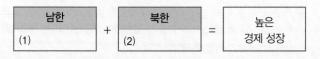

| 남한 (1) | + | 북한 (2) | = | 높은 경제 성장 |

유형 **3** 통일 후 생활의 변화에 관해 묻는 문제

(가) 2050년 예상 인구 구조　　　(나) 통일 후 예상 군사비

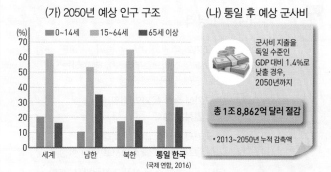

0~14세　15~64세　65세 이상
(국제 연합, 2016)

1. (가)를 통해 통일 이후의 인구 특성을 예상해 보고, 현재보다 수치가 상승하는 것은 '↑'표, 하락하는 것은 '↓'표를 하시오.

(1) 전체 인구수 (　)
(2) 유소년층 인구 비중 (　)
(3) 생산 가능 인구 비중 (　)
(4) 노년층 인구 비중 (　)

2. 통일 한국의 모습을 바르게 예상한 것은 ○표, 그렇지 않은 것은 ×표를 하시오.

(1) 생산 가능 인구 증가로 경제가 활성화된다. (　)
(2) 군사비 절감으로 군사력 약화 문제가 나타난다. (　)
(3) 군사비를 줄여 다른 분야에 대한 투자가 증가해 국민 삶의 질이 향상된다. (　)

유형 **4** 통일 후 국토 공간의 변화에 관해 묻는 문제

그림을 참고하여 ㉠, ㉡ 중 알맞은 것을 고르시오.

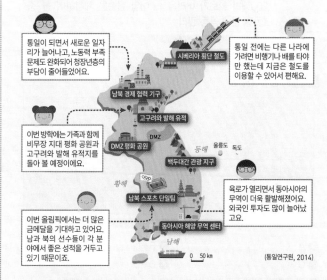

(통일연구원, 2014)

(1) 통일이 되면 국토의 (㉠ 균형 있는, ㉡ 불균형한) 개발이 이루어질 것이다.
(2) 비무장 지대는 (㉠ 생태 공원, ㉡ 군사 지역)으로 이용될 것이다.
(3) 중국과 러시아로는 (㉠ 해상, ㉡ 육상) 교통을 이용한 진출이 활발해질 것이다.
(4) 국민 생활권이 통일 이전보다 (㉠ 축소, ㉡ 확대)될 것이다.

표와 자료로 마무리하기

주제 16 우리나라의 영역

영역 자료1	의미	• 한 국가의 주권이 미치는 범위 → 국민 생활 공간, 외부의 침입으로부터 보호해야 하는 공간 • 영토, 영해, 영공으로 구성
	영토	• 한 국가에 속한 육지의 범위 • 국토 면적과 일치
	영해	• 한 국가의 주권이 미치는 바다 • 기준선으로부터 12해리까지로 범위 설정
	영공	• 영토와 영해의 수직 상공(대기권까지 제한) • 다른 국가의 항공기 운항 제한 • 항공 교통과 인공위성 발달, 군사적 중요성 증대로 관심 확대
우리 나라의 영역	영토	• 한반도와 부속 섬으로 구성, 총면적 약 22.3만 km² • 삼면이 바다인 반도국 • 국토가 남북으로 긴 형태 • 꾸준한 간척 사업으로 지속적인 영토 확대
	영해 자료2	• 동해안, 제주도, 울릉도, 독도 등지 : 해안선이 단조롭고 섬이 적음 → 통상 기선으로부터 12해리 • 서해안, 남해안 : 해안선이 복잡하고 섬이 많음 → 직선 기선으로부터 12해리 • 대한해협 : 우리나라와 일본 사이의 해역이 좁음 → 직선 기선으로부터 3해리
	영공	우리나라 영토와 영해의 수직 상공
배타적 경제 수역		• 의미 : 영해 기준선으로부터 200해리까지의 바다 중 영해를 제외한 바다 • 연안국의 권리 : 어업 활동, 자원 탐사 및 개발 등 경제적 권리 인정 • 우리나라의 배타적 경제 수역 : 중국, 일본과 거리가 가까워 200해리 확보가 어려움 → 어업 협정을 체결하여 한·중, 한·일 간에 공동 관리

자료1 영역의 구성

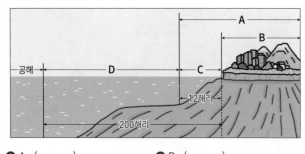

❶ A-(   )   ❷ B-(   )
❸ C-(   )   ❹ D-(   )
❺ 한 국가의 영역은 주권이 미치는 땅인 (   )와/과 대체로 (   )해리 범위에 이르는 바다인 영해, 영토와 영해의 수직 상공인 (   )(으)로 구성된다.
❻ 최근 바다의 중요성이 확대됨에 따라 200해리 범위의 바다에서 연안국의 자원 탐사와 이용 등 경제적 권리를 인정하는 (   )을/를 설정하고 있다.

자료2 우리나라의 영해 설정

❶ A-해안선이 복잡하여 가장 바깥쪽의 섬들을 직선으로 연결한 (   ) 기선으로부터 12해리
❷ B-일본과 거리가 가까워 직선 기선으로부터 (   )해리
❸ C-해안선이 단조로워 썰물 때의 해안선을 기준으로 한 (   ) 기선으로부터 12해리

주제 17 독도의 가치와 중요성

위치		• 경상북도 울릉군 울릉읍 독도리(울릉도 동남쪽 해상) • 우리나라 영토의 가장 동쪽 끝
자연 환경	지형	해저 화산 폭발로 형성된 화산섬, 동도와 서도 2개의 큰 섬과 89개의 바위섬으로 구성
	기후	해양성 기후 → 온화한 기후, 고른 강수량
인문 환경		• 512년 신라 장군 이사부가 우산국을 신라 영토로 편입 → 울릉도와 함께 우리 영토가 됨 • 현재 독도 경비대, 어민 숙소, 등대 등의 주민 시설이 있음
다양한 가치 자료3	영역적 가치	• 영해 및 배타적 경제 수역 설정의 기준점 • 항공·방어 기지로서 중요한 군사적 요충지
	경제적 가치	• 조경 수역을 형성하여 어족 자원 풍부 • 주변 해저에 메탄하이드레이트와 해양 심층수 등의 자원 풍부
	환경· 생태적 가치	• 화산 지형의 보고 : 다양한 암석과 지질 경관, 해저 화산의 형성과 진화 과정을 볼 수 있음 • 생태계의 보고 : 다양한 동식물 서식, 섬 전체가 천연 보호 구역으로 지정

자료3 독도의 가치

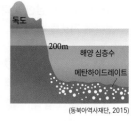

(동북아역사재단, 2015)

❶ 독도는 일본의 오키섬보다 우리나라 영토인 (   )와/과 더 인접한 우리 영토이다.
❷ 독도는 행정구역상 (   )에 속하며 북위 37°, 동경 132°에 위치하여 우리나라의 가장 (   )쪽 끝에 위치한 섬이다.
❸ 독도 주변 깊은 바다에는 영양 염류가 풍부하고 병원균이 거의 없는 (   )와/과 천연가스가 물과 결합하여 형성된 고체 에너지인 (   )이/가 다량 존재하고 있다.

주제 18 지역의 특색을 살리는 지역화 전략

세계화 시대의 지역 경쟁력	세계화와 지역화	교통과 통신의 발달로 인적·물적 교류 증가 → 특정 지역이 다양한 분야의 주체로 등장하는 지역화 현상 강화
	세계화 시대의 지역성	• 지역성 : 지역의 자연환경과 주민이 상호 작용하여 만들어 낸 다른 지역과 구별되는 특성 • 세계화 시대에 지역성은 그 지역만의 가치와 경쟁력을 제공함
다양한 지역화 전략	의미	지역 경쟁력 향상을 위해 다른 지역과 차별화할 수 있는 계획을 마련하는 것
	필요성	• 지역 간 경쟁 확대로 지역의 경쟁력 있는 고유한 특성 발굴이 필요함 • 지역의 긍정적 이미지 확대로 지역의 가치를 높일 수 있음
	지역 브랜드 [자료4]	• 의미 : 상표 개념을 지역에 적용한 것 → 지역 특성을 슬로건, 캐릭터 등으로 표현 • 효과 : 지역 홍보, 지역 경쟁력 향상, 지역 상품 및 서비스에 대한 신뢰도 향상, 관광 수입 증대 등 • 사례 : 강원도 평창군의 'HAPPY 700', 울산광역시의 '해울이', 미국 뉴욕의 'I♥NY'
	지리적 표시제	• 의미 : 특정 상품에 원산지의 지명을 사용할 수 있도록 상표권으로 인정하는 제도 • 효과 : 지리적 특산물 품질 향상, 지역의 특화 산업으로 육성, 안정적인 생산 활동 보장, 소비자에게 신뢰 제공, 지역 경제 활성화 등 • 사례 : 보성 녹차(지리적 표시 제1호), 횡성 한우, 이천 쌀
	장소 마케팅 [자료5]	• 의미 : 장소성이나 장소 자산, 랜드마크 등을 활용하여 지역을 홍보 및 판매하는 것 • 효과 : 매력적인 지역 이미지 구축 • 사례 : 경상북도 문경의 석탄 박물관, 전라북도 김제의 지평선 축제, 경상남도 진주의 남강 유등 축제

자료4 다양한 지역 브랜드

0 50 km

맑은행복 양평
경기도 양평군의 지역 브랜드

충청남도 보령의 캐릭터 '머돌이'와 '머순이'

전라북도 전주시의 지역 브랜드

HAPPY 700 평창
강원도 평창군의 지역 브랜드와 캐릭터 '눈동이'

울산광역시의 캐릭터 '해울이'

경상남도 남해군의 지역 브랜드

지역의 자연환경과 역사, 문화, 산업 등을 활용하여 지역의 고유한 특성이 드러나게 개발한 것을 (❶　　　)(이)라고 한다. 대표적인 사례로 강원도 (❷　　　)군은 지형적 특성을 반영하여 'HAPPY 700'이라는 지역 브랜드와 (❸　　　)적 특성을 반영하는 '눈동이'를 캐릭터로 제작하였다.

자료5 성공적인 장소 마케팅 사례

▲ 함평 나비 축제

▲ 진주 남강 유등 축제

최근 지역의 상징성을 이용하여 다양한 (❶　　　)이/가 열리고 있다. 대표적인 사례로는 전라남도 함평의 나비 축제, 경상남도 진주의 남강 유등 축제, 충청남도 보령의 (❷　　　) 축제 등이 있다.

주제 19 국토 통일과 통일 한국의 미래

우리 나라의 위치	위치 특징	• 유라시아 대륙 동쪽에 위치한 반도국 • 동아시아 각국을 연결하는 중심부에 위치
	위치의 중요성	• 유라시아 대륙과 태평양으로 진출하기에 유리한 지리적 요충지 • 성장 잠재력이 큰 동아시아의 중심부
분단에 따른 문제		• 지리적 장점 활용 불가능 : 대륙 진출 불가, 국토 공간의 불균형한 이용 • 분단 비용 증가 : 과도한 군사비 지출 등 • 민족의 동질성 약화 : 생활 수준 차이와 문화의 이질성 심화, 이산가족 및 실향민 발생 • 국제 사회에서의 위상 약화 : 경제 발전에 걸림돌
통일의 필요성 [자료6]		• 지리적 위치의 장점 활용 : 중계 무역과 물류의 중심지로 성장 가능 • 민족의 동질성 회복 : 이산가족의 고통 해소, 이질성 완화 • 국제적 위상 상승 : 세계 평화에 기여, 국제 경쟁력 강화
통일 한국의 미래		• 국토 공간의 변화 : 국토의 균형 있는 발전, 반도국의 장점 활용, 매력적인 국토 공간 조성 등 • 생활 모습의 변화 : 자유 민주주의 이념 확대, 일자리 창출, 삶의 질 향상 등

자료6 우리나라의 위치적 장점

시베리아 횡단 철도(TSR)　만주 횡단 철도(TMP)
몽골 횡단 철도(TMGR)
중국 횡단 철도(TCR)
유럽 항로　북아메리카 항로
동아시아 항로
동남아시아 항로
0°　대서양　태평양　대서양
인도양　남아메리카 항로
(국제 연합, 기타)

❶ 우리나라는 대륙과 해양을 연결할 수 있는 삼면이 바다로 둘러싸인 (　　　)이다.

❷ 통일 한국은 유라시아 대륙과 (　　　)을/를 연결하는 물류 중심지로 발전할 가능성이 높다.

실전문제로 마무리하기

01 다음에서 설명하고 있는 개념으로 옳은 것은?

다른 국가의 간섭을 받지 않고 지배할 수 있는 곳으로 외부의 침입으로부터 보호해야 하는 공간이다. 국제법상 한 국가의 주권이 미치는 하늘과 땅, 바다의 범위를 의미한다.

① 영역　　　② 영토　　　③ 영해
④ 영공　　　⑤ 공해

[02~03] 그림은 영역의 구성을 나타낸 것이다. 물음에 답하시오.

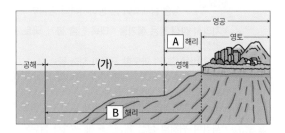

02 위 그림의 A, B에 들어갈 수치를 바르게 짝지은 것은?

	A	B			A	B
①	12	12		②	3	12
③	12	3		④	12	200
⑤	200	12				

03 위 그림의 (가)에 관한 설명으로 옳지 <u>않은</u> 것은?

① 정치적 주권을 행사할 수 없다.
② 연안국의 경제적 권리를 인정한다.
③ 다른 국가의 선박 통행이 제한된다.
④ 기선에서 200해리 범위에 해당하는 곳이다.
⑤ 다른 국가의 경제적 목적이 없는 케이블 설치가 가능하다.

04 다음과 같은 지리적 특징의 영향을 받아 나타나는 현상으로 옳은 것은?

우리나라는 국토가 남북으로 길게 뻗어 있는 형태를 하고 있다.

① 많은 섬으로 이루어져 있다.
② 대륙과 해양 진출이 자유롭다.
③ 연중 온화한 기후가 나타난다.
④ 남부 지역에 넓은 평야가 펼쳐진다.
⑤ 지역에 따라 다양한 기후가 나타난다.

[05~06] 지도는 우리나라의 영해를 나타낸 것이다. 물음에 답하시오.

05 위 지도에서 A 지역의 영해 설정 기준에 관해 바르게 설명한 것은?

① 통상 기선을 적용한다.
② 깊은 수심의 영향을 받는다.
③ 단조로운 해안선의 영향을 받는다.
④ 최저 조위선을 영해의 기준선으로 한다.
⑤ 최외곽의 섬들을 연결한 선을 기준으로 삼는다.

06 다음은 B 지역의 영해 설정에 관한 글이다. ㉠에 들어갈 내용으로 옳은 것은?

일반적으로 영해는 기준선으로부터 12해리까지의 범위로 설정한다. 그러나 B 지역은 ＿＿＿ ㉠ ＿＿＿ 때문에 3해리만을 영해로 설정하고 있다.

① 남해안의 깊은 수심
② 해저 화산 지형의 구조
③ 일본과의 거리가 가깝기
④ 해안선이 복잡하고 섬이 많기
⑤ 해저 자원을 균등하게 배분해야 하기

07 사진에 나타난 우리 영토에 관한 설명으로 옳지 <u>않은</u> 것은?

① 우리나라의 가장 동쪽 끝이다.
② 행정 구역상 경상북도에 속한다.
③ 광복 이후 우리 영토에 속하였다.
④ 일본보다 우리 영토에 가까운 곳이다.
⑤ 우리나라에서 영역적 가치가 매우 큰 곳이다.

08 다음과 같은 특징을 가지고 있는 지역을 지도의 A~E에서 고르면?

- 우리나라에서 가장 먼저 형성된 화산섬
- 해저 화산의 진화 과정을 살펴볼 수 있는 대표적인 지역

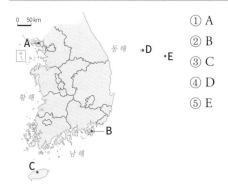

① A
② B
③ C
④ D
⑤ E

09 독도 주변 해저에 분포해 있는 A 자원은 무엇인가?

① 플랑크톤
② 천연가스
③ 천연 암반수
④ 해양 심층수
⑤ 메탄하이드레이트

10 독도와 관련하여 다음 두 자료가 공통적으로 지니는 의의는 무엇인가?

 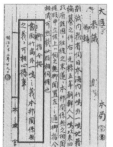

▲ 삼국접양지도(1785년)　　▲ 태정관지령(1877년)

① 독도의 자연환경 묘사
② 독도의 지질 환경 연구
③ 독도에 관한 최초의 기록
④ 독도의 경제적 가치 기록
⑤ 독도를 조선의 영토로 인정

11 그림에 제시된 인물들의 공통점으로 알맞은 것은?

① 독도를 지킨 사람들
② 독도에 거주했던 주민들
③ 일본에 희생 당한 사람들
④ 독도를 전 세계에 알린 사람들
⑤ 독도에 대한 기록을 남긴 사람들

12 해외에서 다음과 같은 독도 관련 광고를 게시하는 가장 중요한 이유는 무엇인가?

① 독도의 특산물 홍보
② 독도로의 관광객 유치
③ 독도의 지질 유적 홍보
④ 국제 분쟁 지역화 선언
⑤ 우리 땅 독도를 알리기 위한 노력

13 다음과 같은 특징이 나타나는 지역을 지도의 A~E에서 고르면?

세계 5대 연안 습지 중 하나이자 생태계의 보고로 알려진 이곳은, '대한민국의 국가 정원'으로 불리며 생태 도시로 주목받고 있다.

① A
② B
③ C
④ D
⑤ E

14 다음은 우리나라 여러 지역의 지역 브랜드이다. 이 중 역사적 특성을 바탕으로 제작한 것은?

①

②

③

④

⑤

15 지역 브랜드 제작에 있어 가장 먼저 고려되어야 할 사항으로 적절한 것은?

① 지역의 위치 ② 지역의 자연환경
③ 지역 주민들의 희망 ④ 지역 고유의 정체성
⑤ 지역의 인구 및 경제 규모

16 지도와 관계 깊은 지역화 전략에 대해 설명한 내용으로 적절하지 않은 것은?

(국립 농산물 품질 관리원, 2016)

① 보성 녹차가 제1호이다.
② 소비자에게 알 권리를 제공한다.
③ 생산자의 안정적 생산 활동이 보장된다.
④ 지리적 특산물의 품질 향상이 기대된다.
⑤ 여러 지역에서 생산한 농산물에 같은 상표를 사용한다.

17 다음에서 설명하는 개념은 무엇인가?

장소성이나 장소 자산, 랜드마크 등을 활용하여 지역을 홍보하고 판매하는 것을 말한다. 이를 통해 장소를 효율적으로 알리고 다른 지역과 차별화하여 매력적인 이미지를 구축할 수 있다. 특히 박물관이나 미술관을 이용하는 등 지역의 상징성을 이용한 축제와 마케팅에 많이 활용되고 있다.

① 지역성 ② 세계화
③ 장소 마케팅 ④ 지역 브랜드
⑤ 지리적 표시제

18 우리나라가 속한 동아시아 국가들의 특징으로 옳지 않은 것은?

① 대부분 인구 규모가 크다.
② 정치적 연관성이 매우 높다.
③ 활발한 교류가 이루어지고 있다.
④ 역사적으로 밀접한 관련이 있다.
⑤ 산업과 경제 규모가 작은 편이다.

19 남북 분단에 따른 문제점으로 옳지 <u>않은</u> 것은?

① 국토 공간의 불균형
② 이산가족과 실향민 발생
③ 남북 문화의 획일화 심화
④ 반도적 위치의 장점 활용 제한
⑤ 군사적 긴장에 따른 국제적 위상 약화

20 다음은 북한의 자원 분포를 나타낸 표이다. 통일 이후 이와 관련된 이용 방안을 바르게 제시한 것은?

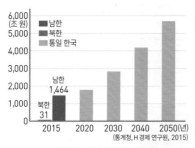

북한 지하자원의 잠재적 가치 약 3조 9,033억 달러

	마그네사이트	금	아연	철광석
매장량	60억 톤	2천 톤	2천만 톤	50억 톤
세계 순위	3위	6위	7위	9위

• 2011년 기준

(H 경제 연구원, 「통일 경제」, 2012 / 통일부, 2015)

① 자원 생산을 제한한다.
② 해외 자원 수입을 확대한다.
③ 남한의 기술력과 결합시킨다.
④ 해외 수출량을 제한·통제한다.
⑤ 기존의 자원을 대신할 에너지를 개발한다.

21 그래프를 통해 예측할 수 있는 통일 한국의 모습으로 알맞은 것은?

6,000 (조 원) 5,000 4,000 3,000 2,000 1,000 0
■ 남한 ■ 북한 ■ 통일 한국
남한 1,464 / 북한 31
2015 2020 2030 2040 2050(년)
(통계청, H 경제 연구원, 2015)

▲ 남북한의 국내 총생산 예상치

① 경제 규모가 축소된다.
② 급속한 경제 성장을 이룬다.
③ 남한의 자원 생산이 활발해진다.
④ 세계 경제에서의 위상이 낮아진다.
⑤ 세계의 국가 간 경쟁에서 뒤처진다.

✎ 서술형 문제

22 지도를 보고 물음에 답하시오.

(제2차 연안통합 관리 계획(2011~2020))

(1) 위 지도와 관련하여 ㉠에 들어갈 말을 쓰시오.

> 우리나라와 일본, 중국은 (㉠)을/를 체결하여 한·일 중간 수역, 한·중 잠정 조치 수역을 설정하고 이를 공동으로 이용 및 관리하고 있다.

(2) 위 지도와 같은 수역을 설정한 이유를 서술하시오.

23 다음 그림을 보고 물음에 답하시오.

(동북아역사재단, 2015)

(1) 독도 주변 해저에 매장되어 있는 A 자원의 명칭을 쓰시오.

(2) 위 그림에서 A 자원의 특징을 서술하시오.

24 남북 통일로 다음과 같은 상황이 현실되면 나타날 수 있는 현상을 서술하시오.

> **전쟁 끝! 군사비가 절감된다**
>
> 군사비 지출을 독일 수준인 GDP 대비 1.4%로 낮출 경우, 2050년까지 총 1조 8,862억 달러 절감
>
> ※ 2013~2050년 누적 감축액

사각사각
네컷만화

수면의 법칙

글 / 그림 우쿠쥐

더불어 사는 세계

주제 20 지구상의 지리적 문제

1 세계의 지리적 문제

(1) **발생 원인** 국가 및 지역 간 경제 격차 심화, 영토 및 자원을 둘러싼 국가 간의 이해관계 대립, 환경 오염 물질의 국제 이동 등

> 예 강한 산성을 띤 산성비가 바람을 따라 이동하여 다른 국가나 지역에 피해를 유발하기도 해.

(2) **지리적 문제의 발생** 기아 문제, 영역을 둘러싼 분쟁, 생물 다양성 감소 등

2 기아 문제 자료1

의미	식량이 부족해 충분한 영양을 섭취하지 못하는 현상
발생 원인	• 자연적 요인 : 가뭄·홍수·태풍 등 자연재해 발생, 농작물의 병충해 발생 등 • 인위적 요인 : 인구 증가, 식량 분배의 국제적인 불균형, 잦은 분쟁에 따른 식량 공급의 어려움 등 — 기아 문제를 심화하는 요인이야.
발생 지역	아프리카와 아시아의 일부 개발 도상국에서 심각함

> 특히 사하라 이남 아프리카 지역은 식량은 부족하고 인구 증가율이 높아 기아 문제가 심각해.

★ 3 영역 분쟁 자료2

(1) **의미** 영토 또는 영해의 주권을 두고 벌어지는 국가 간의 분쟁

(2) **특징** 역사적 배경, 민족 및 종교의 차이, 자원을 둘러싼 경제적 *이권 다툼 등이 복잡하게 얽혀 있음

> 예 석유와 천연가스 매장지 확보, 무역로 확보, 수산 자원 확보

(3) **주요 분쟁 지역**

> 최근 해양 자원의 가치가 커지고, 해상 교통로와 군사적 요충지 확보가 중요해지면서 영해를 둘러싼 갈등이 늘어나고 있어.

① **영토를 둘러싼 분쟁** 국경선 설정이 모호하거나 한 국가가 다른 국가의 영역을 무력으로 점령한 곳에서 주로 발생함

> 언어, 종교와 같은 문화적 차이로 인한 갈등이 더해져 분쟁이 심화되기도 해.

아프리카	아프리카 북동부의 소말리아, 에티오피아 등 → 국경선과 부족 경계가 달라 분쟁과 내전, 난민 발생
팔레스타인	이스라엘, 팔레스타인 → 팔레스타인에 이스라엘 건국, 유대교도와 이슬람교도의 갈등
카슈미르	인도, 파키스탄 → 힌두교와 이슬람교의 갈등
카스피해	러시아, 카자흐스탄, 이란 등 → 석유, 천연가스 등 자원의 확보를 위한 갈등

> 왜? 과거 강대국의 이해관계에 따라 국경선이 인위적으로 설정되었기 때문이야.

> 카스피해를 호수로 볼 것인지 바다로 볼 것인지에 따라 주변국이 확보할 수 있는 자원의 양이 달라져.

② **영해를 둘러싼 분쟁** 최근 배타적 경제 수역 확보와 경제 및 군사적 해상 거점 확보를 위한 분쟁이 늘어남

> 현재는 일본이 실효 지배하고 있어.

> 왜? 배타적 경제 수역에서는 연안국의 경제적 권리를 인정하여 해양 자원을 개발·이용할 수 있기 때문이야.

센카쿠 *열도 (댜오위다오)	중국, 일본 → 해상 교통로이자 군사적 요충지, 배타적 경제 수역 설정, 석유 자원 매장
난사 *군도 (스프래틀리)	중국, 필리핀, 브루나이, 베트남, 말레이시아 등 → 인도와 태평양을 잇는 길목에 위치, 석유 및 천연가스 매장
쿠릴 열도	러시아, 일본 → 풍부한 어족 자원, 석유 및 천연가스 매장

4 생물 다양성 감소 자료3

(1) **발생 원인** 산업화·도시화·농경지 조성에 따른 삼림 파괴, 기후 변화, 환경 오염, 무분별한 남획, 외래종의 침입 등

(2) **주요 발생 지역** 열대 우림, 산호초 해안, *맹그로브 해안 등의 환경 오염과 생태계 파괴가 심각함

> 지구 표면의 약 12%를 덮고 있던 열대 우림이 5% 밖에 남지 않았어.

(3) **해결 노력** 생물 다양성 협약(1992년) 채택 → 생물 종 보호 및 생물 다양성 유지를 위해 노력

꼭 나오는 자료

자료1 세계의 기아 현황

범례:
기아 비율(%)
■ 35 이상
■ 25~35
■ 15~25
■ 5~15
□ 5 미만
□ 자료 없음

(세계 식량 계획, 2016)

◎ 기아는 인간이 생존하기 위해 필요한 물과 영양소가 결핍된 상태로, 특히 아프리카와 일부 아시아 지역의 개발 도상국에서 심각하다. 오늘날 40여 개국 8억 명 이상의 인구가 굶주림으로 고통받고 있다.

자료2 세계의 주요 분쟁 지역

(한국 국방 연구원, 2016)

◎ 영역을 둘러싼 분쟁은 식민 지배와 두 차례의 세계 대전 전후 처리 과정 및 자원에 대한 권리, 종교적 분쟁 등과 결합하여 복잡한 양상을 띤다. 또한 분쟁 과정에서 많은 난민이 발생하여 이들의 생명과 인권 문제가 국제 문제로 부각되고 있다.

자료3 세계 삼림의 변화

> 특히 아마존 열대림의 파괴가 심각해.

삼림의 증감(1990~2015, 천ha/년)
순증가
□ 50~250 ■ 250~500 ■ 500 이상
순감소
□ 50~250 ■ 250~500 ■ 500 이상
□ 변화 적음

(세계 삼림 자원 평가, 2015)

◎ 전체 생물 종의 절반 이상이 분포하는 열대 우림의 파괴는 생물 종 감소의 주요 원인이다. 생물 종이 감소하면 생태계의 안정성과 자정 능력을 해치기 때문에 장기적으로 생태계의 구성원인 인류의 삶의 질을 저하하게 된다.

🔍 용어 사전

* **이권**(利 이롭다, 權 권리) 이익을 얻을 수 있는 권리
* **열도**(列 가지런하다, 島 섬) 길게 줄지어 늘어서 있는 여러 개의 섬
* **군도**(群 무리, 島 섬) 무리를 이루고 있는 크고 작은 섬들
* **맹그로브** 열대와 아열대의 갯벌이나 강 하구에서 자라는 식물 집단

개념 문제

01 다음 설명이 맞으면 ○표, 틀리면 ×표를 하시오.

(1) 영토 분쟁, 기아 문제, 생물 다양성 감소와 같은 문제는 특정 대륙에서만 발생한다. ·········· (　　)

(2) 기아 발생의 주요 원인은 자연재해, 불공평한 식량 공급 등이다. ·········· (　　)

(3) 오늘날 기아 문제가 가장 심각한 대륙은 유럽이다. ·········· (　　)

(4) 최근 자원 확보와 교통로 및 군사적 요충지 획득을 위한 영해 분쟁이 늘어나고 있다. ·········· (　　)

02 ㉠, ㉡ 중 알맞은 것을 고르시오.

(1) (㉠ 카슈미르, ㉡ 팔레스타인) 지역에서는 인도와 파키스탄이 서로 영유권을 주장하고 있다.

(2) (㉠ 카스피해, ㉡ 난사 군도)는 많은 석유와 천연가스가 매장되어 있어 중국, 베트남, 필리핀 등의 주변국이 영유권을 주장하고 있다.

03 오늘날 생물 종 감소에 영향을 준 요인을 〈보기〉에서 골라 기호를 쓰시오.

┌── 보기 ──────────────────────┐
ㄱ. 삼림 개발　　　　ㄴ. 농경지 개간
ㄷ. 도시의 건설　　　　ㄹ. 외래종의 침입
ㅁ. 맹그로브 조성　　　ㅂ. 생물 다양성 협약
└────────────────────────────┘

실력 문제

04 다음 지도의 제목으로 가장 적절한 것은?

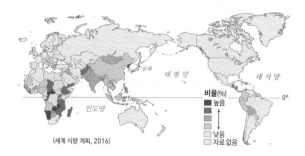

(세계 식량 계획, 2016)

① 세계의 기아 현황
② 세계 노년 인구의 비율
③ 세계 각국의 인구 감소율
④ 세계의 성인 비만 인구 현황
⑤ 세계 각국의 1인당 국내 총생산(GDP)

05 기아 문제에 관한 옳은 설명을 〈보기〉에서 고르면?

┌── 보기 ──────────────────────┐
ㄱ. 인구가 감소하는 지역에서 주로 발생한다.
ㄴ. 아프리카와 일부 아시아 국가 등지에서 심각하다.
ㄷ. 기아 문제 해결을 위해 생물 다양성 협약을 체결하였다.
ㄹ. 식량 부족으로 충분한 영양을 섭취하지 못하는 현상이다.
└────────────────────────────┘

① ㄱ, ㄴ　　② ㄱ, ㄷ　　③ ㄴ, ㄷ
④ ㄴ, ㄹ　　⑤ ㄷ, ㄹ

중요
06 영역을 둘러싼 갈등에 관한 설명으로 옳지 않은 것은?

① 영역 갈등은 주로 하나의 원인으로 발생한다.
② 카슈미르, 센카쿠 열도는 대표적인 분쟁 지역이다.
③ 최근 경제 및 군사적 거점 확보를 위해 영해 분쟁이 늘어나고 있다.
④ 영역 갈등 과정에서 발생한 난민들의 인권 문제가 심각해지고 있다.
⑤ 아프리카에서는 유럽 열강이 정한 국경선 때문에 영역 갈등이 발생하고 있다.

07 다음과 같은 특징의 분쟁 지역을 지도의 A~E에서 고르면?

• 과거 유럽 강대국에 의한 인위적 국경선 설정
• 부족 간 분쟁과 내전, 난민 발생

① A　　② B　　③ C　　④ D　　⑤ E

[08~09] 지도를 보고 물음에 답하시오.

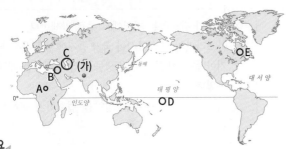

중요
08 다음과 같은 분쟁이 지속하는 지역을 위 지도에서 고르면?

제2차 세계 대전 이후 팔레스타인 지역에 이스라엘을 건국하면서 갈등이 시작되었다. 현재 이스라엘이 팔레스타인의 대부분을 차지하고 있지만 팔레스타인 사람들이 저항하면서 전쟁이 계속되고 있다.

① A ② B ③ C ④ D ⑤ E

09 위 지도의 (가) 지역에 관한 옳은 설명을 〈보기〉에서 고르면?

─ 보기 ─
ㄱ. 석유와 천연가스 확보를 둘러싼 분쟁이다.
ㄴ. 파키스탄과 인도 간의 영토 분쟁 지역이다.
ㄷ. 힌두교도와 이슬람교도 간의 갈등이 나타난다.
ㄹ. 독립 이후 부족 경계와 국경선이 일치하지 않아 분쟁이 발생하였다.

① ㄱ, ㄴ ② ㄱ, ㄷ ③ ㄴ, ㄷ ④ ㄴ, ㄹ ⑤ ㄷ, ㄹ

10 ㉠에 들어갈 지역을 지도의 A~E에서 고르면?

(㉠)은/는 태평양 북서부에 위치한 4개의 섬이다. 이곳은 과거 일본의 영토였으나, 제2차 세계 대전 이후 러시아 영토로 속하게 되었고 최근 일본이 영유권을 주장하면서 갈등을 빚고 있다.

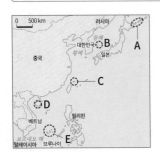

① A
② B
③ C
④ D
⑤ E

고난도
11 A 지역에 관한 설명으로 옳은 것을 〈보기〉에서 고르면?

─ 보기 ─
ㄱ. 현재 중국이 실효 지배하고 있다.
ㄴ. 조경 수역이 형성되어 수산 자원이 풍부하다.
ㄷ. 일본, 중국, 타이완이 영유권을 주장하고 있다.
ㄹ. 석유 매장이 밝혀지면서 국가 간 갈등이 심해졌다.

① ㄱ, ㄴ   ② ㄱ, ㄷ   ③ ㄴ, ㄷ
④ ㄴ, ㄹ   ⑤ ㄷ, ㄹ

12 오늘날 발생하고 있는 생물 다양성 감소에 관한 설명으로 옳지 않은 것은?

① 생물 종 보호를 위해 바젤 협약이 채택되었다.
② 열대 우림 파괴는 생물 종 감소의 주요 원인이다.
③ 경제 개발과 인구 증가로 생물 다양성이 감소하고 있다.
④ 산업화와 도시화 등 개발에 따른 삼림 파괴가 영향을 준다.
⑤ 생물 다양성 감소는 생태계의 안정성과 자정 능력을 해친다.

서술형
13 지도에 표시된 지역에서 나타나고 있는 분쟁에 관해 서술하시오. (단, 관련 국가 및 종교를 포함할 것)

세계의 주요 지리적 문제

지구상에서 발생하는 지리적 문제의 유형과 발생 원인을 묻는 문제가 자주 출제된다. 특히 국가 간의 영역을 둘러싼 갈등과 분쟁은 지도와 함께 출제되는 경우가 많으므로, 반드시 지도와 함께 정리해야 하며 분쟁 당사국도 기억해야 한다.

탐구 1 세계의 다양한 지리적 문제

주제 탐구하기

북아일랜드
개신교와 가톨릭교 간의 종교 갈등

카스피해
카스피해의 자원을 둘러싼 주변 국가 간의 갈등

카슈미르 지역
힌두교와 이슬람교 간의 종교 갈등

티베트
티베트인의 분리 독립운동

퀘벡주
프랑스어 사용권의 분리 독립운동

벨기에
프랑스어 권역과 네덜란드어 권역 간의 언어 갈등

팔레스타인 지역
이스라엘과 팔레스타인 사람들 간의 종교·민족 갈등

일본
지진 해일 발생과 원자력 발전소 사고

아이티
경제적 빈곤과 반복되는 자연재해

다르푸르
사막화와 인종 차별에 따른 갈등

포클랜드
영국과 아르헨티나 간의 영역 갈등

나이지리아
크리스트교와 이슬람교 간의 갈등

소말리아
정치와 군사 및 종교적 갈등에 따른 내전

난사 군도(스프래틀리 군도)
자원을 둘러싼 주변 국가 간의 영유권 분쟁

투발루
해수면 상승과 환경 난민 발생

❶ 영토 분쟁은 국경선이 모호하거나 국가가 분리·독립하는 과정에서 주로 발생한다.

❷ 최근 해저 자원 확보, 교통 및 군사적 요충지 획득 등을 위해 영해와 배타적 경제 수역을 확보하기 위한 갈등이 늘어나고 있다.

❸ 종교 갈등은 한 지역 내에서 서로 다른 종교가 대립하는 경우에 주로 발생하며 영토 분쟁과 결합하여 전쟁으로 확대되기도 한다.

❹ 언어 갈등은 서로 다른 언어를 사용하는 사람들이 한 지역에서 거주할 때 주로 나타나며 벨기에와 캐나다의 퀘벡주가 가장 대표적이다.

탐구 2 아시아의 영역 분쟁

쿠릴(지시마) 열도
· 러시아 실효 지배
· 러시아, 일본 갈등

센카쿠 열도(댜오위다오)
· 일본 실효 지배
· 일본, 중국, 타이완 갈등

난사 군도(스프래틀리, 프엉사 군도)
· 필리핀 지배
· 필리핀, 중국, 말레이시아 등 6개국 갈등

❶ 쿠릴 열도는 태평양 북서부의 쿠릴 열도 남부에 위치한 4개의 섬으로, 러시아와 일본이 영역 분쟁을 하고 있는 지역이다.

❷ 센카쿠 열도는 동중국해 서남부에 있는 5개의 무인도와 3개의 암초로, 일본과 중국, 타이완이 영역 분쟁을 하고 있는 지역이다. 이곳은 해상 교통로이자 전략적 요충지로 석유의 매장이 확인된 후 경쟁이 심화되었다. 현재는 일본이 실효적 지배를 하고 있다.

❸ 난사 군도는 인도양과 태평양을 잇는 길목에 위치한 요충지로, 필리핀과 중국, 말레이시아 등이 영역 분쟁을 하고 있는 지역이다. 난사 군도 주변 바다에는 석유와 천연가스가 매장되어 있어 각 국가는 이 지역의 영유권을 주장하고 있다.

★ 바른답·알찬풀이 29쪽

유형 1 지리적 문제의 발생 지역과 원인을 묻는 문제

문제 연습하기

1. 다음 지리적 문제가 나타나는 지역을 지도의 A~E에서 찾아 기호를 쓰시오.

(1) 기아 문제 (　　)
(2) 영역 갈등 (　　)
(3) 생물 다양성 감소 (　　)

2. 다음 설명이 맞으면 ○표, 틀리면 ×표를 하시오.

(1) 지구상의 지리적 문제는 경제, 종교, 자원 등 다양한 원인으로 발생한다. (　　)
(2) 열대 우림의 파괴는 생물 종 감소의 주요 원인이다. (　　)
(3) 기아 문제가 가장 심각한 대륙은 아시아이다. (　　)

유형 2 지도에서 영역 분쟁 지역을 찾는 문제

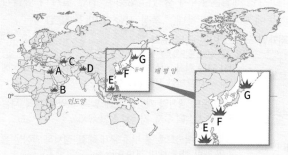

1. 다음과 같은 원인에 의한 분쟁 지역의 기호를 쓰시오.

(1) 이슬람교도와 힌두교도 간의 갈등 (　　)
(2) 강대국의 인위적 국경선 설정에 따른 부족 간 갈등 (　　)
(3) 팔레스타인에 이스라엘을 건국하면서 갈등 발생 (　　)
(4) 바다인지 호수인지 결정하는 것을 둘러싼 주변국의 갈등 (　　)

2. 다음 설명이 맞으면 ○표, 틀리면 ×표를 하시오.

(1) E, F, G 분쟁과 모두 관련 있는 국가는 중국이다. (　　)
(2) E, F 분쟁은 석유와 천연가스의 매장과 관련 있다. (　　)
(3) G는 중국, 일본, 타이완이 영유권을 주장하고 있다. (　　)

지역별 발전 수준과 빈곤 문제

1 발전 수준의 지역 차이

(1) 지역 차의 발생 원인 자연환경, 자원 보유량, 기술과 자본, 교육 수준 등 경제 환경에 영향을 주는 다양한 요소의 차이

(2) 지역별 발전 수준의 차이 **자료1**

> 선진국에서 2·3차 산업이 발달한 반면, 개발 도상국은 1차 산업 비중이 높아. 이러한 산업 구조의 차이와 세계화로 선진국과 개발 도상국의 경제 격차는 더욱 커지고 있어.

선진국	• 18세기 후반 산업 혁명을 통해 일찍이 산업화를 이룸 • 1인당 국내 총생산(GDP)과 소득 수준이 높음 예 서부 유럽과 앵글로아메리카의 국가
개발 도상국	• 20세기 이후 산업화가 진행되고 있음 • 1인당 국내 총생산(GDP)과 소득 수준이 매우 낮음 예 남아시아, 라틴 아메리카, 사하라 이남의 국가들이 해당함

> 기아 문제가 심각한 빈민국이 많은 지역이야.

(3) 다양한 지표로 살펴본 지역 차

> 지역별 발전 수준을 비교할 수 있는 대표적인 경제 지표야.

구분	선진국	개발 도상국
1인당 국내 총생산(GDP)	많음	적음
1인당 국민 총소득(GNI)	많음	적음
인간 개발 지수(HDI) **자료2**	높음	낮음
성인 문자 해독률	높음	낮음
기대 수명	높음	낮음
영아 사망률	낮음	높음
교사 1인당 학생 수	적음	많음
*성 불평등 지수(GII)	낮음	높음
행복 지수	상대적으로 높음	상대적으로 낮음

> 국내 총생산, 기대 수명, 사회적 자본, 부패 지수, 관용의 총 다섯 개 지표를 종합한 결과야.

2 빈곤 문제 해결을 위한 노력

> 관개 시설을 확충하고 수확량이 많은 품종을 개발하고 있어.

(1) 저개발 지역의 노력 식량 생산성 증대, 자원 개발, 해외 투자 유치, 기술 개발, 자국의 경쟁력 향상을 위한 일자리 창출과 교육 활동에 대한 투자 확대, *적정 기술 도입 등 **자료3**

> 예 큰 힘을 들이지 않고 한 번에 많은 양의 물을 옮길 수 있는 큐드럼, 오염된 물을 걸러서 마실 수 있는 라이프스트로

(2) 저개발 국가의 빈곤 극복 노력

> 과거 르완다는 내전과 인종 분쟁으로 수많은 사상자가 발생하기도 했어.

르완다	역사 교육 강화, 여성 권리 신장, *빈곤 퇴치, 인재 육성에 집중 투자 → 아프리카 신흥 강국으로 성장
보츠와나	다이아몬드 광산업 개발을 통해 얻은 이익을 교육 시설·도로 등 기반 시설에 투자, 자동차 산업 유치
에티오피아	관개 수로 확충으로 물 부족 문제 해결, 정치적 안정을 통한 개혁 및 개방 확대, 대외 경제 협력 등
부탄	국민 총 행복 지수를 통해 국민 삶의 질 측정, 유기농 경작지 확대 및 마을 공동체의 협력 장려 등을 통해 경제 성장

(3) 지역 간 경제 협력

① 단일 국가의 능력으로 선진국의 자본, 기술과 경쟁하기 어려운 저개발국이 경제 협력 체제 구축

② 공동으로 자원 개발 및 수출, 자국의 이익에 부정적인 영향을 미치는 국가들에 함께 대응 예 서아프리카 경제 공동체

(4) 국제 연합의 노력 2016년 지속 가능 발전 목표(SDGs)를 정하여 재정적 지원과 협력을 확대

자료1 국가별 1인당 국내 총생산

(국제 통화 기금, 2016)

[달러]
- 50,000 이상
- 25,000~50,000
- 15,000~25,000
- 5,000~15,000
- 1,000~5,000
- 1,000 미만
- 자료없음

◎ 1인당 국내 총생산이 높은 선진국은 주로 서부 유럽과 북아메리카 등 북반구에 분포하고, 1인당 국내 총생산이 낮은 개발 도상국은 주로 사하라 이남의 아프리카와 남아시아 등지에 집중되어 있다.

> 인간 개발 지수가 높은 국가일수록 발전 수준이 높아.

자료2 인간 개발 지수(HDI)

(국제 연합 개발 계획, 2016)

- 매우 높음
- 낮음
- 자료없음

◎ 인간 개발 지수란 국가의 실질 국민 소득, 교육 수준, 기대 수명 등 인간의 삶과 관련된 자료를 조사해 각국의 발전 수준과 선진화 정도를 평가한다. 선진국에서 주로 높게 나타나며 개발 도상국은 상대적으로 수치가 낮다.

자료3 세계 각국의 경제 성장률

저개발 지역 국가들의 경제 성장률이 선진국보다 높게 나타나고 있어.

(세계 발전 지표, 2015)

연평균 경제 성장률(%)
(2009~2013년)
- 6 이상
- 2.0~3.9
- 0 이하
- 4.0~5.9
- 0~1.9
- 자료없음

◎ 저개발 국가들은 빈곤 문제를 해결하고 사회 기반 시설을 확충하기 위해 외국 자본의 유치를 적극적으로 추진하고, 선진 기술을 도입하여 산업 부문에서 생산성을 높이고 있다. 또한 교육을 강화하여 인적 자원 개발에도 힘쓰고 있다.

🔍 **용어 사전**

* **성 불평등 지수** 국가별 모성 사망률과 청소년 출산율, 여성 의원 비율, 중등학교 이상 교육받은 여성 인구, 남녀 경제 활동 참가율 격차 정도를 측정한 지표

* **적정 기술** 주로 개발 도상국의 문화적·환경적 측면들을 고려하여 삶의 질 향상과 빈곤 퇴치 등을 위해 적용되는 기술

* **빈곤**(貧 가난하다, 困 괴롭다) 인간으로서 기본적인 욕구를 해소할 수 없을 정도로 물질적인 부족함이 오랜 기간 지속되는 상태

개념 문제

01 다음 설명이 맞으면 ○표, 틀리면 ×표를 하시오.

(1) 세계화의 진행으로 지역별 경제 수준의 차이는 줄어들고 있다. ·············· ( )

(2) 저소득 국가의 대부분은 중남부 아프리카와 남아시아 등지에 분포한다. ·············· ( )

02 선진국과 개발 도상국에서 각각 높게 나타나는 지표를 〈보기〉에서 골라 기호를 쓰시오.

> ── 보기 ──
> ㄱ. 국민 소득　　　　ㄴ. 평균 수명
> ㄷ. 영아 사망률　　　ㄹ. 인간 개발 지수
> ㅁ. 성 불평등 지수　　ㅂ. 1인당 국내 총생산

(1) 선진국 ( )　　(2) 개발 도상국 ( )

03 다음 설명에 해당하는 용어를 〈보기〉에서 골라 기호를 쓰시오.

> ── 보기 ──
> ㄱ. 적정 기술　　　　ㄴ. 행복 지수
> ㄷ. 국내 총생산　　　ㄹ. 인간 개발 지수

(1) 개발 도상국의 문제 해결에 적절하게 사용할 수 있는 기술 ·············· ( )

(2) 지역별 발전 수준을 나타낼 때 가장 많이 사용하는 경제적 지표 ·············· ( )

(3) 경제적 수준뿐만 아니라 기대 수명, 사회적 자본, 관용 등을 종합해 산출한 지표 ·············· ( )

실력 문제

04 지역별 발전 수준의 차이에 관한 설명으로 옳지 <u>않은</u> 것은?

① 저소득 국가는 대체로 인간 개발 지수가 낮다.

② 고소득 국가는 서부 유럽과 앵글로아메리카에 집중해 있다.

③ 세계화의 확산으로 지역별 발전의 수준 차이는 줄어들고 있다.

④ 1인당 국내 총생산과 행복 지수는 대체로 선진국에서 높게 나타난다.

⑤ 세계 각 지역은 자연환경과 보유 자원, 기술 및 교육 수준 등의 영향으로 발전 수준이 다르다.

05 ㉠에 들어갈 알맞은 용어는 무엇인가?

> (㉠)은/는 국제 연합 개발 계획이 매년 각국의 국민 소득, 교육 수준, 기대 수명 등을 기준으로 국가별 발전 수준과 선진화 정도를 평가하는 지표이다.

① 행복 지수　　　　　② 경제 성장률

③ 인간 개발 지수　　　④ 1인당 국내 총생산

⑤ 성 불평등 지수

고난도

06 A, B에 들어갈 항목을 바르게 짝지은 것은?

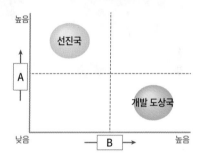

	A	B
①	기대 수명	국내 총생산
②	문자 해독률	기대 수명
③	행복 지수	영아 사망률
④	행복 지수	인간 개발 지수
⑤	영아 사망률	문자 해독률

중요

07 교사의 질문에 대한 답을 바르게 짝지은 것은?

	선진국	개발 도상국		선진국	개발 도상국
①	A, B	C, D	②	A, D	B, C
③	B, C	A, D	④	B, D	A, C
⑤	C, D	A, B			

08 두 지도를 보고 바르게 분석한 것을 〈보기〉에서 고르면?

(국제 통화 기금, 2016)

▲ 국가별 1인당 국내 총생산

(달러)
■ 50,000 이상
■ 25,000~50,000
■ 15,000~25,000
□ 5,000~15,000
□ 1,000~5,000
□ 1,000 미만
□ 자료 없음

(국제 연합 개발 계획, 2016)

▲ 인간 개발 지수

■ 매우 높음
■
↑
□ 낮음
□ 자료 없음

― 보기 ―
ㄱ. 우리나라는 두 지표 모두 낮게 나타난다.
ㄴ. 아프리카와 유럽 국가들의 소득 수준이 높다.
ㄷ. 저소득 국가는 사하라 이남 지역에 집중해 있다.
ㄹ. 대체로 1인당 국내 총생산이 높은 국가의 인간 개발 지수가 높게 나타난다.

① ㄱ, ㄴ ② ㄱ, ㄷ ③ ㄴ, ㄷ ④ ㄴ, ㄹ ⑤ ㄷ, ㄹ

고난도
09 (가), (나) 지역의 특징으로 옳은 것을 〈보기〉에서 고르면?

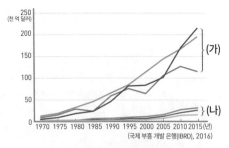

(국제 부흥 개발 은행(IBRD), 2016)

▲ 대륙별 국내 총생산

― 보기 ―
ㄱ. (가)는 대체로 국민 소득과 생활 수준이 높다.
ㄴ. 서부 유럽과 북아메리카 대륙은 (나)에 해당한다.
ㄷ. (가)는 (나)에 비해 경제 발전 시기가 더 이르다.
ㄹ. (가)는 개발 도상국, (나)는 선진국이 주로 분포한다.

① ㄱ, ㄴ ② ㄱ, ㄷ ③ ㄴ, ㄷ ④ ㄴ, ㄹ ⑤ ㄷ, ㄹ

중요
10 저개발 지역의 빈곤 극복 노력에 관한 설명으로 옳지 않은 것은?

① 다양한 적정 기술을 도입하고 있다.
② 수확량이 많은 품종을 개발하고 있다.
③ 출산 장려 정책으로 인구 성장을 유도하고 있다.
④ 관개 시설을 확충하여 농업 생산성을 높이고 있다.
⑤ 고용 창출과 교육 활동에 대한 투자를 늘리고 있다.

11 빈곤 퇴치를 위해 다음과 같은 노력을 하고 있는 ㉠ 국가는 어디인가?

아프리카 대륙의 (㉠)은/는 과거 인종 분쟁과 자원 부족 등의 이유로 매우 가난한 나라였다. 그러나 역사 교육을 강화하고 아동의 영양 결핍을 낮추기 위해 여성의 권리 신장에 노력한 결과 20년 만에 기적적으로 '아프리카의 신흥 강국'이 되었다.

① 가나 ② 이집트
③ 르완다 ④ 에티오피아
⑤ 남아프리카 공화국

12 ㉠에 공통적으로 들어갈 내용으로 알맞은 것은?

국제 연합은 (㉠)을/를 위해서 2016년부터 지속 가능 발전 목표(SDGs)를 정하여 국제적인 지원과 협력을 확대해 나가고 있다. 그중에서도 (㉠)에 가장 큰 노력을 기울이고 있다.

① 영역 분쟁 해결 ② 생물 다양성 유지
③ 문화 다양성 존중 ④ 여성 불평등 해소
⑤ 세계 빈곤 문제 해결

서술형
13 ㉠에 들어갈 내용을 두 가지 원인을 포함하여 서술하시오.

오늘날 지구상에 분포하는 여러 지역의 발전 수준은 각각 다르다. 이렇게 세계 각 지역 간 발전 수준에 차이가 생기는 것은 _____㉠

지역 간 불평등 완화를 위한 노력

1 세계의 불평등 해결을 위한 협력

선진국은 경제적으로 부유하지만, 저개발 국가의 일부 주민은 식량 부족과 빈곤 등의 상황에 처함	➡ 지역 간 불평등을 완화하고 지구상 다양한 지리적 문제를 해결하기 위해 국제적 협력이 필요함 **자료1**

└ 과학 기술의 발달로 선진국과 개발 도상국의 경제 격차는 더욱 커졌어.

예 기후 변화, 경제 공간의 불평등, 기아 문제

2 지역 간 불평등 해결을 위한 국제 사회의 노력

(1) 정부 간 국제기구

난민은 내전과 분쟁, 자연재해로 인해 발생하는데, 아프리카와 서남아시아 지역에서 많이 발생하고 있어.

① *국제 연합(UN) 세계의 국제 협력을 도모하는 대표적인 국제기구

*산하기구	역할	산하기구	역할
유엔 평화 유지군(PKF)	분쟁 지역의 주민 안전 및 질서 유지	유엔 세계 식량 계획(WFP)	기아와 빈곤으로 고통받는 지역에 식량 지원
세계 보건 기구(WHO)	세계 질병 문제 해결	유엔 난민 기구(UNHCR)	난민 보호 및 난민 문제 해결
유엔 아동 기금(UNICEF)	아동 구호와 아동 복지 향상	유엔 환경 계획(UNEP)	국제 환경 문제 해결

② *경제 협력 개발 기구(OECD), 국제 부흥 개발 은행(IBRD) 국가 및 지역 간의 경제적 격차 해소를 위한 활동

(2) 국제 비정부 기구(NGO) 민간단체가 중심이 되어 인도주의적 차원에서 *구호 활동을 함 예 환경 보호 운동을 하는 그린피스, 분쟁 지역에 의료 지원을 하는 국경 없는 의사회, 아동 구호 사업을 하는 세이브 더 칠드런 등 **자료2**

(3) 개발 원조

선진국들은 개발 원조 위원회(DAC)를 통해 아프리카와 남아시아에 있는 저개발국의 경제 발전과 복지 증진을 위해 도움을 주고 있어.

의미	저개발 국가의 빈곤 문제를 해결하기 위해 국제 사회가 재정 및 기술, 물자 등을 지원하는 것
유형	• 공적 개발 원조(ODA) : 정부나 국제기구의 공식적 지원 • 민간 개발 원조 : 비정부 기구와 민간 재단의 지원
특징	• 경제 협력 개발 기구(OECD) 산하의 개발 원조 위원회(DAC)가 주도함 개발 도상국에 대한 정부 개발 원조를 담당하고 있어. • 과거 우리나라는 개발 원조 위원회의 원조를 받았으나, 경제 성장 이후 한국 국제 협력단(KOICA)을 통해 지원 사업을 하고 있음

└ 우리나라도 1991년 한국 국제 협력단(KOICA)의 설립과 2009년 개발 원조 위원회 가입을 통해 저개발국에 유·무상으로 많은 지원을 하고 있어.

3 지역 간 불평등 완화를 위한 노력

(1) 공정 무역 제품의 소비 **자료3**

유통 단계를 줄이고 직거래를 활성화하여 유통비를 줄이고 생산자의 수익을 높이고 있어.

① 공정 무역 선진국과 저개발 국가의 불공정한 무역을 개선하여 생산자에게 정당한 가격을 지급하는 무역 방식

② 주요 제품 커피, 카카오, 차, 바나나, 목화, 수공예품 등

③ 성과와 한계

공정 무역의 대상이 되는 제품은 주로 저개발 국가에서 생산되어 선진국으로 수출돼.

성과	생산 지역의 빈곤 완화, 저개발 국가 생산자의 경제 자립
한계	다국적 기업의 상품에 밀려 시장 확보가 어려움

(2) 세계 시민으로서의 자세와 역할

생산자의 건강한 노동 환경, 환경 보전 등을 중시하고 소비자의 알 권리를 보장하여 장기적으로는 생산자와 소비자, 환경에도 이로운 지속 가능한 발전을 추구할 수 있어.

다양한 지리적 문제에 관심을 두고 협력하는 자세	빈곤과 기아 문제 해결을 위한 봉사 활동과 기부에 동참
생태 환경을 보호하려는 의식과 일상생활에서의 노력	문화의 다양성을 인정하고 존중하려는 태도

예 일회용품 사용의 자제

왜? 분쟁과 내전 등의 문제를 완화하기 위해 필요한 자세야.

자료1 빈곤 문제 해결을 위한 국제적 협력

국제 연합은 세계의 빈곤 문제 해결을 위해 국제적인 지원과 협력 사업을 추진하고 있다. 2000년에는 국제 연합 가입국의 합의로 '새천년 개발 목표(MDGs)'를 추진하였으며, 2016년부터는 '지속 가능 발전 목표(SDGs)'를 정하여 협력하고 있다.

절대 빈곤과 기아 절반으로 감소 개발 도상국의 극빈층 비율이 1990년 약 47% → 2015년 약 14%로 감소	**초등 교육의 확대** 개발 도상국의 초등학교 취학률이 2000년 약 83% → 2015년 약 91%로 상승	**양성평등과 여성 능력의 고양** 개발 도상의 2/3 이상 국가가 초등 교육에서 양성평등 달성
아동 사망률 감소 아동 1천 명당 사망률이 1990년 90명 → 2015년 42명으로 감소	**에이즈, 말라리아 등 질병 퇴치** 2000년 이후 에이즈 신규 감염자 수는 40%, 말라리아 발병률은 약 37% 하락	**개발을 위한 국제적 협력 이루기** 최빈곤 국가에 대한 ODA 지원이 2010년 기준 2014년에 약 66% 증가

▲ '새천년 개발 목표'의 성과

2016년에 마무리될 계획으로, 첫 번째 목표가 절대 빈곤과 기아를 절반으로 감소시키는 것이었어.

자료2 국제 비정부 기구(NGO)의 활동

▲ 기후 변화의 위험성을 알리는 그린피스

▲ 케냐에서 의료 봉사 활동 중인 국경 없는 의사회

◉ 비정부 기구(NGO)는 세계 시민들의 자발적인 모금으로 운영되는 시민 단체이다. 이들은 범세계적인 사회 문제를 해결하거나, 저개발 지역의 어려운 현실을 시민들에게 알리고 이들 지역 주민들을 돕는 다양한 활동을 한다.

자료3 공정 무역 커피의 이익 배분 구조

판매업자 93.8% 일반 커피

농민 1%
기타 5.2%

판매업자 50% 공정 무역 커피

농민 6%
기타 44%

◉ 공정 무역은 저개발 국가의 생산자에게 정당한 가격을 지급하여 경제적 불평등을 해결하려는 무역 방식이다. 다국적 기업을 거치지 않고 커피 생산 농가에 합리적인 가격을 지불하고 사들이는 공정 무역 커피는 저개발 국가의 생산자와 노동자에게 더 많은 이익을 제공할 수 있다.

◉ 용어 사전

* **국제 연합(UN)** 제2차 세계 대전 이후 국제 평화를 유지하고 각 나라 사이의 정치적·경제적·사회적·문화적·인도적 문제에 대해 협력하기 위해 창설된 기구

* **산하(傘 우산, 下 아래)** 어떤 세력이나 조직체의 관할 아래

* **경제 협력 개발 기구(OECD)** 경제 성장 촉진, 개발 도상국들에 대한 원조와 세계 무역의 확대를 위하여 1961년 설립된 선진국들 중심의 국제기구

* **구호(救 돕다, 護 보호하다)** 재난이나 어려움에 처하여 있는 사람을 도와 보호하는 것

문제로 실력 다지기

개념 문제

01 다음 설명이 맞으면 ○표, 틀리면 ×표를 하시오.

(1) 지구상의 다양한 지리적 문제를 해결하기 위해서는 국제 협력이 필요하다. ·············· (　　)

(2) 유니세프는 주로 난민 보호와 난민 문제 해결을 위한 활동을 한다. ·············· (　　)

(3) 공정 무역의 확대로 선진국과 개발 도상국의 경제 격차가 해소되었다. ·············· (　　)

02 〈보기〉의 단체를 정부 간 국제기구와 국제 비정부 기구로 구분하여 기호를 쓰시오.

┌─ 보기 ─
ㄱ. 그린피스　　　ㄴ. 세계 보건 기구
ㄷ. 국경 없는 의사회　　ㄹ. 경제 협력 개발 기구
└─

(1) 정부 간 국제기구 (　　)
(2) 국제 비정부 기구 (　　)

03 ㉠, ㉡ 중 알맞은 것을 고르시오.

(1) 국제 연합(UN)은 대표적인 (㉠ 정부 간 국제기구, ㉡ 국제 비정부 기구)이다.

(2) 저개발 국가의 빈곤 퇴치를 위해 국제 사회가 지원하는 것을 (㉠ 경제 협력, ㉡ 개발 원조)(이)라고 한다.

(3) (㉠ 자유 무역, ㉡ 공정 무역)은 저개발 국가의 생산자에게 정당한 가격을 지급하는 무역 형태이다.

실력 문제

04 (중요) 세계의 지역 간 불평등을 완화하기 위한 방안으로 적절하지 않은 것은?

① 저개발 국가의 경제 성장과 빈곤 퇴치를 위해 노력한다.
② 당사국의 해결 노력과 함께 국제 사회의 협력이 중요하다.
③ 다국적 기업의 유통망을 통해 공정 무역 제품을 수출한다.
④ 적정 기술 활용과 세계 시민들의 자발적 참여가 필요하다.
⑤ 저개발국이 자립할 수 있도록 개발 경험과 기술 등을 제공한다.

05 국제 사회가 제시된 자료의 내용을 추진하게 된 궁극적인 목적을 〈보기〉에서 고르면?

▲ 지속 가능 개발 목표(SDGs)

┌─ 보기 ─
ㄱ. 세계화 촉진
ㄴ. 지역 간 불평등 완화
ㄷ. 국가 간 영역 갈등 해소
ㄹ. 전 세계인의 삶의 질 개선
└─

① ㄱ, ㄴ　　② ㄱ, ㄷ　　③ ㄴ, ㄷ
④ ㄴ, ㄹ　　⑤ ㄷ, ㄹ

06 다음과 같은 활동을 하는 국제기구는 무엇인가?

국제 연합(UN) 산하 기관으로 전 세계의 어린이들을 돕기 위한 영양, 보건, 위생, 기초 교육, 긴급 구호 등의 활동을 한다.

① 유엔 난민 기구　　② 유엔 아동 기금
③ 유엔 평화 유지군　④ 국경 없는 의사회
⑤ 한국 국제 협력단

07 ㉠에 들어갈 단체로 적절하지 않은 것은?

(㉠)은/는 세계 시민들의 자발적인 모금으로 운영되며, 여러 방면에서 발생하는 범세계적인 사회 문제를 해결하기 위한 다양한 활동을 한다.

① 그린피스　　② 월드비전
③ 굿네이버스　④ 세이브 더 칠드런
⑤ 유엔 평화 유지군

08 다음 국제기구의 공통적인 목표로 옳은 것은?

> • 유엔 세계 식량 계획(WFP)
> • 국제 부흥 개발 은행(IBRD)
> • 경제 협력 개발 기구의 개발 원조 위원회(DAC)

① 세계 기후 변화를 방지한다.
② 영토 및 영해 분쟁을 해결한다.
③ 유해 폐기물의 국가 간 이동을 제한한다.
④ 생물 종 다양성을 회복하기 위해 노력한다.
⑤ 지역 간 경제적 불평등 해소를 위해 노력한다.

09 다음 두 단체의 공통적인 활동 목표로 옳은 것은?

① 빈곤 퇴치   ② 공정 무역   ③ 아동 구호
④ 환경 보호   ⑤ 평화 유지

<u>고난도</u>
10 그래프를 보고 바르게 설명한 것을 〈보기〉에서 고르면?

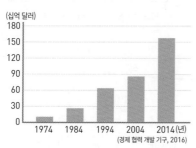

▲ 세계의 공적 개발 원조 금액 추이
(경제 협력 개발 기구, 2016)

> ― 보기 ―
> ㄱ. 국제 연합(UN) 산하의 기구가 주도하는 원조이다.
> ㄴ. 선진국의 저개발 국가에 대한 원조가 늘고 있다.
> ㄷ. 정부나 국제기구가 공식적으로 지원하는 형태이다.
> ㄹ. 비정부 기구와 민간 재단의 원조는 줄어들고 있다.

① ㄱ, ㄴ ② ㄱ, ㄷ ③ ㄴ, ㄷ ④ ㄴ, ㄹ ⑤ ㄷ, ㄹ

11 ㉠에 관한 설명으로 옳은 것을 〈보기〉에서 고르면?

> (㉠)(이)란 저개발 국가를 돕기 위해 국제 사회가 재정 및 기술, 물자 등을 지원하는 것을 일컫는다.

> ― 보기 ―
> ㄱ. 우리나라는 2000년대까지 도움을 받는 나라였다.
> ㄴ. 공적 개발 원조와 민간 개발 원조의 형태가 있다.
> ㄷ. 원조를 주는 나라는 주로 아프리카와 남아시아에 위치한다.
> ㄹ. 경제 협력 개발 기구 산하의 개발 원조 위원회가 주도하고 있다.

① ㄱ, ㄴ ② ㄱ, ㄷ ③ ㄴ, ㄷ ④ ㄴ, ㄹ ⑤ ㄷ, ㄹ

<u>중요</u>
12 다음 인증 마크가 표시된 제품을 소비하는 운동을 추진하는 이유를 〈보기〉에서 고르면?

> ― 보기 ―
> ㄱ. 소비 지역의 경제 성장을 돕는다.
> ㄴ. 생산자들의 빈곤을 완화시킬 수 있다.
> ㄷ. 소비자는 친환경 제품을 구매할 수 있다.
> ㄹ. 다국적 기업에 의한 유통으로, 저렴한 상품을 구매할 수 있다.

① ㄱ, ㄴ ② ㄱ, ㄷ ③ ㄴ, ㄷ ④ ㄴ, ㄹ ⑤ ㄷ, ㄹ

<u>서술형</u>
13 지도는 공적 개발 원조를 하는 국가와 받는 국가를 나타낸 것이다. (가), (나) 지역의 특성을 간단히 서술하시오.

원조받는 국가의 금액
(백만 달러, 2014)
■ 1,000 이상
■ 500~1,000
■ 100~500
□ 50~100
□ 50 미만
(가)
(나) □ 원조하는 국가
(경제 협력 개발 기구, 2016)

표와 자료로 마무리하기

주제 20 지구상의 지리적 문제

발생 원인		• 국가 및 지역 간 경제 격차 심화 • 영토 및 자원을 둘러싼 갈등 • 환경 오염 물질의 국제 이동
기아 문제	의미	식량 부족으로 충분한 영양을 섭취하지 못하는 현상
	발생 원인	• 자연적 요인 : 자연재해, 농작물 병충해 발생 등 • 인위적 요인 : 인구 증가, 식량 분배의 국제적 불균형, 잦은 분쟁에 따른 식량 공급의 어려움 등
	발생 지역	아시아와 아프리카의 일부 개발 도상국에서 심각함

영역 분쟁 자료1	영토 분쟁	영해 분쟁 자료2
	• 특징 : 국경선 설정이 모호하거나 한 국가가 다른 국가의 영역을 무력으로 점령한 곳에서 주로 발생 • 동아프리카 : 국경선과 부족 경계의 불일치 → 내전 • 팔레스타인 : 이스라엘과 팔레스타인의 갈등 • 카슈미르 : 인도와 파키스탄의 갈등 • 카스피해 : 석유와 천연가스를 둘러싼 연안국의 갈등	• 특징 : 배타적 경제 수역 및 경제·군사적 해상 거점 확보와 자원을 둘러싼 분쟁이 많아짐 • 센카쿠 열도(댜오위다오) : 중국과 일본의 영유권 분쟁 • 난사 군도(스프래틀리 군도) : 중국과 필리핀, 베트남, 말레이시아 등 동남아시아 국가의 영유권 분쟁 • 쿠릴 열도 : 러시아, 일본의 영유권 분쟁

생물 다양성 감소	발생 원인	산업화와 도시화, 농경지 조성으로 인한 삼림 파괴, 기후 변화, 환경 오염, 외래종의 침입 등
	발생 지역	열대 우림, 산호초 해안, 맹그로브 해안 등의 환경 오염과 생태계 파괴
	해결 노력	생물 다양성 협약(1992년) 채택 → 생물 종 보호 및 생물 다양성 유지를 위한 노력

자료1 세계의 주요 분쟁 지역

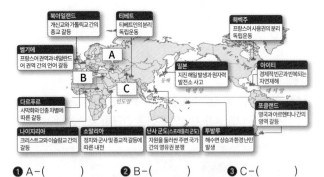

- 북아일랜드: 개신교와 가톨릭교 간의 종교 갈등
- 티베트: 티베트인의 분리 독립운동
- 퀘백주: 프랑스어 사용권의 분리 독립운동
- 벨기에: 프랑스어 권역과 네덜란드어 권역 간의 언어 갈등
- 일본: 지진 해일 발생과 원자력 발전소 사고
- 아이티: 경제적 빈곤과 반복되는 자연재해
- 다르푸르: 사막화와 인종 차별에 따른 갈등
- 포클랜드: 영국과 아르헨티나 간의 영역 갈등
- 나이지리아: 크리스트교와 이슬람교 간의 갈등
- 소말리아: 정치와 군사 및 종교적 갈등에 따른 내전
- 난사 군도(스프래틀리 군도): 자원을 둘러싼 주변 국가 간의 영유권 분쟁
- 투발루: 해수면 상승과 환경난민 발생

❶ A-(　　　) ❷ B-(　　　) ❸ C-(　　　)
❹ A는 (　　　)와/과 천연가스 확보를 둘러싸고 주변국의 영유권 분쟁이 나타난다.
❺ B는 (　　　)을/를 믿는 이스라엘과 (　　　)을/를 믿는 팔레스타인 사이의 영역 분쟁과 종교 분쟁이 결합되어 갈등이 심화되었다.
❻ C는 힌두교를 믿는 (　　　)와/과 이슬람교를 믿는 파키스탄 간의 갈등이 심각한 지역이다.

자료2 아시아의 영해 분쟁

❶ 쿠릴 열도는 (　　　)와/과 러시아의 영역 분쟁이 있는 곳이다.
❷ A, B는 (　　　)와 천연가스 매장지 확보를 위한 영유권 분쟁 지역이다.
❸ A, B 분쟁에 공통적으로 관련 있는 국가는 (　　　)이다.

주제 21 지역별 발전 수준과 빈곤 문제

발전 수준의 지역 차이	발생 원인	자연환경, 자원 보유량, 기술과 자본, 교육 수준 등의 차이
	선진국	• 산업 혁명 이후 경제 성장 • 1인당 국내 총생산, 생활 및 소득 수준이 높음 • 서부 유럽과 앵글로아메리카의 국가들
	개발 도상국	• 20세기 이후 경제 성장 중 • 1인당 국내 총생산, 생활 및 소득 수준이 낮음 • 아프리카, 동남아시아, 라틴 아메리카의 국가들

지역 차를 보여 주는 다양한 지표 자료3 자료4	1인당 국내 총생산	선진국 > 개발 도상국
	1인당 국민 총소득	선진국 > 개발 도상국
	인간 개발 지수	선진국 > 개발 도상국
	성인 문자 해독률	선진국 > 개발 도상국
	기대 수명	선진국 > 개발 도상국
	영아 사망률	선진국 < 개발 도상국
	교사 1인당 학생 수	선진국 < 개발 도상국
	성 불평등 지수	선진국 < 개발 도상국
	행복 지수	상대적으로 선진국 > 개발 도상국

빈곤 문제 해결을 위한 노력	저개발 지역의 노력	식량 생산성 증대, 자원 개발, 해외 투자 유치, 기술 개발, 일자리 창출, 교육 활동 투자 확대, 적정 기술 도입 등
		르완다: 역사 교육 강화, 여성 권리 신장, 빈곤 퇴치, 인재 육성에 집중 투자 → 아프리카 신흥 강대국으로 성장
		보츠와나: 다이아몬드 광산업 개발 → 교육 시설 및 기반 산업에 투자, 해외 자동차 산업 유치
		에티오피아: 관개 수로 확충으로 물 부족 문제 해결, 정치적 안정을 통한 개혁 및 개방 확대, 대외 경제 협력 등
		부탄: 국민 총 행복 지수를 통해 국민의 삶의 질 측정, 유기농 경작지 확대, 마을 공동체의 협력 장려 등을 통해 경제 성장
	국제 연합	지속 가능 발전 목표(SDGs) 설정 및 국제적 지원과 협력 확대

자료3 지역별 경제 발전의 수준 차이

(국제 통화 기금, 2016)

1인당 국내 총생산(GDP)이 많은 고소득 국가는 주로 (❶   ), 북아메리카 등 북반구에 분포하고, 1인당 국내 총생산(GDP)이 적은 저소득 국가는 주로 (❷   ) 대륙과 동남아시아 등지에 집중해 있다.

자료4 지역별 발전 수준의 지역 차이

(국제 연합 개발 계획, 2016)

(❶   )(이)란 국가의 교육 수준과 국민 소득, 기대 수명 등을 기준으로 인간의 삶과 관련된 자료를 조사해 각국의 발전 수준과 선진화 정도를 평가하는 것이다. 이는 개발 도상국보다 선진국에서 주로 (❷   ) 나타난다.

주제 22 지역 간 불평등 완화를 위한 노력

지역 간 불평등		선진국은 경제적으로 부유하나, 저개발 국가의 일부 주민은 식량 부족과 빈곤 등으로 어려운 상황에 처함
정부 간 국제 기구	국제 연합 (UN)	유엔 평화 유지군 (PKF) / 분쟁 지역의 질서 유지, 주민 안전
		유엔 난민 기구 (UNHCR) / 난민 보호 및 난민 문제 해결
		유엔 세계 식량 계획(WFP) / 기아와 빈곤으로 고통 받는 지역에 식량 지원
		유엔 아동 기금 (UNICEF) / 아동 구호와 아동 복지 향상
		새천년 개발 목표(MDGs), 지속 가능 발전 목표(SDGs) / 국제 연합(UN)에서 채택된 빈곤 퇴치를 위한 전 세계적인 운동
	경제 협력 개발 기구 (OECD)	국가 및 지역 간 경제 격차 해소를 위한 활동

국제 비정부 기구 (NGO)	의미	민간단체가 중심이 되어 인도주의적 차원에서 구호 활동을 하는 단체
	주요 활동	• 그린피스 : 환경 보호 운동 • 국경 없는 의사회 : 분쟁 지역에 의료 지원 활동 • 세이브 더 칠드런 : 아동 긴급 구호 사업
개발 원조 **자료5**	의미	저개발 국가의 빈곤 문제를 해결하기 위해 국제 사회가 재정 및 기술, 물자 등을 지원하는 것
	유형	• 공적 개발 원조 : 정부·국제기구의 공식적 지원 • 민간 개발 원조 : 비정부 기구·민간 재단의 지원
	특성	• 경제 협력 개발 기구(OECD) 산하의 개발 원조 위원회(DAC)가 주도 • 우리나라는 원조 받던 나라에서 다른 나라에 원조하는 최초의 국가 → 한국 국제 협력단(KOICA)을 통한 지원 사업 진행 중
공정 무역 **자료6**	의미	선진국과 저개발 국가 사이의 불공정한 무역을 개선하여 저개발 국가의 생산자에게 정당한 가격을 지급하는 무역 방식
	효과	저개발 국가의 빈곤 퇴치에 도움을 줌

자료5 공적 개발 원조를 하는 국가와 받는 국가

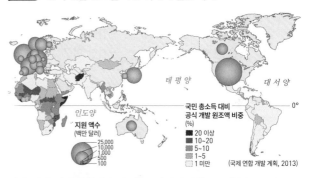

(국제 연합 개발 계획, 2013)

선진국들은 경제 협력 개발 기구(OECD) 산하의 (❶   )을/를 통해 다양한 방식으로 (❷   ) 대륙과 남아시아 저개발 국가의 경제 발전과 복지 증진 등을 위해 공적 개발 원조를 제공하고 있다.

자료6 공정 무역

(❶   )은/는 유통 단계를 줄이고 직거래를 활성화하여 유통비를 절약하고 생산자의 수익을 높일 수 있다. 이를 통해 (❷   )의 소비자가 (❸   )에서 생산되는 환경친화적 제품에 정당한 가격을 지급하여 생산자에게 무역의 혜택이 돌아가도록 한다.

실전문제로 마무리하기

01 다음과 같은 영상을 촬영할 때 들어갈 장면으로 적절한 것은?

주제 : 오늘날 발생하고 있는 세계의 지리적 문제
촬영 지역 : 아프리카의 수단과 소말리아

① 거대한 빙하가 녹아내리는 모습
② 식량이 부족해 굶주림으로 고통 받는 어린이
③ 해수면 상승으로 가옥이 침수되고 있는 마을
④ 새로운 도로 건설로 파괴되고 있는 열대 우림
⑤ 유대인이 아랍인의 거주 지역을 폭격하는 모습

02 ㉠, ㉡에 해당하는 요인을 〈보기〉에서 골라 바르게 짝지은 것은?

기아는 인간 생존에 필요한 물과 영양소를 충분히 섭취하지 못해 발생한다. 이러한 현상은 ㉠ 자연적 요인과 ㉡ 인위적 요인이 복합적으로 작용하여 나타난다.

┌─ 보기 ─
ㄱ. 병충해　　　　　　ㄴ. 자연재해
ㄷ. 잦은 분쟁　　　　　ㄹ. 급격한 인구 증가
└─

	㉠	㉡		㉠	㉡
①	ㄱ, ㄴ	ㄷ, ㄹ	②	ㄱ, ㄷ	ㄴ, ㄹ
③	ㄱ, ㄹ	ㄴ, ㄷ	④	ㄴ, ㄷ	ㄱ, ㄹ
⑤	ㄴ, ㄹ	ㄱ, ㄷ			

03 지도와 같은 국경 설정으로 인해 나타나고 있는 지역의 문제점으로 옳은 것은?

(디르케 세계 지도, 2015)

① 자원 고갈 문제가 나타나고 있다.
② 강대국들의 침략이 가속화되고 있다.
③ 부족 간 분쟁과 내전이 계속되고 있다.
④ 해상 거점 확보를 위한 갈등이 심해졌다.
⑤ 국토 공간의 불균형 문제가 심화되고 있다.

04 영역 분쟁에 관한 옳은 설명을 〈보기〉에서 고르면?

┌─ 보기 ─
ㄱ. 해저 자원 고갈로 영토를 둘러싼 갈등이 늘어나고 있다.
ㄴ. 영토 또는 영해의 주권을 두고 벌어지는 국가 간의 분쟁이다.
ㄷ. 역사적 배경, 민족과 종교 차이 등이 복잡하게 얽힌 경우가 많다.
ㄹ. 각국의 이해관계가 대립하는 경우가 많으므로 분쟁 당사국이 해결하도록 맡겨야 한다.
└─

① ㄱ, ㄴ　② ㄱ, ㄷ　③ ㄴ, ㄷ　④ ㄴ, ㄹ　⑤ ㄷ, ㄹ

[05~06] 지도는 세계의 주요 분쟁 지역을 표시한 것이다. 물음에 답하시오.

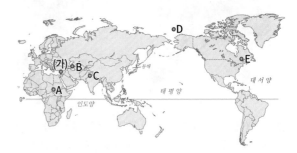

05 위 지도의 (가) 지역에 관한 옳은 설명을 〈보기〉에서 고르면?

┌─ 보기 ─
ㄱ. 이스라엘과 팔레스타인의 분쟁이다.
ㄴ. 이슬람교도와 유대교도 간의 갈등이 심각하다.
ㄷ. 자원과 해상 교통로 확보를 위한 분쟁 지역이다.
ㄹ. 대기 오염 물질의 이동에 따른 갈등이 주요 원인이다.
└─

① ㄱ, ㄴ　② ㄱ, ㄷ　③ ㄴ, ㄷ　④ ㄴ, ㄹ　⑤ ㄷ, ㄹ

06 ㉠ 지역을 위 지도의 A~E에서 고르면?

1947년 인도가 영국으로부터 독립하면서 주민 대부분이 이슬람교를 믿는 (㉠)은/는 파키스탄으로 귀속될 예정이었으나, 이곳을 통치하던 힌두교 지도자가 인도에 통치권을 넘기면서 갈등이 시작되었다.

① A　　② B　　③ C　　④ D　　⑤ E

07 지도에 표시된 지역 분쟁의 공통된 원인으로 옳은 것은?

① 군사적 요충지 확보
② 서로 다른 민족과 종교
③ 새로운 자원 매장지 확보
④ 식량 분배의 국제적 불균형
⑤ 민족 분포와 다르게 설정된 국경

08 다음과 같은 분쟁이 나타나는 지역을 지도의 A~E에서 고르면?

> 오늘날 세계 각국은 석유와 천연가스 매장 지역을 차지하기 위해 지구 곳곳에서 갈등을 빚고 있다.

① A, B
② A, E
③ A, B, C
④ B, C, D
⑤ C, D, E

09 다음은 영토와 영해를 둘러싼 분쟁에 대해 정리한 것이다. ㉠~㉤ 중 옳지 않은 것은?

> 〈영토와 영해를 둘러싼 분쟁 지역〉
> (1) 국경선이 모호한 경우 : ㉠ 동아프리카 지역
> (2) 자원을 둘러싼 경제적 이권 다툼 : ㉡ 센카쿠 열도, ㉢ 카스피해
> (3) 종교의 차이로 인한 분쟁 : ㉣ 난사(스프래틀리) 군도, ㉤ 카슈미르 지역

① ㉠
② ㉡
③ ㉢
④ ㉣
⑤ ㉤

10 (가)~(다)의 지역 분쟁에 관한 설명으로 옳은 것을 〈보기〉에서 고르면?

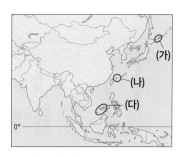

> 보기
> ㄱ. (가)는 현재 미국이 실효 지배하고 있다.
> ㄴ. (나)는 오염 물질 이동이 분쟁의 가장 큰 원인이다.
> ㄷ. (다)에서는 자원과 배타적 경제 수역의 확보 경쟁이 치열하다.
> ㄹ. (나), (다) 모두 분쟁 당사국에 중국이 속해 있다.

① ㄱ, ㄴ
② ㄱ, ㄷ
③ ㄴ, ㄷ
④ ㄴ, ㄹ
⑤ ㄷ, ㄹ

11 지구상의 생물 종 감소에 영향을 주는 원인을 〈보기〉에서 고르면?

> 보기
> ㄱ. 도시의 건설
> ㄴ. 외래종의 침입
> ㄷ. 맹그로브 발달
> ㄹ. 생물 다양성 협약 채택

① ㄱ, ㄴ
② ㄱ, ㄷ
③ ㄴ, ㄷ
④ ㄴ, ㄹ
⑤ ㄷ, ㄹ

12 다음과 같은 문제가 발생하고 있는 지역을 지도의 A~E에서 고르면?

> 전 세계 생물 종의 절반 이상이 서식하고 있으며, 지구 표면의 약 12%를 덮던 열대 우림의 파괴는 생물 종 감소의 주요 원인이다.

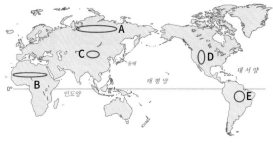

① A
② B
③ C
④ D
⑤ E

13 그래프를 보고 설명한 내용으로 옳은 것을 〈보기〉에서 고르면? (단, A, B는 각각 영양 부족 인구 비율과 비만 인구 비율 중 하나임)

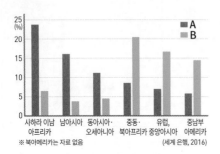

※ 북아메리카는 자료 없음 (세계 은행, 2016)

보기
ㄱ. A 비율이 높은 지역은 빈곤 문제가 나타난다.
ㄴ. B 비율은 주로 저개발 지역에서 높게 나타난다.
ㄷ. 북아메리카 지역은 B의 비율이 높게 나타날 것이다.
ㄹ. B 비율이 높은 지역은 대체로 A 비율이 높은 지역보다 문맹률이 높다.

① ㄱ, ㄴ   ② ㄱ, ㄷ   ③ ㄴ, ㄷ
④ ㄴ, ㄹ   ⑤ ㄷ, ㄹ

14 그래프를 보고 A, B 국가군에 관해 바르게 설명한 것을 〈보기〉에서 고르면?

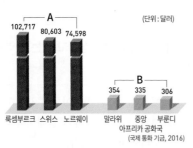

▲ 1인당 국내 총생산 상·하위 3개 국가(2015년)

보기
ㄱ. A 국가군은 소득 수준이 높은 선진국이다.
ㄴ. B 국가군은 빈곤 퇴치를 위한 노력이 필요하다.
ㄷ. A 국가군보다 B 국가군의 인간 개발 지수가 높다.
ㄹ. B 국가군은 A 국가군에 비해 대체로 행복 지수가 높다.

① ㄱ, ㄴ   ② ㄱ, ㄷ   ③ ㄴ, ㄷ
④ ㄴ, ㄹ   ⑤ ㄷ, ㄹ

15 A 지역에 비해 B 지역에서 상대적으로 높게 나타나는 지표를 〈보기〉에서 고르면?

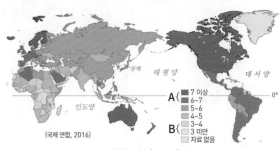

(국제 연합, 2016)

▲ 행복 지수(2015년)

보기
ㄱ. 영아 사망률   ㄴ. 인간 개발 지수
ㄷ. 교사 1인당 학생 수   ㄹ. 1인당 국내 총생산

① ㄱ, ㄴ   ② ㄱ, ㄷ   ③ ㄴ, ㄷ
④ ㄴ, ㄹ   ⑤ ㄷ, ㄹ

16 다음과 같은 활동을 통해 이루고자 하는 것은 무엇인가?

• 르완다의 여성 권리 신장 노력
• 에티오피아의 개혁 및 개방 확대, 대외 경제 협력
• 국제 연합(UN)의 새천년 마을 발전 프로젝트 추진

① 지역의 빈곤 문제 완화
② 세계 식량 분배 불균형 문제 해결
③ 생물 종 보호와 생물 다양성 유지
④ 기후 변화에 대응하기 위한 국가 간 협력
⑤ 자연재해로 피해를 입은 개발 도상국에 대한 원조

17 ㉠에 들어갈 알맞은 국가는 어디인가?

남아프리카에 위치한 (㉠)은/는 정부와 민간의 협력으로 다이아몬드 광산업 개발에 성공하였고 이를 통해 얻은 수입을 사회 기반 산업에 투자하는 등 빈곤 극복을 위한 노력을 하고 있다.

① 인도   ② 가나
③ 보츠와나   ④ 소말리아
⑤ 남아프리카 공화국

18 ㉠에 해당하는 것을 〈보기〉에서 고르면?

> 국제 차원의 국가 간 협력을 꾀하기 위해 가장 활발하게 활동하는 국제기구는 국제 연합(UN)이다. 국제 연합 내에는 지구상에서 발생하는 여러 가지 문제를 해결하기 위한 ㉠ 전문 기구들이 활동하고 있다.

── 보기 ──
ㄱ. 세계 무역 기구(WTO)
ㄴ. 세계 보건 기구(WHO)
ㄷ. 세계 식량 계획(WFP)
ㄹ. 개발 원조 위원회(DAC)

① ㄱ, ㄴ ② ㄱ, ㄷ ③ ㄴ, ㄷ
④ ㄴ, ㄹ ⑤ ㄷ, ㄹ

19 다음 글에서 설명하고 있는 단체의 사례와 활동 내용이 적절하지 <u>않은</u> 것은?

> 민간단체가 중심이 되어 만들어진 조직으로 인도주의적인 차원에서 구호 활동을 하는 단체이며, 최근 비중이 점점 커지고 있다.

① 그린피스 – 지구 환경 보호 운동을 한다.
② 유니세프 – 전 세계 빈곤국의 아동을 돕기 위한 활동을 주로 한다.
③ 국경 없는 의사회 – 전쟁과 자연재해 지역에 의료 서비스를 제공한다.
④ 굿네이버스 – 저개발 지역에 대한 기부와 주민의 소득 증대를 돕는 활동을 한다.
⑤ 세이브 더 칠드런 – 인종·종교·정치적 이념을 넘어 아동 권리 실현을 위해 활동한다.

20 공정 무역에 관한 설명으로 옳지 <u>않은</u> 것은?

① 친환경 생산 방식으로 생산한 농산물이 주를 이룬다.
② 저개발 국가의 생산자에게 정당한 가격을 지급하는 무역 방식이다.
③ 선진국과 저개발 국가 간의 불공정한 무역을 개선하기 위한 것이다.
④ 일반 제품에 비해 가격이 저렴하여 최근 판매가 급속히 증가하고 있다.
⑤ 장기적으로 생산자와 소비자에게 모두 이로운 지속 가능한 발전을 추구한다.

✎ 서술형 문제

21 그림을 보고 물음에 답하시오.

(1) ㉠에 공통적으로 들어갈 분쟁 지역을 쓰시오.

(2) ㉠을 둘러싼 분쟁이 그림에서와 같이 심화되고 있는 이유를 서술하시오.

22 지도는 국가별 인간 개발 지수를 나타낸 것이다. A 지역에서 높게 나타나는 지표를 세 가지 서술하시오.

(국제 연합 개발 계획, 2016)

23 그림에 나타난 공정 무역 커피의 수익 배분 구조를 보고 공정 무역 커피를 소비할 때 생산자에게 나타나는 긍정적인 변화를 서술하시오.

개념 잡고 성적 올리는 필수 개념서

올리드

시험대비편 중등 **사회 ②**-2

올리드 100점 전략

개념을 꽉
잡아라!
문제를 싹
잡아라!
시험을 확
잡아라!
오답을 꼭
잡아라!

Mirae N 에듀

올리드 100점 전략

1 교과서를 쉽고 알차게 정리한 22개의 **개념 꽉 잡기** .... 개념학습편

2 개념-실력-실전 3단계 반복 학습으로 **문제 싹 잡기**

3 핵심 정리부터 기출 문제까지 빠르게 **시험 확 잡기** .... 시험대비편

4 문제 해결 노하우를 담은 자세한 풀이로 **오답 꼭 잡기** .... 바른답·알찬풀이

시험 대비편

중등 사회 ❷-2

VII. 인구 변화와 인구 문제

❶ 인구 분포

주제 01 세계의 인구 분포와 특징

1 세계 인구 분포의 특징

반구별	세계 인구의 90% 이상이 ❶___에 거주함
위도별	• 북위 20°~40° 온화한 기후 지역의 인구 밀도가 높음 • 극지방, 적도 부근은 인구 밀도가 낮음
지형별	평야나 해안 지역에 많이 거주함
대륙별	❷___와 유럽 대륙에 인구가 밀집함
국가별	중국과 인도가 세계 인구의 3분의 1 이상을 차지함

2 인구 분포에 영향을 주는 요인

(1) **자연적 요인** 지형, 기후, 식생, 토양 등

유리한 곳	온화한 기후, 넓은 평야, 물이 풍부한 곳 등
불리한 곳	너무 춥거나 건조한 기후, 산지가 험준한 곳 등

(2) **인문적·사회적 요인** 산업과 교통, 문화, 정치 등

유리한 곳	산업이 발달하여 일자리가 풍부한 곳, 교통이 편리한 곳, 교육과 문화 시설을 잘 갖춘 곳 등
불리한 곳	산업 시설과 일자리가 부족한 곳, 교통이 불편한 곳, 전쟁과 분쟁이 자주 발생하는 곳 등

3 인구 밀집 지역과 희박 지역

(1) 인구 ❸___ 지역

농경에 유리한 곳	계절풍 기후가 나타나는 ❹___ 농사 지역
산업이 발달한 곳	서부 유럽, 미국 북동부 대서양 연안, 일본의 태평양 연안 등

(2) 인구 ❺___ 지역

건조 기후 지역	사하라 사막, 오스트레일리아 내륙 지역 등
열대 기후 지역	아마존강 유역 등 적도 주변의 열대 우림 지역
한대 기후 지역	캐나다 북부 지역, 극지방 등
산지 지역	알프스산맥, 히말라야산맥 등

4 우리나라의 인구 분포

(1) **산업화 이전** 벼농사 중심의 전통 농업 사회

밀집 지역	평야가 넓어 벼농사에 유리한 남서부 지역
희박 지역	기온이 낮고 산지가 많아 농경에 불리한 북동부 지역

(2) **산업화 이후(1960년대 이후)**

밀집 지역	❻___ 현상으로 서울과 부산 등 대도시와 수도권 및 남해 임해 공업 지역 등으로 인구 집중
희박 지역	농어촌 지역과 산지 지역 등

정답 ❶ 북반구 ❷ 아시아 ❸ 밀집 ❹ 벼 ❺ 희박 ❻ 이촌 향도

---

01 다음 현상이 나타나는 원인과 가장 거리가 <u>먼</u> 것은?

> 세계의 인구는 지구상에 고르게 분포하지 않고 특정 지역에 집중하여 분포한다.

① 자연환경의 영향　　② 과학 기술의 발전
③ 산업 발전의 정도　　④ 인문 환경의 영향
⑤ 종교 분포의 영향

꼭나와

02 세계의 인구 분포에 관한 설명으로 옳은 것을 〈보기〉에서 고르면?

> **보기**
> ㄱ. 인구 분포는 자연환경의 영향을 많이 받는다.
> ㄴ. 하천 유역의 넓은 평야 지역은 인구가 희박한 편이다.
> ㄷ. 산업 혁명 이후에는 공업이 발달한 도시를 중심으로 인구가 밀집하였다.
> ㄹ. 연중 덥거나 건조한 지역, 높은 산지 지역에는 인구가 밀집한다.

① ㄱ, ㄴ　　② ㄱ, ㄷ　　③ ㄴ, ㄷ
④ ㄴ, ㄹ　　⑤ ㄷ, ㄹ

03 ㉠~㉤의 사례로 옳지 <u>않은</u> 것은?

> 과거에는 자연적 요인이 인구 분포에 많은 영향을 끼쳤다. ㉠계절풍 기후가 나타나고 하천 유역의 넓은 평야에서 벼농사를 짓는 곳은 예로부터 인구가 밀집했다. 반면 ㉡건조 기후가 나타나거나 ㉢너무 더운 지역은 인구가 희박한 편이다. 산업 혁명 이후에는 인문적·사회적 요인이 인구 분포에 많은 영향을 주고 있다. ㉣경제가 발달하고 일자리가 풍부한 지역에는 인구가 밀집하지만, ㉤전쟁과 분쟁이 자주 발생하는 지역은 인구가 희박하다.

① ㉠ - 동남 및 남부 아시아 지역
② ㉡ - 사하라 사막과 오스트레일리아 내륙 지역
③ ㉢ - 아마존강 유역
④ ㉣ - 서부 유럽과 미국 북동부 지역
⑤ ㉤ - 캐나다 북부 지역과 그린란드

04 세계의 인구 분포에 관한 설명으로 옳은 것은?

① 적도 부근이나 극지방은 인구 밀도가 높다.

② 아시아와 오세아니아에 많은 인구가 분포한다.

③ 세계 인구의 90 % 이상이 남반구에 살고 있다.

④ 벼농사 지역보다 유목 지역의 인구 밀도가 더 높다.

⑤ 1차 산업보다 2·3차 산업이 발달한 지역에 인구가 밀집한다.

꼭나와

05 인구가 밀집한 지역을 지도의 A~E에서 고르면?

① A, C   ② A, D   ③ B, C

④ B, D   ⑤ C, E

06 (가)에 해당하는 지역을 아래 지도의 A~E에서 고르면?

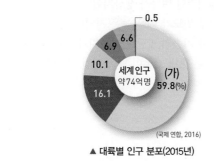

▲ 대륙별 인구 분포(2015년)

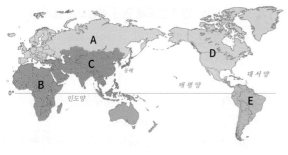

① A   ② B   ③ C   ④ D   ⑤ E

07 지도는 인구 규모를 기준으로 국가의 크기를 달리하여 그린 카토그램이다. 이에 관한 설명으로 옳지 않은 것은?

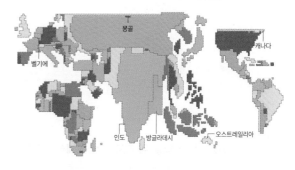

① 인도는 출산율이 높아 인구가 많다.

② 방글라데시의 실제 면적은 몽골보다 작다.

③ 캐나다는 국토 대부분이 기온이 낮아 인구가 적다.

④ 벨기에는 서비스업이 발달하고 일자리가 많아 인구 밀도가 높다.

⑤ 오스트레일리아는 초원이 넓고 생활 환경이 쾌적하여 인구 밀도가 높다.

꼭나와

08 지도는 세계 인구의 분포를 나타낸 것이다. A~C 지역의 특징에 관한 설명으로 옳은 것은?

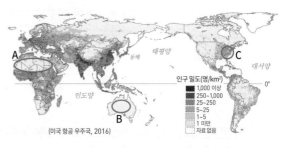

① A는 세 지역 중에서 인구 부양력이 가장 높다.

② B는 기온이 높고 강수량이 많아 인구가 희박하다.

③ C는 상공업이 발달하여 인구가 밀집해 있다.

④ A는 B보다 인문적·사회적 요인이 유리하여 인구가 밀집한다.

⑤ B는 C보다 인구 밀도가 높다.

[09~10] 지도를 보고 물음에 답하시오.

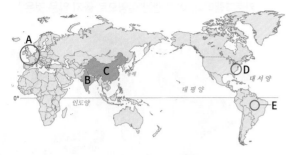

09 ㉠에 해당하는 지역을 위 지도의 A~E에서 고르면?

> ㉠이 지역은 경제 발전 수준이 높고 교통 및 문화 시설이 잘 갖추어져 있으며, 공업과 서비스업이 발달하여 인구가 밀집한다.

① A, C ② A, D ③ B, C
④ B, D ⑤ C, E

10 위 지도에서 다음 기후 그래프가 나타나는 지역과 그에 관한 설명으로 옳은 것은?

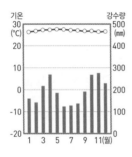

① A – 산업 혁명 이후 일찍부터 경제가 성장하였다.
② B – 강수량이 매우 적어 농경과 목축에 불리하다.
③ C – 계절풍의 영향으로 벼농사에 유리하다.
④ D – 높고 험한 산지가 분포하여 인구가 희박하다.
⑤ E – 고온 다습하고 밀림이 우거져 인간 거주에 불리하다.

11 사진은 몽골의 모습이다. 이를 보고 알 수 있는 몽골의 인구 밀도에 큰 영향을 미치는 원인으로 옳은 것은?

① 환경 오염
② 건조 기후
③ 자원 고갈
④ 열대 우림
⑤ 분쟁과 내전

[12~13] 지도를 보고 물음에 답하시오.

12 위 지도의 A 지역에서 볼 수 있는 경관은?

①  ②

③  ④

⑤

꼭나와
13 위 지도의 B 지역에 관한 설명으로 옳은 것을 〈보기〉에서 고르면?

> ── 보기 ──
> ㄱ. 세계적인 벼농사 생산지이다.
> ㄴ. 인구 밀도가 매우 높은 지역이다.
> ㄷ. 과학 기술의 발달로 거주지가 확대된 곳이다.
> ㄹ. 일 년 내내 기온이 낮아 인간 거주에 불리하다.

① ㄱ, ㄴ ② ㄱ, ㄷ ③ ㄴ, ㄷ
④ ㄴ, ㄹ ⑤ ㄷ, ㄹ

14 우리나라의 인구 분포에 관한 설명으로 옳지 <u>않은</u> 것은?

① 수도권은 인구 과밀 현상이 나타난다.
② 우리나라는 인구가 불균등하게 분포한다.
③ 산지 지역과 농어촌 지역은 인구 밀도가 낮다.
④ 과거 우리나라 인구의 대부분은 농업에 유리한 북동부 지역에 밀집하였다.
⑤ 산업화 이후 이촌 향도 현상이 뚜렷하게 나타나 대도시에 인구가 밀집하였다.

[15~17] 우리나라의 시기별 인구 분포 지도를 보고 물음에 답하시오.

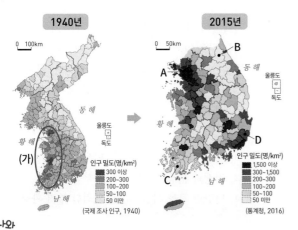

1940년

2015년

(국제 조사 인구, 1940)

(통계청, 2016)

인구 밀도(명/km²)
300 이상
200~300
100~200
50~100
50 미만

인구 밀도(명/km²)
1,500 이상
300~1,500
200~300
100~200
50~100
50 미만

15 위 지도의 (가) 지역에 인구가 밀집했던 이유로 옳은 것을 〈보기〉에서 고르면?

┌─ 보기 ─────────────────────
│ ㄱ. 높은 경지율   ㄴ. 온화한 기후
│ ㄷ. 풍부한 지하자원   ㄹ. 높은 임금의 일자리
└────────────────────────

① ㄱ, ㄴ ② ㄱ, ㄷ ③ ㄴ, ㄷ ④ ㄴ, ㄹ ⑤ ㄷ, ㄹ

16 위 지도의 A~D 지역에 관한 설명으로 옳은 것을 〈보기〉에서 고르면?

┌─ 보기 ─────────────────────
│ ㄱ. A는 우리나라 정치·경제·문화의 중심지로 인구
│ 　 가 밀집해 있다.
│ ㄴ. B는 넓은 농경지를 바탕으로 농업이 활발해 인구
│ 　 밀도가 높다.
│ ㄷ. C는 전체 면적의 90% 이상이 산지로 인구가 희
│ 　 박하다.
│ ㄹ. D는 1970년대 산업화의 영향으로 도시가 발달
│ 　 하였다.
└────────────────────────

① ㄱ　　　　② ㄱ, ㄹ　　　　③ ㄴ, ㄷ
④ ㄱ, ㄴ, ㄷ　　⑤ ㄴ, ㄷ, ㄹ

17 위 지도의 인구 분포 변화에 관한 설명으로 옳지 <u>않은</u> 것은?

① 지역 간의 인구 밀도 차이가 감소하였다.
② 특별시와 광역시의 인구 밀도가 높아졌다.
③ 산업화 이후 인구 밀집 지역이 변화하였다.
④ 인구 분포의 차이는 인구 이동의 영향이 매우 크다.
⑤ 오늘날의 인구 분포는 경제적 조건의 영향을 크게
　 받는다.

[서술형]

18 그래프는 대륙별 인구 분포를 나타낸 것이다. A에 해당하는 대륙과 A 대륙에 많은 인구가 거주하는 이유를 서술하시오.

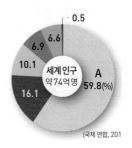

0.5
6.6
6.9
10.1
16.1
세계인구
약74억명
A
59.8(%)

(국제 연합, 201)

[서술형]

19 지도는 세계의 인구 분포를 나타낸 것이다. 물음에 답하시오.

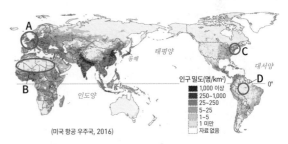

인구 밀도(명/km²)
1,000 이상
250~1,000
25~250
5~25
1~5
1 미만
자료 없음

(미국 항공 우주국, 2016)

(1) 위 지도의 A~D 지역 중 인구 밀집 지역을 골라 쓰시오.

(2) 위 지도의 A~D 지역 중 인구가 밀집한 지역과 인구가 희박한 지역의 기후 환경에 관해 서술하시오.

[서술형]

20 그래프는 우리나라의 수도권과 비수도권의 인구 비율 변화를 나타낸 것이다. 이와 같은 변화가 나타나는 이유를 서술하시오.

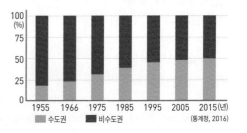

100
(%)
75
50
25
0
1955　1966　1975　1985　1995　2005　2015(년)
　수도권　　비수도권
(통계청, 2016)

❷ 인구 이동

주제 02 인구 이동과 지역의 변화

1 인구 이동의 원인과 유형

(1) 인구 이동의 원인

❶ 요인	• 인구를 끌어들여 머무르게 하는 요인 예 풍부한 일자리, 높은 임금 등
❷ 요인	• 인구를 다른 지역으로 밀어내는 요인 예 낮은 임금, 분쟁, 자연재해, 종교 박해 등

(2) 인구 이동의 유형

이동 범위에 따라	국내 이동, 국제 이동
이동 의지에 따라	자발적 이동, 강제적 이동
이주 기간에 따라	일시적 이동, 영구적 이동
이동 목적에 따라	경제적 이동, 정치적 이동, 종교적 이동 등

2 인구의 국제 이동

(1) 과거의 국제 이동

① 경제적 이동   유럽인이 신항로 개척 이후 영토 확장을 위해 북아메리카·오스트레일리아로 이동

② ❸   이동   아프리카 흑인의 아메리카 강제 이주

③ 종교적 이동   영국 청교도의 아메리카 이주

(2) 오늘날의 국제 이동

경제적 이동	개발 도상국에서 ❹ 으로 일자리를 찾기 위한 이동
정치적 이동	내전, 민족 탄압 등을 피하기 위한 ❺ 의 이동
환경 난민	지구 온난화와 자연재해 증가에 따른 이동

3 인구 이동으로 인한 영향

(1) 인구 유입 지역   저임금 노동력 확보, 문화의 다양성, 종교·관습 등의 차이로 문화 간 충돌 발생 등

(2) 인구 유출 지역   실업률 감소, 외화 유입으로 경제 발전, 성비 불균형 문제, 노동력 부족 현상 발생 등

4 우리나라의 인구 이동

(1) 1960년대 이후   산업화 이후 ❻   로 대도시와 공업 도시의 인구 급증

(2) 1990년대 이후   중국과 동남아시아 등지에서 우리나라로 이주하는 외국인 증가, 대도시 주변의 신도시나 농촌 지역으로 이동

(3) 최근   취업·유학 등의 이동 활발, 국내 다문화 가정 증가

정답 ❶ 흡인 ❷ 배출 ❸ 강제적 ❹ 선진국 ❺ 난민 ❻ 이촌 향도

꼭 나와

01 ㉠, ㉡에 해당하는 내용을 〈보기〉에서 골라 바르게 짝지은 것은?

> 사람들이 원래 살던 지역을 떠나 다른 지역으로 옮겨 가는 것을 인구 이동이라고 하며, 이는 다양한 이유로 발생한다. 인구 유입 지역은 사람들을 끌어들이는 ㉠흡인 요인이 있는 반면, 인구 유출 지역은 사람들이 떠나게 하는 ㉡배출 요인이 작용한다.

보기
ㄱ. 자연재해	ㄴ. 낮은 임금
ㄷ. 전쟁과 분쟁	ㄹ. 풍부한 일자리
ㅁ. 다양한 교육 시설	ㅂ. 쾌적한 주거 환경

	㉠	㉡
①	ㄱ, ㄴ, ㄷ	ㄹ, ㅁ, ㅂ
②	ㄱ, ㄷ, ㅁ	ㄴ, ㄹ, ㅂ
③	ㄴ, ㄷ, ㅁ	ㄱ, ㄹ, ㅂ
④	ㄴ, ㄹ, ㅂ	ㄱ, ㄷ, ㅁ
⑤	ㄹ, ㅁ, ㅂ	ㄱ, ㄴ, ㄷ

02 제시된 인구 이동의 공통점으로 옳은 것은?

> • 신항로 개척 이후 유럽인의 아메리카 이주
> • 중국인들의 동남아시아 및 세계 각지로의 이주

① 강제적 이동   ② 경제적 이동
③ 정치적 이동   ④ 종교적 이동
⑤ 환경적 이동

03 ㉠에 해당하는 인구 이동을 지도의 A~E에서 고르면?

> 인구 이동은 이동 기간에 따라 일시적 이동과 영구적 이동으로 구분하며, 이주자의 의지에 따라 자발적 이동과 (㉠) 이동으로 구분할 수 있다.

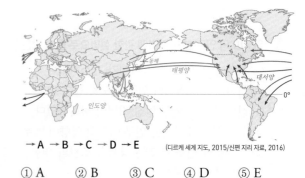

→A →B →C →D →E   (디르케 세계 지도, 2015/신편 지리 자료, 2016)

① A   ② B   ③ C   ④ D   ⑤ E

04 세계 인구의 국제 이동에 관한 설명으로 옳은 것은?

① 개발 도상국 간의 인구 이동이 활발하다.
② 국제 이동의 주요 목적지는 아시아인 경우가 많다.
③ 동부 및 동남아시아에서는 주로 유럽으로 이동한다.
④ 과거 청교도의 아메리카 이주는 정치적 목적에 따른 것이다.
⑤ 내전에 따른 난민 발생과 이동은 주로 아프리카와 서남아시아에서 나타난다.

05 지도는 인구의 국제 이동을 나타낸 것이다. A, B 인구 이동에 관한 설명으로 옳은 것을 〈보기〉에서 고르면?

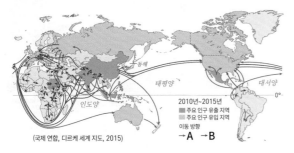

(국제 연합, 디르케 세계 지도, 2015)

2010년~2015년
■ 주요 인구 유출 지역
■ 주요 인구 유입 지역
이동 방향
→A →B

── 보기 ──
ㄱ. A는 경제적 이동, B는 정치적 이동이다.
ㄴ. A 이동의 목적지는 주로 개발 도상국이다.
ㄷ. B는 전쟁과 분쟁을 피하기 위한 난민의 이동이다.
ㄹ. 인구 유입 지역에서는 문화 충돌과 같은 문제가 나타나기도 한다.

① ㄱ, ㄴ
② ㄱ, ㄷ
③ ㄱ, ㄴ, ㄷ
④ ㄱ, ㄷ, ㄹ
⑤ ㄴ, ㄷ, ㄹ

06 지도의 인구 이동과 유사한 목적의 이동으로 옳은 것은?

① 영국 청교도의 아메리카 이주
② 시리아인의 터키 및 유럽으로 이주
③ 아프리카 흑인 노예의 아메리카 이주
④ 취업을 위한 개발 도상국에서 선진국으로의 이주
⑤ 미국 북동부 해안 지역에서 태평양 연안으로의 이주

07 ㉠의 인구 이동을 나타낸 지도를 고르면?

산업화와 경제 발전에 따라 농촌에서 도시로 이동하였던 인구가 대도시의 인구 밀집으로 교통 혼잡과 집값 상승, 환경 오염 등의 문제가 발생하자 ㉠<u>주변 지역이나 농촌으로 이동하는 현상</u>이 나타나고 있다.

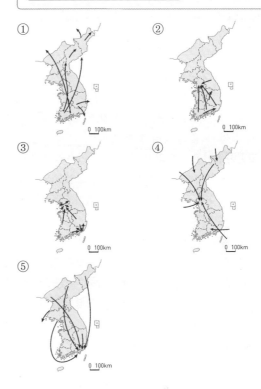

08 다음 글을 읽고 물음에 답하시오.

개발 도상국에서는 일자리가 풍부하고 높은 임금을 받을 수 있는 지역으로 인구가 이동하는 (㉠)이/가 활발하다. 반면 일부 선진국에서는 더욱 쾌적한 환경을 찾는 사람들이 많아지고, 교통·통신의 발달로 재택근무가 확산되면서 (㉡) 현상이 나타나고 있다.

(1) ㉠, ㉡에 들어갈 용어를 쓰시오.

(2) ㉠, ㉡ 인구 이동의 주요 방향과 그 이유를 각각 서술하시오.

❸ 인구 문제

주제 03 세계의 인구 문제

1 세계의 인구 성장

구분	인구 급증 시기	현재
선진국	❶ 이후	완만 혹은 정체
개발 도상국	제2차 세계 대전 이후	폭발적 증가

2 선진국의 인구 문제와 대책

(1) ❷   여성의 활발한 사회 진출, 가치관 변화, 경제적 부담 증가 → 생산 인구 감소, 경제 성장 둔화 문제 발생 → 출산 장려 정책 필요

(2) **고령화** 의학 기술의 발달로 노인 인구의 비율 증가 → 노년층 부양비 증가, 노동력 부족, 노인 소외 등의 문제 발생 → 정년 연장 및 연금 제도 개선 등의 대책 필요

3 개발 도상국의 인구 문제

(1) **인구 급증** 낮은 인구 부양력으로 기아와 빈곤 발생 → 가족계획 정책, 농업의 기계화, 산업화 정책 등 시행

(2) **도시 과밀화** ❸   로 인구 급증 → 인구 분산 필요

(3) **성비 불균형** ❹   사상 → 양성평등 문화 정착 필요

주제 04 우리나라의 인구 문제

1 우리나라의 인구 성장과 인구 정책

시기	인구 성장	인구 정책
1960년대	사회 안정으로 출생률 증가, 사망률 감소로 인구 급증	출산 억제 정책
1970~80년대	인구 증가, 출생률 감소 시작	
1990년대 이후	출생률 감소에 따른 인구 정체	출산 장려 정책

2 우리나라의 인구 문제와 대책

(1) **저출산**

원인	결혼 연령 상승 및 미혼 인구 증가, 주택 마련 비용 증가, 자녀 양육비 부담, 결혼과 가정에 관한 가치관 변화 등
문제점	총인구·청장년층 감소로 노동력 부족, 경기 침체 등
대책	의료비 지원, 보육 시설 확대, 청년 고용 안정 등

(2) ❺

원인	경제 발전, 의학 기술의 발달에 따른 평균 수명의 연장
문제점	노년층 ❻ 증가, 노년층의 질병·빈곤·소외 등
대책	연금 제도 확충, 정년 연장, 실버산업 육성 등

정답 ❶ 산업 혁명 ❷ 저출산 ❸ 이촌 향도 ❹ 남아 선호 ❺ 고령화 ❻ 부양 비용

꼭 나와
01 세계의 인구 증가에 영향을 준 원인을 〈보기〉에서 고르면?

┌─ 보기 ─────────────
ㄱ. 경제 성장　　　　　ㄴ. 의료 기술 발달
ㄷ. 생활 환경 개선　　　ㄹ. 영아 사망률 증가
ㅁ. 가족계획 정책 추진
└──────────────────

① ㄱ, ㄴ　　　② ㄱ, ㅁ　　　③ ㄱ, ㄴ, ㄷ
④ ㄱ, ㄴ, ㄹ　　　⑤ ㄴ, ㄷ, ㅁ

02 그래프는 세계의 인구 성장을 나타낸 것이다. 이에 관한 설명으로 옳지 <u>않은</u> 것은?

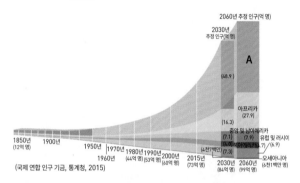

(국제 연합 인구 기금, 통계청, 2015)

① 유럽보다 A의 출생률이 더 높을 것이다.

② A는 중국과 인도가 위치한 아시아 대륙이다.

③ 세계 인구 증가는 개발 도상국이 주도하고 있다.

④ 인구의 증가 속도는 1950년대 이후 점차 감소하고 있다.

⑤ 의학 기술의 발달에 따른 사망률 감소는 A 지역 인구 증가의 주요 원인이다.

꼭 나와
03 다음의 인구 피라미드가 나타나는 지역에서 발생할 수 있는 인구 문제를 〈보기〉에서 고르면?

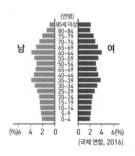

(국제 연합, 2016)

┌─ 보기 ─────────────
ㄱ. 기아와 빈곤　　　　ㄴ. 인구 고령화
ㄷ. 인구 정체 및 감소　　ㄹ. 출생 성비의 불균형
└──────────────────

① ㄱ, ㄴ　　　② ㄱ, ㄷ　　　③ ㄴ, ㄷ
④ ㄴ, ㄹ　　　⑤ ㄷ, ㄹ

꼭나와

04 그래프의 국가들에서 발생할 수 있는 인구 문제의 대책으로 가장 적절한 것은?

▲ 합계 출산율(2010~2015년)

(국제 연합, 2016)

① 출산 및 육아 수당 지급
② 외국인 노동자의 적극적 수용
③ 정년 연장 및 노인 일자리 창출
④ 실버산업 육성 및 복지 제도 확충
⑤ 산업화 정책 시행 및 사회 기반 시설 확충

05 다음과 같은 인구 문제에 대한 대책이 필요한 국가는 어디인가?

• 인구 증가 억제를 위한 출산 억제 정책
• 인구 부양력 증대를 위한 식량 확보와 산업 육성을 통한 경제 성장

① 일본   ② 프랑스   ③ 캐나다
④ 나이지리아   ⑤ 오스트레일리아

06 다음과 같은 정책을 실시하는 원인으로 옳은 것은?

스웨덴에서는 16개월간의 육아 휴직을 보장하며 최초 13개월간 월평균 소득의 80%를 지급한다. 특히 아빠의 육아 휴직을 의무로 규정하여 여성의 육아 부담을 덜어줄 수 있도록 하고 있다.

① 실업자가 많아 일자리를 늘리기 위해서
② 인구 급증으로 인구 부양력이 낮아져서
③ 공업의 발달로 인구가 급증했기 때문에
④ 저출산으로 노동력이 부족해졌기 때문에
⑤ 의학 기술의 발달로 유소년층 인구가 증가했기 때문에

꼭나와

07 세계의 인구 문제와 대책을 바르게 짝지은 것은?

	인구 문제	대책
①	고령화	가족계획 실시
②	저출산	연금 및 복지 제도 정비
③	노동력 부족	외국인 노동자 유입
④	도시 과밀화	청년 고용 안정
⑤	성비 불균형	사회 보장 제도 확충

08 A 지역에서 공통적으로 나타나는 인구 문제의 대책으로 옳은 것을 〈보기〉에서 고르면?

■ A

─ 보기 ─
ㄱ. 출산 억제 정책을 확대해야 한다.
ㄴ. 농촌 환경을 개선하여 이촌 향도를 막아야 한다.
ㄷ. 부족한 노동력을 보충하기 위해 외국인 노동자를 받아들여야 한다.
ㄹ. 정년 연장과 연금 제도 정비 등을 통해 노인의 경제 활동을 보장해 주어야 한다.

① ㄱ, ㄴ   ② ㄱ, ㄷ   ③ ㄴ, ㄷ
④ ㄴ, ㄹ   ⑤ ㄷ, ㄹ

09 다음은 A 주제를 인터넷에서 검색한 화면이다. A의 내용으로 가장 적절한 것은?

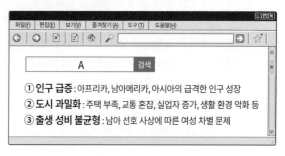

① 선진국의 인구 문제
② 우리나라의 인구 문제
③ 개발 도상국의 인구 문제
④ 선진국의 인구 문제 발생 원인
⑤ 개발 도상국의 인구 문제 대책

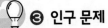
🌟나와

10 (가), (나) 인구 정책 포스터에 관한 설명으로 옳은 것은?

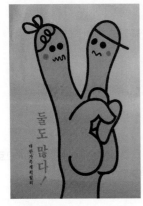
(가)

(나)

> ┌ 보기 ┐
> ㄱ. (가)는 인구가 급격히 감소하는 시기이다.
> ㄴ. (나) 시기 이후 출생률이 상승하였다.
> ㄷ. (나)는 출생 성비 불균형 문제와 관련이 있다.
> ㄹ. (가)는 (나)보다 앞선 시기의 출산 정책이다.

① ㄱ, ㄴ   ② ㄱ, ㄷ   ③ ㄴ, ㄷ
④ ㄴ, ㄹ   ⑤ ㄷ, ㄹ

11 ㉠ 현상이 나타날 때 발생할 수 있는 사회 변화에 관한 설명으로 옳은 것을 〈보기〉에서 고르면?

> 인구가 급증하자 1960년대에 가족계획을 실시하면서 적극적인 출산 억제 정책이 추진되었다. 그 결과 출생률이 지속적으로 낮아졌고, 현재는 오히려 출산 장려 정책을 실시하고 있다. ㉠현재와 같은 낮은 출생률이 지속된다면 2030년경이면 우리나라의 총인구는 감소할 것으로 전망된다.

> ┌ 보기 ┐
> ㄱ. 유소년층 부양 비용이 증가한다.
> ㄴ. 정부의 노인 복지 지출액이 확대된다.
> ㄷ. 생산성이 저하되어 국가 경쟁력이 약해진다.
> ㄹ. 출산 장려 정책이 출산 억제 정책으로 전환된다.

① ㄱ, ㄴ   ② ㄱ, ㄷ   ③ ㄴ, ㄷ
④ ㄴ, ㄹ   ⑤ ㄷ, ㄹ

12 다음은 우리나라의 인구와 관련된 자료이다. 이러한 변화에 대응하기 위한 정책으로 옳지 <u>않은</u> 것은?

① 직장 내 보육 시설을 확대한다.
② 노인이 취업할 수 있는 일자리를 개발한다.
③ 출산 장려금 지급과 양육비 지원을 확대한다.
④ 노인 복지 시설을 확충하고 실버산업을 육성한다.
⑤ 정년 단축을 통해 청장년층의 취업 기회를 확대한다.

13 ㉠, ㉡에 들어갈 내용으로 옳지 <u>않은</u> 것은?

> 2015년 기준 우리나라의 합계 출산율은 1.24명으로 세계 최저 수준이다. 이러한 현상은 (㉠) 등이 작용한 결과이다. 저출산이 지속되면 (㉡)와/과 같은 문제가 심화될 수 있다.

	㉠	㉡
①	고용 불안정	노동력 부족
②	결혼 연령 상승	총인구 감소
③	교육비 부담 증가	경기 침체
④	미혼 인구의 증가	국가 경쟁력 강화
⑤	자녀 양육비 부담 증가	복지 재정 부담 증가

🌟나와

14 그래프를 통해 알 수 있는 우리나라의 인구 문제에 관한 설명으로 옳은 것을 〈보기〉에서 고르면?

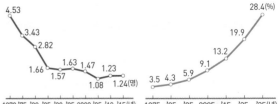

▲ 합계 출산율   ▲ 65세 이상 인구 비중

> ┌ 보기 ┐
> ㄱ. 노인 복지 시설을 확충해야 한다.
> ㄴ. 외국인 노동자 유입을 확대해야 한다.
> ㄷ. 우리나라는 2015년에 고령 사회에 진입했다.
> ㄹ. 유소년층 부양 부담이 빠르게 증가할 것이다.

① ㄱ, ㄴ ② ㄱ, ㄷ ③ ㄴ, ㄷ ④ ㄴ, ㄹ ⑤ ㄷ, ㄹ

15 다음은 우리나라의 인구 구조이다. 이를 보고 알 수 있는 인구 문제에 관한 설명으로 옳지 <u>않은</u> 것은?

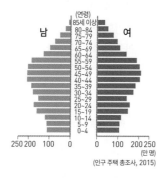

① 생산 가능 인구가 점차 감소할 것이다.
② 저출산에 따른 인구 감소가 우려된다.
③ 인구의 고령화 현상이 빠르게 진행될 것이다.
④ 청장년층이 감소하여 국가 경쟁력이 약화될 수 있다.
⑤ 유소년층을 부양하는 데 필요한 국가 재정이 증가할 것이다.

16 우리나라의 고령화 문제에 관한 설명으로 옳지 <u>않은</u> 것은?

① 젊은 노동력이 부족하여 국가 경쟁력이 약화된다.
② 우리나라는 2000년대에 고령화 사회에 진입하였다.
③ 현재 65세 이상 인구 비율이 전체 인구의 20%를 넘어섰다.
④ 정년 연장과 연금 확대, 노인 복지 시설 확충 등의 대책이 필요하다.
⑤ 노년층 인구 비율이 높아지면 청장년층의 인구 부양비 부담이 증가한다.

17 저출산 문제를 극복하기 위한 대책으로 적절한 것을 〈보기〉에서 고르면?

┌─ 보기 ─────────────────────────────┐
ㄱ. 보육 시설 확충   ㄴ. 출산 장려금 지급
ㄷ. 출산 억제 정책 강화 ㄹ. 육아 휴직 기간 단축
└────────────────────────────────────┘

① ㄱ, ㄴ   ② ㄱ, ㄷ   ③ ㄴ, ㄷ
④ ㄴ, ㄹ   ⑤ ㄷ, ㄹ

18 다음과 같은 인구 구조가 나타나는 지역의 인구 문제를 세 가지 서술하시오.

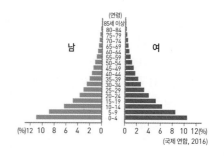

19 다음은 우리나라의 인구 정책 포스터이다. 이와 같은 정책의 변화가 나타난 원인을 서술하시오.

20 그림은 노인 한 명을 부양하는 생산 가능 인구의 변화를 나타낸 것이다. 이러한 현상이 나타나는 원인을 쓰고, 대책 세 가지를 서술하시오.

VIII. 사람이 만든 삶터, 도시

❶ 세계의 다양한 도시

주제 05 세계의 다양한 도시

1 도시의 의미와 특징
(1) **의미** 일정한 면적에 많은 인구가 모여 사는 거주 공간
(2) **특징** 높은 인구 밀도, 각종 기능과 편의 시설 집중 등
(3) **도시와 촌락의 비교**

구분	촌락	도시
인구	낮은 인구 밀도	높은 인구 밀도
산업	1차 산업 중심	❶ 산업 중심
직업	단순한 생활 방식과 직업	다양한 생활 방식과 직업
토지	조방적 토지 이용	❷ 토지 이용
경관	자연 경관	인문 경관
기능	농·임·수산물 공급, 휴양 공간	재화와 서비스 공급, 정치·경제·사회·문화의 중심지

2 도시의 형성과 발달

최초 도시	티그리스강, 유프라테스강 유역의 농업에 유리한 곳에서 발생
중세 도시	무역과 교역에 유리한 시장 중심으로 ❸ 도시 발달
근대 도시	산업 혁명 이후 석탄 산지 주변에 ❹ 도시 발달
현대 도시	산업, 서비스업, 교육, 문화 등 다양한 기능을 수행

3 세계의 다양한 도시
(1) **도시의 다양한 모습**
① **특징** 지리·역사·문화·가치관 등에 따라 다양함
② ❺   도시를 상징하는 주요 건물이나 상징물로 도시의 매력을 높임
(2) **세계 주요 도시의 특징**
① ❻   다국적 기업의 본사 입지, 자본과 정보가 집중하는 세계 경제의 중심지 예 뉴욕, 런던, 도쿄
② **환경·생태 도시** 프라이부르크(독일), ❼   (브라질)
③ **역사·문화 도시** 로마(이탈리아), 이스탄불(터키)
④ **관광 도시** 옐로나이프(캐나다), 키토(에콰도르)
⑤ **기타** 벨기에의 ❽   (북대서양 조약 기구, 유럽 연합의 본부)

정답 ❶ 2·3차 ❷ 집약적 ❸ 상업 ❹ 공업 ❺ 랜드마크 ❻ 세계 도시 ❼ 쿠리치바 ❽ 브뤼셀

01 도시의 특징으로 옳은 것을 〈보기〉에서 고르면?

> **보기**
> ㄱ. 인구 밀도가 낮다.
> ㄴ. 중심지 역할을 한다.
> ㄷ. 토지 이용이 집약적이다.
> ㄹ. 논, 밭, 과수원 등이 발달한다.

① ㄱ, ㄴ   ② ㄱ, ㄷ   ③ ㄴ, ㄷ
④ ㄴ, ㄹ   ⑤ ㄷ, ㄹ

꼭 나와
02 (나)와 비교한 (가)의 상대적 특성으로 옳은 것은?

(가)

(나)

① 고층 건물이 적다.
② 고령 인구가 많다.
③ 공동체 의식이 강하다.
④ 1차 산업의 종사자 비율이 높다.
⑤ 편의 시설이 많고 다양한 문화를 즐길 수 있다.

03 ㉠, ㉡에 들어갈 말을 바르게 짝지은 것은?

> • 역사상 최초의 도시는 기원전 3,500년 무렵 티그리스강과 유프라테스강 유역의 (㉠)에 유리한 문명의 발상지에서 발달하였다.
> • 18세기 후반 산업 혁명이 전개되면서 석탄 산지를 중심으로 (㉡) 도시가 발달하였다.

	㉠	㉡
①	농경	공업
②	농경	상업
③	방어	공업
④	교역	공업
⑤	교역	상업

04 (가), (나)에서 설명하는 도시를 지도의 A~E에서 골라 바르게 짝지은 것은?

> (가) 세계적인 생태 도시로 자전거를 이용하는 시민들이 많고, 태양광 에너지 활용을 극대화하고 있다.
> (나) 적도상에 위치하지만 해발 고도가 높아 연중 온화한 기후가 나타나는 고산 도시이다.

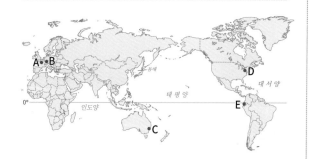

	(가)	(나)		(가)	(나)
①	A	B	②	B	C
③	B	E	④	C	D
⑤	D	E			

05 지도에 표시된 세 도시의 공통점을 〈보기〉에서 고르면?

┌ 보기 ─────────────────
ㄱ. 생태 관광 도시이다.
ㄴ. 다국적 기업의 본사가 많다.
ㄷ. 오랜 세월 동안 가꾸어진 역사 유적이 많다.
ㄹ. 자본과 정보가 집중되어 세계 경제에 미치는 영향력이 크다.
└─────────────────────

① ㄱ, ㄴ   ② ㄱ, ㄷ   ③ ㄴ, ㄷ
④ ㄴ, ㄹ   ⑤ ㄷ, ㄹ

06 독특한 자연 경관이 매력적인 도시를 고르면?

① 홍콩

② 이스탄불

③ 옐로나이프

④ 뉴욕

⑤ 런던

07 보고서는 세계의 매력적인 도시를 정리한 것이다. 조사 내용이 정확한 학생을 고르면?

세계의 매력적인 도시 조사 보고서

◇◇모둠

조사자	도시명	국가	매력적인 이유
갑	이스탄불	터키	동서양의 문화 공존
을	시드니	오스트리아	아름다운 항구, 오페라 하우스
병	카이로	이집트	피라미드와 스핑크스, 사막 관광
정	브뤼셀	벨기에	국제 연합(UN) 본부

① 갑, 을   ② 갑, 병   ③ 을, 병
④ 을, 정   ⑤ 병, 정

서술형

08 사진의 두 도시가 지닌 매력의 공통점을 서술하시오.

▲ 중국의 시안

▲ 이탈리아의 로마

❷ 도시의 경관

주제 06 도시의 다양한 경관

1 **❶ [　　　]** 도시의 중심부에서 주변 지역으로 가면서 건물의 높이와 경관이 달라짐

(1) **의미** 눈으로 파악할 수 있는 도시의 겉모습

(2) **특징**

① 도시의 규모가 작을 때 다양한 기능이 도시 내부에 섞여 있음

② 도시의 규모가 커졌을 때 도시의 기능이 다양해져 같은 종류의 기능끼리 모이게 됨

2 도시 내부의 지역 분화

(1) **지역 분화의 의미** 도시가 성장하면서 도시 내부가 기능에 따라 공간적으로 나누어지는 현상

(2) **지역 분화의 원인** **❷ [　　　]** 과 지가 및 지대의 차이

(3) **지역 분화의 과정**

❸ [　　　] 현상	❹ [　　　] 현상
업무와 상업 기능들이 접근성이 좋은 도심으로 집중하려는 현상 예 기업 본사, 은행 본점, 관공서, 백화점 등	넓은 토지가 필요한 주거와 공업 기능 등이 지가가 저렴한 주변 지역으로 향하는 현상 예 주택, 학교, 공장 등

3 도시 내부의 모습

도심	• 위치 : 접근성과 지가가 가장 높은 도시 중심부 • 토지 이용 : 집약적 → 고층 건물 밀집 • 주요 시설 및 기능 : 행정 및 금융 기관, 기업의 본사, 고급 상점 등 → 중추 관리 기능을 수행하는 **❺ [　　　]** (CBD) 형성 • 인구 공동화 현상 발생
❻ [　　　]	• 위치 : 도심과 주변 지역을 연결하는 교통의 요지 • 주요 기능 : 도심의 기능 분담 → 상업 및 업무 기능, 일부 주거 기능 혼재
중간 지역	• 주거 및 공업 기능 등 다양한 기능이 혼재 • 중간 지역에서 주변 지역으로 갈수록 공장이 더 많아짐
주변 지역	도시와 농촌의 모습이 혼재 → 다양한 규모의 주택·학교·공장 등이 입지
❼ [　　　]	도시의 무질서한 팽창을 막고 녹지 공간을 지키기 위해 설정하는 공간(그린벨트)
❽ [　　　]	• 위치 : 교통이 편리한 대도시 인근 • 기능 : 주거, 공업, 행정 등과 같은 대도시 일부 기능 분담

답 ❶ 도시 경관 ❷ 접근성 ❸ 집심 ❹ 이심 ❺ 중심 업무 지구 ❻ 부도심 ❼ 개발 제한 구역 ❽ 위성 도시

---

01 도심에서 볼 수 있는 경관을 〈보기〉에서 고르면?

┌─ 보기 ─────────────────────────────
ㄱ. 넓은 주차장이 있다.
ㄴ. 고층 건물이 밀집해 있다.
ㄷ. 고급 상점과 은행 본점이 있다.
ㄹ. 관공서, 학교, 공장 등이 섞여 있다.
└────────────────────────────────────

① ㄱ, ㄴ   ② ㄱ, ㄷ   ③ ㄴ, ㄷ
④ ㄴ, ㄹ   ⑤ ㄷ, ㄹ

꼭나와

02 (가), (나)와 같은 경관이 나타나는 도시 내부 지역을 바르게 짝지은 것은?

┌──────────────────────────────────
(가) 은행 본점, 대기업의 본사, 관공서, 백화점 등이 있고 높은 건물들이 밀집해 빌딩 숲을 이루고 있다.
(나) 대규모 아파트 단지와 공장, 창고가 있고 넓은 녹지와 논, 비닐하우스도 볼 수 있다.
└──────────────────────────────────

	(가)	(나)
①	도심	부도심
②	도심	중간 지역
③	도심	주변 지역
④	부도심	중간 지역
⑤	부도심	주변 지역

03 ㉠에 해당하는 곳으로 옳은 것은?

(㉠)은/는 도시의 무질서한 팽창을 막고 녹지 공간을 지키기 위해 설정하는 공간으로, 그린벨트라고도 불린다.

① 도심   ② 부도심
③ 위성 도시   ④ 개발 제한 구역
⑤ 중심 업무 지구

04 ㉠~㉤의 내용 중 옳지 <u>않은</u> 것은?

㉠도시 내부의 기능이 중심 업무, 상업, 공업, 주거 지역 등으로 나누어지는 것을 도시 내부의 지역 분화라고 한다. ㉡접근성과 지가는 이러한 지역을 기능별로 나누는 원인이 된다. ㉢교통이 편리한 지역일수록 접근성이 낮고 지가가 높다. 이에 따라 ㉣중심 업무 기능이나 상업 기능은 도심으로 집중하고 ㉤주택이나 학교 등은 외곽으로 빠져나가게 된다.

① ㉠   ② ㉡   ③ ㉢   ④ ㉣   ⑤ ㉤

05 ㉠ 지역을 모식도의 A~E에서 고르면?

인구 공동화 현상이란 (㉠)에 나타나는 현상이다. (㉠)의 주간에는 유동 인구가 많지만, 야간에는 사람들이 주거 지역으로 돌아가면서 (㉠)이/가 텅 비게 되는 것이다.

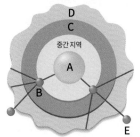

① A
② B
③ C
④ D
⑤ E

06 A~E에 관한 설명으로 옳지 <u>않은</u> 것은?

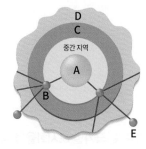

① A는 도심으로 중심 업무 지구(CBD)가 형성되어 있다.
② B는 부도심으로 교통이 편리한 곳에 형성되며, 상업 및 업무 기능이 주로 나타난다.
③ C는 주변 지역으로 지대가 저렴하여 넓은 용지가 필요한 창고나 대규모 공장이 들어서기도 한다.
④ D는 주택이나 건물을 지을 수 없는 개발 제한 구역이다.
⑤ E는 위성 도시로 도시 내에서 도심의 기능을 분담하는 역할을 한다.

07 A 현상이 나타나는 기관으로 옳은 것은?

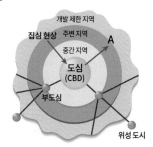

① △△ 시청
② ▽▽ 중학교
③ □□ 백화점
④ ○○ 신문사
⑤ ◇◇ 주식회사 본사

08 서울의 A, B 지역에 관한 설명으로 옳은 것을 〈보기〉에서 고르면?

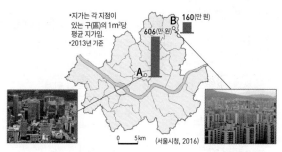

─ 보기 ─
ㄱ. A 지역은 접근성이 도시 내에서 가장 낮다.
ㄴ. A 지역은 교통이 편리하여 중추 관리 기능이 집중한다.
ㄷ. B 지역은 여러 개의 백화점이 입지하여 교통 혼잡이 심각하다.
ㄹ. B 지역은 A 지역보다 지가가 상대적으로 낮아 대규모 주택 단지가 건설되었다.

① ㄱ, ㄴ   ② ㄱ, ㄷ   ③ ㄴ, ㄷ   ④ ㄴ, ㄹ   ⑤ ㄷ, ㄹ

09 도시 내부 구조의 모식도를 보고 물음에 답하시오.

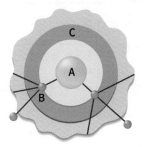

(1) 위 그림의 A~C에 해당하는 도시 내부 지역을 쓰시오.

(2) 위 그림의 A~C 지역에서 볼 수 있는 경관의 특징을 각각 서술하시오.

❸ 선진국과 개발 도상국의 도시화

주제 07 선진국과 개발 도상국의 도시화

1 도시화
도시 수의 증가, 도시 거주 인구 비율의 상승, 2·3차 산업 종사 인구의 증가, 도시적 생활 양식의 확산

초기 단계	1차 산업 발달, 대부분의 인구가 촌락에 거주
❶ 단계	• 이촌 향도로 도시 인구 비율의 급격한 증가 • 급속한 도시화율 상승
종착 단계	• 도시 인구 비율의 증가가 둔화 혹은 정체 • 도시의 인구가 주변 도시나 농촌으로 향하는 ❷ 현상 발생

2 선진국과 개발 도상국의 도시화

구분	선진국	개발 도상국
시기	❸ 이후	20세기 중반 이후
속도	점진적인 도시화	급속한 도시화
현재	종착 단계	가속화 단계

3 우리나라의 도시화

초기 단계	1960년대 이전, 농업 사회
가속화 단계	1960년대 이후, 이촌 향도로 도시 인구 급증
❹ 단계	1990년대 이후, 위성 도시 발달

주제 08 선진국과 개발 도상국의 도시 문제

1 선진국의 도시 문제

인구 감소	❺ 상승과 삶의 질 악화가 원인
시설 ❻	오래되어 낡은 건물과 산업 시설
불량 주거지	도심 노후 지역에 빈민이 모여 ❼ 형성
실업률 상승	제조업 쇠퇴와 인구 감소가 원인
기타	교통 체증, 범죄, 노숙자 문제 등

2 개발 도상국의 도시 문제

인구 급증과 시설 부족	이촌 향도와 높은 출산율로 인구 급증 → 도시 기반 시설 부족
불량 주거지	낮은 주택 보급률, 무허가 주택 및 슬럼 형성
❽ 부족	산업화를 이루기 전에 도시화가 진행되어 발생
교통 혼잡	도로 부족 및 정비 상태 불량 등
기타	교통 혼잡, 빈부 격차 문제, 범죄 증가, 환경 오염 등

정답 ❶ 가속화 ❷ 역도시화 ❸ 산업 혁명 ❹ 안정 ❺ 지가(집값) ❻ 노후 ❼ 슬럼 ❽ 일자리

---

01 도시화의 의미로 옳은 것을 〈보기〉에서 고르면?

> **보기**
> ㄱ. 국토 면적이 넓어진다.
> ㄴ. 도시적 생활 양식이 확대된다.
> ㄷ. 도시의 인구가 촌락으로 빠져나간다.
> ㄹ. 2·3차 산업에 종사하는 인구 비율이 증가한다.

① ㄱ, ㄴ ② ㄱ, ㄷ ③ ㄴ, ㄷ
④ ㄴ, ㄹ ⑤ ㄷ, ㄹ

02 다음 중 도시에서 살고 있는 학생으로 보기 어려운 것은?

① 윤서 : 나는 오늘 가족과 영화를 봤어.
② 현서 : 나는 어제 가족들과 저녁에 외식을 했어.
③ 진서 : 나는 엄마와 함께 수산물을 사기 위해 마트에 들렀어.
④ 민서 : 나는 주말에 할아버지 선물을 사기 위해 백화점에 다녀왔어.
⑤ 연서 : 나는 어제 어머니께서 손수 농사지은 쌀로 밥을 해 주셨어.

03 지도는 대륙 및 국가별 도시화율을 나타낸 것이다. 도시화율이 낮은 두 대륙을 고른 것은?

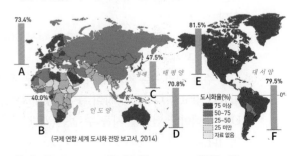

(국제 연합 세계 도시화 전망 보고서, 2014)

① A, B ② A, C ③ B, C
④ C, D ⑤ E, F

04 총인구 중 도시에 거주하는 사람의 비율이 가장 높은 국가를 고르면? (단, A~E는 가상의 국가임)

	국가	인구 밀도 (명/km²)	1인당 국내 총생산(달러)	도시화율 (%)
①	A	509	27,221	81.9
②	B	347	32,477	90.5
③	C	1,236	1,211	45.5
④	D	219	101,450	83.4
⑤	E	267	43,734	81.3

05 그래프의 지표를 통해 알 수 있는 내용으로 옳은 것은?

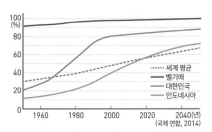

▲ 세계 주요 국가의 도시화율 변화

① 남녀 성비를 파악할 수 있다.
② 국민의 소득을 계산할 수 있다.
③ 국민의 삶의 질을 측정할 수 있다.
④ 국가의 경제 발전 수준을 파악할 수 있다.
⑤ 특정한 산업에 종사하는 인구수를 알 수 있다.

꼭나와
06 지도는 국가별·대륙별 도시화율 및 A, B 국가의 도시화율 변화를 나타낸 것이다. 이에 관한 내용으로 옳은 것은?

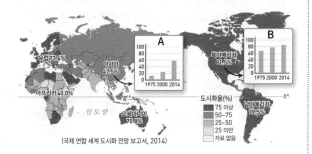

(국제 연합 세계 도시화 전망 보고서, 2014)

① 유럽의 도시화율이 가장 높다.
② 아시아의 도시화율이 아프리카보다 낮다.
③ 도시화의 진행 속도는 오세아니아가 유럽보다 빠르다.
④ A 국가보다 B 국가의 도시화율의 변화 폭이 크다.
⑤ A 국가는 개발 도상국, B 국가는 선진국이다.

07 도시화 곡선의 A 단계에서 나타나는 현상으로 옳은 것은?

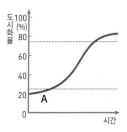

① 산업화 수준이 높다.
② 교외화 현상이 나타난다.
③ 도시로 급격한 인구 이동이 나타난다.
④ 주민들의 직업은 대부분 1차 산업과 관련 있다.
⑤ 주민들이 도시를 떠나 주변 농촌으로 이주한다.

꼭나와
08 도시화 곡선의 A~C 단계에 관한 설명으로 옳은 것은 〈보기〉에서 고르면?

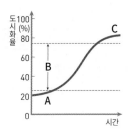

┌─ 보기 ─────────────────────────
ㄱ. A 단계에서 인구 집중으로 도시 문제가 발생한다.
ㄴ. B 단계에서 이촌 향도 현상이 나타난다.
ㄷ. B 단계에서 국토의 불균형이 해소된다.
ㄹ. C 단계에서 도시 인구의 증가 속도가 느려진다.
└─────────────────────────────

① ㄱ, ㄴ   ② ㄱ, ㄷ   ③ ㄴ, ㄷ
④ ㄴ, ㄹ   ⑤ ㄷ, ㄹ

09 다음 상자에 넣을 수 있는 카드를 고르면?

ㄱ. 역도시화
ㄴ. 농업 사회
ㄷ. 이촌 향도
ㄹ. 높은 도시화율

도시화의 종착 단계

① ㄹ   ② ㄱ, ㄹ   ③ ㄴ, ㄷ
④ ㄱ, ㄴ, ㄷ   ⑤ ㄴ, ㄷ, ㄹ

10 다음 글에서 설명하고 있는 현상은 무엇인가?

> 도시의 인구가 쾌적한 거주 환경을 찾아 촌락으로 이동하여 도시 인구가 감소하는 현상

① 도시화
② 역도시화
③ 집심 현상
④ 도심 과밀화
⑤ 인구 공동화

11 기사 제목은 ㉠, ㉡ 도시에서 발생하는 도시 문제에 관한 것이다. 이에 관한 설명으로 옳은 것은?

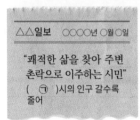
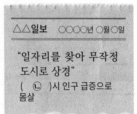

△△일보 ○○○○년 ○월 ○일

"쾌적한 삶을 찾아 주변 촌락으로 이주하는 시민"
(㉠)시의 인구 갈수록 줄어

△△일보 ○○○○년 ○월 ○일

"일자리를 찾아 무작정 도시로 상경"
(㉡)시 인구 급증으로 몸살

① ㉠은 도시화의 초기 단계, ㉡은 가속화 단계이다.
② ㉠은 도시화의 가속화 단계, ㉡은 초기 단계이다.
③ ㉠은 도시화의 종착 단계, ㉡은 가속화 단계이다.
④ ㉠보다 ㉡ 지역의 경제적 수준이 높다.
⑤ ㉡보다 ㉠의 도시 문제가 더 심각하다.

꼭나와
12 선진국의 도시화에 관한 설명으로 옳은 것은?

① 급격한 도시화가 진행되고 있다.
② 산업 혁명 직후 종착 단계에 들어섰다.
③ 산업의 발달과 함께 도시화가 진행되었다.
④ 오늘날 일부 지역에서 이촌 향도 현상이 나타나기도 한다.
⑤ 도시에서 일자리를 구하기 어려워진 사람들이 촌락으로 이동하게 되었다.

13 A 지역의 도시화에 관한 설명으로 옳은 것은?

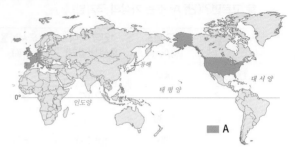

① 산업화의 역사가 짧다.
② 20세기 중반 도시화가 시작되었다.
③ 빠른 속도로 도시화가 진행되었다.
④ 농촌 인구가 서서히 도시로 이동하였다.
⑤ 산업 기반이 미약한 상태에서 도시화가 진행되었다.

꼭나와
14 그래프는 선진국과 개발 도상국의 도시화를 비교한 것이다. A에 공통적으로 들어갈 말로 옳은 것은?

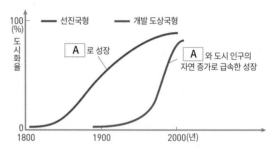

① 교외화
② 역도시화
③ 이촌 향도
④ 인구 유출
⑤ 인구 공동화

15 (가), (나)와 같은 인구 이동이 주로 나타나는 시기를 도시화 단계의 A~C에서 골라 바르게 짝지은 것은?

(가)   (나)

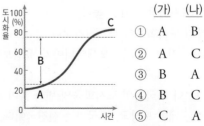

	(가)	(나)
①	A	B
②	A	C
③	B	A
④	B	C
⑤	C	A

16 그래프는 국가별 도시화율을 나타낸 것이다. (가)~(다)에 해당하는 국가를 지도에서 골라 바르게 짝지은 것은?

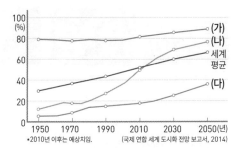

*2010년 이후는 예상치임. (국제 연합 세계 도시화 전망 보고서, 2014)

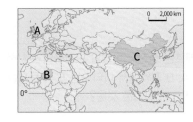

	(가)	(나)	(다)		(가)	(나)	(다)
①	A	B	C	②	A	C	B
③	B	A	C	④	B	C	A
⑤	C	A	B				

17 그래프는 A, B 지역의 도시화를 나타낸 것이다. 이에 관한 설명으로 옳지 <u>않은</u> 것은?

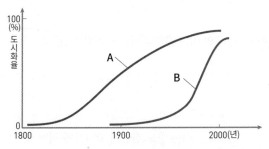

	구분	A	B
①	시기	산업 혁명 이후	20세기 중반
②	속도	급격함	완만함
③	현재	종착 단계	가속화 단계
④	주요 국가	영국	중국
⑤	도시화의 역사	길다	짧다

꼭나와

18 그래프는 우리나라의 도시화율 변화를 나타낸 것이다. 이에 관한 설명으로 옳은 것을 〈보기〉에서 고르면?

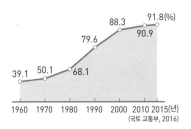

(국토 교통부, 2016)

─ 보기 ─

ㄱ. 1960년 이후 촌락 인구의 비중이 증가하였다.

ㄴ. 1970년 이후 인구 두 명 중 한 명 이상이 도시에 살고 있다.

ㄷ. 2000년 이전보다 이후의 도시화 속도가 더 빠르다.

ㄹ. 현재 우리나라는 도시화의 종착 단계에 해당한다.

① ㄱ, ㄴ   ② ㄱ, ㄷ   ③ ㄴ, ㄷ
④ ㄴ, ㄹ   ⑤ ㄷ, ㄹ

19 ㉠에 해당하는 우리나라의 도시를 고르면?

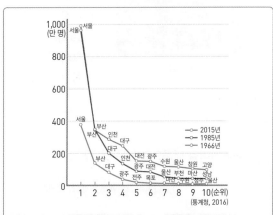

(통계청, 2016)

▲ 우리나라 10대 도시의 인구 순위 변화

개발 도상국은 선진국보다 도시화의 역사가 짧으며, 경제 발전이나 기술 혁신 등을 동반하지 못한 채 ㉠수위 도시로 많은 인구가 집중하는 현상이 나타난다.

① 고양   ② 대구   ③ 부산
④ 서울   ⑤ 인천

20 A 지역에서 발생하는 도시 문제에 관한 설명으로 옳은 것을 〈보기〉에서 고르면?

─ 보기 ─
ㄱ. 도시 문제를 해결할 시간적 여유가 많았다.
ㄴ. 도시 문제를 해결하기 위해 체계적인 도시 계획이 적용되었다.
ㄷ. 소득이 높은 지역으로 실업 문제나 환경 문제는 일어나지 않는다.
ㄹ. 공업이 발달한 특정 지역에 인구와 산업이 집중하여 시설 부족 문제에 시달리고 있다.

① ㄱ, ㄴ   ② ㄱ, ㄷ   ③ ㄴ, ㄷ
④ ㄴ, ㄹ   ⑤ ㄷ, ㄹ

21 사진은 선진국의 도심에서 나타나고 있는 도시 문제이다. 이와 같은 현상이 일어나는 이유로 옳지 않은 것은?

▲ 뉴욕 도심의 슬럼

① 인구 감소
② 삶의 질 악화
③ 노후화된 건물
④ 도심 재활성화로 임대료 하락
⑤ 교외 지역에 쾌적한 주거지 조성

22 A에 들어갈 내용으로 옳은 것은?

선진국의 도심에서 발생하는 문제

원인	결과	대책
A	시설 노후화	도심 재활성화

① 실업   ② 인구 급증
③ 이촌 향도   ④ 급격한 도시화
⑤ 긴 도시화의 역사

23 사진은 개발 도상국에서 발생하는 도시 문제이다. 이와 같은 문제가 발생하는 공통적인 이유로 옳은 것은?

▲ 주택 문제   ▲ 교통 혼잡   ▲ 환경 오염

① 산업의 쇠퇴   ② 도시 인구 급증
③ 오랜 도시화의 역사   ④ 경제 활동 비용 상승
⑤ 부족한 쓰레기 처리 시설

24 그래프는 선진국과 개발 도상국의 도시화를 비교한 것이다. A, B 지역에서 나타나는 도시 문제를 〈보기〉에서 골라 바르게 짝지은 것은?

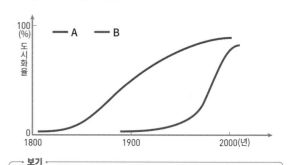

─ 보기 ─
ㄱ. 인구 감소   ㄴ. 인구 급증
ㄷ. 시설 노후화   ㄹ. 도시 기반 시설 부족

	A	B		A	B
①	ㄱ, ㄴ	ㄷ, ㄹ	②	ㄱ, ㄷ	ㄴ, ㄹ
③	ㄴ, ㄷ	ㄱ, ㄹ	④	ㄴ, ㄹ	ㄱ, ㄷ
⑤	ㄷ, ㄹ	ㄱ, ㄴ			

25 ㉠, ㉡의 이동 방향을 바르게 짝지은 것은?

도시화의 종착 단계에 이른 선진국의 일부 도시에서는 ㉠ 역도시화 현상이 나타나고 있다. 반면 개발 도상국은 도시 지역을 중심으로 산업화가 진행되어 현재도 ㉡ 이촌 향도 현상이 활발하게 진행 중이다.

	㉠	㉡
①	도시 → 촌락	촌락 → 도시
②	도시 → 촌락	도시 → 촌락
③	도시 → 외국	촌락 → 국내
④	촌락 → 도시	도시 → 촌락
⑤	촌락 → 도시	촌락 → 도시

꼭나와

26 ㉠, ㉡에 들어갈 내용을 바르게 짝지은 것은?

1988년　　　　　　2011년

▲ 도심 재활성화가 진행 중인 뉴욕의 할렘

낙후된 도심에서 재개발을 진행하면 업무용 고층 건물과 상업 시설, 고급 주거지가 들어서고 기존 거주자들은 높은 임대료를 감당하지 못해 다른 지역으로 밀려난다. 이러한 도심 개발과 도시 내부의 이동 과정을 도심 재활성화라고 한다. 도심 재활성화로 (㉠)와/과 같은 긍정적 효과도 발생하지만, (㉡) 문제가 나타나기도 한다.

	㉠	㉡
①	공공 주택 건설	빈부 격차 완화
②	지역 경쟁력 상승	지역 공동체 파괴
③	지역 간 교류 확대	특정 지역만 발전
④	낙후 지역의 활기 회복	도시 기반 시설 부족
⑤	관광 산업의 중심의 개편	불량 주거 지역 형성

27 ㉠~㉢에 들어갈 내용을 바르게 짝지은 것은?

▲ 도쿄(일본)　　　　▲ 리우데자네이루(브라질)

지역	도시 문제	원인
도쿄	㉠	㉡
리우데자네이루		㉢

	㉠	㉡	㉢
①	교통 문제	높은 지가	시설 부족
②	교통 문제	시설 부족	높은 지가
③	주택 문제	높은 지가	시설 부족
④	주택 문제	시설 부족	높은 지가
⑤	주택 문제	시설 부족	시설 부족

서술형

28 그래프는 A, B 국가의 도시화율 변화를 나타낸 것이다. 두 국가를 선진국과 개발 도상국으로 구분하고, 현재 도시화의 단계를 비교하여 서술하시오.

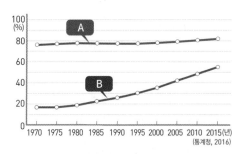

(통계청, 2016)

서술형

29 그래프의 도시화 단계를 보고 물음에 답하시오.

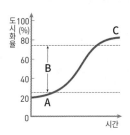

(1) A~C에 해당하는 단계를 쓰시오.

(2) A~C 단계의 주요 특징을 도시화율과 인구 이동의 측면에서 비교하여 서술하시오.

서술형

30 사진은 두 도시의 출근 시간 모습이다. 물음에 답하시오.

(가)　　　　　　　　(나)

▲ 브라질의 상파울루　　▲ 미국의 로스앤젤레스

(1) (가), (나) 도시에 공통적으로 나타나는 도시 문제를 쓰시오.

(2) (가), (나) 도시에서 나타나는 도시 문제의 차이점과 원인을 서술하시오.

❹ 살기 좋은 도시

주제 09 살기 좋은 도시

1 도시 문제의 발생

(1) 원인 인구와 각종 기능 집중

(2) 해결 방법

도시 ❶　　　문제	도시 재생, 도심 재활성화
주택 문제	공공 주택 건설, 낡은 지역의 재개발 등
교통 문제	• 도로 환경 개선, 대중교통 이용 장려 • 도심 진입 차량에 혼잡 통행료 부과
환경 문제	쓰레기 분리수거와 ❷　　　 에너지 사용 정책, 오염된 하천의 수질을 복원
지역 불균형	지역 균형 발전 정책 추진

2 도시 문제의 해결과 살기 좋은 도시

❸　　　(대한민국)	태화강 살리기를 통해 생태 복원
벵갈루루(인도)	소프트웨어 산업 육성, 일자리 창출
❹　　　(브라질)	대중교통 혁신으로 교통 문제 완화
채터누가(미국)	대기 오염과 수질 오염 해결
빌바오(에스파냐)	구겐하임 미술관 건립으로 예술과 관광 도시로 발전
그라츠(오스트리아)	인공 섬, 미술관 건설로 동서간 교류 확대 및 지역 격차 완화
슈투트가르트(독일)	대기 오염을 옥상 정원, 바람길로 완화

3 살기 좋은 도시

(1) 살기 좋은 도시 삶의 질이 높은 지역

사회적 조건	기반 시설 풍부, 높은 사회적 안정성 등
❺　　　 조건	안정적이고 풍부한 일자리 등
자연적 조건	깨끗하고 아름다운 자연환경, 온화한 기후 등

(2) 사례

순천(대한민국)	생태 도시, 순천만 정원
빈(오스트리아)	문화와 예술 도시, 넓은 녹지
밴쿠버(캐나다)	아름다운 자연, 우수한 사회 보장 제도
헬싱키(핀란드)	자연 친화적인 도시
멜버른(오스트레일리아)	높은 녹지율, 풍부한 문화, 낮은 범죄율

(3) 살기 좋은 도시를 만들기 위한 노력 정부·지방 자치 단체·지역 사회와 시민들이 공동체 의식을 가지고 적극적으로 참여

정답 ❶ 노후 ❷ 친환경 ❸ 울산 ❹ 쿠리치바 ❺ 경제적

---

01 다음과 같은 도시 문제가 발생한 공통 원인으로 가장 적절한 것은?

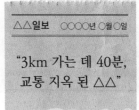
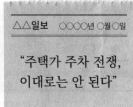

① 주택 부족
② 도로 포장 불량
③ 토지 비용의 상승
④ 무분별한 자가용 구입
⑤ 도시로 인구와 기능 집중

꼭 나와

02 각 도시 문제의 해결 방법으로 옳지 <u>않은</u> 것은?

① 교통 문제 – 도로 환경을 개선한다.
② 환경 문제 – 화석 에너지를 사용한다.
③ 주택 문제 – 공공 주택을 개발하여 보급한다.
④ 범죄 문제 – 어두운 골목길에 가로등을 설치한다.
⑤ 실업 문제 – 산업 변화에 대응할 수 있는 직업 훈련을 지원한다.

03 A 지역에 관한 설명으로 옳은 것을 〈보기〉에서 고르면?

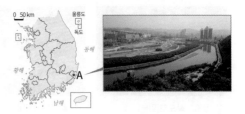

---보기---
ㄱ. 우리나라의 대표적인 역사·문화 도시이다.
ㄴ. 태화강 살리기 사업을 추진하여 수질 오염을 해결하였다.
ㄷ. 도시 문제를 해결하기 위해 시민들이 적극적으로 참여하였다.
ㄹ. '국가 정원 제1호'로 지정되면서 대표적인 생태 관광 도시로 발전하고 있다.

① ㄱ, ㄴ　　② ㄱ, ㄷ　　③ ㄴ, ㄷ
④ ㄴ, ㄹ　　⑤ ㄷ, ㄹ

04 ㉠에 관한 설명으로 옳은 것을 〈보기〉에서 고르면?

> 도시에 문제가 발생하면 사람들이 주변 환경을 느끼는 행복감 혹은 생활의 편리성인 (㉠)이/가 악화된다. 따라서 도시 문제를 해결하면 (㉠)이/가 높아진다.

> **─ 보기 ─**
> ㄱ. 모든 사람이 공통된 가치를 갖는 객관적 개념이다.
> ㄴ. 정치적, 사회적, 경제적 조건과도 밀접한 관련이 있다.
> ㄷ. 최근 시민들의 관심이 높아지면서 ㉠을 향상하기 위한 관심과 노력이 계속되고 있다.
> ㄹ. 세계적으로 소득이 높은 상위 10위권 이내의 도시 순위와 ㉠의 순위는 서로 일치한다.

① ㄱ, ㄴ ② ㄱ, ㄷ ③ ㄴ, ㄷ ④ ㄴ, ㄹ ⑤ ㄷ, ㄹ

05 살기 좋은 도시의 조건으로 옳은 것을 〈보기〉에서 고르면?

> **─ 보기 ─**
> ㄱ. 기능이 집중되어 많은 인구가 유입되는 도시
> ㄴ. 높은 소득과 물가로 생활비의 부담이 높은 도시
> ㄷ. 도로와 학교 등 각종 기반 시설이 잘 갖춰진 도시
> ㄹ. 전쟁과 범죄 발생의 위험이 적어 사회 안전성이 높은 도시

① ㄱ, ㄴ ② ㄱ, ㄷ ③ ㄴ, ㄷ ④ ㄴ, ㄹ ⑤ ㄷ, ㄹ

06 (가), (나) 도시의 공통점으로 가장 적절한 것은?

> (가) 과거 철강 산업이 발달한 공업 도시였으나, 산업의 쇠퇴로 지역 경제가 어려워졌다. 그러나 문화와 예술이 살아 있는 공간으로 탈바꿈한 결과 경제가 활기를 띠게 되었다.
> (나) 제조업 쇠퇴와 환경 오염, 노후화된 시설 등으로 쇠퇴하기 시작하였으나 정부와 환경 전문가들의 환경 개선 사업으로 세계적인 친환경 생태 복합 도시로 발전하게 되었다.

① 역사·문화 도시
② 수질 오염을 해결한 도시
③ 개발 도상국에 위치한 도시
④ 대중교통 시스템을 개선한 도시
⑤ 도시 문제를 해결한 살기 좋은 도시

07 ㉠에 들어갈 도시로 옳은 것은?

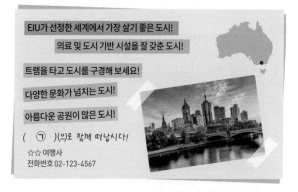

> EIU가 선정한 세계에서 가장 살기 좋은 도시!
> 의료 및 도시 기반 시설을 잘 갖춘 도시!
> 트램을 타고 도시를 구경해 보세요!
> 다양한 문화가 넘치는 도시!
> 아름다운 공원이 많은 도시!
> (㉠)(으)로 함께 떠납시다!
> ☆☆ 여행사
> 전화번호 02-123-4567

① 멜버른 ② 시드니 ③ 토론토
④ 취리히 ⑤ 헬싱키

08 (가), (나) 도시 사례를 통해 도출한 살기 좋은 도시의 조건으로 옳지 **않은** 것은?

> (가) 빈(오스트리아) : 박물관과 오페라 하우스 등을 갖춘 문화와 예술의 도시로 많은 역사 유적이 있으며, 공원이 넓고 범죄 발생률이 매우 낮다.
> (나) 밴쿠버(캐나다) : 아름다운 자연환경을 갖추고 있으며 시민의 평등을 실현해 가는 대표적인 다문화 도시로, 우수한 사회 보장 제도를 운영하고 있다.

① 높은 안전성   ② 민족의 단일성
③ 깨끗한 자연환경   ④ 다양한 문화 시설
⑤ 잘 정비된 사회 보장 제도

서술형

09 다음 글을 읽고 물음에 답하시오.

> (㉠)시는 시민의 적극적 노력으로 우리나라의 대표적인 생태 도시로 발전하고 있다. (㉠)시는 대한민국 '생태 수도'를 목표로 생태 보호를 위한 정책을 만들고 시행하였으며 주민들도 시의 정책에 적극적으로 협조하였다. 그 결과 갈대숲과 광활한 갯벌, 철새들이 어우러진 생태 관광지로 주목 받게 되었고, (㉠)시를 찾는 관광객들이 늘어나면서 지역 경제도 활기를 띠게 되었다.

(1) ㉠에 들어갈 도시를 쓰시오.

(2) 윗글을 통해 알 수 있는 살기 좋은 도시의 조건을 두 가지 서술하시오.

① 농업의 기업화와 세계화에 따른 변화

주제 10 농업 생산의 기업화와 세계화

1 농업 생산의 기업화와 세계화

(1) **❶ [　　] 농업의 확대** 낙농업, 원예 농업, 기업적 곡물 재배, 기업적 목축 등 시장 판매를 목적으로 하는 농업

(2) **농업 생산의 기업화** 기업이 많은 자본과 기술을 농업에 투입

선진국	넓은 농업 지역에서 기계를 이용하여 생산한 농산물을 전 세계로 판매 ⑩ 미국, 캐나다, 오스트레일리아 등
개발 도상국	다국적 기업이 대규모 ❷ [　　] 농장에서 열대작물을 생산하여 전 세계로 유통 ⑩ 아프리카와 아시아의 개발 도상국

(3) **농업 생산의 세계화**

① **배경** 교통과 통신의 발달, 자유 무역의 확대, 생활 수준의 향상 등

② **영향** 농산물 수출입 활성화, 먹거리의 세계화

2 농업 생산의 기업화와 세계화가 가져온 변화

(1) **농업 생산 구조와 토지 이용 변화**

① **❸ [　　]의 영향력 확대** 전 세계에 곡물 생산지를 두고 곡물을 수출입하는 다국적 기업

② **생산 구조와 토지 이용 변화**

선진국	대규모 상업적 농업 : 대형 농기계와 화학 비료·농약 사용 → 농작물의 대량 생산
개발 도상국	• 플랜테이션 확대로 곡물 재배지가 상품 작물 재배지로 변화하면서 ❹ [　　] 부족 문제 발생 • 단일 작물의 대규모 재배로 생태계 파괴, 환경 오염 발생

(2) **농작물 소비 특성의 변화 및 영향**

① **식단의 서구화**

변화	• 생활 수준 향상으로 커피, 과일 등의 소비량 증가 • 패스트푸드 등 음식 문화의 보편화 → 밀과 육류 소비 증가
영향	• 기호 작물 재배와 목축업 확대로 열대 우림 파괴 • 국내 쌀 생산 농가의 어려움 증가

② **외국산 농산물의 소비 증가**

변화	• 다양한 농산물을 저렴하게 구매 가능 • 우리나라의 경우 쌀 소비량 감소
영향	• 수입 농산물의 안전성 문제 제기 • 외국산 농산물 수입 증가로 식량 ❺ [　　] 하락

정답 ❶ 상업적 ❷ 플랜테이션 ❸ 곡물 메이저 ❹ 식량 ❺ 자급률

꼭 나와

01 지도에 표시된 지역에서 볼 수 있는 농업 방식을 〈보기〉에서 고르면?

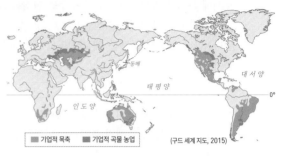

■ 기업적 목축　■ 기업적 곡물 농업　(구드 세계 지도, 2015)

보기
ㄱ. 대규모 목장에서 가축을 방목하는 모습
ㄴ. 대형 농기계를 이용하여 밀을 재배하는 모습
ㄷ. 가족 노동력을 이용하여 식량을 재배하는 모습
ㄹ. 플랜테이션 농장에서 열대작물을 수확하는 모습

① ㄱ, ㄴ　　② ㄱ, ㄷ　　③ ㄴ, ㄷ
④ ㄴ, ㄹ　　⑤ ㄷ, ㄹ

02 자료는 바나나의 생산 및 소비의 변화에 관한 것이다. 이에 관한 설명으로 옳지 <u>않은</u> 것은?

1970~80년대에는 짜장면보다 비싼 '귀한 몸'이었던 바나나는 현재 대형 마트에서 가장 잘 팔리는 '국민 과일'이 되었다. 그러나 일부 기업만이 바나나를 생산, 저장, 유통하여 전 세계로 공급하고 있다.

25 기타 기업 / 75 대기업 / 단위 (%)

▲ 바나나 생산의 주체

① 기업의 이윤 극대화 과정에서 바나나 가격이 불안정해질 수 있다.

② 농업 시장의 개방과 교통의 발달로 외국산 과일의 수입이 감소하였다.

③ 농산물의 국제 교역량이 증가하면서 농업의 세계화가 이루어지게 되었다.

④ 농업의 기업화로 대량 생산이 이루어지면서 농산물 가격이 저렴해질 수 있었다.

⑤ 농업 생산의 기업화로 농산물의 생산, 유통, 판매는 전문적이고 대규모로 이루어지고 있다.

03 곡물 메이저에 관한 설명으로 옳은 것은?

① 곡물을 소규모로 생산한다.
② 곡물 시장에 미치는 영향력이 적다.
③ 전 세계에 곡물 생산지를 두고 있다.
④ 곡물 생산보다는 가공 과정을 담당한다.
⑤ 화학 비료를 적게 사용하여 곡물을 생산한다.

04 다음 탐구 주제에 적합한 사례를 <보기>에서 고르면?

> 탐구 주제 : 농업 생산의 기업화에 따른 문제점

┌─ 보기 ─
ㄱ. 네덜란드는 농사 기술에 정보 통신 기술을 접목한 최첨단 농법을 시행하고 있다.
ㄴ. 경작 규모가 큰 미국은 품종, 토양, 기후, 시장 동향을 분석하여 최적의 농법을 사용한다.
ㄷ. 브라질은 커피 생산량 1위 국가로, 국제 커피 가격 변동이 농민 생활에 큰 영향을 미친다.
ㄹ. 필리핀은 외국계 기업농이 땅을 사들여 바나나 농장을 만들면서 쌀 수출국에서 수입국으로 바뀌었다.

① ㄱ, ㄴ   ② ㄱ, ㄷ   ③ ㄴ, ㄷ
④ ㄴ, ㄹ   ⑤ ㄷ, ㄹ

05 그래프는 우리나라의 식량 자급률을 나타낸 것이다. 이를 통해 알 수 있는 내용으로 옳은 것은?

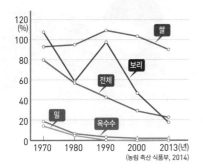
(농림 축산 식품부, 2014)

① 쌀 수출이 증가하고 있다.
② 로컬 푸드 운동이 확대되고 있다.
③ 옥수수와 밀 소비가 감소하고 있다.
④ 외국산 농산물의 수입이 증가하고 있다.
⑤ 국제 곡물 가격 상승의 영향을 적게 받는다.

06 농업 생산의 세계화에 관한 여러 사람의 입장으로 적절하지 **않은** 것은?

① 유럽 소비자 : 예전에는 보기 힘들었던 열대 과일을 지금은 쉽게 먹을 수 있어서 좋아요.
② 미국 농장 주인 : 옥수수를 대량 생산하는 우리는 농산물 수출이 활발해져서 다행이에요.
③ 플랜테이션 농장 노동자 : 대규모 농장이 들어서면서 새로운 일자리가 생겨났어요.
④ 우리나라 소비자 : 수입 과일이 국내산 과일보다 저렴하지만 신선도와 안전성이 의심스러워요.
⑤ 제주도 농장 주인 : 수입 과일이 늘어나면서 감귤 수요도 함께 늘어서 수익이 점점 늘고 있어요.

서술형

07 자료는 파인애플의 생산 과정을 설명한 것이다. 이를 보고 물음에 답하시오.

> 안녕? 내가 태어난 곳은 (㉠) 기후 지역이야. 과거에 식량을 생산하던 곳이었지만 ㉡ 대규모 농장으로 바뀌었고, 이곳에서 수확·포장한 파인애플은 전 세계로 수출되고 있어.

(1) 위 자료의 ㉠에 들어갈 말을 쓰시오.

(2) 위 자료의 ㉡과 같은 생산 방식의 특징을 과거와 비교하여 서술하시오.

서술형

08 ㉠, ㉡에 들어갈 내용을 **한 가지씩** 서술하시오.

> 팜유는 과자, 초콜릿 등에 사용하는 식물성 기름으로, 전 세계 소비량 중 약 85%를 인도네시아에서 생산한다. 세계적 농업 기업들이 인도네시아의 팜유 생산에 투자하면서 (㉠) 등의 긍정적 영향이 나타났다. 그러나 팜유의 대규모 재배로 여러 가지 문제점이 발생하고 있는데, 예를 들면 (㉡) 등이 있다.

❷ 다국적 기업의 발달과 지역 변화

주제 11 다국적 기업의 발달과 지역 변화

1 다국적 기업의 발달

(1) **❶[   ]** 국경을 넘어 전 세계를 대상으로 제품의 기획·생산·판매 활동을 하는 기업

(2) **성장 배경** 교통과 통신의 발달, 세계 무역 기구(WTO)의 출범, 자유 무역 협정(FTA)의 확대 → 경제 활동의 세계화

(3) **성장 과정**

1단계	단일 공장을 가진 기업 성장
2단계	지방에 영업 지점과 생산 공장 건설
3단계	해외에 영업 지점을 만들어 시장 개척
4단계	해외에 생산 공장을 건설하여 통합된 조직 완성

(4) **최근 변화** 중국과 인도 등 개발 도상국의 기업도 다국적 기업으로 발전, 제조업뿐 아니라 농산물의 생산과 가공·자원 개발·유통·금융 등 다양한 분야로 진출

2 다국적 기업의 공간적 분업

(1) **❷[   ]** 다국적 기업이 경영의 효율성을 높이고 이윤을 극대화하기 위해 기업의 기획 및 관리·연구·생산·판매 기능을 서로 다른 지역에 배치하는 것

(2) **기능별 입지 특성**

❸[ ]	• 기업 경영 및 관리 기능 → 의사 결정 기능 수행 • 자본이 풍부하고 정보 수집에 유리한 곳 → 주로 선진국에 입지
연구소	• 핵심 기술과 디자인 개발 기능 • 기술 수준이 높고 고급 인력이 풍부한 곳, 대학·연구소 등 연구 시설을 잘 갖춘 선진국
생산 공장	• 주로 **❹[ ]**에 입지 : 상대적으로 지가가 낮고 저렴한 노동력이 풍부한 곳 • 일부 선진국에 입지 : 시장을 확대하고 경제 블록 내에 위치하여 무역 장벽을 피할 수 있는 곳

3 다국적 기업의 진출에 따른 지역 변화

(1) **다국적 기업의 본국** 생산 공장의 해외 이전으로 실업자 증가 및 **❺[   ]** 현상 발생 → 지역 경제 침체

(2) **다국적 기업의 생산 공장이 들어선 지역**

긍정적 측면	• 자본 유입 및 일자리 증가로 지역 경제 활성화 • 기술 이전 및 관련 산업 발달
부정적 측면	• 유사 제품을 생산하는 국내 기업의 어려움 • 다국적 기업 본사로의 이윤 유출 심화 • 생산 공장 철수 시 대규모 실업과 경기 침체 발생

정답 ❶ 다국적 기업 ❷ 공간적 분업 ❸ 본사 ❹ 개발 도상국 ❺ 산업 공동화

꼭나와

01 경제 활동의 세계화에 관한 옳은 설명을 〈보기〉에서 고르면?

> ── 보기 ──
> ㄱ. 자유 무역 협정(FTA)을 맺는 국가의 수가 줄어들고 있다.
> ㄴ. 생산, 소비와 같은 경제 활동이 한 국가 내에서 이루어지고 있다.
> ㄷ. 상품, 자본, 노동, 기술, 서비스 등이 국경을 넘어 자유롭게 이동하고 있다.
> ㄹ. 세계 무역 기구(WTO)의 출범으로 국가 간 무역 장벽이 낮아지게 되었다.

① ㄱ, ㄴ 　② ㄱ, ㄷ 　③ ㄴ, ㄷ
④ ㄴ, ㄹ 　⑤ ㄷ, ㄹ

02 ㉠과 같은 기업의 특징으로 옳지 **않은** 것은?

① 전 세계를 대상으로 생산과 판매 활동을 한다.
② 자유 무역의 확대로 기업의 수가 증가하고 있다.
③ 자본을 확보하기 위해 생산 공장을 세계 여러 곳에 세운다.
④ 제조업뿐 아니라 농산물의 생산과 가공, 자원 개발 등의 분야에도 진출하고 있다.
⑤ 선진국의 기업이 많았으나 최근에는 개발 도상국의 기업도 빠르게 성장하고 있다.

03 그래프는 H 자동차의 국내 및 해외 생산 현황을 나타낸 것이다. 이 기업에 관한 설명으로 옳지 <u>않은</u> 것은?

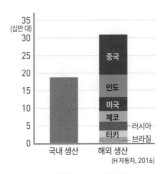

① 세계 여러 지역에서 자동차를 생산하고 있다.
② 자동차의 국내 생산량이 해외 생산량보다 많다.
③ 국경을 넘어 제품을 생산 및 판매하는 다국적 기업이다.
④ 중국과 인도의 생산 공장은 인건비 절감을 위한 것이다.
⑤ 미국의 생산 공장은 미국의 무역 장벽을 극복하기 위한 것이다.

05 자료는 ○○ 스마트폰의 생산과 관련된 국가를 나타낸 것이다. 이에 관해 옳은 내용을 말한 학생은?

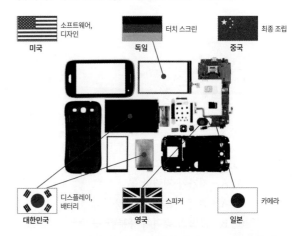

① 갑 : 중국은 핵심 부품을 생산하여 공급하고 있어.
② 을 : 시장 개척을 위해 대부분의 공장을 선진국에 설립했어.
③ 병 : 여러 국가의 전문적인 기술을 활용하고 있어.
④ 정 : 부품의 생산과 조립이 한 국가에서 이루어지고 있어.
⑤ 무 : 부품을 가까운 국가에서 공급받아 운송비를 절감하고 있어.

04 그림은 다국적 기업의 성장 과정을 나타낸 것이다. (가) 단계와 비교한 (나) 단계의 상대적 특징을 〈보기〉에서 고르면?

보기
ㄱ. 국내 생산액 비중이 감소한다.
ㄴ. 판매 시장의 범위가 축소된다.
ㄷ. 외국인 노동력의 비중이 증가한다.
ㄹ. 의사 결정 기능과 생산 기능이 통합된다.

① ㄱ, ㄴ　　② ㄱ, ㄷ　　③ ㄴ, ㄷ
④ ㄴ, ㄹ　　⑤ ㄷ, ㄹ

06 다음은 티셔츠를 만드는 과정을 정리한 것이다. ㉠~㉤ 지역에 관한 설명으로 옳은 것은?

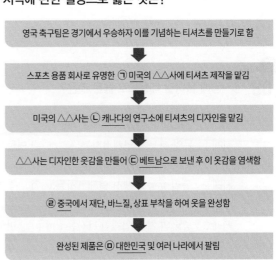

① ㉠ – 본사가 위치한다.
② ㉡ – 임금이 저렴하다.
③ ㉢ – 정보 수집에 유리하다.
④ ㉣ – 고급 인력이 많다.
⑤ ㉤ – 제품에 관한 수요가 적다.

❷ 다국적 기업의 발달과 지역 변화

07 지도는 ○○ 자동차 회사의 공간 분포를 나타낸 것이다. A, B의 입지 조건으로 옳은 것을 〈보기〉에서 고르면?

(○○자동차 누리집, 2016)

┌─ 보기 ─────────────────────┐
ㄱ. A - 지가가 저렴한 곳
ㄴ. A - 전문 기술 인력이 풍부한 곳
ㄷ. B - 값싼 노동력이 풍부한 곳
ㄹ. B - 교육 시설을 잘 갖춘 곳
└───────────────────────────┘

① ㄱ, ㄴ   ② ㄱ, ㄷ   ③ ㄴ, ㄷ
④ ㄴ, ㄹ   ⑤ ㄷ, ㄹ

08 ㉠~㉢에 들어갈 내용으로 옳은 것은?

〈다양한 기업의 공간적 분업 사례〉
사례 1 : 독일 자동차 업체 B사는 (㉠) 영국에서 공장을 가동 중이다.
사례 2 : 독일 운동화 생산 업체 A사는 (㉡) 인도네시아에서 공장을 가동 중이다.
사례 3 : 중국의 가전 업체인 H사는 (㉢) 미국에서 공장을 가동 중이다.

① ㉠ - 원료가 저렴한
② ㉠ - 지가가 저렴한
③ ㉡ - 판매 시장 확보를 위해
④ ㉢ - 임금이 저렴한
⑤ ㉢ - 새로운 시장 개척을 위해

[09~10] 지도는 운동화를 생산하는 다국적 기업의 공간적 분업 체계를 나타낸 것이다. 물음에 답하시오.

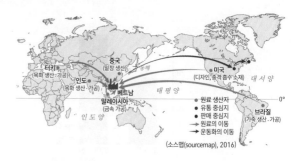

(소스맵(sourcemap), 2016)

09 (가), (나)에 해당하는 국가를 위 지도에서 골라 바르게 짝 지은 것은?

┌───────────────────────────┐
㉮ 다양한 정보를 바탕으로 핵심 기술을 연구
㉯ 저렴한 인건비와 풍부한 노동력을 바탕으로 한 제품의 대량 생산 가능
└───────────────────────────┘

	(가)	(나)		(가)	(나)
①	미국	베트남	②	인도	터키
③	중국	미국	④	터키	브라질
⑤	브라질	말레이시아			

10 기업이 위와 같은 공간적 분업을 하는 이유를 〈보기〉에서 고르면?

┌─ 보기 ─────────────────────┐
ㄱ. 환경 오염 최소화
ㄴ. 기업의 효율성 증대
ㄷ. 기업 이윤의 극대화
ㄹ. 세계 무역 증진 추구
└───────────────────────────┘

① ㄱ, ㄴ ② ㄱ, ㄷ ③ ㄴ, ㄷ ④ ㄴ, ㄹ ⑤ ㄷ, ㄹ

11 ㉠에 들어갈 용어의 뜻으로 옳은 것은?

┌───────────────────────────┐
다국적 기업의 생산 공장은 지가와 인건비가 저렴한 개발 도상국에 입지하는 경우가 많다. 그러나 일부는 시장을 확대하고 (㉠)을/를 피하기 위해 선진국에 입지하기도 한다.
└───────────────────────────┘

① 배타적 성격의 경제권
② 관세 부과 등의 무역 제한 조치
③ 산업 구조에 공백이 생기는 현상
④ 세계 무역의 자유화를 촉진하는 국제기구
⑤ 상품과 서비스의 자유로운 이동을 위한 협정

[12~13] 지도는 미국 N사의 신발 및 의류 공장의 이전 과정을 나타낸 것이다. 물음에 답하시오.

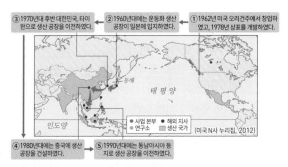

③1970년대 후반 대한민국, 타이완으로 생산 공장을 이전하였다.
②1960년대에는 운동화 생산 공장이 일본에 입지하였다.
①1962년 미국 오리건주에서 창업하였고, 1978년 상표를 개발하였다.
④1980년대에는 중국에 생산 공장을 건설하였다.
⑤1990년대에는 동남아시아 등지로 생산 공장을 이전하였다.
● 사업 본부 ● 해외 지사
● 연구소 ■ 생산 국가
(미국 N사 누리집, 2012)

12 위 지도에 나타난 공장 이전 과정을 통해 알 수 있는 신발 및 의류 공장 입지의 특징으로 옳은 것은?

① 주로 선진국에 위치한다.
② 인건비를 절감하는 것이 중요하다.
③ 환경 규제가 강력한 곳에 입지한다.
④ 영어에 능통한 인력이 풍부한 곳에 입지한다.
⑤ 높은 기술 수준과 고급 인력 확보가 중요하다.

13 1990년대 이후 위 지도와 같이 생산 공장을 동남아시아 등지로 이전하면서 중국에 나타난 변화로 옳은 것은?

① 고용이 증대된다.
② 지역 경제가 침체된다.
③ 해외 경제 의존도가 심화된다.
④ 기술 및 경영 기법 수준이 높아진다.
⑤ 사회 간접 시설에 관한 투자가 확대된다.

14 그래프는 베트남의 외국인 직접 투자 변화를 나타낸 것이다. 이러한 추세가 지속할 때 베트남에 나타날 수 있는 현상으로 옳은 것을 〈보기〉에서 고르면?

── 신규 투자 건수(수)
■ 투자 금액(억 달러)

1,191 1,287 1,530 2,182 2,827
156.0 163.5 223.5 202.3 227.6
2011 2012 2013 2014 2015(년)
(베트남 통계청, 2016)

┌ 보기 ─────────────
ㄱ. 경기 침체   ㄴ. 일자리 증가
ㄷ. 관련 기술 이전   ㄹ. 산업 공동화 발생
└────────────────

① ㄱ, ㄴ ② ㄱ, ㄷ ③ ㄴ, ㄷ ④ ㄴ, ㄹ ⑤ ㄷ, ㄹ

15 수업 시간에 작성한 역할극 대본의 ㉠~㉤ 중 옳지 않은 것은?

장면 #13
다국적 기업의 청바지 생산 공장이 ○○ 지역에 들어선다는 소식을 들은 주민들은 모여서 이야기를 하고 있다.

주민 1 : 청바지 생산 공장이 들어서면 대규모 실업이 발생하겠지. ·············㉠
주민 2 : 청바지 산업의 중심지가 되면 지역 경제가 활기를 찾을 거야. ·············㉡
주민 3 : 하지만 생산 과정에서 배출되는 오염 물질로 수질 오염이 발생할 수 있어. ·············㉢
주민 4 : 기업에 정화 시설 설치를 요구하는 것이 좋겠어. ·············㉣
주민 5 : 청바지를 이용한 관광 상품을 개발해서 그 수익으로 환경 보전에 힘쓰는 것도 좋은 방법이야. ·············㉤

① ㉠ ② ㉡ ③ ㉢ ④ ㉣ ⑤ ㉤

서술형
16 지도는 어느 기업의 해외 진출 현황을 나타낸 것이다. A, B 생산 공장의 입지 이유를 비교하여 서술하시오.

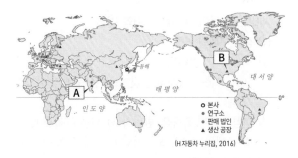

● 본사
● 연구소
■ 판매 법인
▲ 생산 공장
(H자동차 누리집, 2016)

서술형
17 ㉠, ㉡ 시기 다국적 기업의 활동에 따른 디트로이트시의 지역 변화를 한 가지씩 서술하시오.

미국 미시간주 디트로이트시는 ㉠1950년대 자동차를 생산하는 세계적 규모의 다국적 기업 공장들이 들어서면서 인구가 180만 명에 달했다. 그러나 ㉡20세기 후반부터 멕시코 등의 개발 도상국으로 자동차 생산 공장이 이전하면서 한때 파산을 선언하기도 하였다.

Ⅸ. 글로벌 경제 활동과 지역 변화

❸ 세계화 시대의 서비스 산업 변화

1 서비스 산업의 의미와 유형

(1) **의미** 인간이 필요로 하는 재화나 용역을 공급하는 활동

(2) **특성** 표준화하기 어렵고, 고용 창출의 효과가 큼

(3) **분류**

소비자 서비스업	일반 소비자에게 직접 제공하는 서비스 예) 음식업, 숙박업, 소매업 등
❶ 서비스업	기업 활동에 도움을 주는 서비스 예) 금융, 법률, 광고, 시장 조사 등

2 서비스 산업의 성장과 변화

(1) **❷[   ] 사회** 생산과 고용에서 공업의 비중이 감소하고 서비스업의 비중이 증가하는 사회

(2) **서비스 산업의 세계화**

① 관광·유통·금융 등의 분야에서 국가 간 경계가 약해지고 상호 의존성이 커짐

② 서비스 산업의 입지 변화

공간적 분산	교통과 통신의 발달로 시·공간적 제약 완화 → 비용 절감과 업무 효율성 증대를 위해 다국적 기업은 일부 업무를 개발 도상국으로 분산 예) 해외 콜센터 운영
공간적 집중	전문화된 서비스업은 접근성이 좋고 정보가 풍부한 특정 지역에 발달 예) 광고, 금융, 영화 제작 산업

3 서비스 산업의 세계화와 지역 변화

(1) **상품 구매의 변화**

① ❸[   ] 인터넷 등 정보 통신망을 이용하여 실시간으로 상품을 거래하는 것 → 상품 구매의 시간적·공간적 제약 극복

② **영향** 소비 활동의 범위가 전 세계로 확대(예) 해외 직접 구매의 증가), 오프라인 매장의 감소 등

(2) **유통의 세계화**

① **배경** 다국적 기업의 식당·편의점·대형 상점 진출, 전자 상거래의 발달

② **영향** 상품 배송을 위한 ❹[   ] 산업 발달, 교통이 편리한 지역에 물류 창고 입지, 영세한 유통 업체의 피해 발생

(3) **관광의 세계화**

영향	긍정적 측면	지역의 고용 창출 및 소득 증가, 기반 시설 개선
	부정적 측면	자연환경 파괴, 고유문화 쇠퇴
변화	체험 관광 발달, ❺[ ] 여행의 증가	

답 ❶ 생산자 ❷ 탈공업화 ❸ 전자 상거래 ❹ 택배 ❺ 공정

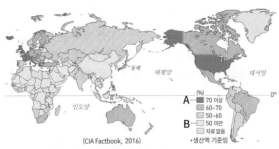

꼭 나와

01 ㉠~㉢에 관한 설명으로 옳은 것은?

> 상점과 식당, 학교, 병원 등에서는 인간이 필요로 하는 재화나 ㉠용역 등을 공급하는데, 이를 서비스 산업이라고 한다. 서비스 산업은 ㉡표준화하기 어렵고, ㉢고용 창출 효과가 크다. 서비스 산업은 누구에게 서비스를 제공하느냐에 따라 ㉣소비자 서비스업과 ㉤생산자 서비스업으로 구분된다.

① ㉠ - 물건의 형태로 제공되는 서비스를 말한다.

② ㉡ - 소비자에 따라 원하는 서비스의 형태가 다르기 때문이다.

③ ㉢ - 찾는 사람이 증가할수록 노동력이 적게 필요하기 때문이다.

④ ㉣ - 금융, 법률, 광고, 시장 조사 등이 있다.

⑤ ㉤ - 음식업, 숙박업, 소매업 등이 있다.

02 지도에서 A 지역과 비교한 B 지역의 상대적 특징을 예상한 내용으로 옳은 것을 〈보기〉에서 고르면?

	(%)
A	■ 70 이상
	■ 60~70
	■ 50~60
B	□ 50 미만
	□ 자료 없음
	*생산액 기준임

(CIA Factbook, 2016)

▲ **국가별 국내 총생산(GDP)에서 서비스 산업이 차지하는 비중**

┌ 보기 ─────────────
ㄱ. 도시 인구 비율이 낮을 것이다.
ㄴ. 농업 종사자 비율이 높을 것이다.
ㄷ. 1인당 국내 총생산이 높을 것이다.
ㄹ. 서비스업 종사자 비율이 높을 것이다.
└─────────────────

① ㄱ, ㄴ ② ㄱ, ㄷ ③ ㄴ, ㄷ

④ ㄴ, ㄹ ⑤ ㄷ, ㄹ

03 그래프는 국가별 산업 구조를 나타낸 것이다. (가)~(다) 국가를 지도의 A~C에서 골라 바르게 짝지은 것은?

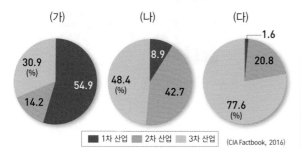

(가)   (나)   (다)
1차 산업   2차 산업   3차 산업   (CIA Factbook, 2016)

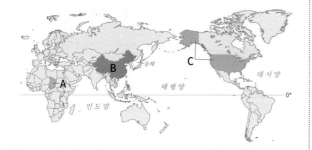

	(가)	(나)	(다)		(가)	(나)	(다)
①	A	B	C	②	A	C	B
③	B	A	C	④	C	A	B
⑤	C	B	A				

05 ㉠, ㉡에 들어갈 내용을 바르게 짝지은 것은?

> 교통과 통신의 발달 및 세계화는 서비스 산업의 확대를 촉진하였다. 예를 들어 (㉠) 등과 같은 서비스업은 세계 여러 지역에서 유사한 상품과 서비스를 제공한다. 반면에 (㉡) 등과 같은 전문화된 서비스업은 세계 여러 지역과의 접근성이 좋고 관련 정보가 풍부한 특정 지역에 발달하는 경향이 있다.

	㉠	㉡
①	식당	편의점
②	광고 산업	의료 산업
③	금융 산업	영화 제작
④	대형 상점	금융 산업
⑤	영화 제작	대형 상점

꼭나와
04 ㉠에 관한 설명으로 옳은 것을 〈보기〉에서 고르면?

 과거 농·어업에 의존하던 필리핀은 ㉠콜센터와 같은 서비스 산업으로 눈을 돌렸다. 콜센터는 업무 처리 아웃소싱(BPO : Business Process Outsourcing)에 포함되는 업무로, 기업의 다양한 업무 중 일부를 전문적으로 대신 처리하는 산업에 속한다.

― 보기 ―
ㄱ. 고객과 근접한 거리에 위치해야 한다.
ㄴ. 고급 인력을 확보할 수 있는 곳에 입지한다.
ㄷ. 영어 회화 능력을 갖춘 곳을 입지 지역으로 선호한다.
ㄹ. 다국적 기업의 업무 효율성을 높이기 위해 해외에서 운영하는 경우가 늘고 있다.

① ㄱ, ㄴ   ② ㄱ, ㄷ   ③ ㄴ, ㄷ
④ ㄴ, ㄹ   ⑤ ㄷ, ㄹ

꼭나와
06 그림의 (가), (나) 유통 구조에 관한 설명으로 옳은 것을 〈보기〉에서 고르면?

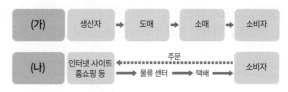

― 보기 ―
ㄱ. (가)는 (나)보다 유통 단계가 단순하다.
ㄴ. (가)는 직접 상점을 방문하지 않고도 상품을 구매할 수 있다.
ㄷ. (나) 방식에서는 해외 상점의 상품도 실시간으로 구매 가능하다.
ㄹ. 정보 통신 기술의 발달로 (가)보다 (나)가 빠르게 성장하고 있다.

① ㄱ, ㄴ   ② ㄱ, ㄷ   ③ ㄴ, ㄷ
④ ㄴ, ㄹ   ⑤ ㄷ, ㄹ

❸ 세계화 시대의 서비스 산업 변화

07 ㉠ 구매 방식에 관한 설명으로 옳지 <u>않은</u> 것은?

① 정보 통신의 발달로 확대되었다.
② 저렴한 가격에 구매가 가능하다.
③ 국내 온라인 쇼핑몰의 수익이 좋아진다.
④ 서비스업의 세계화를 보여 주는 사례이다.
⑤ 최근 거래 방법이 간소화되면서 급성장하고 있다.

08 그래프는 해외 직접 구매 거래 건수의 변화를 나타낸 것이다. 이러한 변화가 나타난 배경으로 옳지 <u>않은</u> 것은?

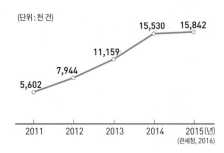

① 국내 상점의 부족
② 스마트폰의 보편화
③ 인터넷 통신망의 발달
④ 전자 결제 서비스의 발달
⑤ 해외 배송 전문 업체의 등장

09 ㉠에 들어갈 내용으로 옳은 것은?

① 운송이 유리한 지역
② 인건비가 저렴한 지역
③ 고급 정보가 풍부한 지역
④ 소규모 상점이 많은 지역
⑤ 영어를 공용어로 사용하는 지역

[10~11] 사진은 사회 수업 시간에 제시한 자료이다. 물음에 답하시오.

▲ 우리나라의 외국계 대형 마트　　▲ 미국의 외국계 편의점

10 위 사진과 관련된 수업 주제로 옳은 것은?

① 탈공업화　　② 전자 상거래
③ 공업의 기계화　　④ 유통의 세계화
⑤ 제조업의 서비스화

11 위 사진에 나타난 시설의 입점이 지역에 미치는 영향을 〈보기〉에서 고르면?

보기
ㄱ. 영세한 유통 업체들이 피해를 보기도 한다.
ㄴ. 고용 창출 등 지역 경제가 활성화될 수 있다.
ㄷ. 소비자는 비싼 가격으로 상품을 구매해야 한다.
ㄹ. 재래시장과 동네 상점의 상권이 확대될 수 있다.

① ㄱ, ㄴ　　② ㄱ, ㄷ　　③ ㄴ, ㄷ
④ ㄴ, ㄹ　　⑤ ㄷ, ㄹ

12 서비스 산업의 세계화에 관한 자료 중 ㉠, ㉡에 들어갈 내용으로 옳은 것을 바르게 짝지은 것은?

> • 주제 : (㉠)의 활성화
> 미국 가전제품 유통 업체 R사가 경영난을 이기지 못하고 파산 보호 신청을 했다. 94년 전통의 R사는 미국 전역에 점포 4천여 개를 운영하며, 직원 2만 4천여 명을 고용하고 있다. R사의 인수전에 뛰어든 기업은 미국 최대 온라인 쇼핑 사이트 A사이다. A사는 R사를 인수하여 컴퓨터나 스마트폰을 이용한 주문 형태로 운영할 것으로 알려졌다.
>
> • 주제 : (㉡)의 세계화
> 뉴질랜드의 호비튼, 영국의 안위크성, 아이슬란드의 스비나펠스요쿨의 공통점은 무엇일까? 세 지역은 모두 영화 속 배경이 된 장소로 현재 전 세계 사람들이 찾는 곳이다. 호비튼은 영화 세트장 투어는 물론 농촌 체험과 농장 투어도 할 수 있으며, 아이슬란드 스비나펠스요쿨은 빙하를 걸어 볼 수 있는 상품을 개발하여 주목받고 있다.

	㉠	㉡		㉠	㉡
①	제조업	관광	②	제조업	유통
③	전자 상거래	관광	④	전자 상거래	금융
⑤	콜센터 산업	금융			

꼭나와

13 그래프는 세계 관광객 수의 변화를 나타낸 것이다. 이와 같은 변화가 관광 지역에 미치는 영향으로 옳지 <u>않은</u> 것은?

(단위 : 만 명)
(국제 연합 세계 관광 기구, 2016)

① 자연환경이 파괴된다.
② 교통 산업이 성장한다.
③ 숙박 산업이 성장한다.
④ 주민의 일자리가 줄어든다.
⑤ 지나친 상업화로 고유문화가 사라진다.

14 다음 여행 방식에 관한 설명으로 옳지 <u>않은</u> 것은?

> • 현지인이 운영하는 숙소와 음식점을 이용한다.
> • 현지 대중교통을 이용한다.
> • 현지 동식물로 만든 기념품은 사지 않는다.
> • 여행지의 종교를 존중하고 문화를 체험한다.

① '착한 여행'이라고도 한다.
② 환경 피해를 최소화할 수 있다.
③ 현지의 자연과 문화를 존중한다.
④ 현지 주민에게 이익이 적게 돌아간다.
⑤ 그 지역에서만 경험할 수 있는 체험을 한다.

서술형

15 그래프는 우리나라의 해외 직접 구매 추이를 나타낸 것이다. 이러한 변화로 나타나는 긍정적·부정적 효과를 각각 서술하시오.

(관세청, 2015)

서술형

16 다음 글은 서비스업의 세계화가 지역 주민 생활에 미친 영향을 설명한 것이다. ㉠, ㉡에 해당하는 내용을 한 가지씩 서술하시오.

> 기업들은 통신 설비가 갖춰지고 물류 배송이 가능하다면 어느 곳에서나 서비스를 제공할 수 있게 되었다. 다국적 기업들이 콜센터를 세계 여러 지역에 설치하는 것도 이러한 변화를 잘 보여 준다. 다국적 기업의 콜센터가 들어서는 지역에서는 ㉠<u>긍정적 영향</u>이 나타나기도 하지만, 콜센터는 더 나은 조건을 찾아 자유롭게 이동할 수 있기 때문에 이에 따른 ㉡<u>부정적 영향</u>이 나타나기도 한다.

X. 환경 문제와 지속 가능한 환경

❶ 기후 변화

주제 13 기후 변화의 영향과 해결 노력

1 기후 변화의 발생

(1) 기후 변화의 의미와 원인

의미	기후의 평균적인 상태가 변화하는 현상
원인	• 자연적 원인 : 화산재 분출, 태양의 활동 변화 등 • 인위적 원인 : ❶□□□의 사용 증가로 온실가스 배출량 증가, 도시화 확산, 무분별한 토지 및 삼림 개발

(2) ❷□□□□

의미	지구의 평균 기온이 상승하는 현상
원인	화석 연료의 사용 증가와 무분별한 삼림 개발로 대기 중 ❸□□□의 농도 증가 → 온실 효과의 심화

2 기후 변화의 영향

(1) 빙하 감소와 해수면 상승

지구 평균 기온 상승으로 극지방과 고지대의 ❹□□이/가 녹아 해수면 상승	▶	• 방글라데시와 같은 해안 저지대 : 바닷물의 범람으로 침수 피해 증가 • 몰디브, 투발루 등의 섬나라 : 바닷물에 잠겨 지구상에서 사라질 위기

(2) ❺□□□ 증가

① 물의 증발량이 많아져 가뭄과 사막화 심화
② 태풍, 가뭄, 폭설 등의 발생 빈도와 피해 규모 증가
③ 폭염, 열대야 등 여름철 고온 현상 증가

(3) 생태계 변화

해양 생태계	바다에 서식하는 어종의 분포 변화
식생 분포	고산 식물의 분포 범위 ❻□□, 멸종 위기 식물 증가
작물 재배 환경	인류 생존과 밀접한 농작물 재배에 악영향
기타	생태계 교란, 각종 병해충 증가, 전염병 확대

3 기후 변화의 해결 노력

(1) **국제 협력의 필요성** 기후 변화는 전 지구적 차원의 문제이므로 국제적 차원의 협력·합의 필요
(2) **국제적 노력** 국제 기후 협약 체결 ⑩ 기후 변화 협약(1992년), 교토 의정서(1997년), 파리 협정(2015년)
(3) **지역적 차원의 노력**
① 비정부 기구(NGO)를 중심으로 환경 의식 개선과 정부 정책의 변화를 유도하고 있음
② 우리나라도 탄소 성적 표지 제도, 온실가스 배출권 거래제 시행 등 온실가스 감축에 동참하고 있음

정답 ❶ 화석 연료 ❷ 지구 온난화 ❸ 이산화 탄소 ❹ 빙하 ❺ 기상 이변 ❻ 축소

01 기후 변화의 의미를 바르게 설명한 것은?

① 날씨의 변화를 의미한다.
② 단기간의 기상 변화를 말한다.
③ 자연적 원인에 의해서만 발생한다.
④ 주로 짧은 시간 동안 빠르게 나타난다.
⑤ 기후의 평균적인 상태가 변화하는 현상이다.

[02~03] 그림은 지구 환경과 관련된 활동을 나타낸 것이다. 물음에 답하시오.

| 삼림 개발 | 축산과 농업 | 에너지 사용 | 화석 연료 | 쓰레기 매립장 | 소각 |

02 위 그림에 나타난 활동의 공통적인 특징으로 옳은 것은?

① 산업화 이전의 활동이다.
② 자연적으로 나타나는 현상이다.
③ 온실 효과를 완화하는 활동이다.
④ 지구 환경 보호를 위한 활동이다.
⑤ 지구 환경 변화의 인위적 원인이 된다.

03 위의 그림과 같은 활동이 지속될 때 나타날 수 있는 현상을 〈보기〉에서 고르면?

┌─ 보기 ─
ㄱ. 육지 면적의 확대
ㄴ. 온실 효과의 심화
ㄷ. 지구 평균 기온의 상승
ㄹ. 대기 중 이산화 탄소의 농도 감소
└─

① ㄱ, ㄴ   ② ㄱ, ㄷ   ③ ㄴ, ㄷ
④ ㄴ, ㄹ   ⑤ ㄷ, ㄹ

[04~05] 자료를 보고 물음에 답하시오.

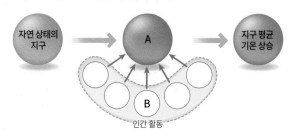

04 위 그림의 A에 들어갈 내용으로 알맞은 것은?

① 지각 변동
② 빙하 면적 감소
③ 열대림 조성 사업
④ 농업 활동 면적 증가
⑤ 이산화 탄소 배출 증가

05 위 그림의 A에 영향을 주는 B의 인간 활동으로 알맞은 것을 〈보기〉에서 고르면?

┌─ 보기 ─────────────
ㄱ. 무분별한 삼림 벌채
ㄴ. 에너지 절약의 생활화
ㄷ. 화석 연료의 과다 사용
ㄹ. 유전자 변형 농산물의 생산
└────────────────

① ㄱ, ㄴ
② ㄱ, ㄷ
③ ㄴ, ㄷ
④ ㄴ, ㄹ
⑤ ㄷ, ㄹ

꼭나와

06 그래프와 같은 변화로 인해 나타나고 있는 현상으로 옳은 것은?

① 식물의 개화 시기가 느려진다.
② 지구의 평균 기온이 상승한다.
③ 고산 식물의 분포 범위가 확대된다.
④ 산악 지역의 빙하 면적이 넓어진다.
⑤ 대기 중 미세 먼지 농도가 낮아진다.

07 다음 글에 나타난 현상이 지속될 경우 발생할 수 있는 현상으로 보기 어려운 것은?

┌──────────────────────
자연 상태에서 일어나는 온실 효과는 지구의 온도를 유지해 주는 중요한 현상이다. 그러나 요즘에는 일부 온실가스가 대기 중에 과다하게 방출됨으로써 열이 지구 밖으로 나가지 못하고 지구로 다시 흡수되어 대기와 지표면의 온도를 높이고 있다.
└──────────────────────

① 극지방의 빙하가 감소한다.
② 태풍의 피해 규모가 커진다.
③ 고지대의 만년설이 확대된다.
④ 가뭄과 폭우 등이 빈번해진다.
⑤ 생태계 교란 및 변화가 발생한다.

08 고위도 지역에서 사진과 같은 변화가 나타난 원인을 바르게 설명한 것은?

① 과도한 빙하 채굴 때문이다.
② 지각 변동으로 인한 결과이다.
③ 지구의 기온이 상승했기 때문이다.
④ 계절이 변화하면서 나타난 자연 현상이다.
⑤ 극지방에 지역 개발이 이루어지고 있기 때문이다.

09 다음 글에 나타난 현상의 발생 원인으로 옳은 것은?

┌────────────────
남태평양의 작은 섬나라인 투발루는 국토의 대부분이 바닷물에 잠길 위기에 처하면서 이곳 주민들은 다른 지역으로 이주하고 있다.
└────────────────

① 해수면 상승
② 생태계 파괴
③ 바닷물 온도 하강
④ 과도한 자원 개발
⑤ 지진 해일 피해의 확대

10 우리나라의 인삼 재배 지역이 다음과 같이 변화할 것으로 예상한 근거로 옳은 것은?

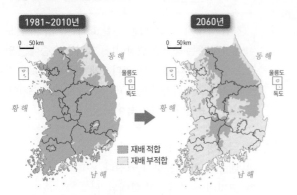

1981~2010년 · 2060년

재배 적합
재배 부적합

① 토양이 척박해지기 때문이다.
② 농업 인구가 줄어들기 때문이다.
③ 연 강수량이 줄어들기 때문이다.
④ 한반도의 평균 기온이 높아지기 때문이다.
⑤ 도시 확장으로 농경지가 감소하기 때문이다.

11 다음의 사례로 보기 어려운 것은?

지구의 평균 기온이 상승하면서 생태계 교란 문제가 발생하고 있다. 이는 생태계 파괴는 물론 인간 생존에도 큰 위협 요소로 작용하고 있다.

① 철새들이 주기적으로 이동한다.
② 동해에 난류성 어종이 많아졌다.
③ 벚꽃의 개화 시기가 빨라지고 있다.
④ 아열대 해충이 우리나라에서 발견되고 있다.
⑤ 난대성 식물의 서식지 면적이 확대되고 있다.

12 다음 교사의 질문에 바르게 답한 학생을 고르면?

교사 : 우리 주변에서 볼 수 있는 기상 이변의 사례로는 무엇이 있을까요?
경화 : 봄이나 가을철에는 일교차가 커져요.
희진 : 태풍이 빈번해지고 강도가 강해지고 있어요.
수영 : 열대 지역에서는 스콜이 자주 내려요.
지환 : 우리나라는 장마철에 많은 비가 내려요.
인주 : 온대 기후 지역은 계절의 변화가 뚜렷해요.

① 경화   ② 희진   ③ 수영
④ 지환   ⑤ 인주

13 (가), (나) 현상과 관련된 설명으로 옳은 것은?

(가) 스위스 남부 지역은 12월에도 기온이 내려가지 않아 스키장의 일부 슬로프만 인공 눈으로 운영하고 있다.
(나) 미국 알래스카의 일부 지역에서는 기온 상승으로 영구 동토층이 녹아 주택이 붕괴되는 일이 증가하고 있다.

① 인구 증가로 인한 결과이다.
② 평균적인 강수량 변화와 관련 있다.
③ 대기 중 온실가스 감소의 결과이다.
④ 겨울이 길고 추워져서 나타나는 현상이다.
⑤ 지구적 차원의 기후 변화로 인한 결과이다.

14 오늘날 기후 변화로 인해 A 지역에서 나타나는 현상으로 옳은 것은?

① 빙하 면적이 확대되었다.
② 건조 기후가 확대되었다.
③ 새로운 항로가 개척되었다.
④ 산호초 서식지가 확대되었다.
⑤ 어종이 다양해져 수산업이 발달하였다.

15 기후 변화가 식생 분포에 미친 영향으로 옳은 것은?

① 생물 종이 더욱 다양해진다.
② 식물의 개화 시기가 느려진다.
③ 병해충의 피해가 감소하게 된다.
④ 농작물의 재배에 악영향을 미친다.
⑤ 고산 식물의 분포 범위가 확대된다.

16 다음과 같은 노력이 필요한 가장 큰 이유는 무엇인가?

> 기후 변화로 인한 문제 해결을 위해서는 개인적인 노력뿐만 아니라 국가적·국제적 차원의 노력과 협력이 필요하다.

① 많은 비용이 발생하기 때문이다.
② 기후 변화의 심각성이 적기 때문이다.
③ 지역마다 피해 정도가 다르기 때문이다.
④ 지역에 따라 발전 정도가 다르기 때문이다.
⑤ 기후 변화는 전 세계에 영향을 주기 때문이다.

17 그래프에 나타난 이산화 탄소 배출 현황을 보고 바르게 설명한 것은?

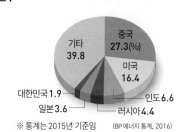

중국 27.3(%)
기타 39.8
미국 16.4
대한민국 1.9
일본 3.6
인도 6.6
러시아 4.4
※ 통계는 2015년 기준임 (BP 에너지 통계, 2016)

① 인구 규모와 반비례한다.
② 경제 규모와는 무관하다.
③ 남반구 국가의 배출량이 많다.
④ 세계 각국에서 고르게 배출되고 있다.
⑤ 산업화가 활발한 지역의 배출량이 많다.

꼭나와

18 우리나라에서 제품에 다음과 같은 표시를 하는 목적으로 알맞은 것은?

① 국산 제품을 사용하기 위해
② 새로운 에너지 개발을 위해
③ 온실가스 배출을 줄이기 위해
④ 화석 연료 사용을 늘리기 위해
⑤ 다양한 화학 제품 사용 확대를 위해

꼭나와

19 ㉠에 들어갈 국제 사회의 노력에 해당하는 것은?

> 2015년 국제 사회는 교토 의정서를 대체할 신기후 체제인 (㉠)을/를 체결하였다. 이로 인해 선진 국과 개발 도상국 구분 없이 모든 국가가 온실가스 배출 의무를 지게 되었다.

① 리우 선언
② 파리 협정
③ 교토 의정서
④ 기후 변화 협약
⑤ 온실가스 배출권 거래제

서술형

20 그래프를 보고 물음에 답하시오.

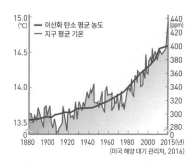

이산화 탄소 평균 농도
지구 평균 기온
(미국 해양 대기 관리처, 2016)

(1) 위 그래프와 같은 변화가 나타나게 된 원인을 두 가지 쓰시오.

(2) 위와 같은 변화로 인해 나타나는 현상을 세 가지 서술하시오.

서술형

21 온실가스 감축과 관련하여 ㉠, ㉡에 들어갈 의견을 각각 서술하시오.

세계 여러 나라들이 온실가스 감축에 동의하지만 의견은 다릅니다. 각국의 의견을 들어볼까요?
㉠
㉡
개발 도상국 대표
선진국 대표

❷ 산업 이전에 따른 환경 문제

주제 14 산업 이전에 따른 지역의 환경 변화

1 환경 문제 유발 산업의 이전

(1) 공해 유발 산업의 이전

① 산업 이전의 경향 선진국 → 개발 도상국

❶	엄격한 환경 규제, 최신 기술 설비 및 청정 산업 유치
❷	경제 성장 우선 정책, 오래된 제조 설비 및 공해 산업 이전

② 산업 이전이 지역에 미치는 영향

❸	환경 문제 해결에 도움, 저임금 노동력의 활용
❹	새로운 일자리 창출 및 경제적 효과, 각종 환경 오염 발생, 주민 건강 위협

(2) ❺　　　의 이전

① 사용하고 난 전자 제품에서 나오는 폐기물 → 기술 발달로 제품 사용 주기가 짧아져 배출량 증가

② 국제 이동의 경향

선진국	개발 도상국
환경 및 경제적 부담을 줄이기 위해 개발 도상국에 수출 ▶	수입한 전자 쓰레기에서 자원 추출

③ 영향 처리 과정에서 유독 물질 배출, 대기 및 수질 오염 문제 발생

2 농업의 이전과 환경 문제

(1) 농업의 이전 선진국의 농업 기술을 이용해 임금과 땅값이 저렴한 개발 도상국에서 ❻　　　농업 확대

(2) 농업 이전이 지역에 미치는 영향

긍정적 측면	일자리 창출, 지역 경제 활성화에 도움을 줌
부정적 측면	토양 황폐화, 화학 비료와 농약 사용에 따른 ❼　　　및 식수 오염, 식량 부족 문제 발생

3 환경 문제의 공간적 불평등

(1) 환경 문제의 지역적 불평등

❽	환경 문제 유발 산업의 유출로 쾌적한 환경 조성, 오염 물질 배출 허용 기준 강화
❾	환경 오염 심화로 인해 주민들의 생계 위협, 각종 질병에 노출

(2) 환경 문제의 공간적 불평등을 해결하기 위한 노력 유해 폐기물 및 공해 산업의 불법적 확산 방지(바젤 협약 체결)

답 ❶ 선진국 ❷ 개발 도상국 ❸ 선진국 ❹ 개발 도상국 ❺ 전자 쓰레기 ❻ 플랜테이션 ❼ 토양 오염 ❽ 선진국 ❾ 개발 도상국

[01~02] 그림을 보고 물음에 답하시오.

01 위의 그림과 같은 현상이 나타나는 원인으로 보기 <u>어려운</u> 것은?

① 유럽의 임금 상승
② 다국적 기업의 성장
③ 국제 교류의 활성화
④ 유럽의 환경 규제 강화
⑤ 방글라데시의 높은 기술력

02 위의 그림과 같은 현상으로 방글라데시에서 나타날 수 있는 문제점을 〈보기〉에서 고르면?

보기
ㄱ. 심각한 실업 문제
ㄴ. 의류 산업의 규제 강화
ㄷ. 폐수로 인한 수질 오염
ㄹ. 주민들의 질병 발생 증가

① ㄱ, ㄴ 　② ㄱ, ㄷ 　③ ㄴ, ㄷ
④ ㄴ, ㄹ 　⑤ ㄷ, ㄹ

꼭나와
03 환경 문제를 유발하는 산업이 주로 유입되는 개발 도상국의 상황으로 보기 <u>어려운</u> 것은?

① 환경 규제가 엄격하다.
② 제조업의 비중이 높다.
③ 제조 설비가 낙후되었다.
④ 인건비가 저렴한 편이다.
⑤ 경제 성장을 우선시한다.

04 선진국에서 주로 유치하는 산업을 〈보기〉에서 고르면?

> 보기
> ㄱ. 화학 공업　　　　ㄴ. 우주 산업
> ㄷ. 염색 산업　　　　ㄹ. 첨단 산업

① ㄱ, ㄴ　　　② ㄱ, ㄷ　　　③ ㄴ, ㄷ
④ ㄴ, ㄹ　　　⑤ ㄷ, ㄹ

05 지도와 같은 석면 산업의 이전과 관련된 탐구 주제로 가장 적절한 것은?

1981년대
석면방직 기계 수출
독일 L사 → 한국 J사

1970년대
석면 시멘트 공장 진출
미국 J사 → 일본 N사

1990~2000년
석면 방직 공장 진출
한국 J사 → 인도네시아,
말레이시아, 중국

1970년대
석면 방직 기계 진출
일본 N사 → 한국 J사

● 유출국
● 유입국
(환경 보건 시민 센터, 2014)

① 산업화와 경제 성장
② 석면 산업의 세계화 추세
③ 유해 산업의 국가 간 이동
④ 석면 산업 유치를 위한 경쟁
⑤ 산업 이전에 따른 선진국의 문제점

꼭나와
06 다음 글을 읽고 예측한 내용으로 옳은 것은?

> 디지털 기기의 발달은 우리 생활을 편리하게 해 주었다. 그러나 디지털 기기가 많아진 만큼 전자 쓰레기의 배출량도 많아지고 있다.

① 전자 쓰레기 재활용 산업이 축소될 것이다.
② 전자 쓰레기의 국제 이동량이 감소할 것이다.
③ 선진국의 전자 쓰레기 수입이 증가할 것이다.
④ 기술 수준이 높은 선진국의 전자 쓰레기 배출량이 많을 것이다.
⑤ 전자 쓰레기의 대부분은 개발 도상국에서 배출하고 있을 것이다.

꼭나와
07 다음과 같은 농업 이전의 특징으로 옳지 <u>않은</u> 것은?

> 선진국은 교통이 발달하면서 임금과 땅값이 저렴한 개발 도상국으로 농장을 이전하거나, 개발 도상국에서 플랜테이션 농업을 하는 경우가 증가하였다.

① 개발 도상국의 일자리가 창출된다.
② 개발 도상국에서 환경 문제가 발생한다.
③ 주로 개발 도상국의 노동력을 활용한다.
④ 개발 도상국의 높은 농업 기술을 이용한다.
⑤ 세계 시장을 대상으로 하는 상업적 농업이 이루어진다.

08 다음과 같은 환경 문제의 발생을 막기 위해 체결한 국제 협약은 무엇인가?

> • 1976년 이탈리아 세베소의 농약 공장 폭발 사고로 오염된 토양이 프랑스에서 처리되는 사건이 발생하였다.
> • 1988년 이탈리아의 대량 유해 폐기물이 나이지리아의 코코항으로 반입·투기된 사건이 발생하였다.

① 바젤 협약　　　　② 람사르 협약
③ 교토 의정서　　　④ 비엔나 협약
⑤ 몬트리올 의정서

서술형
09 다음과 같은 농업의 이전으로 케냐에서 발생할 수 있는 문제점을 서술하시오.

> 과거 세계 화훼 시장의 중심지는 네덜란드였다. 그러나 네덜란드가 화훼 농가를 케냐로 이전하면서 최근 유럽 시장에 공급되는 장미의 약 70%를 아프리카의 케냐에서 공급하고 있다. 케냐 지역의 남서부 나이바샤 호수는 대규모 장미 농장이 운영 중이며, 대부분 수출을 통해 세계 여러 지역에서 판매되고 있다.

③ 생활 속 환경 이슈

주제 15 생활 속 다양한 환경 이슈

1 ①[　　　]

(1) **의미** 각자의 이해관계, 가치관 등에 따라 서로 다른 주장이 제기되는 환경 문제 → 시대별·규모별로 다름

(2) **다양한 환경 이슈**

세계적 수준	기후 변화, 열대림 개발 등
국가 및 지역적 수준	발전소 및 공항 건설, 갯벌 간척, 쓰레기 처리 문제, 도로 소음 등

2 다양한 환경 이슈

(1) **쓰레기 문제** 편리한 생활 추구, 자원 소비 증가, 일회용품 사용 증가 → 쓰레기 처리를 둘러싼 갈등 발생

(2) ②[　　　] (GMO)

의미	본래 유전자에 새로운 성질의 유전자를 삽입하여 만들어 낸 새로운 품종
사례	잡초에 강한 옥수수, 잘 무르지 않는 토마토, 카페인이 제거된 커피, 생산량이 향상된 콩과 감자 등
긍정적 측면	특정 영양소 강화, 병충해에 강한 성질, 생산성 향상 → 세계 ③[　　] 문제 해결 기대
부정적 측면	생태계 교란, 인간에게 미치는 안전성 검증 미비

(3) ④[　　　] 운동

의미	가까운 지역에서 생산된 농산물 소비하자는 운동
등장 배경	먹거리의 국제 이동 증가 → 운송 과정에서 많이 배출되는 ⑤[　　], 신선도 유지를 위한 방부제 과다 사용 → 안전한 먹거리에 대한 관심 증대
효과	안전한 먹거리 제공, 온실가스 배출 감소, 농민의 안정적인 소득 보장, 지역 경제 활성화 등

(4) ⑥[　　　]

발생 원인	• 자연적 원인 : 흙먼지, 식물 꽃가루 등 • 인위적 원인 : 화석 연료 사용, 자동차 배기가스, 건설 현장의 먼지 등
문제점	각종 ⑦[　　] 질환 및 뇌 질환 유발, 정밀 산업에 악영향, 항공기 및 여객선 운항 차질 등

3 환경 이슈를 해결하기 위한 방법

(1) **환경 이슈 해결을 위한 자세** 집단 간 서로 다른 의견을 검토하고 대안을 제시하는 토의 과정 필요

(2) **일상생활에서의 실천** 환경 보전 활동에 참여, 대중교통 이용, 저탄소 제품 사용, 에너지 절약 등

🍀나와

01 환경 이슈에 관한 설명으로 옳은 것은?

① 과거부터 나타난 자연 현상이다.
② 서로 견해가 다른 환경 문제이다.
③ 사람들의 관심이 없는 환경 문제이다.
④ 산업 혁명 이후 등장한 환경 문제이다.
⑤ 자연적 원인에 의한 환경 변화를 말한다.

02 그림을 통해 알 수 있는 환경 이슈의 특징으로 옳은 것은?

① 결론이 빠르게 결정된다.
② 다양한 의견이 제기될 수 있다.
③ 주민들의 이익을 최우선시한다.
④ 최근 발생 빈도가 줄어들고 있다.
⑤ 환경 파괴를 최소화하는 문제이다.

03 다음 중 가장 넓은 규모에서 문제가 되고 있는 환경 이슈는 무엇인가?

① 황사　　　　　　② 산성비
③ 지구 온난화　　　④ 신공항 건설
⑤ 생활 하수 문제

정답 ① 환경 이슈 ② 유전자 변형(재조합) 식품 ③ 식량 ④ 로컬 푸드 ⑤ 온실가스 ⑥ 미세 먼지 ⑦ 호흡기

04 다음과 같은 논란이 있는 농산물은 무엇인가?

> 갑 : 이 농산물은 병충해에 강해서 적은 비용으로 많은 양을 수확할 수 있어요.
>
> 을 : 이 농산물을 동물에게 먹인 여러 실험에서 부작용이 나타났습니다. 인체에도 어떤 영향을 줄 지 알 수가 없어요.

① 친환경 농산물   ② 유기농 농산물
③ 지역의 특산물   ④ 열대성 상품 작물
⑤ 유전자 변형 농산물

05 그림과 관련된 농산물의 특징을 〈보기〉에서 고르면?

"환영합니다."

『농업인은 정성 가득한 농산물을 진심을 다해 팔고, 소비자는 신선하고 안전한 농산물을 정직한 가격으로 살 수 있는 믿음의 직매장으로 여러분을 초대합니다.』

┌ 보기 ─────────────
ㄱ. 높은 푸드 마일리지
ㄴ. 지역 농민의 수익 증대
ㄷ. 많은 양의 방부제 사용
ㄹ. 지역에서 생산된 먹거리
└──────────────

① ㄱ, ㄴ   ② ㄱ, ㄷ   ③ ㄴ, ㄷ
④ ㄴ, ㄹ   ⑤ ㄷ, ㄹ

06 지도를 통해 알 수 있는 우리나라의 미세 먼지 문제에 관해 바르게 설명한 것은?

① 주요 발생 원인은 국내에 있다.
② 전 세계적으로 문제가 되고 있다.
③ 최근 발생 빈도가 감소하고 있다.
④ 중국에서 많은 양이 유입하여 발생한다.
⑤ 우리나라 정부와 기업 간 합의로 해결할 수 있다.

07 다음 중 생활 속 환경 이슈로 보기 어려운 것은?

①
밤에도 대낮처럼 밝은 서울

②
생활 속 깊이 파고든 화학 제품

③
국립 공원에 케이블카 설치

④
뚜렷한 사계절 변화

⑤
원자력 발전소 건설

08 오늘날 발생하고 있는 환경 이슈를 해결하기 위한 노력으로 적절하지 <u>않은</u> 것은?

① 에너지 절약을 실천한다.
② 수입 농산물 소비를 늘린다.
③ 대중교통 이용을 생활화한다.
④ 실효성 있는 제도를 정비한다.
⑤ 쓰레기 분리 배출에 적극 참여한다.

09 다음은 유전자 변형 식품(GMO)에 대한 여러 의견들이다. ㉠, ㉡에 들어갈 내용을 각각 서술하시오.

> 기업가 : 저희가 개발하는 농산물은 많은 연구와 투자를 통해 생산되어 해충과 잡초에 강하기 때문에 농업 생산성을 높일 수 있습니다.
>
> 환경 단체 : _____ ㉠
> 생산자 : _____ ㉡
> 소비자 : 유전자 변형 식품(GMO)의 안전성이 검증되었나요? 가족이 먹을 음식이라서 너무 걱정됩니다.

① 우리나라의 영역과 독도의 중요성

주제 16 우리나라의 영역

1 영역의 구성

❶	한 국가에 속한 육지의 범위 → 국토 면적과 일치
영해	• 한 국가의 주권이 미치는 바다 • 영해 기선으로부터 ❷ 해리까지로 설정
영공	• 영토와 ❸ 의 수직 상공(대기권까지로 제한) • 최근 항공·우주 산업 발달로 중요성 증대

2 우리나라의 영역

영토	• 한반도와 부속 섬, 간척 사업으로 영토 확대 • 삼면이 바다인 ❹ , 남북으로 긴 형태
영해	• 서해안과 남해안 : ❺ 기선으로부터 12해리 • 동해안, 제주도, 울릉도, 독도 : ❻ 기선으로부터 12해리 • 대한 해협 : 일본과 인접 → ❼ 기선으로부터 3해리까지만 설정
영공	우리나라 영토와 영해의 상공

3 배타적 경제 수역(EEZ)

(1) **의미** 영해 기선으로부터 200해리에 이르는 수역 중 영해를 제외한 바다 → 연안국의 경제적 권리 인정

(2) **우리나라의 배타적 경제 수역** 중국, 일본과 인접하여 200해리까지는 확보가 어려움 → 어업 협정 체결

주제 17 독도의 가치와 중요성

1 독도의 지리적 특색

위치	❽ 울릉군 울릉읍 독도리, 우리나라 영토 중 가장 동쪽에 위치
자연환경	해저 화산 폭발로 형성된 화산섬, 온화한 기후와 연중 고른 강수량이 나타나는 해양성 기후
인문환경	현재 독도 경비대·어민 숙소·등대 등의 시설이 있음, 다양한 역사적 자료에서 우리 영토로 인식

2 독도의 다양한 가치

영역적 가치	영해와 배타적 경제 수역 설정의 기준점, ❾ 을 향한 전진 기지 역할, 군사적 요충지
경제적 가치	풍부한 수산 자원, 주변 해저에 해양 심층수와 고체화된 천연가스인 ❿ 매장
환경 및 생태적 가치	해저 화산의 형성과 진화 과정을 볼 수 있는 세계적 지질 유적, 섬 전체가 천연 보호 구역으로 지정된 생태계의 보고

❶ 영토 ❷ 12 ❸ 영해 ❹ 반도국 ❺ 최저 조위선 ❻ 통상 ❼ 직선 ❽ 경상북도 ❾ 태평양 ❿ 메탄하이드레이트

---

01 영역에 관한 설명으로 옳지 <u>않은</u> 것은?

① 한 국가의 주권이 미치는 범위이다.
② 국민의 기본적인 생활 터전이 된다.
③ 다른 국가의 자유로운 이용이 가능한 공간이다.
④ 외부의 침입으로부터 보호받아야 하는 공간이다.
⑤ 다른 국가의 간섭을 받지 않고 지배할 수 있는 공간이다.

[02~03] 그림은 영역의 구성을 나타낸 것이다. 물음에 답하시오.

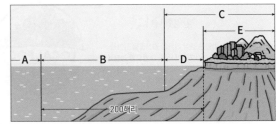

꼭 나와

02 다음 조건에 해당하는 영역을 위 그림에서 고르면?

> 다른 국가의 간섭을 받지 않고 한 국가의 국민이 거주하며 보호받는 공간으로 국제법상 정치적 주권이 인정되는 곳이다.

① A, B, C   ② A, C, E
③ B, C, D   ④ B, D, E
⑤ C, D, E

03 다음과 같은 특징이 나타나는 지역을 위 그림에서 고르면?

> • 육지 자원의 고갈이 예상됨에 따라 중요성이 커지고 있음
> • 연안국의 자원 탐사와 이용 등 경제적 권리를 인정하는 곳으로, 정치적 주권은 영향을 미치지 못해 다른 국가의 선박 운항은 자유로움

① A   ② B   ③ C   ④ D   ⑤ E

04 ⊙에 들어갈 수치로 알맞은 것은?

> 대부분 국가에서 정치적 주권이 미치는 영해의 범위를 기준선으로부터 (⊙)해리까지로 정하고 있다.

① 3　　　　　② 12　　　　　③ 100
④ 120　　　　⑤ 200

05 ⊙에 들어갈 알맞은 내용을 〈보기〉에서 고르면?

> 영공은 영토와 영해의 수직 상공으로, 일반적으로 대기권까지 인정하고 있다. 최근에는 　　⊙　　 등의 이유로 영공의 중요성이 커지고 있다.

┌─ 보기 ──────────────────────┐
ㄱ. 인공위성의 발달　　ㄴ. 항공 교통의 발달
ㄷ. 육지 자원의 고갈　　ㄹ. 기후 환경의 변화
└──────────────────────────┘

① ㄱ, ㄴ　　　　② ㄱ, ㄷ　　　　③ ㄴ, ㄷ
④ ㄴ, ㄹ　　　　⑤ ㄷ, ㄹ

06 우리나라의 영토에 관해 설명한 내용으로 옳지 <u>않은</u> 것은?

① 남북으로 길게 뻗어 있다.
② 남한은 북한보다 면적이 넓다.
③ 비교적 다양한 기후가 나타난다.
④ 부속 섬도 우리 영토에 해당한다.
⑤ 삼면이 바다로 둘러싸인 반도국이다.

[07~08] 지도를 보고 물음에 답하시오.

꼭나와

07 위 지도의 A, B 수역에서 설정하고 있는 영해의 범위를 바르게 짝지은 것은?

	A	B		A	B
①	3해리	3해리	②	12해리	3해리
③	12해리	12해리	④	200해리	3해리
⑤	200해리	12해리			

08 위 지도에서 A 수역의 영해 설정에 관한 설명으로 옳은 것은?

① 최저 조위선을 기준으로 설정한다.
② 수심이 영해 설정에 영향을 미친다.
③ 직선 기선을 적용하여 영해를 설정한다.
④ 영해 설정 범위가 다른 지역에 비해 좁다.
⑤ 최외곽의 섬들을 연결한 선을 기준으로 삼는다.

09 우리나라의 배타적 경제 수역 설정에 관해 설명한 내용으로 옳은 것은?

① 모든 해안에서 똑같은 범위로 설정하고 있다.
② 최저 조위선에서 12해리까지로 설정하고 있다.
③ 우리나라의 허가 없이 타국의 선박이 지날 수 없다.
④ 우리나라의 경제적, 정치적 주권이 미치는 공간이다.
⑤ 중국, 일본과 거리가 가까운 곳은 어업 협정을 체결하였다.

10 지도에 표시된 A 지역에 관한 설명으로 옳은 것은?

① 인공섬이 건설되어 있다.
② 중국의 영해에 포함되어 있다.
③ 대규모 화산 지형이 형성되어 있다.
④ 종합 해양 과학 기지가 설치되어 있다.
⑤ 우리나라의 가장 동쪽에 위치한 섬이다.

[11~12] 사진을 보고 물음에 답하시오.

꼭나와

11 위 사진에 나타난 섬의 특징으로 옳은 것을 〈보기〉에서 고르면?

> ─ 보기 ─
> ㄱ. 과거 일본 영토　　ㄴ. 국제 분쟁 지역
> ㄷ. 해양성 기후 지역　ㄹ. 해저 화산의 일부

① ㄱ, ㄴ　　　② ㄱ, ㄷ　　　③ ㄴ, ㄷ
④ ㄴ, ㄹ　　　⑤ ㄷ, ㄹ

12 위 사진의 섬 지역에 들어서 있는 시설이 <u>아닌</u> 것은?

① 등대　　　　　② 선착장
③ 어민 숙소　　　④ 경비대 시설
⑤ 수산물 가공 시설

13 그림의 대화를 통해 알 수 있는 독도의 특징을 잘 표현한 것은?

① 편리한 교통 조건
② 풍부한 수산 자원
③ 다양한 동식물의 서식지
④ 우리나라의 대표적 관광지
⑤ 우리 영토 중 가장 동쪽에 위치한 섬

[14~15] 그림을 보고 물음에 답하시오.

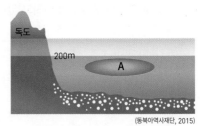

(동북아역사재단, 2015)

14 위 그림에서 A에 분포하는 자원은 무엇인가?

① 석유　　　　　　② 천연가스
③ 해양 심층수　　　④ 천연 암반수
⑤ 메탄하이드레이트

15 위 그림에서 A 자원의 특징으로 옳은 것은?

① 미래의 청정 에너지원이다.
② 일명 '불타는 얼음'이라 불린다.
③ 식수, 의약품의 원료로 활용된다.
④ 대표적인 수산물 자원에 해당한다.
⑤ 주로 자동차의 연료로 사용되고 있다.

16 다음 글에서 설명하고 있는 섬 지역은 어디인가?

> 우리나라에서 가장 오래된 화산섬으로 다양한 암석과 지질 경관을 보유하고 있다. 또한 해저 화산의 형성과 진화 과정을 살펴볼 수 있는 세계적인 지질 유적이다.

① 독도 ② 울릉도 ③ 제주도
④ 마라도 ⑤ 이어도

서술형

19 A, B 지도에 나타난 두 해역에서의 영해 설정 방법을 비교하여 서술하시오.

꼭나와

17 다음 두 지도를 통해 알 수 있는 역사적 사실로 옳은 것은?

▲ 삼국접양지도(1785년)   ▲ 연합국 최고사령관 각서 제677호 (1946년)

① 독도는 우리 고유의 영토이다.
② 독도는 과거 주인 없는 섬이었다.
③ 과거 독도에 대한 기록은 없었다.
④ 독도에서는 다양한 특산물이 생산되었다.
⑤ 과거 사람들은 독도의 존재를 알지 못하였다.

서술형

20 지도를 통해 알 수 있는 독도의 위치적 특성에 관해 서술하시오.

서술형

21 지도와 같은 현상으로 독도가 지니게 된 경제적 가치에 관해 서술하시오.

18 독도를 지키려는 노력의 모습으로 보기 <u>어려운</u> 것은?

① 독도를 국제 분쟁 지역화한다.
② 다양한 민간단체 활동에 참여한다.
③ 독도 역사에 대해 정확히 인식한다.
④ 세계 여러 나라에 우리 땅 독도를 광고한다.
⑤ 사이버 외교 사절단을 통해 독도를 홍보한다.

❷ 우리나라의 여러 지역과 지역화 전략

주제 18 지역의 특색을 살리는 지역화 전략

1 세계화 시대의 지역 경쟁력

(1) 세계화와 지역화

교통과 통신 발달로 물자와 사람 등의 지역 간 교류 확대	➡ 특정 지역이 세계의 정치·경제·사회·문화의 주체로 등장하는 ❶ ⬚ 현상 발생

(2) ❷ ⬚ 지역의 자연환경과 그곳에서 거주해 온 주민이 오랜 시간에 걸쳐 상호 작용하여 만들어 낸 다른 지역과 구별되는 특성 ➡ 세계화 시대에서 지역 경쟁력이 될 수 있음

2 다양한 지역화 전략

(1) 지역화 전략의 의미와 필요성

의미	지역 경쟁력 향상을 위해 경제적·문화적 관점에서 다른 지역과 차별화할 수 있는 계획을 마련하는 것
필요성	• 세계화로 지역 간 경쟁 확대 → 지역의 경쟁력 있는 고유한 특성 발굴 필요 • 지역의 긍정적 이미지 확대로 지역의 가치 상승 • 지역 주민의 자긍심 향상, 일자리 창출

(2) ❸ ⬚

의미	상표 개념을 지역에 적용하여 지역의 고유한 가치와 정체성이 드러나도록 개발한 것 → 슬로건, 캐릭터 활용
효과	지역 홍보와 경쟁력 향상, 지역과 지역 상품에 대한 신뢰도 향상, 지역 경제 활성화에 기여 등
사례	강원도 평창군 'HAPPY 700', 미국 뉴욕의 'I♥NY'

(3) ❹ ⬚

의미	특정 상품의 원산지 지명을 상표권으로 인정하는 제도
효과	지리적 특산물 품질 향상, 특화 산업 육성, 안정적인 생산 활동 보장, 소비자에게 신뢰 제공, 지역 경제 활성화 등
사례	보성 녹차(제1호), 횡성 한우, 이천 쌀, 영동 포도

(4) ❺ ⬚

의미	장소성이나 ❻ ⬚, 랜드마크 등을 활용하여 지역을 홍보하고 판매하는 것
효과	장소의 효율적 홍보, 매력적인 이미지 구축 등
사례	• 경상북도 문경시의 석탄 박물관 • 전라북도 김제의 지평선 축제, 경상남도 남강의 유등 축제

❶ 지역화 ❷ 지역성 ❸ 지역 브랜드 ❹ 지리적 표시제 ❺ 장소 마케팅
❻ 상징물

[01~02] 다음 글을 읽고 물음에 답하시오.

> (㉠)은/는 지역의 자연환경과 그곳에 살고 있는 주민들이 오랜 시간에 걸쳐 상호 작용하여 형성된 것으로, 다른 곳과 구별되는 특성을 말한다. 최근에는 지역의 가치와 경쟁력을 제공하는 원천으로 작용하고 있다.

01 위의 글에서 설명하고 있는 개념인 ㉠은 무엇인가?

① 지역성   ② 지역화
③ 세계화   ④ 지역화 전략
⑤ 지역 브랜드

꼭나와

02 위 글의 ㉠ 개념이 최근 중요시되고 있는 이유를 바르게 설명한 것은?

① 지역 간 경쟁이 치열해지고 있다.
② 물자와 사람의 교류가 감소하고 있다.
③ 세계적으로 관광 산업이 활성화되고 있다.
④ 세계적으로 생활 양식이 비슷해지고 있다.
⑤ 세계화 시대의 지역화 추세가 약화되고 있다.

03 지도에 표시된 우리나라 여러 지역의 공통점으로 알맞은 것은?

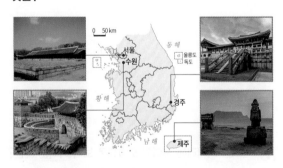

① 유네스코에 등재된 세계 유산
② 세계화 과정에서 조성된 관광지
③ 지리적 표시제로 대표되는 지역들
④ 국립공원으로 지정된 산이 있는 곳
⑤ 개발 가능성이 높은 문화유산이 있는 곳

04 다른 지역과의 차별화를 위한 지역화 전략의 사례로 보기 어려운 것은?

① 다른 지역과 같은 기능을 유치한다.
② 지역의 특산물을 활용한 축제를 개최한다.
③ 갯벌 등을 보존하여 생태 도시를 구축한다.
④ 자연환경을 정비하여 생태 관광지로 이용한다.
⑤ 전통 문화유산을 활용해 문화 도시를 조성한다.

07 다음 글에서 설명하고 있는 지리적 표시 등록 상품은 무엇인가?

> 우리나라 지리적 표시 제1호로서 지역의 지리적 특성을 잘 반영하여 우수한 농산물을 생산하고 있다.

① 이천 쌀　　　　　　② 상주 곶감
③ 횡성 한우　　　　　④ 보성 녹차
⑤ 순창 고추장

05 다음과 같은 지역화 전략에 관한 설명으로 옳은 것은?

① 지리적 표시제의 대표적인 유형이다.
② 지역의 지형적 특성을 이용하고 있다.
③ 지역의 역사적 배경을 반영하고 있다.
④ 지역의 산업화 과정을 살펴볼 수 있다.
⑤ 세계 여러 지역에서 유사한 특징이 나타난다.

08 경쟁력 있는 지역화 전략을 개발하기 위해 고려해야 할 사항을 〈보기〉에서 고르면?

> **보기**
> ㄱ. 중앙 정부 주도의 전략 개발이 필요하다.
> ㄴ. 지역의 정체성을 드러낼 수 있는 특성을 강조한다.
> ㄷ. 다른 지역과 차별화된 지역의 이미지를 구축한다.
> ㄹ. 지역의 전통문화보다는 세계화된 문화 요소를 강조한다.

① ㄱ, ㄴ　　　② ㄱ, ㄷ　　　③ ㄴ, ㄷ
④ ㄴ, ㄹ　　　⑤ ㄷ, ㄹ

06 다음은 강원도 평창의 지역 브랜드와 캐릭터이다. 이에 관한 설명으로 옳은 것은?

① 평창 축제를 홍보하고 있다.
② 평창의 자연환경을 반영하고 있다.
③ 평창의 인구 규모를 표현하고 있다.
④ 평창의 역사적 특징을 보여 주고 있다.
⑤ 지역 특산물을 캐릭터로 활용하고 있다.

서술형

09 다음과 같은 지역화 전략을 통해 얻을 수 있는 효과를 세 가지 서술하시오.

❸ 통일 한국의 미래

주제 19 국토 통일과 통일 한국의 미래

1 우리나라 국토의 위치

위치 특징	• **❶** ⬜ 대륙 동쪽에 위치한 반도국 • 우리나라, 중국, 일본 등이 속한 **❷** ⬜ 의 중심에 위치
위치의 중요성	• 유라시아 대륙과 태평양으로 진출하기에 유리한 지리적 요충지 • 동아시아 교통의 요지 → 동아시아 국가 간 경제적·문화적 흐름 주도 가능, 동아시아 및 세계의 중심으로 성장 가능

2 국토 통일의 필요성

❸ ⬜ 에 따른 문제	• 지리적 장점 활용 불가능 : 대륙 진출의 통로가 단절되어 반도국의 이점 상실, 국토 공간의 불균형한 이용 • **❹** ⬜ 증가 : 군사적 대립과 갈등으로 막대한 국방비 지출 • 민족의 동질성 약화 : 남북한 주민의 생활 수준 차이와 문화의 **❺** ⬜ 심화, 이산가족과 실향민 발생 • 국제 사회에서의 위상 약화 : 낮은 신용 등급으로 경제 발전에 걸림돌
통일의 필요성	• 지리적 장점의 활용 가능 : 유라시아 대륙과 태평양을 연결하는 **❻** ⬜ 무역의 핵심지로 성장 가능 • 경제적 이익 증대 : 군사비 지출 감소로 경제·교육·사회·복지 분야 등에 투자 증대, 남한의 자본과 기술+북한의 자원과 노동력 결합 • 민족의 동질성 회복 : 이산가족 상봉, 분단으로 확대된 이질성 완화, 북한의 기아·인권 문제 해결 가능 • 국제적 위상 상승 : 정치 안정과 동아시아 및 세계 평화에 기여하는 통일 한국, 국제적 지위와 다양한 분야에서의 경쟁력 강화

3 통일 한국의 미래

(1) 국토 공간의 변화

① 국토의 효율적 이용 가능 **❼** ⬜ 있는 국토 개발 가능, 주민들의 생활 공간 확대

② 동아시아 중심지로 성장 가능 대륙과 해양을 연결하는 정치·경제·교통·물류·관광의 중심지

③ 매력적인 국토 공간의 조성 남북한의 여러 생태 지역과 역사 문화유산의 결합 가능 → 생태·환경·문화가 조화로운 국토

(2) 생활 모습의 변화

① 이념 갈등에 따른 긴장 완화, 자유 민주주의 이념 확대, 다양한 가치관 존중

② 생활권 확대로 일자리 창출, 경제 활성화, 삶의 질 향상 기대 등

❹ 국방비

답 ❶ 유라시아 **❷** 동아시아 **❸** 분단 **❹** 국방비 **❺** 이질 **❻** 유라시아 **❼** 통제

꼭나와

01 ㉠에 해당하는 우리나라의 위치 특성으로 옳은 것은?

> 우리나라는 대륙과 해양으로 모두 진출할 수 있고, 대륙과 해양을 서로 연결할 수도 있다. 역사적으로 우리나라가 중국, 일본과 활발하게 교류할 수 있었던 것도 ㉠이러한 특성 때문이었다.

① 북반구에 위치한다.
② 중위도 지역에 위치한다.
③ 태평양 연안에 위치한다.
④ 아시아 대륙에 속해 있다.
⑤ 삼면이 바다인 반도국이다.

02 지도를 보고 설명한 내용으로 옳은 것은?

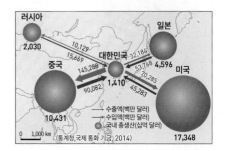

① 동아시아는 경제 규모가 작은 지역이다.
② 우리나라는 주변 국가와 교류에 불리하다.
③ 우리나라의 성장 잠재력은 매우 작은 편이다.
④ 우리나라는 경제 교류에 있어 주변국에 해당한다.
⑤ 우리나라는 동아시아의 중심으로 성장할 가능성이 크다.

03 다음과 같은 현상이 발생하는 원인으로 알맞은 것은?

> 버스를 타고 대륙을 횡단하여 세계 여행을 하기로 계획한 형윤이네 가족은 속초에서 출발한 배를 타고 약 20시간 후 러시아의 블라디보스토크에 도착하였다. 한반도와 러시아는 육지로 연결되어 있는데, 형윤이네 가족은 왜 배를 타고 러시아로 갔을까?

① 먼 거리   ② 관광객의 증가
③ 남북의 분단 상황   ④ 항공 교통편의 미비
⑤ 상대적으로 발달한 해상 교통

04 남북 분단으로 인해 발생하는 문제점으로 보기 어려운 것은?

① 이산가족의 아픔이 증가한다.
② 남북 문화의 이질성이 심화된다.
③ 지리적 장점 활용이 어려워진다.
④ 국제 사회의 신용 등급이 상승한다.
⑤ 불균형적인 국토 개발이 이루어진다.

05 다음에서 설명하는 개념은 무엇인가?

> 분단으로 인한 군사적 대치가 지속됨에 따라 남북한 모두 막대한 군사비를 지출하고 있으며, 이로 인해 사회 다양한 분야의 투자가 감소하는 문제점이 나타났다. 또한 지리적 장점을 활용할 수 없어 많은 물류 비가 발생하는 등의 문제가 나타나고 있다.

① 사회 비용
② 기회 비용
③ 통일 비용
④ 편익 비용
⑤ 분단 비용

06 통일 이후 다음과 같은 결과가 예상되는 이유로 알맞은 것은?

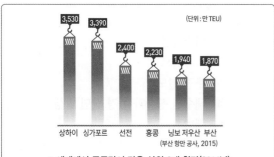

▲ 세계에서 물동량이 많은 상위 6개 항만(2014년)

부산은 우리나라 제2의 도시이자 제1의 무역항으로 세계 6위의 규모를 자랑하고 있다. 통일 이후 부산은 교역 규모가 확대되어 세계 물동량 순위에서 상위권으로 올라갈 것이 예상된다.

① 소비 시장의 축소
② 수출입 물량의 감소
③ 육로 중심의 무역 구조 성장
④ 항만 건설에 유리한 지형 구조
⑤ 대륙과 해양을 연결하는 장점 활용

07 통일 이후 A 지역의 활용 방안으로 가장 적절한 것은?

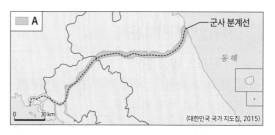

① 물류 중심 기지로 활용한다.
② 새로운 산업 단지를 건설한다.
③ 평화 생태 공원으로 조성한다.
④ 새로운 자원 생산지로 이용한다.
⑤ 신도시 및 주택 단지를 조성한다.

08 자료를 통해 예측할 수 있는 통일 한국의 모습으로 옳지 않은 것은?

① 노동력이 풍부해질 것이다.
② 경제 규모가 확대될 것이다.
③ 북한의 풍부한 자원을 활용할 수 있을 것이다.
④ 남한의 높은 경제력을 활용할 수 있을 것이다.
⑤ 인구 증가로 식량 부족 문제가 나타날 것이다.

09 자료와 관련하여 통일로 얻을 수 있는 효과에 관해 서술하시오.

XII. 더불어 사는 세계

❶ 세계의 다양한 지리적 문제

주제 20 지구상의 지리적 문제

1 지리적 문제의 발생 원인 국가 및 지역 간 경제 격차의 심화, 영토 및 자원을 둘러싼 국가 간의 이해관계 대립, 환경 오염 물질의 국제 이동 등

2 ❶ □□ 문제

의미	식량 부족으로 충분한 영양을 섭취하지 못하는 현상
발생 원인	• 자연적 요인 : 가뭄과 홍수 등 자연재해와 병충해 등 • 인위적 요인 : 인구 증가, 식량 분배의 국제적인 불균형, 잦은 분쟁에 따른 식량 공급의 어려움 등
발생 지역	❷ □□□와 아시아의 일부 개발 도상국에서 심각함

3 영역 분쟁

(1) 의미와 특징

의미	영토, 영해의 주권을 두고 벌어지는 국가 간의 분쟁
특징	역사적 배경, 민족·종교의 차이, 자원을 둘러싼 경제적 이권 다툼 등이 복잡하게 얽혀 있음

(2) 주요 분쟁 지역

① 영토를 둘러싼 분쟁 국경 설정이 모호하거나 한 국가가 다른 국가의 영역을 무력으로 점령한 곳에서 주로 발생

동아프리카	소말리아, 에티오피아 등 → 과거 식민 지배의 영향으로 국경선과 부족 경계가 달라졌기 때문
팔레스타인	이스라엘, 팔레스타인 → 팔레스타인에 이스라엘 건국, 유대교도와 이슬람교도의 갈등
❸ □□□□	인도, 파키스탄 → 힌두교와 이슬람교도의 갈등
카스피해	러시아, 카자흐스탄, 이란 등 → ❹ □□, 천연가스 매장 지역의 확보

② 영해를 둘러싼 분쟁 최근 배타적 경제 수역 및 경제·군사적 거점 확보를 위한 분쟁이 늘어나고 있음

센카쿠 열도 (댜오위다오)	❺ □□, 일본 → 해상 교통로와 군사적 요충지, 석유 매장
난사 군도 (스프래틀리 군도)	중국, 필리핀, 말레이시아 등 → 인도와 태평양을 잇는 교통의 요지, 석유와 천연가스 매장
❻ □□ 열도	러시아, 일본 → 풍부한 어족 자원, 석유와 천연가스 매장, 군사적 요충지

4 생물 다양성 감소

(1) 원인 산업화·도시화·농경지 조성에 따른 삼림 파괴, 기후 변화, 환경 오염, 무분별한 남획, 외래종의 침입 등

(2) 주요 발생 지역 열대 우림, 산호초·맹그로브 해안 등

(3) 해결 노력 생물 다양성 협약(1992) 채택 → 생물 종 보호 및 다양성 유지를 위해 노력

❶ 기아 ❷ 아프리카 ❸ 카슈미르 ❹ 석유 ❺ 중국 ❻ 쿠릴 **정답**

---

01 ㉠에 들어갈 지리적 문제의 발생 원인을 〈보기〉에서 고르면?

> (㉠)은/는 식량 부족으로 인해 주민들이 충분한 영양을 섭취하지 못하여 발생한다. 약 8억 명에 가까운 사람들이 굶주리고 있으며, 4명 중 1명 이상의 어린이가 영양 결핍에 따른 성장 부진을 겪고 있다.

─ 보기 ─
ㄱ. 선진국의 인구 감소
ㄴ. 국제 곡물 가격의 상승
ㄷ. 식량 분배의 국제적 불균형
ㄹ. 기후 변화에 따른 식량 생산량 감소

① ㄱ, ㄴ　　② ㄱ, ㄹ　　③ ㄱ, ㄴ, ㄷ
④ ㄱ, ㄴ, ㄹ　　⑤ ㄴ, ㄷ, ㄹ

꼭나와

02 지도는 세계의 지리적 문제를 나타낸 것이다. ㉠~㉤에 들어갈 내용으로 옳지 **않은** 것은?

① ㉠ – 이스라엘
② ㉡ – 카슈미르
③ ㉢ – 쿠릴 열도
④ ㉣ – 해수면 상승과 환경 난민 발생
⑤ ㉤ – 퀘벡주

03 각 분쟁 지역의 갈등 상황으로 옳지 **않은** 것은?

	분쟁 지역	갈등 상황
①	카슈미르	힌두교와 이슬람교의 갈등
②	동아프리카	국경선과 부족 경계의 차이에 따른 갈등
③	북아일랜드	프랑스어 사용권의 분리 독립 운동
④	팔레스타인	유대교와 이슬람교의 갈등
⑤	센카쿠 열도	자원 개발을 둘러싼 영유권 분쟁

04 지도는 동아프리카의 국경과 민족(부족) 경계를 나타낸 것이다. 이와 관련된 설명으로 옳은 것을 〈보기〉에서 고르면?

─ 보기 ─
ㄱ. 자원 확보를 위한 국가 간 경쟁을 초래하였다.
ㄴ. 한 국가에 여러 부족이 거주해 내전의 원인이 되었다.
ㄷ. 국경선 설정 과정에서 부족 경계가 고려되지 않았다.
ㄹ. 여러 부족을 아우르는 국경 설정으로 국민 통합에 도움이 되었다.

① ㄱ, ㄴ　　② ㄱ, ㄷ　　③ ㄴ, ㄷ
④ ㄴ, ㄹ　　⑤ ㄷ, ㄹ

05 A 지역에서 발생하고 있는 분쟁의 당사국을 바르게 짝지은 것은?

① 일본 – 중국
② 일본 – 러시아
③ 중국 – 러시아
④ 중국 – 인도네시아
⑤ 러시아 – 인도네시아

06 세계의 분쟁 지역을 다음과 같이 구분할 때 (가), (나)에 들어갈 분쟁의 원인을 바르게 짝지은 것은?

	(가)	(나)
①	물 분쟁	자원 분쟁
②	자원 분쟁	물 분쟁
③	물 분쟁	국경 분쟁
④	민족·종교 분쟁	자원 분쟁
⑤	자원 분쟁	민족·종교 분쟁

07 다음과 같은 인식의 변화로 체결된 국제 협약은 무엇인가?

모든 형태의 생명체는 인간에 대한 가치와는 관계없이 존엄성이 인정되어야 한다. 또한 한번 사라진 생물 종은 다시 재생되지 않고, 그 피해는 결국 인간에게 돌아오게 될 것이다.

① 파리 협정　　② 바젤 협약
③ 교토 의정서　　④ 몬트리올 의정서
⑤ 생물 다양성 협약

서술형
08 다음 지도를 보고 물음에 답하시오.

(국제 연합 세계 식량 계획, 2015)

(1) A 지역에서 특히 심각한 지리적 문제를 쓰시오. (단, 기아, 영역 분쟁, 생물 다양성 감소 중 하나임)

(2) 세계적으로 (1)에서와 같은 문제가 발생하고 있는 이유를 세 가지 서술하시오.

서술형
09 지도의 A 지역에서 발생하고 있는 분쟁에 관해 〈조건〉에 맞게 서술하시오.

─ 조건 ─
• 분쟁 지역의 명칭을 제시할 것
• 분쟁 당사국을 밝힐 것
• 분쟁의 주요 원인을 한 가지 이상 서술할 것

② 지역 격차와 빈곤 문제

주제 21 지역별 발전 수준과 빈곤 문제

1 발전 수준의 지역 차이

(1) **지역 차의 발생 원인** 지역마다 자연환경, 자원 보유량, 기술과 자본, 교육 수준 등이 다르기 때문

(2) **지역별 발전 수준의 차이**

선진국	• 18세기 후반 ❶ [ ] 을 통해 일찍 산업화를 이룸 • 1인당 국내 총생산(GDP)과 소득 수준이 높음 • 서부 유럽과 앵글로아메리카의 국가들
개발 도상국	• 20세기 이후 지금까지 산업화가 진행되고 있음 • 1인당 국내 총생산(GDP)과 소득 수준이 낮음 • 사하라 이남의 국가들, 라틴 아메리카, 남아시아

(3) **다양한 지표로 살펴본 지역 차**

구분	선진국	개발 도상국
1인당 국내 총생산	높음	낮음
인간 개발 지수(HDI)	❷ [ ]	❸ [ ]
성인 문자 해독률	높음	낮음
기대 수명	❹ [ ]	❺ [ ]
성 불평등 지수(GII)	낮음	높음
행복 지수	상대적으로 높음	상대적으로 낮음

2 빈곤 문제 해결을 위한 노력

(1) **저개발 국가의 노력** 식량 생산성 증대, 자원 개발, 해외 투자 유치, 기술 개발, 일자리 창출과 교육 활동에 대한 투자 확대, 다양한 적정 기술 도입 등

(2) **저개발 국가의 빈곤 극복 노력**

르완다	과거 인종 분쟁으로 수많은 사상자 발생 → 역사 교육 강화, 여성 권리 신장, 빈곤 퇴치, 인재 육성에 투자
보츠와나	다이아몬드 광산업 개발 → 교육 시설 및 기반 산업에 투자, 해외 자동차 산업 유치
에티오피아	관개 수로 확충으로 물 부족 해결, 정치적 안정을 통한 개혁 및 개방 확대, 대외 경제 협력 등
❻ [ ]	세계 최초로 국민 총 행복 지수를 도입하여 국민의 삶의 질 측정, 유기농 경작지 확대, 마을 공동체의 협력 등

(3) **지역 간 경제 협력** 단일 국가의 능력으로 선진국의 자본, 기술과 경쟁하기 어려운 저개발국이 협력 체제를 구축하여 공동으로 대응 ⑩ 서아프리카 경제 공동체

(4) **❼ [ ]의 노력** 지속 가능 발전 목표(SDGs)를 정하여 재정적 지원과 협력 확대

---

01 지역별 발전 수준에 관한 설명으로 옳지 <u>않은</u> 것은?

① 국가마다 발전 속도에 차이가 있다.

② 발전 수준은 국가별로 다양하게 나타난다.

③ 경제 지표와 비경제 지표를 통해 비교할 수 있다.

④ 저소득 국가는 주로 사하라 이남 아프리카에 집중해 있다.

⑤ 최근 세계화의 확산으로 발전 수준의 지역 차가 줄어들고 있다.

02 다음 글에서 설명하고 있는 발전 지표는 무엇인가?

> 국제 연합 개발 계획(UNDP)에서 각국의 성 평등성을 살펴보기 위해 도입한 지표로 국가별 모성 사망률과 청소년 출산율, 여성 의원 비율, 중등학교 이상 교육 받은 여성 인구, 남녀 경제 활동 참가율 격차 정도 등 5개 지표를 통해 측정한다.

① 행복 지수   ② 국내 총생산

③ 인간 개발 지수   ④ 성 불평등 지수

⑤ 1인당 국내 총생산

03 지도에서 수치가 높은 지역에 관한 설명으로 옳은 것을 〈보기〉에서 고르면?

(세계 발전 지표, 2015)

하루 1.25달러(약 1,466원)보다 적은 돈으로 사는 사람들의 비율(%)
■ 50 이상 ■ 25~49.9 ■ 10~24.9 ■ 2~9.9 □ 2 이하 ■ 자료없음

보기

ㄱ. 산업 혁명 이후 경제 성장이 시작되었다.

ㄴ. 국민 총생산과 국민 총 행복 지수가 높다.

ㄷ. 식량 부족과 자연재해로 많은 난민이 발생한다.

ㄹ. 소득 수준이 낮고 대체로 주거 환경이 열악하다.

① ㄱ, ㄴ   ② ㄱ, ㄷ   ③ ㄴ, ㄷ

④ ㄴ, ㄹ   ⑤ ㄷ, ㄹ

[04~05] 그래프는 국가별 인간 개발 지수를 나타낸 것이다. 물음에 답하시오.

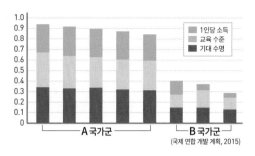

(국제 연합 개발 계획, 2015)

04 위 그래프에서 A 국가군에 해당하는 지역을 〈보기〉에서 고르면?

┌─ 보기 ─
ㄱ. 서부 유럽의 프랑스와 독일 등
ㄴ. 앵글로아메리카의 미국 캐나다 등
ㄷ. 아프리카의 수단과 나이지리아 등
ㄹ. 오세아니아의 오스트레일리아와 뉴질랜드
└─

① ㄱ, ㄴ ② ㄱ, ㄹ ③ ㄱ, ㄴ, ㄷ
④ ㄱ, ㄴ, ㄹ ⑤ ㄴ, ㄷ, ㄹ

05 위 그래프의 B 국가군에서 높게 나타나는 지표를 〈보기〉에서 고르면?

┌─ 보기 ─
ㄱ. 기대 수명 ㄴ. 영아 사망률
ㄷ. 성 불평등 지수 ㄹ. 중등학교 진학률
└─

① ㄱ, ㄴ ② ㄱ, ㄷ ③ ㄴ, ㄷ
④ ㄴ, ㄹ ⑤ ㄷ, ㄹ

06 저개발 지역의 빈곤 문제 해결을 위한 노력에 관해 바르게 설명한 사람을 고르면?

┌─
갑 : 아프리카는 빈곤이 극심해 성장 가능성이 거의 없습니다.
을 : 저개발 국가는 개발에 필요한 해외 자금을 적극적으로 유치하고 있습니다.
병 : 곡물 수입을 적극적으로 늘려야만 식량 부족 문제를 해결할 수 있습니다.
정 : 일부 아프리카의 국가들은 풍부한 자원 개발을 바탕으로 사회 기반 산업을 확충하고 있습니다.
└─

① 갑, 을 ② 갑, 병 ③ 을, 병
④ 을, 정 ⑤ 병, 정

07 다음과 같은 기술의 도입이 시급한 지역을 지도의 A~E에서 고르면?

┌─
• 수질이 나쁜 물을 필터로 정화해 바로 마실 수 있도록 한 라이프스트로(LifeStraw)
• 한 번에 75L의 물을 쉽게 나를 수 있는 바퀴 모양의 큐(Q) 드럼
└─

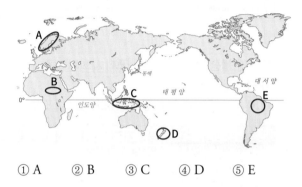

① A ② B ③ C ④ D ⑤ E

서술형

08 지역별 발전 수준의 비교 방법을 ㉠, ㉡에 해당하는 사례를 기준으로 각각 **두 가지**씩 포함하여 서술하시오.

┌─
특정 국가의 발전 수준을 산출할 때는 ㉠ 경제 지표뿐만 아니라 삶의 환경이나 수준을 고려한 ㉡ 비경제지표 등을 비교하여야 한다.
└─

서술형

09 지도는 국가별 1인당 국내 총생산을 나타낸 것이다. 물음에 답하시오.

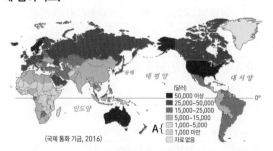

(국제 통화 기금, 2016)

(달러)
■ 50,000 이상
■ 25,000~50,000
■ 15,000~25,000
□ 5,000~15,000
□ 1,000~5,000
□ 1,000 미만
□ 자료 없음

(1) 위 지도의 내용과 관련하여 A 지역에서 나타나는 문제를 쓰시오.

(2) (1)의 문제 해결을 위해 위 지도의 A 지역 국가들이 기울이고 있는 노력을 **두 가지** 서술하시오.

❸ 지역 간 불평등 해결을 위한 국제적 협력

주제 22 지역 간 불평등 완화를 위한 노력

1 세계의 불평등 해결을 위한 노력

선진국은 부유하나 저개발 국가의 일부 주민은 식량 부족과 빈곤 등 어려운 상황에 처함	➡	지역 간 불평등을 완화하고 세계의 지리적 문제 해결을 위해 국제적 협력이 필요함

2 지역 간 불평등 해결을 위한 국제 사회의 노력

(1) 정부 간 국제기구

① **❶** 세계 국제 협력을 도모하는 대표적인 기구

유엔 평화 유지군(PKF)	분쟁 지역에 파견, 질서 유지 및 주민 안전을 위한 노력
유엔 난민 기구(UNHCR)	난민 보호 및 난민 문제 해결 노력
세계 식량 계획(WFP)	기아와 빈곤으로 고통받는 지역에 식량 지원
유엔 아동 기금(UNICEF)	아동 구호와 아동 복지 향상

② 경제 협력 개발 기구(OECD), 국제 부흥 개발 은행(IBRD) 국가 및 지역 간의 경제적 격차 해소를 위한 활동

(2) **❷** 인도적 차원에서 구호 활동을 하는 민간단체

그린피스	환경 보호, 평화 증진을 위한 활동
❸	분쟁 지역에 의료 지원 활동
세이브 더 칠드런	아동 긴급 구호 사업

(3) **❹** 국제 사회가 저개발 국가의 빈곤 문제 해결을 위해 자금이나 기술 등을 지원하는 것

공적 개발 원조	정부나 국제기구가 공식적으로 지원하는 형태
민간 개발 원조	비정부 기구와 민간 재단이 지원하는 형태

➪ 우리나라는 원조 받던 나라에서 다른 나라를 원조하는 최초의 국가 → **❺** (KOICA)의 활동

3 지역 간 불평등 완화를 위한 노력

(1) **❻**

의미	저개발 국가의 생산자에게 정당한 가격을 지급하는 무역 방식 → 커피, 카카오, 차, 바나나 등
효과	생산 지역의 빈곤 완화에 도움

(2) **세계 시민으로서의 자세** 다양한 지리적 문제에 관심을 두고 협력하는 자세, 봉사 활동과 기부에 동참 등

답 ❶ 국제 연합(UN) ❷ 비정부 기구(NGO) ❸ 국경 없는 의사회 ❹ 개발 원조 ❺ 한국 국제 협력단 ❻ 공정 무역

---

01 국제 연합(UN)에 관한 설명으로 옳은 것을 〈보기〉에서 고르면?

<table>
<tr><td>ㄱ. 대표적인 국제 비정부 기구이다.
ㄴ. 산하 기구로는 그린피스가 대표적이다.
ㄷ. 지구촌의 다양한 문제를 해결하기 위해 노력한다.
ㄹ. 세계의 국제 협력을 도모하는 정부 간 국제기구이다.</td></tr>
</table>

① ㄱ, ㄴ   ② ㄱ, ㄷ   ③ ㄴ, ㄷ
④ ㄴ, ㄹ   ⑤ ㄷ, ㄹ

꼭나와
02 (가), (나)에 해당하는 국제기구를 〈보기〉에서 골라 바르게 짝지은 것은?

<table>
<tr><td>(가) 독립적인 국제 의료 구호 단체로 빈곤, 분쟁, 자연 재해 등으로 고통받는 사람들과 의료 혜택을 받지 못하는 사람들에 대한 긴급 구호를 하고 있다.
(나) 국제 연합의 지휘 아래 분쟁 지역의 질서 유지 및 건설·의료 지원 등의 평화 유지 활동을 한다.</td></tr>
</table>

보기
ㄱ. 월드 비전   ㄴ. 세계 보건 기구
ㄷ. 국경 없는 의사회   ㄹ. 유엔 평화 유지군

	(가)	(나)		(가)	(나)
①	ㄱ	ㄴ	②	ㄴ	ㄱ
③	ㄴ	ㄹ	④	ㄷ	ㄴ
⑤	ㄷ	ㄹ			

03 다음과 같은 활동을 하고 있는 국제기구는 무엇인가?

<table>
<tr><td>경제 협력 개발 기구(OECD) 산하의 기관으로 저개발국의 경제 개발과 복지 증진을 위하여 재정 및 기술, 물자 등을 지원하는 활동을 한다.</td></tr>
</table>

① 국제 연합(UN)
② 세계 무역 기구(WTO)
③ 개발 원조 위원회(DAC)
④ 유엔 아동 기금(UNICEF)
⑤ 한국 국제 협력단(KOICA)

04 ㉠에 관한 설명으로 옳은 것을 〈보기〉에서 고르면?

(㉠)은/는 굿네이버스가 주도하는 운동으로 저개발 국가에서 제작한 실로 팔찌를 만들고 홍보물을 제작하는 등 아동 노동을 반대하는 마음을 담아 활동하는 실천 캠페인이다.

┌─ 보기 ─
ㄱ. 지역 간 불평등을 완화하기 위한 캠페인이다.
ㄴ. 국제적 차원의 협력을 위한 정부 간 협력이다.
ㄷ. 빈곤 문제 해결을 위한 비정부 기구의 활동이다.
ㄹ. 선진국이 주도하는 공적 개발 원조의 한 형태이다.
└─

① ㄱ, ㄴ ② ㄱ, ㄷ ③ ㄴ, ㄷ
④ ㄴ, ㄹ ⑤ ㄷ, ㄹ

05 지도는 공적 개발 원조를 받는 국가와 하는 국가를 나타낸 것이다. 이를 보고 바르게 설명한 것을 〈보기〉에서 고르면?

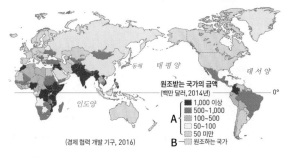

원조받는 국가의 금액
(백만 달러, 2014년)
■ 1,000 이상
■ 500~1,000
■ 100~500
□ 50~100
□ 50 미만
A
B □ 원조하는 국가
(경제 협력 개발 기구, 2016)

┌─ 보기 ─
ㄱ. A 지역에는 주로 미국, 독일 등의 선진국이 해당한다.
ㄴ. B 지역은 A 지역에 비해 상대적으로 인권 및 여성의 지위가 낮다.
ㄷ. 우리나라는 A에서 B로 바뀐 최초의 국가이다.
ㄹ. 경제 협력 개발 기구 산하의 개발 원조 위원회(DAC)가 원조를 제공한다.
└─

① ㄱ, ㄴ ② ㄱ, ㄷ ③ ㄴ, ㄷ
④ ㄴ, ㄹ ⑤ ㄷ, ㄹ

06 공정 무역에 관한 설명으로 옳지 않은 것은?

① 개발 도상국의 상품에 관세를 부과하는 제도이다.
② 저개발 국가 생산자의 경제적 자립을 돕는 것이 목적이다.
③ 생산지의 유기농 재배로 지속 가능한 환경에 기여하고 있다.
④ 중간 상인의 개입을 줄여 유통 비용을 낮추는 무역 방식이다.
⑤ 가격이 비싼 편이고 판매하는 상점이 적어 활성화 속도가 느리다.

 서술형
07 ㉠에 들어갈 활동을 하는 단체를 두 가지 서술하시오. (단, 주요 활동 내용을 포함할 것)

세계 시민들의 자발적인 모금으로 운영하는 국제 비정부 기구가 증가하고 있다. 이들은 여러 방면에서 발생하는 범세계적인 사회 문제를 해결하기 위해 다양한 활동을 벌이고 있다. 예를 들면 _____㉠_____

서술형
08 교사의 질문에 대한 적절한 대답을 두 가지 서술하시오.

오늘날 지역 간의 불평등 문제와 빈곤 문제를 해결하기 위해 다양한 국제기구와 국제 비정부 기구 등의 활동이 활발합니다. 그렇다면 개인적인 차원에서 이러한 문제를 해결하기 위해 할 수 있는 노력에는 무엇이 있을까요?

수학 개념을 쉽게 이해하는 방법?
개념수다로 시작하자!

수학의 진짜 실력자가 되는 비결 -
나에게 딱 맞는 개념서를 술술 읽으며 시작하자!

개념 이해
친구와 수다 떨듯 쉽고 재미있게,
베테랑 선생님의 동영상 강의로 완벽하게

개념 확인·정리
깔끔하게 구조화된 문제로 개념을 확인하고,
개념 전체의 흐름을 한 번에 정리

개념 끝장
온라인을 통해 개개인별 성취도 분석과
틀린 문항에 대한 맞춤 클리닉 제공

| 추천 대상 |
• 중등 수학 과정을 예습하고 싶은 초등 5~6학년
• 중등 수학을 어려워하는 중학생

수학은 순서를 따라 학습해야 효과적이므로,
초등 수학부터 꼼꼼하게 공부해 보자.

개념이 수학의 전부다
수학 개념을 제대로 공부하는 EASY 개념서

개념수다 시리즈 (전7책)

0_초등 핵심 개념
1_중등 수학 1(상), 2_중등 수학 1(하)
3_중등 수학 2(상), 4_중등 수학 2(하)
5_중등 수학 3(상), 6_중등 수학 3(하)

초등 핵심 개념
한 권으로 빠르게 정리!

중등 도서안내

올리드

개념 잡고 성적 올리는 필수 개념서

바른답·
알찬풀이

개념학습편과 시험대비편의 **정답 및 풀이**를 제공합니다.

중등 사회 ②-2

올리드 100점 전략

개념을 꽉
잡아라!

문제를 싹
잡아라!

시험을 확
잡아라!

오답을 꼭
잡아라!

Mirae N 에듀

올리드 100점 전략

1 교과서를 쉽고 알차게 정리한 22개의 **개념 꽉 잡기**

2 개념 - 실력 - 실전 3단계 반복 학습으로 **문제 싹 잡기**

개념학습편

3 핵심 정리부터 기출 문제까지 빠르게 **시험 확 잡기**

시험대비편

4 문제 해결 노하우를 담은 자세한 풀이로 **오답 꼭 잡기**

바른답·알찬풀이

바른답·알찬풀이

중등 사회 ❷-2

VII. 인구 변화와 인구 문제

주제 01 세계의 인구 분포와 특징

문제로 실력다지기
11~12쪽

개념 문제 01 (1) ○ (2) ○　02 (1) 인구 밀도 (2) 인문적·사회적
03 (1) ㄱ, ㄹ (2) ㄴ, ㄷ　04 (1) ㉠ (2) ㉠, ㉡ (3) ㉠

실력 문제 05 ③　06 ①　07 ①　08 ①　09 ③　10 ②　11 ④

12 ②　13 **예시답안** (가) 서부 유럽은 일찍이 산업이 발달하여 일자리가 풍부하기 때문에 인구가 밀집한다. (나) 동남 및 남부 아시아는 계절풍의 영향으로 벼농사가 발달하여 많은 인구가 거주하고 있다.

05 세계 인구는 북위 20°~40° 사이의 온화한 기후 지역에 주로 거주한다. 특히 벼농사가 발달한 동남 및 남부 아시아와 상공업이 발달한 유럽에 밀집한다.

바로잡기 ㄱ은 기온이 매우 낮아, ㄹ은 강수량이 적어 물이 부족하여 인간 거주와 농경에 불리하다.

06 세계 인구는 지역 간에 불평등하게 분포한다. 반구별로는 북반구에 세계 인구의 약 90%가 분포하고, 대륙별로는 약 60%가 아시아에 분포한다. 위도별로는 북위 20°~40°에 많이 분포하고, 지형별로는 산지나 고원보다 평야나 해안 지역에 많은 인구가 분포한다.

바로잡기 ① 저위도의 해발 고도가 낮은 지역은 연중 고온 다습하며, 고위도 지역은 연중 기온이 낮기 때문에 농업 활동과 인간 거주에 불리하다.

07 A는 세계 인구의 60% 정도가 분포하는 대륙이므로 아시아이다. B는 아프리카, C는 유럽이다.

바로잡기 ㄷ. 유럽에 관한 설명이다. ㄹ. 서남아시아와 아프가니스탄 일대는 내전과 분쟁이 잦아 난민이 많이 발생한다.

08 세계의 인구 밀집 지역은 농경에 유리하거나 산업이 발달하여 일자리가 풍부하다는 특징이 나타난다. 반면 인구 희박 지역은 열대·건조·한대 기후 등 거주에 불리한 기후가 나타나 인간 거주와 농경이 불리하다는 특징이 나타난다.

바로잡기 ① 서부 유럽도 인구가 밀집하는 지역이지만, 세계 인구의 약 60%가 거주하는 대륙은 아시아이다.

09 A는 산업이 발달한 서부 유럽, B는 사하라 사막, C는 벼농사가 발달한 동남 및 남부 아시아, D는 연중 기온이 낮은 캐나다 북부 지역, E는 열대 우림이 분포하는 아마존강 유역이다. 동남 및 남부 아시아(C)는 계절풍 기후가 나타나고 하천 유역에 넓은 평야가 발달하여 벼농사와 인간 생활에 유리하다.

바로잡기 ①은 D, ②는 E, ④는 A, ⑤는 B에 관한 설명이다.

10 제시된 사진에서 ①은 극지방의 그린란드, ②는 방글라데시의 벼농사 지역, ③은 열대 우림 지역, ④는 건조 초원이 발달한 몽골, ⑤는 사하라 사막이다. 인간 거주에 유리한 지역은 기후와 지형 조건 등이 농업에 유리하거나 상공업이 발달하여 일자리가 풍부한 곳이다. ② 방글라데시는 국토 대부분이 평야이고 기온이 높고 강수량이 풍부해 벼농사가 발달한 지역으로 많은 인구가 거주한다.

바로잡기 ①은 한대 기후, ③은 열대 기후, ④와 ⑤는 건조 기후가 나타나 인간 거주에 불리하다.

11 (가)는 1940년, (나)는 2015년의 인구 분포이다. 1940년은 농업 중심 사회로 평야가 넓어 농경에 유리한 남서부 지역에 인구가 밀집하였다. 2015년은 대도시와 산업이 발달한 공업 도시의 인구 밀도가 높다.

바로잡기 ④ 오늘날에도 산간 지역인 태백산맥과 소백산맥 일대는 인구가 희박하다.

12 우리나라는 1960년대 산업화 이후 서울과 부산 등의 대도시와 부산·포항·울산·광양으로 이어지는 남동 임해 공업 지역의 공업 도시로 인구가 몰려들었다.

바로잡기 ㄴ. 산지는 주로 북동부 지역에 많이 분포하며, 이 지역은 (가), (나) 시기 모두 인구가 희박하다. ㄷ. 평야의 농업 지역은 농업 중심 사회였던 (가) 시기에 많은 인구가 거주하던 곳이다.

13 **예시답안** (가) 서부 유럽은 일찍이 산업이 발달하여 일자리가 풍부하기 때문에 인구가 밀집한다. (나) 동남 및 남부 아시아는 계절풍의 영향으로 벼농사가 발달하여 많은 인구가 거주하고 있다.

구분	채점 기준
상	(가), (나)의 인구 밀집 이유를 모두 정확하게 서술한 경우
중	(가), (나)의 인구 밀집 이유를 서술하였으나, 내용이 미흡한 경우
하	(가), (나)의 인구 밀집 이유를 한 가지만 바르게 서술한 경우

올리드 특강
13쪽

유형 1 1 (1) A, C, E (2) B, D, F

　　　 2 (1) D (2) F (3) A, E (4) B (5) C

유형 2 1 (1) ○ (2) ○ (3) ○ (4) ×

　　　 2 이촌 향도

유형 2 1 (4) D 지역은 넓은 평야와 온화한 기후가 나타나 농경에 유리하다. 그러나 산업화와 도시화 이후 나타난 이촌 향도로 인해 인구 밀도가 낮아졌다.

주제 02 인구 이동과 지역의 변화

문제로 실력다지기 15~16쪽

개념 문제 **01** (1) ㄹ, ㅁ, ㅂ (2) ㄱ, ㄴ, ㄷ　**02** (1) ⓒ (2) ⓛ (3) ㉠
03 (1) ○ (2) × (3) ○ (4) ×

실력 문제 **04** ② **05** ⑤ **06** ③ **07** ⑤ **08** ④ **09** ③ **10** ①
11 ③ **12** (1) 경제적 이동 (2) **예시답안** 현지인과 모로코인 간에 종교
·문화 등의 차이로 갈등이 발생할 수 있다.

03 (2) 인구 유입 지역은 이주민과 현지인 간의 일자리 경쟁과
문화적 차이로 문화적 충돌이 발생하기도 한다.
(4) 1960년대 우리나라는 산업화의 영향으로 이촌 향도 현
상이 발생하여 농촌 인구가 감소하였다.

04 과거에는 종교나 정치적 목적의 인구 이동이 많았으나, 최
근에는 더 나은 일자리나 생활 환경이 목적인 자발적이면
서 경제적인 이동이 대부분이다.

05 신항로 개척 이후 유럽인들은 영토 확장을 위해 아메리카
와 오스트레일리아 등지로 이주하였다.
바로잡기 ①, ② 오늘날의 인구 이동은 대부분 경제적 이동에 해당하
며, 개발 도상국에서 선진국으로 이동하는 경우가 많다. ③ 일자리가
풍부하고 임금이 높으면 인구가 유입하므로, 이는 인구 흡인 요인에
해당한다. ④ 인구 이동의 유형은 이동 범위에 따라 국내 이동과 국
제 이동으로 나눌 수 있으며, 이동 기간에 따라 일시적 이동과 영구
적 이동으로 나눌 수 있다.

06 A는 영국에서 프랑스 남부로 이동하는 것으로 여름에 기후
가 온화한 곳으로 휴가를 떠나는 일시적 이동이다. B는 터
키에서 독일로의 이동, D는 베트남에서 우리나라로의 이
동, E는 멕시코에서 미국으로의 이동으로 모두 일자리를
찾기 위한 경제적 이동이다. C는 내전이 잦은 소말리아에
서 케냐로의 이동으로 정치적 이동에 해당한다. 제시된 일
기는 내전을 피해 이동한 난민의 이야기이므로 C와 이동
유형이 같다.

07 그림의 인구 이동은 과거 중국인들이 일자리를 찾아 동남
아시아로 이동한 것으로 경제적 이동에 해당한다.

올리드 포인트 국제 이동의 유형

경제적 이동	신항로 개척 이후 유럽인의 신대륙 이주, 중국인의 동남아시아 이주, 최근 개발 도상국에서 선진국으로의 이주
강제적 이동	노예 무역을 통한 아프리카 흑인의 아메리카 이주
정치적 이동	전쟁이나 분쟁을 피해 이동하는 난민의 이동
일시적 이동	여행, 유학 등을 목적으로 하는 이동

08 지도의 이동 방향을 보면 아시아와 라틴 아메리카에서 유
럽과 북아메리카로 이동하는 큰 흐름이 보이는데, 이는 경
제적 이동을 나타낸 것이다. 아시아와 라틴 아메리카 등의
개발 도상국이 많은 지역의 노동자들은 유럽과 앵글로아
메리카에 위치한 선진국의 노동자보다 임금이 저렴하다.
바로잡기 ① 일시적 이동에 해당한다. ② 환경적 이동에 해당한다. ③
과거 노예 무역에 관한 설명이다. ⑤ 인구 유입 지역에서는 이주민과
현지인 사이의 문화 충돌이나 차별 문제 등이 발생할 수 있다.

09 제시된 글은 난민의 발생과 이주에 관한 것으로, 난민은 전
쟁이나 탄압, 박해 등의 정치적 혹은 종교적 원인으로 발
생한다. 전 세계 난민의 54% 이상이 시리아와 아프가니스
탄, 소말리아 3개국에서 발생하고 있다.
바로잡기 ㄱ. 시리아는 내전으로 생활 환경이 악화되어 인구를 배출하
고 있다. ㄹ. 시리아에서 발생한 난민들은 내전을 피해 나온 생활 환
경을 찾아 이동하고 있으므로 정치적 이동에 해당한다.

10 제시된 지도는 우리나라의 1960~80년대에 발생한 인구
이동으로, 촌락에서 도시 지역으로 인구가 이동하는 이촌
향도 현상이 나타나고 있음을 알 수 있다.
바로잡기 ② 광복 이후, ③ 1990년대 이후, ④ 6·25 전쟁 시기, ⑤ 일
제 강점기의 인구 이동에 관한 내용이다.

11 제시된 그래프를 보면 우리나라로 유입하는 외국인의 수
는 꾸준히 증가하고 있다. 이들의 출신 지역은 중국과 동
남아시아가 많고, 이들의 입국 목적은 대부분 취업이나 국
제결혼이다.
바로잡기 ③ 국제결혼에 따른 이동은 영구적인 경우가 많으나, 취업
등의 경제적 목적에 따른 이동은 일시적인 경향이 크다.

12 (1) 경제적 이동
(2) **예시답안** 현지인과 모로코인 간에 종교·문화 등의 차이로
갈등이 발생할 수 있다.

구분	채점 기준
상	모로코와 유럽의 종교 특성이 다름을 알고 이에 따른 종교·문화 갈등이 발생함을 서술한 경우
하	문화 갈등이 발생함을 서술하였지만 그 원인을 정확하게 서술하지 못한 경우

올리드 특강 17쪽

유형 1 **1** (1) 6·25 전쟁 (2) 일제 강점기 (3) 1960년대 이후
(4) 1990년대 이후
2 ㉠ 이촌 향도 ㉡ 역도시화
유형 2 **1** 남부 지역과 태평양 연안 **2** 1990년대 이후

주제 03 세계의 인구 문제

문제로 실력 다지기

19~20쪽

01 (3) 개발 도상국은 출생률이 높고 사망률이 낮아 인구 증가 속도가 매우 빠르다.

04 (가)는 산업 혁명, (나)는 제2차 세계 대전 발발 시기로, 산업 혁명 이후 의학 및 생활 수준이 향상되면서 세계 인구가 증가하기 시작하였다.

올리드 키워드

☑ **합계 출산율** : 한 여성이 평생 낳을 것으로 예상되는 평균 자녀의 수

☑ **인구 부양력** : 한 나라의 인구가 그 나라의 사용 가능한 자원으로 생활할 수 있는 능력

☑ **생산 가능 인구** : 15세부터 64세까지의 인구로, 실제 생산 활동에 참여할 수 있는 인구

05 노동력 부족으로 외국인 노동자의 유입이 많은 선진국에서는 현지인과 이주민 간의 일자리 경쟁, 문화 갈등, 인종 차별 등의 사회 문제가 발생하기도 한다.

바로잡기 ㄱ. 개발 도상국(A)은 제2차 세계 대전 이후 산업화가 진행되었고, 현재 출생률은 높은 수준을 유지하고 사망률은 낮아져서 인구가 증가하고 있다. ㄹ. A는 개발 도상국, B는 선진국이다.

06 세계 인구는 18세기 후반 산업 혁명 이후 급증하였다. 현재 선진국은 출생률과 사망률이 모두 낮아 인구 성장 속도가 완만하거나 정체 상태이다. 반면 개발 도상국은 제2차 세계 대전 이후 인구가 폭발적으로 증가하고 있다.

바로잡기 ③ 개발 도상국의 합계 출산율은 여전히 높은 수준으로, 현재 세계의 인구 증가를 주도하고 있다.

07 (가)에서 한국과 중국은 65세 이상 인구 비율이 총인구의 7% 이상인 고령화 사회, 미국·영국·프랑스는 14% 이상인 고령 사회, 일본은 20% 이상인 초고령 사회에 해당한다. (나)는 고령화 사회에 진입하지 않은 인도이다. 고령화 문제가 나타나는 지역은 노인 복지 비용이 늘어나 생산 연령층인 청장년층의 세금 부담이 증가하게 된다.

바로잡기 ②~⑤ 합계 출산율이 높고 사망률이 낮아지고 있어 인구가 급증하는 개발 도상국이 겪는 인구 문제이다.

08 전체 인구 중 노년층 인구 비율이 높은 선진국은 노인의 경제 안정을 위해 정년을 연장하거나 재취업 기회를 제공하고 연금 제도를 개선하는 등의 노인 복지 정책을 강화하고 있다. 또한 출산 장려금 지급과 양육 및 보육 시설을 확대하여 출산과 육아를 돕는 출산 장려 정책을 시행하고 있다.

바로잡기 ①, ②, ④ 개발 도상국에 해당한다. ⑤ 산업 혁명 이전 국가의 특징이다.

09 (가)는 65세 이상 노년층의 인구 비율이 높은 선진국형 인구 피라미드이고, (나)는 15세 미만 유소년층의 비율이 높은 개발 도상국형 인구 피라미드이다. 개발 도상국은 주로 출생률과 사망률이 선진국보다 높게 나타난다.

바로잡기 ① 선진국의 국민 소득이 높다고 추정할 수 있다. ② 선진국은 개발 도상국보다 임금이 높고 거주 환경이 좋기 때문에 다양한 국가 출신의 노동자가 많다. ④ 합계 출산율이 낮은 선진국은 여성의 사회 진출이 활발하고 결혼 연령이 높은 편이다. ⑤ 노령 인구 비율은 개발 도상국보다 선진국이 높다.

10 개발 도상국은 선진국보다 출생률과 사망률이 모두 높다.

바로잡기 ① 선진국은 출생률과 사망률이 모두 낮으며, 인구 증가 속도가 완만하거나 정체 상태이기 때문에 인구 감소가 우려된다. ② 선진국에 관한 설명이다. ③ 유소년층 부양비는 개발 도상국이 선진국보다 높을 것이다. ⑤ (가)는 선진국, (나)는 개발 도상국이다.

11 중국은 남아 선호 사상과 1980년대에 추진된 '한 가정 한 자녀 갖기' 정책으로 심각한 출생 성비 불균형 문제가 나타났다. 그 결과 1990년대 이후에 태어나 현재 결혼 적령기인 남성들은 배우자를 구하지 못해 사회 문제가 되고 있다.

바로잡기 ㄴ, ㄹ. 성비 변화를 보고 인구 고령화와 인구 급증 여부는 알 수 없다.

12 (1) (에시답안) 인구 고령화에 따른 노동력 부족과 노인 인구 부양 비용 증가, 노인 빈곤과 소외 문제 등이 나타난다.

구분	채점 기준
상	고령화에 따른 문제를 세 가지 모두 바르게 서술한 경우
중	고령화에 따른 문제를 두 가지만 바르게 서술한 경우
하	고령화에 따른 문제를 한 가지만 바르게 서술한 경우

(2) (에시답안) 노인의 재취업 기회 제공 확대와 정년 연장, 연금 제도 개선 등의 정책을 시행해야 한다.

구분	채점 기준
상	고령화 대책을 세 가지 모두 바르게 서술한 경우
중	고령화 대책을 두 가지만 바르게 서술한 경우
하	고령화 대책을 한 가지만 바르게 서술한 경우

주제 04 우리나라의 인구 문제

문제로 실력다지기 22~23쪽

개념 문제 **01** (1) ○ (2) × **02** (1) 저출산 (2) 고령화 (3) 노동력
03 (1) ㄴ, ㅁ, ㅂ (2) ㄱ, ㄷ, ㄹ
실력 문제 **04** ④ **05** ② **06** ⑤ **07** ④ **08** ④ **09** ③ **10** ③
11 ④ **12** ② **13 예시답안** 임신·출산 관련 의료비의 지원을 확대해
야 한다, 영·유아 보육 시설을 확충해야 한다, 청년의 고용 안정을
보장해야 한다, 남성의 육아 참여를 확대해야 한다 등

01 (2) 우리나라는 1970년대 이후 출생률이 낮아지기 시작했
다. 사회 안정으로 출생률이 높았던 시기는 6·25 전쟁 이
후가 대표적이다.

04 우리나라는 1960년대 이후 정부의 출산 억제 정책과 여성
의 사회 진출 증가, 결혼 및 가족에 관한 가치관 변화 등의
이유로 출산율이 낮아졌다.

05 (가)는 1970년대, (나)는 2000년대의 가족계획 포스터이다.
우리나라는 6·25 전쟁 이후 사회가 안정되면서 인구가 급
증했다. 그러나 이를 인구 부양력이 따라가지 못하자 정부
는 1960년대부터 인구 증가를 억제하기 위한 정책을 펼쳤
고, 그 결과 출생률이 급격히 낮아졌다. 1990년대 후반부
터 저출산 현상이 뚜렷해지기 시작했고 총인구의 감소가
우려되자 출산 장려 정책으로 인구 정책이 전환되었다.

06 (가)는 자녀를 둘만 낳자는 출산 억제 정책을, (나)는 자녀를
더 낳자는 출산 장려 정책을 홍보하고 있다.
바로잡기 ① (나)에 관한 설명이다. ②, ③ (가)에 관한 설명이다. ④ (가)
의 제작 시기가 (나)보다 빠르다.

07 우리나라는 여성의 활발한 사회 참여와 결혼 및 자녀에 관
한 가치관의 변화, 결혼 연령의 상승 및 미혼 인구의 증가,
양육비 부담 증가에 따른 출산 기피 등이 원인이 되어 합계
출산율이 점점 낮아졌다.
바로잡기 ④ 남아 선호 사상에 따른 문제점은 출생 성비 불균형으로,
개발 도상국에서 많이 나타나는 인구 문제이다.

08 (가)는 2015년, (나)는 2060년 청장년층의 노인 부양을 나타
낸 그림이다. 2060년에는 생산 가능 인구(15~64세) 한 명
이 노인(65세 이상) 한 명을 부양해야 할 만큼 고령화가 진
행될 것으로 예상한다.
바로잡기 ④ 저출산 문제를 해결하기 위한 대책이다.

09 그래프를 살펴보면 65세 이상 인구의 비율은 증가하고 있
지만, 유소년층과 청장년층의 인구 비율은 감소하고 있다.
2060년에는 노년층의 인구 비율이 유소년층의 네 배에 달

할 정도로 고령화 현상이 심화할 것으로 예측된다.
바로잡기 ㄱ, ㄹ. 인구의 도시 집중이나 남아 선호 사상은 연령별 인구
비율로는 알 수 없다.

10 2030년에는 65세 이상 인구가 24.3%로, 초고령 사회에
진입할 것으로 예상된다. 전체 인구에서 노령 인구의 비율
이 높아지면 청장년층 1인이 부담해야 하는 노년 인구 부
양비가 증가하고, 노년층의 질병·빈곤·소외 등이 사회 문
제가 될 것으로 예상한다.
바로잡기 ③ 고령화 현상이 심화되면 중위 연령은 높아지게 된다. 실
제로 1960년대에 32세였던 우리나라의 중위 연령은 2015년 기준
41.2세로 40대에 진입하였다.

11 제시된 인구 정책은 우리나라를 비롯한 출산율이 낮은 국
가에서 출산 장려를 위해 실시하고 있는 것이다. 이 외에
도 부족한 노동력을 확보하기 위해 외국인 노동자 유입 확
대 정책을 추진하고 있다.

올리드 포인트 우리나라의 인구 문제와 대책

저출산	출산 및 양육비 지원, 영·유아 보육 시설 확대, 청년층의 고용 안정, 결혼 및 가족에 관한 인식 변화 등
고령화	노인 일자리 마련과 정년 연장, 노인 복지 정책 확충, 안정적 생활을 위한 연금 확대, 실버산업 육성 등

12 제시된 자료는 2015년 우리나라의 고령화 현상과 관련한
통계이다.
바로잡기 ① 이촌 향도를 완화하기 위한 대책이다. ③ 인구 급증을 완
화하기 위한 방안이다. ④ 성비 불균형을 해소하기 위한 노력이다.

13 예시답안 임신·출산 관련 의료비의 지원을 확대해야 한다,
영·유아 보육 시설을 확충해야 한다, 청년의 고용 안정을
보장해야 한다, 남성의 육아 참여를 확대해야 한다 등

구분	채점 기준
상	저출산 현상의 대책을 세 가지 모두 바르게 서술한 경우
중	저출산 현상의 대책을 두 가지만 바르게 서술한 경우
하	저출산 현상의 대책을 한 가지만 바르게 서술한 경우

올리드 특강 25쪽

유형 1 **1** (1) 낮다 (2) 높다 (3) 높다 (4) 높다 (5) 낮다 (6) 높다
(7) 낮다
2 (1) ○ (2) × (3) ○
유형 2 **1** (1) ㉠, ㉡ (2) ㉡, ㉠ (3) ㉡, ㉠ **2** ㄱ, ㄴ, ㅁ, ㅂ
유형 3 **1** (다)-(가)-(마)-(나)-(라)
2 (1) (나), (라) (2) (가), (다) (3) (마) (4) (나), (라)
유형 4 **1** (1) ○ (2) ○ **2** (1) (다) (2) (나) (3) (가)

VII 단원 표와 자료로 마무리하기 26~27쪽

자료1 ❶ 서부 ❷ 사하라 ❸ 계절풍 ❹ 아마존
자료2 ❶ 남서부 ❷ 인문적·사회적 ❸ 이촌 향도
자료3 ❶ 종교적 ❷ 개발 도상국, 선진국 ❸ 난민 ❹ 경제적
자료4 ❶ 이촌 향도 ❷ 역도시화
자료5 ❶ 낮고, 고령화 ❷ 출생률, 인구 부양력
자료6 ❶ 저출산 ❷ 고령화

VII 단원 실전문제로 마무리하기 28~31쪽

01 ② **02** ① **03** ③ **04** ② **05** ⑤ **06** ③ **07** ③ **08** ④
09 ② **10** ④ **11** ⑤ **12** ② **13** ③ **14** ① **15** ④ **16** ③
17 ④

✎서술형 문제

18 [예시답안] 1940년에는 기후가 온화하고 평야가 넓은 남서부 지역에 인구가 밀집하였고, 2015년에는 산업이 발달하여 일자리가 풍부한 대도시와 공업 도시에 인구가 밀집하였다.
19 [예시답안] 좀 더 나은 일자리를 찾기 위한 경제적 이동으로 주로 개발 도상국에서 선진국으로 이동한다.
20 [예시답안] 우리나라는 저출산과 고령화 문제를 겪고 있다. 저출산 문제를 해결하기 위해서는 출산과 양육 지원 대책을 늘려야 하고, 고령화 현상에 대비하기 위해 연금 제도 및 사회 보장 제도를 정비해야 한다.

01 인구 분포에 영향을 주는 자연적 요인으로는 지형과 기후 등이 있고 인문적·사회적 요인으로는 산업, 교통, 교육, 문화 등이 있다.

02 세계 인구는 육지가 많은 북위 20°~40°의 온화한 기후 지역에 집중하며, 평야나 해안 지역에 많이 분포한다. 너무 덥거나 춥고 건조한 지역, 산악 지역은 인구가 희박하다.
[바로잡기] ㄷ. 내륙보다 물을 구하기 쉬운 해안에 인구가 더 집중한다.
ㄹ. 오스트레일리아 내륙 지역은 매우 건조하여 인구가 희박하다.

03 A 지역은 서부 유럽이다. 서부 유럽은 산업 혁명의 발상지로 일찍이 산업이 발달하여 인구 부양력이 높고 일자리가 풍부하며 거주 환경이 좋아 많은 인구가 분포한다.
[바로잡기] ①은 대륙의 내륙 지역과 사막 지역, ②는 아시아에 위치한 중국, ④는 산악 지역, ⑤는 아시아에 관한 설명이다.

04 전 세계 인구의 약 60%가 아시아에 거주하는데, 특히 중국과 인도는 세계 인구의 3분의 1 이상을 차지하고 있다.
[바로잡기] 아시아(A)를 제외하고 비중이 높은 순서대로 아프리카, 유럽, 남아메리카, 북아메리카, 오세아니아이다.

05 지도의 A는 서부 유럽, B는 사하라 사막, C는 동남 및 남부 아시아, D는 캐나다 북부 지역, E는 아마존강 유역이다. 제시된 글은 적도 주변의 열대 우림이 나타나는 아마존강 유역에 관한 설명이다.

06 동남 및 남부 아시아 지역은 계절풍 기후가 나타나고 하천 유역에 넓은 평야가 있어 벼농사와 인간 생활에 유리하다.

07 A는 몽골, B는 방글라데시이다. 몽골은 국토의 대부분이 고원 지대이고 건조 기후가 나타나 인간이 거주하기에 불리하다. 방글라데시는 국토의 90% 이상이 평야 지대이고 계절풍의 영향으로 벼농사에 유리하다. 방글라데시의 인구 밀도는 1km²당 약 1,000명으로, 세계적으로 높은 수준이다.
[바로잡기] ①, ② 방글라데시(B)에 관한 설명이다. ④ 인구 밀도는 방글라데시(B)가 몽골(A)보다 높다. ⑤ 해발 고도는 몽골(A)이 더 높다.

08 (가)는 1966년, (나)는 2015년의 인구 분포이다. (가) 시기에 인구가 남서부 지역의 평야 지대에 주로 분포하는데, 이는 기후가 온화하고 평야가 많아 벼농사에 유리하기 때문이다. (나) 시기는 수도권과 남동 임해 지역의 인구 밀도가 높은데, 이는 농촌의 인구가 일자리를 찾아 도시로 이동하는 이촌 향도 현상이 나타났기 때문이다.
[바로잡기] ㄴ. 1966년은 농업이 중심인 사회였기 때문에 이 시기의 인구 분포는 인문적·사회적 요인보다 자연적 요인의 영향을 크게 받았다.

09 (가)는 여행을 위한 일시적 이동이고, (나)는 정치적 불안정을 피해 고국을 떠나는 정치적 이동이다. (다)는 취업을 위한 경제적 이동이다.

10 A는 신항로 개척 이후 유럽인들이 식민지를 개척하기 위한 이동, B는 내전이 잦은 소말리아에서 이웃 국가인 케냐로 이동하는 난민, C는 노예 무역으로 아메리카로 이동하는 아프리카 흑인, D는 아시아에서 취업이나 유학을 위한 미국으로의 이동, E는 라틴 아메리카에서 취업을 위해 미국으로 이동하는 것이다.

11 개발 도상국에서는 촌락의 인구가 취업 기회가 많은 도시로 몰려드는 이촌 향도 현상이 활발하다. 선진국에서는 삶의 질에 대한 관심이 높아 쾌적한 주거 환경을 찾아 과밀한 도시를 떠나는 역도시화 현상이 나타나기도 한다.

12 유럽과 선진국이 대부분인 A는 인구 유입 지역, 개발 도상국이 많은 B는 인구 유출 지역이다.
[바로잡기] ㄴ. A 지역에 관한 설명이다. ㄹ. A는 주로 선진국이고, B는 개발 도상국에 속한다.

13 ㉠은 산업 혁명, ㉡은 아시아이다. 제2차 세계 대전 이후 개발 도상국은 근대화와 산업화로 출생률은 높지만 사망률이 낮아져 인구가 폭발적으로 증가하였다.
[바로잡기] ㄱ. 산업 혁명으로 공업 생산 기술이 발달하였다. ㄹ. 선진국에서 나타나는 현상이다.

14 (가)는 개발 도상국, (나)는 선진국의 인구 피라미드이다. 선

진국은 저출산과 고령화로 중위 연령이 개발 도상국보다 높게 나타나며, 개발 도상국보다 식량 생산량이 더 많으므로 인구 부양력이 높다.

15 제시된 대화는 고령화에 대비하는 각국의 정책에 관한 것이다. 인구의 고령화를 해결하기 위해 각국은 정년 연장이나 연금 제도 확대 등의 정책을 추진하고 있다.

16 A는 인도이다. 인도는 세계 2위의 인구 대국으로 아이를 신의 축복이라 여기는 힌두교의 영향으로 출산 억제가 어려운데다 남아 선호 사상이 강해 인구 급증과 성비 불균형 문제가 나타나고 있다.

바로잡기 ㄱ, ㄹ. 주로 선진국에서 나타나는 인구 문제이다.

17 그래프를 보면 우리나라의 합계 출산율은 감소하고, 65세 이상 인구 비율은 증가하여 저출산과 고령화가 심각함을 알 수 있다. 합계 출산율이 낮아지면 인구 성장이 정체 혹은 감소하여 인구에서 노년층의 비중이 높아진다. 이에 따라 정부의 세금 감소와 연금 및 보험 비용 증가, 청장년층의 부양 부담 증가와 경기 침체까지 발생할 수 있다.

바로잡기 ④ 고령화가 계속되어 인구 중 노년층의 비율이 높아지면 이들을 부양해야 하는 청장년층의 부담은 커질 수밖에 없다.

18 **예시답안** 1940년에는 기후가 온화하고 평야가 넓은 남서부 지역에 인구가 밀집하였고, 2015년에는 산업이 발달하여 일자리가 풍부한 대도시와 공업 도시에 인구가 밀집하였다.

구분	채점 기준
상	시기별 인구 분포에 영향을 준 요인과 밀집 지역을 모두 바르게 서술한 경우
하	시기별 인구 분포에 영향을 준 요인과 밀집 지역 중 한 측면만 바르게 서술한 경우

19 **예시답안** 좀 더 나은 일자리를 찾기 위한 경제적 이동으로 주로 개발 도상국에서 선진국으로 이동한다.

구분	채점 기준
상	경제적 인구 이동임을 밝히고 개발 도상국에서 선진국으로의 이동을 바르게 서술한 경우
하	인구 이동의 원인과 방향 중 한 가지만 바르게 서술한 경우

20 **예시답안** 우리나라는 저출산과 고령화 문제를 겪고 있다. 저출산 문제를 해결하기 위해서는 출산과 양육 지원 대책을 늘려야 하고, 고령화 현상에 대비하기 위해 연금 제도 및 사회 보장 제도를 정비해야 한다.

구분	채점 기준
상	저출산·고령화 문제를 밝히고 대책을 각각 바르게 제시한 경우
하	인구 문제와 대책 중 한 측면만 바르게 서술한 경우

Ⅷ. 사람이 만든 삶터, 도시

추제 05 세계의 다양한 도시

문제로 실력다지기
35~36쪽

개념 문제 **01** (1) ⓛ, ⓒ (2) ⓖ, ⓛ　　　**02** (1) ◯ (2) × (3) ◯
03 (1) ⓒ (2) ⓖ (3) ⓛ (4) ⓔ
실력 문제 **04** ⑤　**05** ④　**06** ②　**07** ④　**08** ④　**09** ⑤　**10** ④
11 ③　**12** ④　**13** (1) A – 프라이부르크, B – 뉴욕 (2) **예시답안** A(프라이부르크)는 생태 환경을 잘 가꾸고 있는 독일의 환경·생태 도시이다. B(뉴욕)는 국제 연합(UN) 본부가 있는 미국의 도시로 세계 정치·경제·문화의 중심지이다.

02 (2) 농산물과 임산물을 생산하여 공급하는 지역은 촌락이다.

04 **바로잡기** ⑤ 도시의 토지 이용은 집약적으로 나타난다. 조방적인 토지 이용은 촌락에서 주로 나타난다.

05 (가) 촌락과 (나) 도시는 인간의 대표적인 거주 공간으로, 서로 다른 지역 주민들에게 생활에 필요한 요소를 제공하는 상호 보완적 관계를 형성하고 있다.

바로잡기 ① 인구 밀도는 도시가 더 높다. ② 편의 시설은 도시가 더 잘 되어 있다. ③, ⑤ 촌락의 주요 산업은 농업(1차 산업)이고, 도시의 주요 산업은 공업(2차 산업)과 서비스업(3차 산업)이다.

06 촌락은 숲이나 하천, 산지 등의 자연 경관이 두드러지게 나타나고, 도시는 건축물이나 도로와 같은 인문 경관이 두드러지게 나타난다.

바로잡기 ① 인구 밀도는 도시가 높다. ③ 건물의 높이는 도시가 높다. ④ 도시는 공업과 서비스업이, 촌락은 농업이 주로 발달한다. ⑤ 도시는 다양한 직업에 종사하는 사람들로 생활 모습이 다양하다.

07 최초의 도시는 농업에 유리한 곳에서 시작되었으며, 상업 도시와 공업 도시를 거쳐 현대의 도시는 산업과 서비스업, 교육과 문화 등의 다양한 기능을 수행한다.

바로잡기 ⓖ 도시는 정치·경제·산업·교통의 중심지에서 주로 발달하였다. ⓒ 중세에는 상업의 발달로 교역과 교환이 활발한 시장을 중심으로 상업 도시가 발달하였다. 석탄 산지를 중심으로 공업 도시가 발달한 것은 산업 혁명 이후이다.

올리드 포인트 도시의 형성과 발달

최초의 도시	농업에 유리한 곳에서 도시 발달 → 티그리스강·유프라테스강 유역의 문명 발상지
중세 도시	상업의 발달로 시장으로 중심으로 상업 도시 발달
근대 도시	산업 혁명으로 석탄 산지 주변에서 공업 도시 발달
현대 도시	첨단 산업·서비스업·교육·문화 등 여러 기능을 수행

08 최초의 도시는 농업에 유리한 곳에서 발달하였으며, 이후 상업 도시, 공업 도시가 발달하였다. 현대의 도시는 정치와 경제, 문화 등의 다양한 기능이 발달하였다.

09 제시된 편지의 내용과 삽화를 통해 ㉠이 뉴욕이라는 것을 알 수 있다. 지도의 A는 런던(영국), B는 파리(프랑스), C는 도쿄(일본), D는 시드니(오스트레일리아), E는 뉴욕(미국)이다.

10 세계의 유명하거나 매력적인 도시는 세계 경제의 중심지 역할을 하는 도시, 생태 환경이 우수한 도시, 다양한 문화나 유적 등을 바탕으로 관광 산업이 발달한 도시, 자연환경이 독특한 도시 등으로 분류할 수 있다.

바로잡기 ④ 소득이 높아도 환경 오염 문제가 발생하는 도시는 매력적인 도시로 보기 어렵다.

올리드 포인트 | 세계적으로 유명하거나 매력적인 도시

세계 도시	뉴욕, 런던, 도쿄
환경·생태 도시	프라이부르크, 쿠리치바 등
역사·문화 도시	시안, 로마, 아테네, 이스탄불 등
관광 도시	나폴리, 시드니, 옐로나이프, 키토 등

11 제시된 사진은 동서양의 역사·종교·문화가 어우러져 매력적인 경관이 나타나는 터키의 이스탄불이다.

바로잡기 ① 고산 도시로 유명하다. ② 이집트의 수도로, 피라미드와 스핑크스를 볼 수 있는 곳이다. ④ 생태 도시로 유명한 곳이다. ⑤ 오로라를 볼 수 있어 관광객의 방문이 많은 곳이다.

12 지도의 A는 로마(이탈리아), B는 카이로(이집트), C는 베이징(중국), D는 시드니(오스트레일리아), E는 리우데자네이루(브라질)이다.

바로잡기 ① A는 콜로세움이 유명한 로마(A)이다. ② 고산 도시로 유명한 곳은 에콰도르의 키토이고, 카이로는 피라미드와 스핑크스로 유명하다. ③, ⑤ 자본과 정보가 집중하는 세계 경제의 중심 도시로는 뉴욕, 런던, 도쿄 등이 있다. 베이징은 중국의 수도이자 자금성으로 유명하고, 리우데자네이루는 구세주 그리스도상으로 유명하다.

13 (1) A – 프라이부르크, B – 뉴욕

(2) **예시답안** A(프라이부르크)는 생태 환경을 잘 가꾸고 있는 독일의 환경·생태 도시이다. B(뉴욕)는 국제 연합(UN) 본부가 있는 미국의 도시로, 세계 정치·경제·문화의 중심지이다.

구분	채점 기준
상	두 도시의 특징을 정확하게 비교하여 서술한 경우
중	두 도시 중 한 개 도시의 특징만 정확하게 서술한 경우
하	두 도시의 특징을 모두 미흡하게 서술한 경우

주제 06 도시의 다양한 경관

문제로 실력다지기 38~39쪽

개념 문제 **01** (1) ○ (2) ○ (3) × **02** ㉠ 집심 현상, ㉡ 이심 현상
03 (1) ㉢ (2) ㉡ (3) ㉠

실력 문제 **04** ⑤ **05** ⑤ **06** ② **07** ② **08** ① **09** ① **10** ⑤
11 ④ **12** (1) A – 도심, B – 중간 지역 (2) **예시답안** 도시가 성장하면서 접근성과 지가, 지대의 차이에 따라 비슷한 기능끼리 모이는 지역 분화가 이루어져 각 지역별로 다른 경관이 나타난다.

01 (3) 접근성이 높을수록 지대는 높아진다.

04 그림의 A는 도심, B는 주변 지역의 경관이다.

바로잡기 ⑤ 도심보다 주변 지역의 토지 이용이 조방적이다. 도심은 지가가 높아 토지의 효율적 이용을 위해 고층 건물이 밀집해 있다.

05 (가)는 접근성, (나)는 지대에 관한 설명이다. 도시 내부의 공간 분화는 접근성과 지가, 지대의 차이로 발생한다.

바로잡기 ① (가)는 접근성, ③ (나)는 지대에 관한 설명이다. ②, ④ 접근성과 지대는 도시 중심부인 도심이 가장 높고, 주변 지역으로 갈수록 낮아진다.

올리드 키워드

☑ **지역 분화** : 도시가 성장하면서 비슷한 기능끼리 모이는 현상
☑ **접근성** : 한 장소에서 다른 장소로 도달하기에 편리한 정도
☑ **지가(땅값)** : 토지의 가격 혹은 경제적 가치
☑ **지대** : 건물이나 토지를 이용하여 얻을 수 있는 수익 또는 건물이나 토지를 빌린 대가로 지급하는 비용

06 도시 내부의 지역 분화는 기능별로 입지 조건이 달라 접근성과 지가 등에 따라 다르게 위치하여 나타난다.

바로잡기 ㄴ. 도시의 규모가 작을 때는 여러 기능이 혼재하여 나타나지만, 도시의 규모가 커져서 다양한 기능을 수행하면 같은 종류의 기능끼리 모이는 현상이 나타난다. ㄹ. 업무와 상업 기능은 접근성이 높은 도시 중심부인 도심으로 집중하는 집심 현상이 나타난다.

07 모식도의 A는 도심, B는 부도심, C는 주변 지역, D는 개발 제한 구역, E는 위성 도시이다. 도심에는 고층 건물이 밀집한 중심 업무 지구가 나타나고, 부도심에서는 대규모의 교통 관련 시설이나 상업 및 업무, 주거 지역이 혼재하여 나타난다. 주변 지역은 다양한 규모의 주택과 학교, 공장 등이 섞여 나타난다. 개발 제한 구역에서는 녹지 공간을 볼 수 있으며, 위성 도시에서는 각각 분담하는 도시의 기능에 따라 주거 단지나 공업 단지 등을 볼 수 있다.

바로잡기 ② 부도심(B)은 교통의 결절지이며, 업무·상업·주거 기능이 혼재하여 나타난다.

올리드 포인트 | 도시 내부 구조에서 볼 수 있는 경관

도심	밀집한 고층 빌딩, 대기업 본사, 은행 본점, 백화점 등
부도심	버스 터미널, 상업·업무 기능과 주거 기능이 혼재된 모습
중간 지역	주거 기능과 공업 기능의 혼재, 공업 지역
주변 지역	대규모 아파트 단지, 농촌과 도시의 혼재된 모습
개발 제한 구역	개발되지 않은 녹지 공간

08 ㉠은 도심이다. 지도의 A는 중구와 종로구 일대로 도심, B는 여의도로 부도심, C는 구로이고 E는 노원으로 주변 지역, D는 개발 제한 구역에 해당한다.

09 도시가 성장하면 도심의 지가가 상승하는데, 이에 따라 상대적으로 지가가 저렴한 주변 지역으로 주거 기능이 이동하게 된다.

바로잡기 ②, ③ 도심의 높은 접근성과 교통의 편리함으로 각종 업무·상업 기능이 도심에 집중하는 집심 현상이 발생한다. ④ 개발 제한 구역은 도시 가장자리에 있으며, 도시의 무분별한 팽창을 막는다. ⑤ 인구 공동화 현상은 도심에서 나타난다.

10 개발 제한 구역은 도시의 무분별한 팽창을 막고 녹지 공간을 보존하기 위해 설정한 구역으로, 그린벨트라고 불린다.

바로잡기 ①은 도심, ②는 부도심, ③은 중간 지역, ④는 위성 도시에 관한 설명이다.

11 지가는 도심, 부도심의 순으로 높게 나타나며 주변 지역으로 갈수록 대체로 낮아진다.

12 (1) A – 도심, B – 중간 지역
(2) 예시답안 도시가 성장하면서 접근성과 지가, 지대의 차이에 따라 비슷한 기능끼리 모이는 지역 분화가 이루어져 각 지역별로 다른 경관이 나타난다.

구분	채점 기준
상	접근성과 지가, 지대 차이로 인한 지역 분화의 영향으로 지역에 따라 다른 경관이 나타남을 바르게 서술한 경우
중	지역 분화가 이루어져 다른 경관이 나타난다고만 서술한 경우
하	기능에 따라 지역 분화가 이루어졌기 때문이라고만 서술한 경우

올리드 특강 | 40쪽

유형 1 **1** (1) ㉠ (2) ㉡ (3) ㉢
2 A – 도심, B – 부도심, C – 주변 지역

유형 2 **1** (1) ○ (2) ○ (3) ×
2 (1) 도심 (2) 주변 지역 **3** (1) ㉠ (2) ㉢ (3) ㉡

주제 07 선진국과 개발 도상국의 도시화

문제로 실력 다지기 | 42~43쪽

개념 문제 **01** (1) 도시화 (2) 이촌 향도 **02** (1) ○ (2) ○ (3) ×
03 ㉠ 산업 혁명, ㉡ 가속화

실력 문제 **04** ⑤ **05** ⑤ **06** ③ **07** ⑤ **08** ② **09** ③ **10** ③
11 ④ **12** ④ **13** (1) A – 선진국, B – 개발 도상국 (2) 예시답안 A의 선진국은 산업 혁명 이후 산업화에 따른 이촌 향도로 도시화가 시작되어 점진적으로 도시화가 이루어졌다. B의 개발 도상국은 20세기 중반에 이촌 향도와 도시 인구의 자연 증가로 도시화가 급격하게 진행되었다.

02 (3) 우리나라는 인구 및 기능이 수도권과 남동 해안 지역에 집중하는 등의 국토 불균형 문제가 나타난다.

04 일반적으로 2·3차 산업에 종사하는 인구 비율이 높은 국가나 지역은 산업이 발달한 곳이므로 경제 발전 수준이 높다고 판단할 수 있다.

바로잡기 ① 도시는 일반적으로 인구수를 기준으로 한다. ② 도시에 거주하는 인구 비율은 도시화율과 관련이 있다. ③ 도시적 생활 양식이 확산되면 위생, 보건 등의 환경은 좋아질 가능성이 높다. ④ 1차 산업에 종사하는 비율이 90% 이상이면 농업 사회로, 일반적으로 도시화의 초기 단계에 해당한다.

05 도시화가 진행되면 도시의 수가 증가하거나 도시에 거주하는 인구 비율이 높아지고, 2·3차 산업에 종사하는 인구가 증가하며, 도시적 생활 양식이 확산된다.

바로잡기 ⑤ 도시화가 진행되는 지역은 유입 인구가 증가한다.

06 제시된 도시화 곡선의 A는 가속화 단계이다. 가속화 단계는 산업화의 진행으로 이촌 향도 현상이 본격적으로 발생하는 시기이다.

바로잡기 ㄱ, ㄹ은 종착 단계에 관한 설명이다.

07 ㄴ. 남아메리카는 개발 도상국이 많은 대륙임에도 불구하고 도시화율이 북아메리카 다음으로 높다. 왜냐하면 이 지역의 주요 종교는 가톨릭교이기 때문에 출산율이 높아 도시 내 인구의 자연 증가율의 급증에 따른 급속한 도시화가 진행되었기 때문이다. ㄷ. 대체로 경제 발전 수준이 높은 선진국이 많은 대륙의 도시화율이 높다. ㄹ. 아시아의 도시화율은 낮은 편이지만 산업화와 함께 도시가 빠르게 성장하고 있어 앞으로 세계의 도시화를 주도할 것으로 예상한다.

바로잡기 ㄱ. 대륙별 도시화율은 북아메리카 > 남아메리카 > 유럽 > 오세아니아 > 아시아 > 아프리카 순으로 나타난다.

08 제시된 그림을 보면 도시의 인구가 도시 외곽으로 빠져나가는 것을 알 수 있다. 또한 제시된 글에서도 도시에서 주변의 촌락으로 인구가 이동·분산하는 과정이라고 하였으므로 역도시화에 관한 내용임을 알 수 있다.

바로잡기 ③ 수위 도시란 한 국가 내에서 인구가 가장 많은 제1의 도시로, 우리나라의 경우 수도인 서울이 수위 도시이다. ⑤ 인구 공동화란 도심에서 주간에 유동 인구가 많지만, 야간에는 그 인구가 주거 지역으로 빠져나가 도심이 비어버리는 현상이다.

올리드 키워드

✓ **도시화** : 도시의 수가 증가하거나 도시 인구 비율이 높아지고, 도시적인 생활 양식이 확산하는 현상

✓ **역도시화** : 도시의 인구가 도시를 벗어나는 현상

✓ **수위 도시** : 한 국가 내에서 인구가 가장 많은 제1의 도시

✓ **인구 공동화** : 주간에 도심에서 활동하던 사람들이 야간에는 외곽의 주거 지역으로 귀가하면서 도심이 텅 비어버리는 현상

09 선진국은 도시화의 역사가 길고 오래되었으며 점진적으로 도시화가 진행되었다. 산업 혁명 이후 본격적으로 시작한 선진국의 도시화는 종착 단계에 있다.

바로잡기 ①, ②, ④, ⑤ 개발 도상국의 도시화에 관한 설명이다.

10 그래프의 A는 도시화율의 변화가 거의 없으며 높은 수준을 유지하고 있고, B는 도시화율이 급격히 높아지고 있다. 따라서 A는 도시화의 종착 단계에 있는 선진국의 도시, B는 가속화 단계에 있는 개발 도상국의 도시이다.

바로잡기 ㄱ. A 지역은 2015년 기준으로 종착 단계에 머물러 있다. ㄹ. 선진국인 A 지역에서는 역도시화, 개발 도상국인 B 지역에서는 이촌 향도 현상이 주로 나타난다.

11 개발 도상국의 도시화는 급속한 산업화에 따른 이촌 향도 현상과 도시 인구의 자연 증가로 빠르게 진행되었다.

12 우리나라는 1960년대 중반 서울과 부산, 대구 등 대도시와 공업 도시를 중심으로 산업화가 시작되면서 이촌 향도에 따른 도시화가 빠르게 진행되었다.

바로잡기 ④ 현재 우리나라의 도시화는 종착 단계에 해당한다.

13 (1) A – 선진국, B – 개발 도상국

(2) **예시답안** A의 선진국은 산업 혁명 이후 산업화에 따른 이촌 향도로 도시화가 시작되어 점진적으로 도시화가 이루어졌다. B의 개발 도상국은 20세기 중반에 이촌 향도와 도시 인구의 자연 증가로 도시화가 급격하게 진행되었다.

구분	채점 기준
상	A, B의 도시화 과정을 정확하게 비교하여 서술한 경우
중	A, B의 도시화 과정 중 절반 이상을 미흡하게 서술한 경우
하	A, B의 도시화 과정을 모두 미흡하게 서술한 경우

주제 08 선진국과 개발 도상국의 도시 문제

문제로 실력 다지기 45~46쪽

개념 문제 **01** (1) × (2) ○ (3) ○   **02** ㉠ 도심, ㉡ 빈민촌

03 (1) ㉡ (2) ㉠

실력 문제 **04** ⑤ **05** ⑤ **06** ④ **07** ⑤ **08** ⑤ **09** ③ **10** ④

11 ② **12** ③ **13** **예시답안** 두 지역의 공통점은 불량 주거 지역이라는 점이다. 차이점은 (가)는 선진국으로, 도시화 초기 단계에 지어진 낡고 오래된 건물을 중심으로 빈민이 거주하는 불량 주거 지역이다. (나)는 개발 도상국으로, 급격한 도시화로 집을 구하지 못한 빈민이 형성한 불량 주거 지역이다.

01 (1) 도시 문제는 개발 도상국뿐만 아니라 선진국에서도 나타나고 있다.

04 개발 도상국의 도시화 문제가 더 심각한 이유는 도시화의 속도가 빨라 대비할 시간이 부족하고 체계적인 도시 계획이 없거나 경험이 부족하기 때문이다.

바로잡기 ㄱ. 개발 도상국은 도시 인구의 급증으로 인해 문제가 나타난다. ㄴ. 개발 도상국은 도시 기반 시설을 갖추지 못하고 자본과 기술이 충분하지 않은 상태에서 이촌 향도와 급속한 인구의 자연 증가에 따른 도시화가 진행되어 여러 도시 문제가 나타나고 있다.

05 제시된 사진은 선진국에서 나타나는 교통 문제와 주택 문제로, 도시로 인구와 기능이 집중하면서 발생하는 현상이다.

바로잡기 ②, ③, ④ 개발 도상국에서 나타나는 도시 문제의 발생 원인이다.

06 자료를 보면 디트로이트는 인구가 감소하고 인구 유출로 인한 문제가 나타나고 있다. 디트로이트는 1900년대 초반 자동차 산업으로 번성하였으나, 도시 시설 노후화와 인건비 상승에 따른 자동차 공장의 해외 이전으로 도시의 활력을 잃었다.

07 선진국의 도시에서는 땅값 상승에 따른 인구 감소와 시설의 노후화, 실업률 상승 등의 문제가 발생하고 있다.

바로잡기 ⑤ 개발 도상국에서 주로 나타나는 도시 문제이다.

올리드 포인트 선진국과 개발 도상국의 도시 문제

선진국	땅값 상승 등으로 인한 인구 유출, 시설의 노후화, 제조업 쇠퇴로 실업 증가, 불량 주거 지역 형성, 범죄 등
개발 도상국	도시 기반 시설 부족, 열악한 위생, 일자리 부족, 무허가 주택과 빈민촌 형성, 환경 문제, 실업, 범죄 등

08 ㉠은 이촌 향도 현상이다. 이촌 향도에 따른 문제로는 주택 부족과 불량 주거 지역 형성, 위생 및 공공 서비스의 부족 등이 있다.

바로잡기 ㄱ. 이촌 향도로 인구가 집중하면 노동력이 아닌 일자리 부족 문제가 나타난다. ㄴ. 선진국의 도시는 도시화의 역사가 길어 도시 내 시설이 오래되었기 때문에 시설 노후화 문제가 나타난다.

09 1과 5는 선진국, 3과 4는 개발 도상국, 2는 모두 발생하는 도시 문제이다. 따라서 1, 2, 3번 문제의 정답을 맞혔으므로 3점을 획득하였다.

10 도시화의 역사가 긴 선진국은 과거에 만든 도로가 현재 늘어난 자동차를 감당하지 못해, 개발 도상국은 급속한 도시화로 도시 기반 시설인 도로를 제대로 갖추지 못한 상태에서 인구가 급증하여 교통 혼잡 문제가 발생하고 있다.
바로잡기 ①, ② 기반 시설과 공공 서비스가 부족한 곳은 개발 도상국이다. 선진국은 도시화의 역사가 오래되어 공공 서비스는 개발 도상국보다 정비가 잘 되어 있지만, 시설 노후화 문제가 나타난다. ③ 범죄 문제는 두 지역에서 모두 발생한다. ⑤ 도시화의 역사가 긴 선진국의 도시에서는 주택 노후화 문제가, 급속한 도시화를 겪고 있는 개발 도상국의 도시에서는 주택 부족 문제가 나타나고 있다.

11 제시된 사진은 브라질의 도시가 겪고 있는 교통 혼잡과 불량 주거 지역을 나타내고 있다. 상파울루는 남아메리카 최대 도시이고 리우데자네이루는 과거 브라질의 수도였던 도시로, 인구가 밀집하는 대도시이다. 두 지역에서 나타나는 문제를 해결하기 위해서는 도로, 주택 등의 도시 기반 시설을 확충해야 한다.

12 사진을 보면 건물과 도로가 정비되었다. 이처럼 낙후된 지역을 재개발하면 업무용 고층 건물과 상업 시설, 고급 주거지가 들어서게 되면서 이 지역이 활기를 띠고 경쟁력이 높아지는 긍정적 효과가 나타난다.
바로잡기 ①, ②, ⑤ 도심 재개발에 따른 문제이다. 고급 주거지가 들어서면 기존 거주자들은 높은 임대료를 감당하지 못해 다른 지역으로 밀려나며, 개발 이전부터 거주해 온 사람들이 형성한 지역 공동체가 파괴되기도 한다. ④ 도심을 재개발하면 지역 경쟁력이 강화된다.

13 **예시답안** 두 지역의 공통점은 불량 주거 지역이라는 점이다. 차이점은 ㈎는 선진국으로, 도시화 초기 단계에 지어진 낡고 오래된 건물을 중심으로 빈민이 거주하는 불량 주거 지역이다. ㈏는 개발 도상국으로, 급격한 도시화로 집을 구하지 못한 빈민이 형성한 불량 주거 지역이다.

구분	채점 기준
상	두 지역이 겪는 도시 문제의 공통점과 차이점을 정확하게 비교하여 서술한 경우
중	두 지역이 겪는 도시 문제의 공통점과 차이점 중 하나만 정확하게 서술한 경우
하	두 지역이 겪는 도시 문제의 공통점과 차이점을 모두 미흡하게 서술한 경우

주제 09 살기 좋은 도시

문제로 실력다지기 48~49쪽

개념 문제 **01** (1) ○ (2) × (3) × **02** ㉠ 환경, ㉡ 대중교통
03 (1) ㉡ (2) ㉠ (3) ㉡
실력 문제 **04** ③ **05** ② **06** ③ **07** ③ **08** ⑤ **09** ④ **10** ④
11 ④ **12** ③ **13** (1) 인도의 벵갈루루 (2) **예시답안** 벵갈루루는 일자리 부족과 빈곤 문제가 심각하였으나, 소프트웨어 산업 육성 정책을 시행한 결과 세계적인 IT 산업의 중심 도시가 되어 살기 좋은 도시로 발전하게 되었다.

01 (2) 교통 문제 해결을 위해서 도로 환경을 개선하고 대중교통 이용을 장려해야 한다. 대기 오염과 같은 환경 문제 해결을 위해 친환경 에너지를 사용해야 한다.
(3) 경제 순위가 높은 도시와 살기 좋은 도시 순위가 다르게 나타나는 것을 통해 소득과 경제력이 높은 도시라고 해서 모두 살기 좋은 도시가 아닌 것을 알 수 있다.

04 도시는 정치·경제·문화의 중심지 역할을 하며, 경제 활동에 참여할 기회가 풍부하고 생활이 편리하여 많은 인구와 기능이 집중한 곳이다. 그 결과 다양한 도시 문제가 발생하고 있다.
바로잡기 ③ 교통 문제는 대기 오염의 원인이 된다.

05 도시 문제 중 도시 낙후는 도시 재생을 통해, 주택 문제는 공공 주택 건설 등을 통해, 교통 문제는 대중교통 이용 장려 등을 통해, 환경 문제는 하천 복원과 쓰레기 분리수거 등을 통해, 일자리 부족 문제는 직업 교육 확대와 창업 지원 등을 통해 해결할 수 있다.
바로잡기 ② 안전 문제는 범죄율을 낮추고 치안 및 사회 질서 유지 등을 통해 해결할 수 있다. 학교와 공연장 등의 시설을 확충함으로써 부족했던 공공 서비스를 제공할 수 있다.

06 제시된 사진은 독일 에센의 엠셔강이다. 엠셔강은 공업화로 심하게 오염되었으나 생태 복원 운동을 통해 깨끗한 환경을 되찾게 되었다.

07 순천시는 대한민국 '생태 수도'를 목표로 순천만의 생태 보호를 위한 정책을 만들고 시행하였으며, 주민들도 시의 정책에 적극적으로 협조하였다. 그 결과 순천만은 생태 관광지로 주목을 받게 되었고, 이 지역을 찾는 관광객들이 늘어나면서 지역 경제도 활기를 띠게 되었다.
바로잡기 ㄱ. 순천은 우리나라의 대표적인 생태 도시이다. 조선 공업은 배를 만드는 것으로, 거제시가 대표적이다. ㄹ. 삶의 질을 높이기 위해서는 깨끗한 환경을 보전하는 것이 중요하다.

08 삶의 질은 경제적 조건뿐만 아니라 개인의 행복감과 정치· 경제·사회적 조건에 따라 결정되는 주관적 개념이다. 삶의 질은 도시에 나타나는 여러 문제가 무엇인지 파악하여 이를 해결하는 과정에서 높아질 수 있다.

바로잡기 ① 문화 다양성을 유지하는 도시가 삶의 질이 높을 가능성이 크다. ② 도시 및 도심 내 적정 인구를 유지하는 것이 중요하다. ③ 한 지역에 많은 기능을 집중시키면 지역 간 균형적 발전을 이루기 어렵다. 여러 지역에 다양한 기능을 분산하는 것이 중요하다. ④ 산지를 개발하면 자연환경이 훼손되므로 삶의 질이 낮아질 수 있다.

09 제시된 만화는 독일의 슈투트가르트를 설명하고 있다. 슈투트가르트는 자동차 공업의 발달로 공장의 매연 배출량이 많아 대기 오염이 도시의 심각한 문제였다. 이를 해결하기 위해 슈투트가르트는 옥상 정원과 오염된 공기가 빠져나갈 수 있는 바람길을 조성하여 대기 오염을 해결하였다.

10 그림을 통해 자연환경, 교육, 문화 수준 등이 삶의 질을 결정한다는 것을 알 수 있다.

바로잡기 ㄱ. 가장 중요한 조건은 그림에서 알 수 없다. ㄷ. 제시된 조건을 모두 만족해야 살기 좋은 도시라는 것은 아니다. 살기 좋은 도시를 선정할 때 다양한 조건을 고려한다는 것을 알 수 있다.

11 제시된 카드는 오스트리아의 그라츠에 관한 설명이다. 그라츠는 무어강을 기준으로 동쪽은 소득이 높고 서쪽은 소득이 낮은 사람들이 주로 거주하고 있어 지역 간 소득 격차가 크고 교류가 거의 없었다. 시는 강을 가로지르는 다리를 건설하여 동서 지역을 잇고, 서쪽 지역에 쿤스트 하우스라는 미술관을 건립하여 두 지역 간의 교류를 확대하였다.

12 자료를 해석하면 도시의 경제 순위와 살기 좋은 도시 순위가 일치하지 않는다는 사실을 알 수 있다.

바로잡기 ① 뉴욕은 세계 도시 경제 순위 1위로 평가되었다. 살기 좋은 도시 1위는 멜버른이다. ② 경제 순위의 종합 점수를 보면 도시 간 격차가 큰 편이다. ④ 세계의 살기 좋은 도시는 유럽, 북아메리카, 오스트레일리아 대륙에 편중되어 있다. ⑤ 홍콩을 제외하면 적도 주변의 도시가 없다.

13 (1) 인도의 벵갈루루
(2) **예시답안** 벵갈루루는 일자리 부족과 빈곤 문제가 심각하였으나, 소프트웨어 산업 육성 정책을 시행한 결과 세계적인 IT 산업의 중심 도시가 되어 살기 좋은 도시로 발전하게 되었다.

구분	채점 기준
상	도시 문제와 해결 방법을 모두 정확하게 서술한 경우
중	도시 문제와 해결 방법 중 하나만 정확하게 서술한 경우
하	두 가지 모두 미흡하게 서술한 경우

VIII 단원 **표와 자료로 마무리하기** 50~51쪽

자료1 ❶ 랜드마크 ❷ 뉴욕, 로마
자료2 ❶ 런던 ❷ 파리 ❸ 로마 ❹ 이스탄불 ❺ 시드니 ❻ 뉴욕
자료3 ❶ 도심 ❷ 부도심 ❸ 중간 지역 ❹ 주변 지역
자료4 ❶ 도심 ❷ 부도심 ❸ 주변 지역
자료5 ❶ 도시화율 ❷ 아시아 ❸ 선진국
자료6 ❶ S, 빠른 ❷ 빠른
자료7 ❶ 노후화 ❷ 주택
자료8 ❶ 쿠리치바 ❷ 빌바오

VIII 단원 **실전문제로 마무리하기** 52~55쪽

01 ⑤ **02** ④ **03** ④ **04** ② **05** ② **06** ⑤ **07** ③ **08** ⑤
09 ⑤ **10** ① **11** ⑤ **12** ① **13** ③ **14** ② **15** ⑤ **16** ②
17 ⑤ **18** ④ **19** ④ **20** ①

서술형 문제

21 (1) 미국의 뉴욕 (2) **예시답안** 뉴욕은 다국적 기업의 본사가 많고 자본과 정보가 집중하여 주변 국가와 도시들에 미치는 영향력이 매우 큰 세계 경제의 중심지 역할을 하고 있다.

22 (1) A-도심, B-부도심, C-주변 지역 (2) **예시답안** 도심에서 주변 지역으로 갈수록 건물의 높이가 낮아지는데, 그 이유는 접근성과 지가의 차이 때문이다. 즉, 접근성이 좋은 도심은 지가가 높아 집약적으로 토지를 이용해야 하므로 건물의 높이가 상대적으로 높고, 접근성이 낮은 주변 지역은 지가가 저렴하므로 토지를 넓게 이용하여 건물의 높이가 상대적으로 낮다.

23 **예시답안** (가)는 선진국으로, 도심의 불량 주거 지역 형성과 인구 감소로 경제가 활기를 잃을 수 있다. (나)는 개발 도상국으로, 급격한 도시화로 주택 부족과 일자리 부족 등의 문제가 나타날 수 있다.

01 사진의 (가)는 촌락, (나)는 도시에서 볼 수 있는 모습이다.
바로잡기 ㄱ. 도시는 2·3차 산업 종사자 비율이 높아 직업 구성과 생활 방식이 다양하다. ㄴ. 도시는 건축물, 도로 등과 같은 인문 경관이 두드러지게 나타난다.

02 도시는 대체로 경제, 산업, 교통의 중심지에서 발달한다.
바로잡기 ④ 18세기 후반 산업 혁명의 전개로 석탄 산지를 중심으로 산업화와 도시화가 진행되어 공업 도시가 형성되었다.

03 (가)는 프랑스 파리의 에펠탑, (나)는 오스트레일리아 시드니의 오페라 하우스이다.

04 도시는 기능적으로 국제 금융·업무 도시, 산업·물류 도시, 환경·생태 도시, 역사·문화 도시 등으로 구분할 수 있다.
바로잡기 ② 유럽 연합(UN)의 본부가 있는 도시는 벨기에의 브뤼셀이다. 브뤼셀은 벨기에의 정치, 경제, 문화의 중심지이다.

05 도시 내부의 지역 분화 현상이 나타나는 이유는 지역에 따라 접근성과 지가(땅값), 지대가 다르기 때문이다.

06 A 지역은 접근성이 좋고 지가가 높은 곳이다. 이곳에는 기업 본사와 은행 본점, 관공서, 고급 호텔, 백화점 등 높은 지가를 감당할 수 있는 중추 관리 기능이 집중한다.

07 사진은 고층 건물이 밀집한 서울의 도심인 종로 일대이다.
바로잡기 ㄴ. 도심은 상주인구가 적고 유동 인구가 많아 주간 인구는 많지만 야간 인구는 적다. ㄹ. 개발 제한 구역은 도시 가장 외곽에 설정된다.

08 모식도의 A는 도심, B는 부도심, C는 중간 지역, D는 개발 제한 구역, E는 위성 도시이다.
바로잡기 ① 접근성이 좋은 곳은 도심(A)이고 주거지를 형성하는 지역은 중간 지역(C) 혹은 주변 지역이다. ②, ③ 도심(A)에 관한 설명이다. ④ 부도심(B)에 관한 설명이다.

09 도시화율이란 총인구 중 도시 거주 인구 비율로, 이를 알면 주요 발달 산업을 추측할 수 있다.
바로잡기 ⑤ 대략적인 경제 수준을 파악할 수는 있으나, 주민들의 정확한 소득은 파악할 수 없다.

10 (가)는 초기 단계, (나)는 가속화 단계, (다)는 종착 단계이다. 도시화 곡선에서 A는 초기 단계, B는 가속화 단계, C는 종착 단계이다. 그러므로 (가)는 A, (나)는 B, (다)는 C이다.

11 우리나라의 도시화는 1960년대 이후 산업화와 함께 본격적으로 시작되었고, 이촌 향도 현상으로 빠르게 진행되었다. 현재의 도시화율은 약 90%로 도시화의 종착 단계에 있다.
바로잡기 ㄱ. 현재 도시화는 종착 단계에 해당한다. ㄴ. 현재 도시 인구의 성장은 완만하며 역도시화 현상으로 인구가 감소하는 도시가 나타나기도 한다.

12 도시화의 시기가 이르고 속도가 완만한 A는 선진국이고, B는 개발 도상국이다. 선진국의 도시 문제는 오랜 도시화로 도심의 시설이 낡고 노후화한 것이다.

13 사진은 브라질의 리우데자네이루의 모습이다. 거리는 가깝지만 고급 주택 지역과 불량 주거 지역이 대조가 되어 이 지역에 빈부 격차 문제가 나타남을 알 수 있다.

14 그림에서 (가)는 선진국, (나)는 개발 도상국이다. 선진국의 도시는 인구 감소와 시설 노후화, 도심의 불량 주거 지역 확대 등의 문제를 겪고 있다. 개발 도상국의 도시는 인구 급증과 기반 시설 및 공공 서비스 미비, 주택 부족과 이에 따른 불량 주거 지역 확대 등의 문제를 겪고 있다.

15 (가)는 선진국, (나)는 개발 도상국의 도시 문제이다.
바로잡기 ① 선진국의 도시화는 점진적으로, 개발 도상국은 단기간에 빠르게 진행되었다. ②, ③ 선진국은 산업 혁명 이후, 개발 도상국은 20세기 후반 이후에 도시화가 진행되었다. ④ 선진국보다 개발 도상국의 도시 문제가 더 심각하다.

16 **바로잡기** ② 공공 주택의 건설과 보급은 도시의 주택 문제를 해결하기 위한 대책이다.

17 ㉠은 쿠리치바이다. 지도의 A는 에스파냐의 빌바오, B는 오스트리아의 그라츠, C는 인도의 벵갈루루, D는 미국의 뉴욕, E는 브라질의 쿠리치바이다.

18 **바로잡기** ① 울산은 태화강 살리기를 통해 수질 오염을 해소하였다. ② 채터누가는 정부와 시민의 노력으로 대기 오염과 수질 오염을 해결하였다. ③ 벵갈루루는 정보 산업 육성 정책으로 일자리 부족과 빈곤 문제를 해소하고 있다. ⑤ 슈투트가르트는 대기 오염 문제를 옥상 정원과 바람길로 해결하였다.

19 제시된 내용은 순천에 관한 것이다. 지도의 A는 서울, B는 대전, C는 목포, D는 순천, E는 부산이다.

20 제시된 도시들은 모두 세계적으로 손꼽히는 대표적인 살기 좋은 도시로, 삶의 질이 높은 곳이다.

21 (1) 미국의 뉴욕
(2) **예시답안** 뉴욕은 다국적 기업의 본사가 많고 자본과 정보가 집중하여 주변 국가와 도시들에 미치는 영향력이 매우 큰 세계 경제의 중심지 역할을 하고 있다.

구분	채점 기준
상	세계 도시로서의 특징 두 가지를 모두 바르게 서술한 경우
하	세계 도시로서의 특징을 한 가지만 바르게 서술한 경우

22 (1) A – 도심, B – 부도심, C – 주변 지역
(2) **예시답안** 도심에서 주변 지역으로 갈수록 건물의 높이가 낮아지는데, 그 이유는 접근성과 지가의 차이 때문이다. 즉, 접근성이 좋은 도심은 지가가 높아 집약적으로 토지를 이용해야 하므로 건물의 높이가 상대적으로 높고, 접근성이 낮은 주변 지역은 지가가 저렴하므로 토지를 넓게 이용하여 건물의 높이가 상대적으로 낮다.

구분	채점 기준
상	지가와 접근성을 들어 이유를 정확하게 서술한 경우
하	지가가 다르기 때문이라고만 서술한 경우

23 **예시답안** (가)는 선진국으로, 도심의 불량 주거 지역 형성과 인구 감소로 경제가 활기를 잃을 수 있다. (나)는 개발 도상국으로, 급격한 도시화로 주택 부족과 일자리 부족 등의 문제가 나타날 수 있다.

구분	채점 기준
상	두 지역의 도시 문제를 모두 바르게 서술한 경우
하	두 지역의 도시 문제 중 하나만 미흡하게 서술한 경우

IX. 글로벌 경제 활동과 지역 변화

주제 10 농업 생산의 기업화와 세계화

문제로 실력다지기
59~60쪽

개념 문제 01 (1) 기업화 (2) 세계화 02 (1) ㉠ (2) ㉠ (3) ㉡ 03 (1) × (2) ○

실력 문제 04 ④ 05 ③ 06 ⑤ 07 ④ 08 ⑤ 09 ⑤ 10 ② 11 ⑤ 12 ⑤ 13 **예시답안** 생산 지역은 주로 열대 기후 지역의 개발 도상국이지만, 소비 지역은 주로 경제 수준이 높은 선진국이 대부분이다.

03 (1) 플랜테이션 농장이 위치한 개발 도상국은 다국적 기업의 주도로 상업 작물 및 기호 작물을 재배하고 있으며, 이에 따라 곡물 농업을 하는 자영농은 감소하고 있다.

04 우리나라에서 수입 농산물을 쉽게 구매할 수 있고, 우리 농산물 또한 해외로 널리 수출되는 것은 농업 생산의 세계화 및 기업화와 관련 있다.

바로잡기 ④ 과거 전통적 농업은 필요한 만큼 생산하여 농가에서 소비하는 자급적 농업이었다면, 농업 기술의 발달로 농산물 생산량이 많아지면서 시장에 판매할 목적으로 작물을 재배하는 상업적 농업이 확대되었다.

05 열대 기후 지역에서 선진국의 자본과 개발 도상국의 값싼 노동력을 결합하여 하나의 상품 작물을 대규모로 재배하는 상업적 농업 방식을 플랜테이션이라고 한다.

06 (가), (나) 농업 방식은 농업의 세계화와 기업화가 이루어졌다는 점에서 비슷하지만, 생산 방식에 차이가 있다.

바로잡기 ㄱ. (가)는 많은 노동력을 이용하여 작물을 재배한다. ㄴ. (나)는 대규모 농장에서 기계를 이용하여 작물을 재배한다.

올리드 포인트 지역별 기업화된 농업의 생산 방식

선진국	• 넓은 농업 지역에서 생산된 농작물을 전 세계로 판매함 • 대형 농기계와 화학 비료 등을 이용하여 농작물을 대량 생산함 → 대규모 상업적 농업
개발 도상국	• 다국적 기업이 플랜테이션 농장에서 열대작물을 생산하여 전 세계에 유통함 • 단일 작물을 대규모로 재배함

07 상업적 농업의 발달로 농기계와 화학 비료를 사용하는 대규모 기업적 농업이 확대되고 있다.

바로잡기 ④ 큰 규모의 농업 기업은 농작물을 대량 생산하기 때문에 시장에 저렴한 가격에 팔 수 있어 가격 경쟁력을 확보할 수 있다.

08 ㉠은 과거 자급적 농업에 관한 설명이다.

바로잡기 ①, ②, ③, ④ 농업 기술의 발달에 따른 생산량 증가로 과거 필요한 만큼 생산하여 소비하는 자급적 농업 형태에서 시장 판매를 목적으로 한 상업적 농업 형태로 변화하였다. 이에 따라 선진국은 열대 기후 지역에 있는 개발 도상국에 자본을 투입하여 기존의 농경지를 플랜테이션 농장으로 개간하여 열대작물을 재배하고 이를 전 세계로 유통·판매하고 있다.

09 필리핀은 다국적 기업이 바나나를 상품 작물로 재배하면서 바나나 수출량이 증가하였다. 반면에 쌀 생산량은 감소하여 부족한 쌀을 수입하고 있다. 이에 따라 식량 자급률이 낮아진 필리핀은 쌀의 국제 가격이 상승하면 식량 부족 문제가 발생할 수 있다.

바로잡기 ① 자영농이 감소하고 있다. ②, ③ 상품 작물인 바나나의 생산량과 수출량이 증가하고 있다. ④ 필리핀은 대표적인 쌀 수출국이었으나 쌀 수입국으로 변화하였다.

10 세계적인 쌀 생산지인 동남아시아 지역의 국가들은 곡물 가격의 변동성이 커지자, 커피와 바나나 등의 상품 작물을 재배하는 농업 방식으로 변화하고 있다.

11 수입 과정에서 화학 약품 처리로 안전성 문제가 제기되는 수입 농산물 대신 지역 농산물을 소비하자는 로컬 푸드 운동이 세계 각지에서 나타나고 있다. 로컬 푸드 운동이란 특정 지역에서 생산한 먹거리를 가능한 그 지역 안에서 소비하자는 운동이다. 로컬 푸드란 일반적으로 소비지로부터 반경 50km 이내에서 생산한 농산물을 의미한다.

12 농업 생산의 기업화와 세계화로 세계 여러 지역에서 생산한 농산물을 쉽게 접할 수 있게 되었다.

바로잡기 ⑤ 수입 곡물 의존도가 높고 식량 자급률이 낮은 일부 국가는 국제 농산물 가격이 급등할 때 식량 부족 문제가 나타난다.

13 **예시답안** 생산 지역은 주로 열대 기후 지역의 개발 도상국이지만, 소비 지역은 주로 경제 수준이 높은 선진국이 대부분이다.

구분	채점 기준
상	생산 및 소비 지역의 특징을 모두 바르게 서술한 경우
중	생산 및 소비 지역의 특징 중 한 가지만 바르게 서술한 경우
하	생산 및 소비 지역의 특징을 모두 미흡하게 서술한 경우

올리드 특강
61쪽

유형 1 ㄱ, ㄴ, ㄹ, ㅂ

유형 2 (1) ○ (2) ○ (3) × (4) × (5) × (6) ○

주제 11 다국적 기업의 발달과 지역 변화

문제로 실력다지기
63~64쪽

개념 문제 **01** (1) ○ (2) × (3) × **02** (1) ⓒ (2) ⓒ (3) ⓒ **03** (1) ⓒ
(2) ⓒ

실력 문제 **04** ④ **05** ② **06** ② **07** ⑤ **08** ④ **09** ④ **10** ②
11 ⑤ **12** 예시답안 제품을 기획 및 디자인한 곳은 기술 수준이 높고 고
급 인력이 많으며 다양한 정보 수집과 자본 확보에 유리한 선진국이다.
반면, 제품이 만들어진 곳은 상대적으로 지가가 낮고 저렴한 노동력이
풍부한 개발 도상국이다.

01 (2) 자유 무역의 확대로 자본과 기술, 상품과 서비스의 이
동이 활발해지고 다국적 기업의 활동 범위가 확대되었다.
(3) 다국적 기업의 발달 초기에는 선진국의 기업이 많았으
나, 최근에는 중국과 인도 등 개발 도상국의 기업도 다국
적 기업으로 발전하고 있다.

04 교통과 통신의 발달로 세계 여러 지역 간 교류가 활발해지
고, 세계 무역 기구(WTO) 출범과 자유 무역 협정(FTA)의
확대로 자본과 기술, 상품과 서비스의 국제 이동이 활발해
지면서 다국적 기업이 빠르게 성장하게 되었다.
바로잡기 ㄱ. 세계화의 진행으로 각국의 경제적 상호 의존도는 점차
높아지고 있다. ㄷ. 세계 무역 기구의 출범 목적은 국가 간 무역 장벽
을 없애는 것이다.

05 단일 공장을 보유한 기업이 성장하면 자국 내 주변 지역에
영업 지점을 설치한다. 이때까지는 다국적 기업의 형태가
아니다. 점차 기업 규모를 확대하여 국외에 영업 지점을 설
치하고 진출하면 다국적 기업의 형태를 갖추게 된다. 이후
국외에 생산 공장을 설립하여 다국적 기업으로 통합된 조
직을 완성한다.

06 A, B 기업은 본사가 있는 국가를 포함하여 여러 국가에 판
매 지사와 생산 공장 등을 운영하는 다국적 기업이다.
바로잡기 ② 다국적 기업의 본사는 주로 의사 결정에 필요한 정보와
자본을 확보하는 데 유리한 선진국에 위치한다. 다국적 기업의 생산
공장은 생산비를 절감할 수 있는 개발 도상국에 주로 입지한다.

07 제시된 내용은 다국적 기업의 공간적 분업에 관한 설명이
다. 본사와 연구소, 생산 공장과 같은 기능이 최적화된 위
치에 입지하는데, 주로 본사와 연구소는 선진국에, 생산
공장은 개발 도상국에 입지하는 경향이 나타난다.
바로잡기 ① 탈공업화란 제조업보다 서비스 산업이 경제 성장을 이끄
는 현상으로, 대부분의 선진국에서 나타난다. ② 경제 블록이란 여
러 나라가 공통된 경제적 목적을 위해 만든 배타적 성격의 경제권
으로 북미 자유 무역 협정(NAFTA)이나 아시아·태평양 경제 협력체

(APEC) 등이 해당한다. ③ 무역 장벽이란 국내 산업을 보호하기 위해
수입품에 관세를 부과하는 등의 무역 제한 조치를 말한다. ④ 산업 공
동화란 지역의 기반을 이루고 있던 산업이 경쟁력을 상실하여 없어
지거나 해외로 이전하면서 산업 구조에 공백이 생기는 현상이다.

08 공장 근로자 수 상위 5개국은 모두 아시아에 위치하며 본
사가 위치한 미국보다 저렴한 노동력이 풍부한 개발 도상
국이다. 생산 공장은 일반적으로 생산비 절감을 위해 지가
가 낮고 저렴한 노동력이 풍부한 개발 도상국에 둔다.

09 연구소는 연구와 개발을 위한 시설과 고급 인력이 풍부한
곳에, 판매 지점은 제품을 많이 구매할 것으로 예상되는 곳
에, 본사는 효과적인 의사 결정을 위해 정보 수집과 자본
확보에 유리한 곳에 입지한다.

10 생산 공장은 대부분 임금이 저렴하고 지가가 낮은 개발 도
상국에 위치하지만 일부는 시장을 확대하고 무역 장벽을
피하려고 선진국에 입지하기도 한다.
바로잡기 ㄴ. 저렴한 인건비는 다국적 기업의 생산 공장이 개발 도상
국에 입지하는 이유이다. ㄹ. 경제 블록 내에서는 관세가 없거나 매
우 낮으며, 블록 밖에서는 관세가 높기 때문에 선진국의 경제 블록
내에 생산 공장을 입지시켜 관세 없이 제품을 팔기 위해 노력한다.

11 중국의 인건비가 계속 상승하고 아세안 경제 공동체(AEC)
출범 등 국제 무역 환경이 변화하면서 베트남으로 글로벌
생산 기지가 이동하고 있다.
바로잡기 ① 베트남의 유입 기업 수가 가장 많다. ② 중국의 유출 기업
수가 가장 많다. ③ 중국에서 베트남으로 생산 기지가 이전하고 있
으므로, 베트남의 인건비가 중국보다 저렴할 것이다. ④ 글로벌 생산
기지의 이전으로 중국은 실업자 증가와 지역 경제 침체 가능성이 높
아졌다.

12 예시답안 제품을 기획 및 디자인한 곳은 기술 수준이 높고 고
급 인력이 많으며 다양한 정보 수집과 자본 확보에 유리한
선진국이다. 반면, 제품이 만들어진 곳은 상대적으로 지가
가 낮고 저렴한 노동력이 풍부한 개발 도상국이다.

구분	채점 기준
상	입지 조건을 모두 정확하게 서술한 경우
중	입지 조건 중 한 가지만 정확하게 서술한 경우
하	입지 조건 모두 미흡하게 서술한 경우

올리드 특강
65쪽

유형 1 (1) ㄴ (2) ㄱ (3) ㄷ, ㄹ
유형 2 (1) ㄹ (2) ㄱ (3) ㄴ, ㄷ

주제 12 서비스 산업의 세계화와 지역 변화

문제로 실력 다지기
67~68쪽

개념 문제 01 ㉠ 소비자 ㉡ 소비자 ㉢ 생산자 02 (1) ㉡ (2) ㉠ 03 (1) 전자 상거래 (2) 택배 (3) 공정
실력 문제 04 ① 05 ③ 06 ⑤ 07 ④ 08 ④ 09 ③ 10 ①
11 (1) **예시답안** 인도는 미국보다 임금이 저렴하며, 영어를 공용어로 사용하고 있어 의사소통에 문제가 없다. 또한 정보 통신의 발달로 서비스업의 입지가 자유로워지면서 미국 여행사의 전화 상담실이 인도로 이전하게 되었다.
(2) **예시답안** 미국과 인도는 지구 반대편에 위치하여 낮과 밤이 반대로 나타나 전화 상담이 24시간 가능하다.

04 서비스 산업은 인간이 필요로 하는 재화나 용역을 공급하는 활동으로 누구에게 제공하느냐에 따라 소비자 서비스업과 생산자 서비스업으로 구분할 수 있다.
바로잡기 ① 서비스 산업의 경우 소비자에 따라 원하는 서비스의 형태가 달라 표준화하기 어렵고, 이를 찾는 사람이 증가할수록 노동력이 많이 필요하기 때문에 고용 창출 효과가 크다.

05 제시된 지도에서 유럽과 북아메리카 등 선진국이 많은 지역은 서비스 산업이 차지하는 비중이 높은 반면, 아프리카와 동남아시아 등 개발 도상국이 많은 지역은 서비스 산업이 차지하는 비중이 낮은 편이다.
바로잡기 ① 유럽은 서비스 산업의 비중이 60% 이상인 국가가 밀집한다. ② 동남아시아는 서비스 산업의 비중이 50% 미만인 국가가 밀집한다. ④ 제시된 국가 중 2차 산업의 비중이 가장 높은 국가는 중국으로, 전체 산업 구조에서 약 42.7%를 차지한다. 미국은 3차 산업 생산액 비중이 약 77.6%로 가장 크다. ⑤ 제시된 국가 중 3차 산업 생산액 비중이 가장 낮은 국가는 차드로, 전체 산업 구조에서 약 30.9%를 차지한다. 우리나라는 1차 산업 생산액 비중이 약 2.3%로 전체 산업 구조에서 가장 낮다.

06 서비스 산업인 관광과 유통, 금융 분야에서 국가 간 경계가 약해지고 상호 의존성이 커지는 세계화 현상이 나타나고 있다. 이에 따라 온라인을 통한 해외의 교통수단이나 숙박 시설 예약이 쉬워지고 전자 상거래가 활성화되며, 다국적 기업은 해외에 콜센터를 세우기도 한다.
바로잡기 ⑤ 정보 통신의 발달로 기업들은 인터넷과 같은 통신 설비가 갖춰지고 물류 배송이 가능하다면 어느 지역에서든 서비스를 제공하는 것이 가능해졌다.

07 서비스 산업의 세계화로 전자 상거래와 해외 직접 구매가 활발해지고 있으며, 이에 따라 택배 산업과 물류 창고업도 발달하고 있다. 또한 온라인을 통한 정보 획득이 쉬워지면서 관광업도 세계화 추세가 나타나고 있다.

바로잡기 ④ 정보화와 세계화에 따라 기존의 대형 오프라인 매장 중심이었던 유통 방식은 온라인 쇼핑과 물류 센터 중심으로 바뀌고 있다.

08 전자 상거래는 기존 상거래보다 유통 단계가 단순하여 유통 비용이 저렴하며 시간과 장소의 제약을 받지 않고 온라인으로 구매하기 때문에 상품 구매를 위한 시간과 비용을 절약할 수 있다. 또한 상품 배송을 위한 택배 산업, 물류 산업 등의 발달에 영향을 미친다.

09 서비스 산업의 세계화로 전자 상거래와 해외 직구가 크게 증가하였으며, 해외 소비자들 역시 국내 제품을 구매하는 경우가 많아졌다.
바로잡기 ③ 해외 소비자가 우리나라의 전자 상점을 편하게 이용하기 위해서는 정보 인프라 구축, 정부의 지원, 적극적인 홍보 등이 필요하다.

10 공정 여행은 현지의 자연과 문화 등을 존중하고, 지역 주민에게 이익이 많이 돌아가게 하는 여행 방식이다. 또한 그 지역에서만 경험할 수 있는 체험을 하고 여행지의 환경 피해를 최소화하도록 노력하는 여행 방식이다.
바로잡기 ① 일반 대중 여행에서 나타는 모습이다. 일반 대중 여행은 대규모 호텔과 리조트를 이용하며 현지 동물을 이용한 쇼나 투어에 참여하고 골프장 등을 이용하는 행태가 나타난다.

11 (1) **예시답안** 인도는 미국보다 임금이 저렴하며, 영어를 공용어로 사용하고 있어 의사소통에 문제가 없다. 또한 정보 통신의 발달로 서비스업의 입지가 자유로워지면서 미국 여행사의 전화 상담실이 인도로 이전하게 되었다.

구분	채점 기준
상	제시된 용어를 모두 사용하여 이전 이유를 바르게 서술한 경우
중	제시된 용어 중 두 가지만 사용하여 이전 이유를 설명한 경우
하	제시된 용어 중 한 가지만 사용하여 이전 이유를 설명한 경우

(2) **예시답안** 미국과 인도는 지구 반대편에 위치하여 낮과 밤이 반대로 나타나 전화 상담이 24시간 가능하다.

구분	채점 기준
상	24시간 상담이 가능함을 지리적 위치와 12시간 시차와 관련지어 정확하게 서술한 경우
중	24시간 상담이 가능함을 지리적 위치 또는 12시간 시차와 관련지어 서술한 경우
하	지구 반대편에 위치한다고만 서술한 경우

올리드 특강
69쪽

유형 1 (1) ㄴ (2) ㄹ (3) ㄷ (4) ㅁ (5) ㄱ (6) ㅂ
유형 2 (1) × (2) × (3) × (4) ○ (5) ○

자료1 ❶ 자급적 ❷ 상업적 ❸ 플랜테이션
자료2 ❶ 안전성, 자급 ❷ 로컬 푸드
자료3 (다)
자료4 ❶ 본사, 연구소 ❷ 노동력, 무역 장벽
자료5 ❶ 인건비 ❷ 증가, 침체
자료6 ❶ 영어, 인건비 ❷ 불안정
자료7 전자 상거래, 택배

IX 단원 실전문제로 마무리하기   **72~75쪽**

01 ④   02 ②   03 ②   04 ⑤   05 ③   06 ②   07 ④   08 ②
09 ⑤   10 ①   11 ③   12 ④   13 ②   14 ④   15 ④   16 ②
17 ④   18 ⑤

✐서술형 문제

19 **예시답안** 쌀의 수입 의존도가 높기 때문에 쌀의 국제 가격이 상승하면 식량 부족 문제가 발생할 수 있다.
20 **예시답안** ㉠ 실업자가 증가, 지역 경제가 침체. ㉡ 중국의 지가와 임금이 상승하여 동남아시아보다 제조업 경쟁력이 낮아졌기 때문이다.
21 **예시답안** 기존 상거래는 소비자가 직접 상점을 방문하여 상품을 구매하는 반면, 전자 상거래는 상점을 방문하지 않고 인터넷 등을 통해 상품의 실시간 구매가 가능하다.

01 사진에 나타난 농업 방식은 자본과 기술력을 갖춘 기업이 넓은 지역에서 농작물을 대량으로 생산하는 기업적 농업의 형태이다.
바로잡기 ④ 전 세계를 대상으로 하는 농업 기업은 이익을 극대화하기 위해 넓은 토지, 대형 농기계, 화학 비료와 농약 등을 통해 생산량을 늘린다. 인간의 노동력에 의존하는 방식은 자급적 농업의 특징이다.

02 제시된 농업 회사의 농장이 위치한 지역은 주로 적도 주변의 열대 기후 지역이며 농산물 수출 의존도가 큰 국가이다.
바로잡기 ㄴ. 농장이 위치한 곳은 비교적 경제적 수준이 낮은 지역이다. ㄹ. 이 지역에서 생산된 농산물은 유럽, 북아메리카, 동아시아 등 주로 경제적 수준이 높은 지역에서 소비된다.

03 세계 여러 국가는 한 종류의 곡물을 재배하는 농업에서 다양한 원예 및 기호 작물을 재배하는 방식으로 변하고 있다. 특히 세계적인 쌀 생산지였던 동남아시아의 국가들은 커피와 바나나와 같은 상품 작물 재배를 확대하고 있다.

04 인도네시아의 팜유 생산으로 열대 우림 파괴와 원주민의 주거 지역 축소, 오랑우탄의 멸종 위기 초래, 기후 변화의 원인인 이산화 탄소의 발생 증가 등의 문제가 발생하고 있다.

05 농업 생산의 기업화와 세계화로 곡물 메이저의 영향력이 확대되고 선진국에서는 기계와 비료를 사용한 농작물의

대량 생산이 이루어지고 있으며, 개발 도상국은 플랜테이션 농업으로 식량 자급률이 낮아지고 있다. 또한 식단의 서구화로 목축업이 확대되면서 열대 우림이 파괴되고 있으며, 외국산 농산물의 소비 증가로 이동 과정에서의 안전성 문제가 제기되고 있다.
바로잡기 ③ 농업 생산의 기업화와 농산물 시장 개방 확대로 과거에 자급하던 쌀, 밀, 옥수수 등과 같은 식량 자원을 수입하는 등 외국산 농산물 소비가 증가하여 식량 자급률이 떨어지기도 한다.

06 ㉠은 로컬 푸드 운동으로, 특정 지역에서 생산한 먹거리를 가능한 그 지역 안에서 소비하자는 운동이다.

07 다국적 기업은 생산비를 줄이고 시장을 개척하기 위해 생산 공장과 영업 지점 등을 세계 여러 국가로 분산하는 과정에서 성장한다. 기업의 규모가 커지면서 국경을 넘어 영업 지점이 생긴 ㉢ 시기부터 다국적 기업으로 볼 수 있다.

08 다국적 기업은 성장하면서 의사 결정, 연구 및 개발, 생산 기능 등이 서로 다른 지역에 입지하는 공간적 분업이 나타난다. 초기에는 선진국의 기업이 많았으나 최근에는 개발 도상국의 기업도 다국적 기업으로 발전하고 있다.
바로잡기 ㄴ. 다국적 기업은 제조업뿐만 아니라 농산물의 생산과 가공, 자원 개발, 유통, 금융 등 다양한 분야로 확대되고 있다. ㄹ. 다국적 기업은 디자인과 생산 등의 공정이 서로 다른 국가에서 이루어지는 경우가 많다.

09 B 생산 공장은 미국에 위치하는데, 이는 무역 장벽을 극복하고 관세를 절감할 수 있는 곳이다.
바로잡기 ① 의사 결정 기능은 우리나라의 본사에서 이루어진다. ② 판매 지점은 제품 수요가 많은 곳에 위치한다. ③ 연구소는 연구 시설을 잘 갖추고 고급 인력이 풍부한 곳에 위치한다. ④ A 생산 공장은 저렴한 노동력이 풍부한 곳에 위치한다.

10 N사의 생산 공장이 시기별로 이전하는 이유는 생산비 중 인건비를 절감하기 위해서이다. 신발과 의류 생산과 같이 저임금의 노동력 확보가 중요한 산업은 생산 공장의 이전이 활발하다.

11 폴란드의 경우 다국적 IT 기업이 입지하면서 고용이 증대되고 사회 간접 시설에 대한 투자가 확대되었다.

12 다양한 서비스업은 인터넷과 스마트폰을 통하여 이용할 수 있다. 또한 서비스의 생산, 판매, 사후 관리 등 단계를 나누어 가장 경쟁력 있는 지역에서 단계별 서비스를 제공하고 있다.

13 주로 전화와 온라인으로 업무를 처리하는 콜센터는 입지가 자유롭다. 필리핀은 영어를 공용어로 쓰고 있고 인건비가 저렴하여 다국적 기업의 콜센터가 많이 들어서고 있다.

14 ㈎는 소비자가 소매상을 직접 방문하여 물건을 보고 구매하는 기존 상거래 방식이다. ㈏는 소비자가 직접 매장을 방문하지 않고 온라인 사이트를 통해 물건을 구매하는 전자 상거래 방식이다.

15 (바로잡기) ④ 카카오와 같은 기호 작물은 대부분 열대 및 아열대 기후 지역의 개발 도상국에서 생산되어 선진국으로 수출된다. 카카오는 아프리카의 기니만 지역에서 주로 재배되어 그중 약 60%가 유럽으로 수출된다.

16 외국계 대형 마트와 편의점 등 다국적 유통 업체가 세계 각 지역에 진출하면서 현지의 영세한 유통 업체들이 피해를 보기도 한다.

17 교통의 발달로 이동이 편리해지고 통신의 발달로 관광 정보 획득이 쉬워지면서 전 세계적으로 관광 활동이 확대되었다.

(바로잡기) ㄴ. 관광 산업의 발달로 지역 주민의 일자리가 늘어나고 소득이 증가하는 등 다양한 경제 효과가 나타난다.

18 (바로잡기) 1. 플랜테이션 농장은 주로 아시아와 아프리카의 개발 도상국에 위치한다. 2. 다국적 기업은 국경을 넘어 제품의 기획과 생산, 판매 활동을 하는 기업이다.

19 (예시답안) 쌀의 수입 의존도가 높기 때문에 쌀의 국제 가격이 상승하면 식량 부족 문제가 발생할 수 있다.

구분	채점 기준
상	식량 부족 문제의 발생 이유를 정확하게 서술한 경우
중	식량 부족 문제의 발생 이유를 미흡하게 서술한 경우
하	식량 부족 문제가 발생할 수 있다고만 서술한 경우

20 (예시답안) ㉠ 실업자가 증가, 지역 경제가 침체, ㉡ 중국의 지가와 임금이 상승하여 동남아시아보다 제조업 경쟁력이 낮아졌기 때문이다.

구분	채점 기준
상	㉠과 ㉡ 모두 정확하게 서술한 경우
중	㉠과 ㉡의 내용 중 한 가지만 정확하게 서술한 경우
하	㉠과 ㉡ 모두 미흡하게 서술한 경우

21 (예시답안) 기존 상거래는 소비자가 직접 상점을 방문하여 상품을 구매하는 반면, 전자 상거래는 상점을 방문하지 않고 인터넷 등을 통해 상품의 실시간 구매가 가능하다.

구분	채점 기준
상	전자 상거래의 구매 방법을 기존 상거래와 비교하여 정확하게 서술한 경우
중	전자 상거래의 구매 방법을 정확하게 서술한 경우
하	전자 상거래의 구매 방법을 서술하였으나 미흡하게 서술한 경우

X. 환경 문제와 지속 가능한 환경

주제 13 기후 변화의 영향과 해결 노력

문제로 실력다지기 79~80쪽

(개념 문제) **01** (1) × (2) ○ (3) ○ **02** ㉠ 지구 온난화, ㉡ 가뭄, ㉢ 상승, ㉣ 상승 **03** (1) ㉢ (2) ㉡ (3) ㉠

(실력 문제) **04** ⑤ **05** ② **06** ⑤ **07** ① **08** ④ **09** ① **10** ③ **11** ① **12** ⑤ **13** (1) 이산화 탄소 (2) (예시답안) 화석 연료의 과도한 사용과 도시화 확산, 무분별한 삼림 개발 등으로 인해 대기 중 이산화 탄소가 증가하고 있기 때문이다.

01 (1) 기후는 자연적 원인에 따라 계속 변화하고 있으며, 산업 혁명 이후에는 인위적 원인이 큰 영향을 미치고 있다.

04 산업 혁명 이후의 기후 변화는 대부분 화석 연료 사용에 따른 온실가스 배출량 증가 등과 같은 인위적 원인으로 발생한다.

(바로잡기) ① 기후 변화란 일정한 지역에서 장기간에 걸쳐 나타나는 기후의 평균적인 상태가 변화하는 현상이다. ② 최근의 기후 변화는 인위적 원인의 영향이 크다. ③ 기후 변화로 지구 온난화와 식생 변화 등이 나타나 인간 생활에 큰 영향을 준다. ④ 기후는 지구가 생긴 이래로 계속 변화하였다.

05 화석 연료 사용으로 인한 온실가스 배출, 도시화, 무분별한 토지 및 삼림 개발 등은 기후 변화에 영향을 주는 인위적 원인이다.

(바로잡기) ㄴ, ㄹ. 기후 변화를 일으키는 자연적 원인이다.

06 그래프와 같이 대기 중에 이산화 탄소 등의 온실가스 배출이 늘어나 농도가 증가한 원인으로는 화석 연료의 사용 증가, 도시화 및 삼림 개발, 자동차 배기가스 배출량 증가 등이 있다.

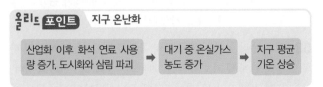

올리드 포인트 지구 온난화

산업화 이후 화석 연료 사용량 증가, 도시화와 삼림 파괴	→	대기 중 온실가스 농도 증가	→	지구 평균 기온 상승

07 지난 100여 년 동안 산업화와 화석 연료 사용 증가로 인해 대기 중 이산화 탄소 농도가 증가하여 온실 효과가 심화되면서 지구의 평균 기온은 상승하고 있다.

(바로잡기) ②, ④ 산업화 이후 이산화 탄소의 배출량이 늘어나면서 대기 중 이산화 탄소의 농도가 급격히 증가하고 있다. ③, ⑤ 이산화 탄소는 지구 온난화에 가장 큰 영향을 미치는 온실가스로, 지구의 평균 기온과 이산화 탄소의 농도 변화는 비례하게 나타나 관계가 깊다.

08 지구 온난화로 지구 평균 기온이 상승하면서 극지방과 알프스산맥, 히말라야산맥 등과 같은 고지대의 빙하가 녹아 사라지고 있다. 이러한 빙하의 소멸로 해수면이 상승하면서 해안 저지대에 위치한 국가는 침수 피해를 겪고 있다.

09 최근 발생하는 기후 변화로 태풍, 홍수, 가뭄, 폭설 등의 피해가 확대되고 있다.
바로잡기 ① 지구의 평균 기온 상승으로 증발량이 많아져 가뭄과 사막화 지역은 더욱 확대되고 있다.

10 제시된 글은 지구 온난화에 관한 것으로, 지구의 기온 상승을 계속 내버려 두면 지구 환경은 더욱 악화될 것이다. 빙하가 녹아 바다로 흘러들면서 해수면이 높아져 해안 저지대의 침수 피해 지역이 확대되고, 멸종하는 동식물이 많아질 것이다.

11 기후 변화 문제를 해결하기 위해 전 지구적 차원의 공동 노력이 필요하다. 그러나 선진국은 온실가스 감축에 적극적이지만, 개발 도상국은 경제 성장을 이유로 선진국과는 다른 입장 차이를 보이고 있다.

올리드 포인트 온실가스 감축을 위한 각국의 입장

선진국	최근 개발 도상국의 경제 성장으로 온실가스 배출량이 급증하고 있음, 따라서 개발 도상국도 함께 감축해야 함
개발 도상국	현재의 지구 온난화에 책임이 있는 선진국이 의무적으로 감축해야 함

12 1992년 국제 연합 환경 개발 회의에서 기후 변화 협약을 채택하였고, 이후 온실가스 배출량 감축을 위한 국가 간 합의인 교토 의정서와 파리 협정이 체결되었다.

13 (1) 이산화 탄소
(2) **예시답안** 화석 연료의 과도한 사용과 도시화 확산, 무분별한 삼림 개발 등으로 인해 대기 중 이산화 탄소가 증가하기 때문이다.

구분	채점 기준
상	이산화 탄소 배출이 증가하고 있는 원인을 두 가지 이상 바르게 서술한 경우
하	이산화 탄소 배출이 증가하고 있는 원인을 한 가지만 바르게 서술한 경우

올리드 특강 81쪽

유형① 1 (1) ㄱ, ㄷ (2) ㄴ, ㄹ 2 이산화 탄소
유형② (1) ○ (2) × (3) ○ (4) ○ (5) ○ (6) ×

문제로 실력다지기 83~84쪽

개념 문제 01 (1) ○ (2) ○ (3) × 02 (1) ㉠, ㉡ (2) ㉢
03 (1) ㉠ (2) ㉡ (3) ㉠
실력 문제 04 ① 05 ③ 06 ④ 07 ③ 08 ② 09 ④ 10 ①
11 ① 12 ⑤ 13 **예시답안** 물과 농약 및 비료의 과도한 사용으로 토양과 수질이 악화되면서 토양 오염과 식수 부족 등의 문제가 발생할 수 있다.

01 (3) 선진국이 환경 문제를 일으키는 각종 산업을 개발 도상국으로 이전하고 있어, 개발 도상국은 환경 오염이 심화되고 주민들은 각종 질병에 시달리게 되었다.

04 제시된 지도는 20세기 이후 화학 물질 사용과 방사성 물질 누출 등의 산업 재해에 따른 오염 지역을 나타낸 것이다. 이는 산업 발달과 함께 인구 증가와 자원 소비 증가 등 인위적인 원인으로 나타나는 현상이다.

05 국가별로 산업화 시기와 발전 속도의 차이로 생산 시설의 국가 간 이동이 이루어지고 있다.
바로잡기 ① 공해 유발 산업의 이전과 인구 분포는 관계가 적다. ② 공해 유발 산업은 대체로 선진국에서 개발 도상국으로 이전하고 있다. ④ 개발 도상국은 경제 성장을 우선시하고 있어서 공해 유발 산업을 규제하는 법적 장치가 미비한 상황이다. ⑤ 공해 유발 산업이 이전해 간 지역은 여러 가지 환경 문제가 발생하고 있다.

06 오늘날 발생하는 전자 쓰레기는 대부분 경제가 발달한 선진국에서 배출된 것이다. 선진국은 전자 제품의 사용 주기가 짧아 많은 양의 전자 쓰레기가 발생한다.
바로잡기 ①, ② 중국과 아프리카는 전자 쓰레기의 처리 지역이다. ③ 인구수와 전자 쓰레기 발생량은 관계가 거의 없다. ⑤ 경제 수준이 높은 선진국에서 주로 발생하고 있으므로, 비례한다고 볼 수 있다.

07 전자 쓰레기는 주로 선진국에서 발생하여 개발 도상국으로 이동하는 특징이 나타난다. 일부 선진국들은 자국의 환경 및 경제적 부담을 줄이기 위해 전자 쓰레기를 아시아와 아프리카 등지의 개발 도상국으로 이동시키고 있다.

08 석면은 인체 유해성이 밝혀지면서 서부 유럽의 선진국에서는 석면 사용을 전면 금지하고 있다. 반면 개발 도상국은 공해 유발 산업에 대한 규제가 상대적으로 약하고, 지속적으로 사용하고 있어 중국과 말레이시아 등으로 석면 산업이 이동하고 있다. 이에 따라 주민들의 건강이 위협받고 있으며, 심각한 환경 오염을 유발하고 있다.

선진국	산업 이전	개발 도상국
• 환경 문제 해결에 도움 • 개발 도상국의 저임금 노동력 활용	→	• 일자리 창출 및 경제적 효과 • 환경 오염 발생, 주민들의 건강 위협

09 네덜란드는 화훼 생산의 중심지였지만, 최근 유럽 시장에 공급되는 장미의 약 70%는 케냐에서 생산된다. 네덜란드는 오래전부터 기후 변화와 탄소 배출 비용 절감 등의 이유로 기후가 따뜻하고 비용이 적게 드는 아프리카의 케냐에서 장미를 생산하고 있다. 이에 따라 네덜란드의 화훼 기업 수와 재배 면적이 줄어들었다.

10 플랜테이션 농업이 개발 도상국에서 이루어지면서 지역 경제는 활성화될 수 있으나, 토양이 황폐화되고 물 부족, 식수 오염 등의 문제점이 발생할 수 있다. 또한 지역의 식량 생산지가 플랜테이션 농장으로 변화하면서 식량 부족 문제도 나타날 수 있다.

바로잡기 ① 대규모 농업 활동이 이루어지면서 일자리가 늘어나고 주민 소득이 늘어나는 효과가 생기기도 한다.

11 대부분의 개발 도상국은 환경보다 경제 성장을 중요하게 생각하여 선진국의 환경 문제 유발 산업을 받아들이고 있다. 반면, 선진국은 엄격한 환경 규제를 통해 환경 문제 유발 산업을 제한하면서 쾌적한 환경을 조성하고 있어 환경 문제의 공간적 불평등이 심화되고 있다.

12 오늘날 국제 사회는 유해 폐기물과 공해 산업 등의 불법 이전이 이루어지지 않도록 노력하고 있다. 이와 함께 선진국의 기업들은 환경 오염을 최소화하기 위한 생산 환경을 조성해야 하고, 개발 도상국은 경제 개발만 중시하기보다는 기업에 대한 환경 규제와 감시를 강화해야 한다.

바로잡기 ⑤ 개발 도상국은 무분별한 공해 유발 산업의 도입을 제한하고 기업에 대한 환경 규제와 감시를 강화하여 환경 문제의 공간적 불평등 문제 해결을 위해 노력해야 한다.

13 (예시답안) 물과 농약 및 비료의 과도한 사용으로 토양과 수질이 악화되면서 토양 오염과 식수 부족 등의 문제가 발생할 수 있다.

구분	채점 기준
상	토양 오염과 식수 부족 등의 문제점과 그 원인을 모두 포함하여 바르게 서술한 경우
중	토양 오염과 식수 부족 등의 문제점과 그 원인을 포함하여 서술하였으나 내용이 미흡한 경우
하	토양 오염과 식수 부족 등의 문제점 중 일부만 바르게 서술한 경우

주제 15 생활 속 다양한 환경 이슈

문제로 실력 다지기

86~87쪽

개념 문제 **01** (1) 환경 이슈(환경 쟁점) (2) 유전자 변형 식품(GMO) (3) 로컬 푸드 **02** (1) ㉠ (2) ㉠ **03** (1) × (2) × (3) ○
실력 문제 **04** ② **05** ① **06** ② **07** ② **08** ③ **09** ③ **10** ③
11 ③ **12** ③ **13** (1) 미세 먼지 (2) (예시답안) 인체의 호흡기에 나쁜 영향을 미치며, 반도체와 같은 정밀 산업은 미세 먼지에 노출되어 불량률이 높아질 수 있다. 또한 가시거리를 떨어뜨려 항공기 및 선박 운항에도 차질을 준다.

03 (1) 유전자 변형 식품이 인체와 생태계에 미치는 유해성의 여부는 아직 밝혀지지 않았다.
(2) 식품의 이동 거리가 멀수록 푸드 마일리지가 높아진다. 즉 이동 과정에서 많은 온실가스를 배출한다는 뜻이다.

04 환경 이슈(환경 쟁점)란 환경 문제 중에서 집단의 이해관계에 따라 서로 다른 주장이 제기되는 문제로, 지속될 경우 지역 이기주의 같은 사회적 갈등이 발생하기도 한다.
바로잡기 ㄴ. 개인, 기업, 국가, 환경 단체 등 문제가 되는 환경 이슈와 관련된 이해 당사자들의 토론과 토의를 통해야만 해결할 수 있다. ㄹ. 지역 이기주의는 갈등 상황을 더욱 악화시킬 수 있다.

05 지구 온난화는 세계적 규모에서 발생하는 대표적인 환경 이슈로, 국제적인 협조와 노력을 통해서 해결할 수 있다.

06 환경에 미치는 부정적인 소비 습관으로 쓰레기 및 생활 하수, 온실가스 등의 배출이 증가하여 다양한 환경 문제가 발생한다. 또한 환경 문제를 둘러싼 지역 간 갈등과 대립이 심화되기도 한다.

07 유전자 변형 식품(GMO)은 유전자 재조합을 통해 특정 영양소를 강화할 수 있고 병충해에 강하며 생산성을 향상할 수 있다. 그러나 생태계 교란, 인체에 대한 안전성 검증 논란 등의 문제점이 있다.

장점	특정 영양소 강화, 농약이나 병충해에 강하고 운반이 쉬움, 생산 비용 감소, 수확량 증가 → 세계 식량 부족 문제를 해결해 줄 것으로 기대됨
단점	생태계 교란, 인체에 미치는 영향에 대한 안전성이 검증되지 않음

08 유전자 변형 식품(GMO)은 어떤 생물의 유용한 유전자만 골라 다른 생물에 삽입해 새로운 성질의 유전자를 지니도록 개발한 농축수산물을 말한다.

바로잡기 ③ 유전자 변형 식품(GMO)은 인체와 생태계에 미치는 영향에 대한 검증이 이루어지지 않아 논란이 되고 있다.

09 수입 농산물은 운송 과정에서 많은 양의 화석 연료를 소비하며, 신선도 유지를 위해 방부제와 살충제를 사용하는 등 환경 및 식품의 안전성 측면에서 문제가 제기되고 있다. 이로 인해 온실가스 배출 감소에 도움이 되고 신선하고 안전한 먹거리인 로컬 푸드를 찾는 사람이 많아지고 있다.

올리드 키워드

☑ **유전자 변형 식품(GMO) :** 기존의 생물체에 다른 생물체의 유전자를 결합시켜 만들어 낸 새로운 품종을 말한다.

☑ **로컬 푸드 운동 :** 지역에서 생산된 먹을거리를 지역에서 직접 소비하자는 운동이다.

☑ **푸드 마일리지 :** 먹거리가 생산지에서 소비지까지 이동한 총 거리로, '식품 수송량(t)×수송 거리(km)'로 구한다.

10 지역에서 생산된 농산물을 지역에서 소비하게 되면, 신선하고 안전한 먹거리를 제공할 수 있고 식품의 이동 거리가 짧아 온실가스 배출을 줄일 수 있다. 또한 지역 환경에 맞는 친환경 농업의 발전으로 지역 경제 활성화에 도움이 되며 농민의 안정적인 소득을 보장할 수 있다.

11 음식물 쓰레기를 줄임으로써 에너지 사용 절감이 가능하여 온실가스를 감축하고 온실 효과의 강화를 예방하고 에너지를 절약할 수 있다. 이는 지구 환경 보호 측면에서 개인이 해야 할 가장 기본적인 활동이다.

12 환경 이슈를 해결하기 위해서는 지역 이기주의를 배제하고 집단 간 서로 다른 의견을 교환하고 검토하며, 대안을 협의하는 과정이 필요하다. 또한 자기 의견에 대한 타당한 근거를 제시하고 실천 가능성을 고려한 대안도 제시할 수 있어야 한다.

13 (1) 미세 먼지
(2) **예시답안** 인체의 호흡기에 나쁜 영향을 미치며, 반도체와 같은 정밀 산업은 미세 먼지에 노출되어 불량률이 높아질 수 있다. 또한 가시거리를 떨어뜨려 항공기 및 선박 운항에도 차질을 준다.

구분	채점 기준
상	미세 먼지의 발생으로 인한 문제점 두 가지를 모두 바르게 서술한 경우
중	미세 먼지의 발생으로 인한 문제점 두 가지를 서술하였으나 설명이 미흡한 경우
하	미세 먼지의 발생으로 인한 문제점을 한 가지만 바르게 서술한 경우

X 단원 표와 자료로 마무리하기 88~89쪽

자료1 ❶ 삼림 개발 ❷ 화석 연료 ❸ 기후 변화 ❹ 인위적
자료2 ❶ 온실 효과, 지구 온난화 ❷ 이산화 탄소
자료3 ❶ 빙하 ❷ 상승 ❸ 기상 이변 ❹ 열대야
자료4 ❶ 아메리카, 유럽 ❷ 아시아, 아프리카 ❸ 선진국 ❹ 개발 도상국 ❺ 환경 오염
자료5 ❶ 유전자 변형 식품(GMO) ❷ 강, 향상
자료6 ❶ 미세 먼지 ❷ 호흡기 ❸ 중국

X 단원 실전문제로 마무리하기 90~93쪽

01 ⑤ 02 ② 03 ④ 04 ① 05 ② 06 ④ 07 ③ 08 ②
09 ① 10 ① 11 ⑤ 12 ① 13 ③ 14 ⑤ 15 ③ 16 ⑤
17 ② 18 ④ 19 ⑤ 20 ①

서술형 문제

21 (1) 온실 효과 (2) **예시답안** 대기 중 온실가스의 증가로 인해 열이 지구 밖으로 방출되지 못하고 대기에 흡수되어 지구의 평균 기온이 상승하게 된다.

22 **예시답안** 전자 쓰레기가 발생하는 지역은 주로 선진국으로, 전자 제품 교체 시기가 짧아 많은 전자 쓰레기가 발생한다. 전자 쓰레기를 처리하는 지역은 아시아, 아프리카의 개발 도상국으로, 폐기물 처리 과정에서 대기 및 수질 오염, 주민들의 질병 문제가 발생한다.

23 (1) 로컬 푸드 운동 (2) **예시답안** 신선하고 안전한 먹거리를 확보할 수 있고, 농민의 안정적인 소득 보장과 지역의 농업 발전을 통한 지역 경제 활성화에도 도움을 줄 수 있다. 또한 식품의 운송 과정에서 발생하는 온실가스의 배출량을 줄일 수 있다.

01 산업 혁명 이후 공장과 가정에서의 화석 연료 사용, 농업과 축산업 면적 확대, 삼림 개발, 도시화 등의 인위적 활동으로 인해 온실가스 배출량이 증가하게 되었다.
바로잡기 ⑤ 인간 활동이 주요 원인이 되고 있는 것은 맞지만 자연적 요인도 여전히 영향을 주고 있다.

02 대기 중에 온실가스가 증가하면 온실 효과가 심화되어 태양 복사 에너지가 지구 밖으로 빠져나가지 못하여 지구의 평균 기온이 상승하게 된다.

03 산업 혁명 이후 산업화가 빠르게 이루어지면서 온실가스 배출량이 증가하고, 이로 인해 지구의 평균 기온이 지속해서 상승하고 있다.
바로잡기 ④ 앞으로 전망 역시 온실가스의 지속적인 증가와 지구 평균 기온의 상승이 예상된다.

04 지구 온난화로 인해 남극과 북극의 빙하뿐만 아니라 내륙에 있는 알프스산맥, 히말라야산맥 등의 고지대에 있는 만년설도 급격하게 녹고 있다.

05 투발루(B)와 같이 해발 고도가 낮은 섬나라는 해수면 상승으로 인해 국토의 일부 또는 많은 부분이 바닷물에 잠기고 있다. 이로 인해 주민들은 생활 터전을 잃고 다른 국가나 다른 지역으로 이주를 추진하고 있다.

06 지구 온난화로 툰드라 지대의 영구 동토층이 녹아 주택이 붕괴되는 일이 발생하고 있다.

07 지구의 평균 기온 상승으로 바닷물의 온도도 상승하면서 제시된 사례에서와 같이 해양 생태계에도 변화가 나타나고 있다.

08 지구 온난화로 북극 빙하가 녹아내리면서 선박 운항이 가능해지고, 이로 인해 새로운 항로가 개척되어 기존 항로에 비해 단거리 운항이 가능해졌다.

09 기후 변화 협약, 파리 협정은 모두 지구 온난화와 관련하여 온실가스 감축을 위한 국제 협력에 해당한다.

10 산업 혁명과 기술 혁신으로 인간이 자연의 제약을 극복하면서 인구가 폭발적으로 증가하고, 자원의 소비도 늘어났다. 자원 소비 증가로 다양한 폐기물과 오염 물질을 배출하게 되고 환경 문제가 발생하였다.

11 전자 쓰레기 유입 지역에서는 구리, 은 등의 자원을 추출 및 가공하는 과정에서 대기 및 수질 오염 등의 문제가 발생하고 주민들은 각종 질병 발생으로 고통받고 있다.

12 A는 선진국으로, 선진국은 환경에 대한 사회적 인식이 높아 기업 등에 대한 환경 규제가 매우 엄격하다.

13 의류 산업은 섬유 염색 과정에서 많은 양의 물이 필요하고 폐수 또한 많이 발생하는 문제가 있다.

14 케냐에서는 장미 재배로 많은 물을 사용하고 비료와 농약이 사용되면서 수질 및 토양 오염, 식수 부족 등의 문제가 발생하고 있다. 또한 해외 시장으로 운반하는 과정에서 많은 양의 화석 연료가 사용되어 온실가스를 배출한다.

15 환경 이슈는 객관적인 자료 수집과 분석만으로 해결이 어려우며, 협의와 토의 과정을 거쳐 대안을 마련해야 한다.

16 ㉠은 미세 먼지로, 공장이나 건설 현장 등에서 배출되거나 자동차의 배기가스, 쓰레기의 소각 과정에서 발생한다.

17 미세 먼지는 대부분 중국에서 발생하여 우리나라에 영향을 주며, 국가 및 지역적 수준의 환경 이슈에 해당한다.
바로잡기 ①, ⑤ 미세 먼지는 국가 및 지역적 수준의 환경 이슈라고 할 수 있다. ③ 여름철 이상 고온 현상과는 관련이 없다. ④ 과도한 화석 연료의 사용, 중국의 공업화 등이 주요 요인으로 작용하고 있다.

18 지도를 보면 유전자 변형 농산물은 미국, 브라질, 캐나다, 아르헨티나 등 아메리카 대륙에서 주로 생산되고 있다. 우리나라는 최대 수입국에 해당한다.

19 수입 농산물은 이동 과정에서 화석 연료와 방부제를 과다하게 사용하여 환경에 부정적인 영향을 미친다.
바로잡기 ①, ② 수입 농산물은 먼 거리를 이동해 왔기 때문에 푸드 마일리지가 높다. ③, ④ 푸드 마일리지가 높다는 것은 먼 거리를 이동해 왔다는 것으로, 신선도 유지를 위해 방부제를 많이 사용하여 식품의 안전도가 낮다고 볼 수 있다.

20 유전자 변형 식품(GMO)은 유전자 조작을 통해 만들어 낸 새로운 품종으로, 유기농 농산물은 아니다.

21 (1) 온실 효과
(2) **예시답안** 대기 중 온실가스의 증가로 인해 열이 지구 밖으로 방출되지 못하고 대기에 흡수되어 지구의 평균 기온이 상승하게 된다.

구분	채점 기준
상	온실 효과, 온실가스 농도 증가의 내용을 포함하여 바르게 서술한 경우
중	온실 효과, 온실가스 농도 증가 중 한 가지만 포함하여 서술한 경우
하	지구의 기온이 상승했다고만 서술한 경우

22 **예시답안** 전자 쓰레기가 발생하는 지역은 주로 선진국으로, 전자 제품 교체 시기가 짧아 많은 전자 쓰레기가 발생한다. 전자 쓰레기를 처리하는 지역은 아시아, 아프리카의 개발 도상국으로 폐기물 처리 과정에서 대기 및 수질 오염, 주민들의 질병 문제가 발생한다.

구분	채점 기준
상	전자 쓰레기 발생 지역과 처리 지역을 선진국과 개발 도상국으로 구분하고, 각각의 특징을 바르게 서술한 경우
중	전자 쓰레기 발생 지역과 처리 지역을 바르게 구분하고, 각각의 특징을 서술하였으나 설명이 미흡한 경우
하	전자 쓰레기 발생 지역과 처리 지역만을 바르게 구분한 경우

23 (1) 로컬 푸드 운동
(2) **예시답안** 신선하고 안전한 먹거리를 확보할 수 있고, 농민의 안정적인 소득 보장과 지역의 농업 발전을 통한 지역 경제 활성화에도 도움을 줄 수 있다. 또한 식품의 운송 과정에서 발생하는 온실가스의 배출량을 줄일 수 있다.

구분	채점 기준
상	로컬 푸드 운동의 장점을 세 가지 모두 바르게 서술한 경우
중	로컬 푸드 운동의 장점을 두 가지만 바르게 서술한 경우
하	로컬 푸드 운동의 장점을 한 가지만 바르게 서술한 경우

XI. 세계 속의 우리나라

주제 16 우리나라의 영역

문제로 실력다지기

개념 문제 **01** (1) ○ (2) × (3) × (4) ○ **02** A-공해, B-배타적 경제 수역, C-영해, D-영토, E-영공 **03** (1) ㉠ (2) ㉠ (3) ㉡

실력 문제 **04** ③ **05** ③ **06** ⑤ **07** ① **08** ② **09** ② **10** ⑤ **11** ① **12** ③ **13** ⑤ **14** (1) 12, 12, 3 (2) 예시답안 대한 해협은 일본과의 거리가 가까워 12해리의 영해 확보가 어렵고, 양국이 12해리로 영해를 설정할 경우 다른 국가 선박의 통행에 지장을 줄 수 있어 3해리만을 영해로 설정하고 있다.

---

01 (2) 영해는 대부분 국가에서 기준선으로부터 12해리까지로 설정하고 있다.
(3) 최근 항공 교통과 우주 산업의 발달로 영공의 중요성이 확대되고 있다.

04 영역은 한 국가의 주권이 미치는 범위로, 국제법상 한 국가가 다른 국가의 간섭 없이 지배할 수 있는 공간이며 국민의 생활이 이루어지는 삶의 터전이다.
바로잡기 ㄱ. 한 국가의 영역은 영토, 영공, 영해로 구성된다. ㄹ. 영역은 한 국가의 정치적 주권이 미치는 곳으로 다른 국가의 선박이나 항공기가 자유로이 지날 수 없다.

05 영토는 한 국가에 속한 땅으로, 영역의 구성 요소 중 가장 기본이 되는 요소로서 영공과 영해 설정의 기준이 된다.

올리드 포인트 ▶ 영역의 구성

영토	한 국가에 속한 육지의 범위, 국토 면적과 일치, 가장 중요한 영역 요소
영해	한 국가에 속한 바다, 기선으로부터 12해리로 설정
영공	영토와 영해의 수직 상공, 대기권으로 한정, 최근 중요성 확대

06 제시된 그림에서 A는 영공, B는 공해, C는 영토, D는 영해, E는 배타적 경제 수역이다. 배타적 경제 수역은 연안국의 어업 활동 및 자원 탐사, 개발 및 이용 등 경제적 권리를 보장하는 곳이다. 영해 기선으로부터 200해리의 바다에서 영해를 제외한 바다에 해당하며, 다른 국가의 항공기나 선박 운항은 가능하다.
바로잡기 ①, ③ 영토와 영공은 한 국가의 주권이 미치는 곳으로 다른 나라가 함부로 이용할 수 없다. ② 공해는 영해 밖의 수역으로 타국 선박의 통행이 가능하다. ④ 간척 사업은 영해를 설정하는 기준선 내에서 이루어지기 때문에 영토만 넓어지고 영해가 넓어지진 않는다.

07 최근 항공 교통 발달, 인공위성 관측 기술 향상, 군사적 목적 등으로 영공에 대한 관심이 높아지고 있다.

08 지도의 몽골이나 볼리비아 등과 같은 내륙국은 영토와 영공은 존재하지만 바다와 접해 있지 않기 때문에 영해는 존재하지 않아 해상 무역과 수산업에 불리하다.

09 우리나라의 영토는 한반도와 부속 섬으로 이루어져 있으며, 삼면이 바다로 둘러싸인 반도국이다.
바로잡기 ① 꾸준한 간척 사업을 통해 영토가 확장되었다. ③ 총면적은 약 22만 km²이고, 이 중 남한의 면적은 약 10만 km²로 북한보다 좁다. ④ 우리나라는 한반도와 부속 섬을 영토로 규정하고 있다. ⑤ 우리나라는 남북으로 길게 뻗은 형태로 다양한 기후가 나타난다.

10 우리나라는 기선으로부터 12해리까지를 영해로 설정하고 있다. 특히 서·남해안과 동해안은 해안선의 형태가 달라 영해 설정의 기선이 다르다. 해안선이 복잡한 서·남해안은 직선 기선, 해안선이 단조로운 동해안은 통상 기선을 적용하여 영해를 설정하고 있다.

11 서해안(A)은 가장 바깥쪽의 섬들을 직선으로 연결한 선인 직선 기선을 적용하고, 제주도(B), 동해(C), 울릉도(D), 독도(E)는 최저 조위선을 기준으로 하는 통상 기선을 적용하여 영해를 설정한다.

12 영해는 영토 주변의 바다로 정치적 주권을 행사할 수 있는 영역에 해당하지만, 배타적 경제 수역은 자원 개발과 어업 활동 등의 경제적 주권만 인정한다. 따라서 영해에는 해당하지만, 배타적 경제 수역에는 해당하지 않는 질문을 고르면 답은 ③이 된다.
바로잡기 ①, ⑤ 배타적 경제 수역만 해당된다. ② 둘 다 해당된다. ④ 둘 다 해당되지 않는다.

13 우리나라와 중국, 일본은 지리적으로 인접해 있어 200해리에 해당하는 배타적 경제 수역 확보가 어렵다. 따라서 어업 협정을 통해 한·중 잠정 조치 수역, 한·일 중간 수역을 설정하여 공동으로 이용 및 관리하고 있다.

14 (1) 12, 12, 3
(2) 예시답안 대한 해협은 일본과의 거리가 가까워 12해리의 영해 확보가 어렵고, 양국이 12해리로 영해를 설정할 경우 다른 국가 선박의 통행에 지장을 줄 수 있어 3해리만을 영해로 설정하고 있다.

구분	채점 기준
상	지리적으로 가까운 거리, 타국 선박의 통행에 지장 초래 등의 내용을 포함하여 바르게 서술한 경우
하	단순히 지리적으로 가깝기 때문이라고만 서술한 경우

주제 17 독도의 가치와 중요성

문제로 실력 다지기

100~101쪽

개념 문제 **01** (1) ○ (2) ○ (3) × (4) × **02** (1) ㄱ (2) ㄷ
03 (1) ㉠ (2) ㉠ (3) ㉡ (4) ㉠

실력 문제 **04** ⑤ **05** ② **06** ⑤ **07** ③ **08** ③ **09** ⑤ **10** ⑤
11 ① **12** ① **13** (예시답안) 과거 우리나라에서 제작된 지도에 독도가
표시되어 있는 것으로 보아 오래전부터 우리 조상들은 독도를 인식하
고, 우리나라 영토라고 생각하고 있었다는 것을 알 수 있다. 또한 일본
에서 제작된 고지도에서도 독도를 조선과 같은 색으로 표현하고 있어
독도는 오래전부터 우리나라의 고유한 영토였음을 알 수 있다.

01 (3) 독도는 512년 신라 장군 이사부가 우산국(울릉도)을 편
입하면서 우리나라의 영토가 되었다.
(4) 현재 독도에는 독도 경비대를 비롯하여 어민들이 거주
하고 있다.

04 독도는 행정구역상 경상북도 울릉군 울릉읍 독도리에 속
해 있고, 우리나라의 가장 동쪽에 위치한 섬이다.
바로잡기 ㄱ. 독도는 울릉도 동쪽 해상에 있다. ㄴ. 독도의 위도와 경도
는 대략 북위 37°, 동경 132°이다.

05 독도는 동해 한가운데에 위치하며, 울릉도에서 87.4km 떨
어져 있고 일본 오키섬에서는 157.5km 떨어져 있어 일본
보다는 우리나라에 인접해 있다.
바로잡기 ①, ④ 독도는 일본보다 우리나라와 더 가까운 우리의 영토
이다. ③ 독도는 동해 한가운데에 위치해 있다. ⑤ 독도는 맑은 날이
면 울릉도에서 맨눈으로 볼 수 있을 만큼 가까운 거리에 있다.

06 독도는 우리나라에서 가장 동쪽에 위치한 섬으로 해가 가
장 빨리 뜨는 곳이다. 독도는 오래전 화산 폭발로 형성된
화산섬으로 동도와 서도 2개의 큰 섬과 부속 도서로 이루
어져 있고, 바다의 영향을 받아 해양성 기후가 나타난다.
바로잡기 ⑤ 해안의 경사가 급해서 동식물과 인간 거주에는 불리한 환
경이 나타난다.

올리드 포인트 독도의 지리적 특성

위치	우리나라의 극동, 동도와 서도 및 89개의 부속 도서로 구성
지형	우리나라에서 가장 먼저 형성된 화산섬, 급경사의 해안
기후	바다의 영향을 받는 온난한 해양성 기후

07 독도는 우리나라의 가장 동쪽 끝 영토이며 동해 한가운데
에 위치한다. 이러한 지리적 특성으로 인해 태평양을 향한
전진 기지 역할은 물론 항공 교통과 군사적 요충지로서 가
치가 매우 높다.

올리드 포인트 독도의 가치

영역적 가치	영해와 배타적 경제 수역 확보의 기준, 군사적 요충지
경제적 가치	풍부한 수산 자원, 주변 해저에 해양 심층수와 메탄 하이드레이트 매장
생태적 가치	다양한 동식물의 서식지, 세계적인 지질 유적

08 독도는 메탄하이드레이트와 해양 심층수 등의 자원이 풍
부하고 다양한 동식물이 서식하여 생태적 가치가 매우 높
은 곳이다. 또한 우리나라의 가장 동쪽에 위치한 섬으로 한
국령이라는 표식을 볼 수 있다.
바로잡기 ③ 독도에는 경지가 조성될 만큼 넓은 평야가 없다.

09 독도 주변의 동해에는 한류와 난류가 교차하는 조경 수역
이 형성되어 플랑크톤이 많고 어족 자원이 풍부하다. 이로
인해 수산업 발달에 유리한 조건이 형성되어 있다.

10 독도 해저에 매장되어 있는 메탄하이드레이트는 해저의
저온·고압의 상황에서 물과 천연가스가 결합하여 얼음 형
태로 존재하는 것으로, 미래 에너지원으로 주목받고 있다.

11 독도는 세계에서도 보기 드문 해저 화산의 형성과 진화 과
정을 살펴볼 수 있는 곳이며, 다양한 동식물이 서식하고 있
어 환경 및 생태적 가치가 매우 높은 곳이다.

12 독도가 우리 땅이라는 사실을 전 세계에 알리고 독도를 보
호하고 지키려는 다양한 노력이 이루어지고 있다.

13 (예시답안) 과거 우리나라에서 제작된 지도에 독도가 표시되어
있는 것으로 보아 오래전부터 우리 조상들은 독도를 인식하
고, 우리나라 영토라고 생각하고 있었다는 것을 알 수 있
다. 또한 일본에서 제작된 고지도에서도 독도를 조선과 같
은 색으로 표현하고 있어 독도는 오래전부터 우리나라의
고유한 영토였음을 알 수 있다.

구분	채점 기준
상	두 자료와 관련해 독도가 우리 땅인 이유를 자세히 서술한 경우
중	두 자료와 관련하여 독도가 우리 땅인 이유를 서술하였으나 내용이 미흡한 경우
하	오래전부터 독도는 우리 땅이었다고만 서술한 경우

올리드 특강

103쪽

유형1 (1) ○ (2) × (3) ○ (4) × (5) ○ (6) ○ (7) ○
유형2 (1) ○ (2) ○ (3) ○ (4) × (5) ○ (6) ×
유형3 (1) A, D, F (2) C, E (3) B, G
유형4 **1** (1) 해양 심층수 (2) 메탄하이드레이트
　　　 2 (1) A (2) B (3) A (4) B (5) B

문제로 실력 다지기

105~106쪽

개념 문제 **01** (1) × (2) ○ (3) ○ **02** (1) 지리적 표시제 (2) 지역 브랜드 (3) 장소 마케팅 **03** (1) ㄷ (2) ㄴ (3) ㄱ

실력 문제 **04** ③ **05** ④ **06** ③ **07** ④ **08** ③ **09** ⑤ **10** ⑤ **11** ⑤ **12** ④ **13** (1) 지역 브랜드 (2) **예시답안** 세계화로 물자와 사람의 교류가 늘어나고 지역 간 경쟁이 확대됨에 따라 지역의 고유한 특성과 개성을 살려 지역의 경쟁력을 높이기 위해 다양한 지역화 전략이 등장하였다.

01 (1) 특정 지역이 세계의 정치, 경제, 사회, 문화의 주체로 등장하는 현상은 지역화이다.

04 교통·통신의 발달로 세계화가 진행되면서 물자와 사람의 국제 교류가 증가하였다. 이 과정에서 지역 간 경쟁이 확대됨에 따라 지역의 고유한 특성을 살리고 지역의 경쟁력을 향상시키려는 지역화 현상이 강조되고 있다.

올리드 키워드

☑ **세계화** : 국경을 넘어 사람과 물자, 기술과 자본 등이 자유롭게 교류하면서 세계 전체의 상호 의존성이 높아지는 현상

☑ **지역화** : 특정 지역이 세계의 정치·경제·사회·문화의 주체로 등장하는 현상

☑ **지역성** : 지역의 자연환경과 지역 주민이 오랜 시간에 걸쳐 상호 작용하여 만들어 낸 다른 지역과 구별되는 특성

05 지역 간 교류가 활발해지면서 지역 고유의 특성을 살리는 것이 그 지역의 경쟁력으로 작용하고 있다. 따라서 제시된 사례에서와 같이 각 지방 자치 단체들은 지역의 가치를 높이고 경쟁력을 갖추기 위해서 다양한 지역화 전략을 마련하고 있다.

06 우리나라의 독특한 지역성을 가지고 있는 여러 지역 중에서 제주도의 한라산, 성산 일출봉과 거문오름 용암동굴계는 세계 자연 유산에 등재되어 있다. 서울의 종묘, 수원 화성, 경주 문화 유적 지구 등은 세계 문화유산으로 등재되어 있다.

07 다양한 지역화 전략을 추진하여 지역 주민의 자긍심과 정체성을 확립하고 기업 유치를 통한 일자리 창출, 지역 경제 활성화, 많은 관광객 유입으로 인한 관광 수입 증대 등의 효과를 얻을 수 있다.

바로잡기 ㄹ. 지역화 전략은 해당 지역의 고유한 지역성을 활용하는데, 이는 세계화 시대에서 그 지역만의 가치와 경쟁력을 제공한다.

08 지역 브랜드는 상표 개념을 지역에 적용한 것으로 지역의 고유한 특성과 매력이 잘 드러날 수 있도록 개발하고 있으며, 자연환경과 인문 환경을 활용하여 다양하게 표현한다.

바로잡기 ① 지역의 특성을 대표하는 캐릭터를 한 가지로 정하여 사용한다. ②, ⑤ 제시된 사례는 지역의 독특하고 고유한 자연환경을 반영하고 있다. ④ 각 지역마다 지역의 고유한 특성을 활용하여 서로 다른 캐릭터를 정한다.

09 지리적 표시제는 기후와 지형, 토양 등 생산지의 자연환경과 독특한 재배 방법으로 특정 상품을 생산하고, 이렇게 생산된 상품의 우수성이 인정될 때 그 원산지의 지명을 상표권으로 인정하는 제도이다.

올리드 포인트 | 다양한 지역화 전략

지역 브랜드	상표 개념을 지역에 적용하여 지역의 독특한 이미지를 표현한 것
지리적 표시제	특정 지역의 우수 농산물과 그 가공품에 지역명을 표시할 수 있도록 상표권을 인정해 주는 제도
장소 마케팅	지역의 랜드마크 등 특정 장소를 상품으로 인식하고, 이를 활용하여 지역을 홍보하고 판매하는 것

➡ 다양한 지역화 전략을 통해 지역 경쟁력을 높인다.

10 지리적 표시제를 통해 지역 특산물의 품질 향상을 기대할 수 있고, 지역 특화 산업 육성, 생산자의 안정적인 생산 활동 보장, 소비자에게 신뢰 향상, 지역 경제 활성화 등의 효과를 얻을 수 있다.

11 장소 마케팅은 장소성, 장소 자산, 랜드마크 등을 활용하여 지역을 홍보하고 판매하는 것으로 지역에서 개최되는 축제가 대표적이다. 이를 통해 장소를 알리고 다른 지역과 차별화하여 매력적인 이미지를 구축할 수 있다.

12 김제 지평선 축제가 개최되는 김제평야는 한반도에서 유일하게 하늘과 땅이 맞닿은 지평선을 볼 수 있는 곳이다. 이곳에서는 이러한 곡창 지대를 배경으로 농업 및 농촌 체험이 이루어지는 축제가 열린다.

13 (1) 지역 브랜드

(2) **예시답안** 세계화로 물자와 사람의 교류가 늘어나고 지역 간 경쟁이 확대됨에 따라 지역의 고유한 특성과 개성을 살려 지역의 경쟁력을 높이기 위해 다양한 지역화 전략이 등장하였다.

구분	채점 기준
상	지역화 전략의 배경을 세계화, 지역 경쟁력 강화 등의 내용을 포함하여 바르게 서술한 경우
중	지역화 전략의 배경을 서술하였으나 내용이 미흡한 경우
하	지역화 전략의 배경을 세계화의 내용으로만 서술한 경우

주제 19 국토 통일과 통일 한국의 미래

문제로 실력다지기

108~109쪽

개념 문제 **01** (1) 반도국 (2) ㉠ 대륙, ㉡ 해양 (3) 동아시아 (4) 중계
02 (1) ㉠ (2) ㉡ (3) ㉡ **03** (1) ○ (2) ○ (3) × (4) ○
실력 문제 **04** ③ **05** ③ **06** ① **07** ② **08** ⑤ **09** ⑤ **10** ③
11 ① **12** ⑤ **13 예시답안** 남한의 높은 경제력을 바탕으로 하여 북한의 풍부한 자원을 활용한다면 높은 경제 발전을 이룩할 수 있다.

03 (3) 통일이 되면 남한의 자본·기술력과 북한의 자원·노동력을 결합할 수 있어 경제적으로 크게 발전할 수 있다.

04 우리나라는 삼면이 바다로 둘러싸인 반도국으로 유라시아 대륙과 태평양을 연결하는 중심부에 위치해 있다. 따라서 대륙과 해양으로의 진출에 유리하고, 주변국과의 인적·물적·문화적 교류에도 유리하다.
바로잡기 ③ 우리나라는 대륙과 해양 진출에 유리한 반도국으로, 주변국과 인적·물적·문화적 교류에 유리한 위치에 있다.

05 우리나라는 반도적 위치로 지도에서와 같이 유라시아 대륙과 태평양을 통한 진출에 유리한 조건을 갖추고 있다. 따라서 대륙과 해양을 연결하는 물류 중심지로 발전할 가능성이 크다.
바로잡기 ① 태평양을 통한 진출이 가능하다. ② 육로를 통해 유라시아 대륙과 연결된다. ④ 해상 및 육로 교통의 요충지가 될 것이다. ⑤ 우리나라는 일본, 중국, 러시아 등 여러 강대국에 둘러싸여 있다.

올리드 포인트 우리나라의 위치적 장점

• 삼면이 바다로 둘러싸인 반도국 • 대륙과 해양이 만나는 지리적 요충지 • 동아시아의 중심부	➡ • 주변국과의 교류에 유리 • 세계적인 물류 중심지로 성장할 가능성이 큼 • 주변국과의 소통 및 갈등 중재에 이바지할 수 있음

06 지도와 같이 시베리아 횡단 철도를 비롯해 대륙 철도를 이용하여 유럽까지 진출하기 위해서는 무엇보다 먼저 남북한 간의 평화 통일을 이루어야 한다. 그래야만 대륙으로의 자유로운 진출이 가능해진다.

07 남북 통일을 이룩하면 육로를 이용한 대륙 진출이 가능해지고, 대륙과 해양을 연결하는 해상 무역이 확대될 것이다. 따라서 동아시아의 교역량이 증가하고, 우리나라는 중계 무역의 중심지로 성장하게 될 것으로 예상된다.
바로잡기 ② 육로를 통한 무역이 활발해져 동아시아와 유럽의 무역액은 증가할 것이다.

08 남북 분단으로 인한 한반도의 긴장 조성으로 우리나라는 국제 사회에서의 위상이 약화되고 경제 발전의 걸림돌이 되고 있다. 또한 과도한 군사비 지출, 민족 동질성 약화, 이산가족 아픔 증대 등의 문제가 발생하고 있다.
바로잡기 ㄱ. 군사적 대립 상황으로 인해 많은 군사비가 지출되고 있다. ㄴ. 남북 분단으로 인해 서로 소식을 모르는 이산가족이 생겨났다.

09 제시된 자료를 통해 남한과 북한의 언어가 많이 달라졌음을 알 수 있다. 오랜 기간의 분단으로 서로 다른 언어와 사상이 확대되어 민족의 동질성은 감소하고 이질화가 심화되는 문제점이 발생하고 있다.

10 남북 통일을 이루면 인구 규모가 확대되고 생산 가능 인구가 증가함에 따라 현재 우리나라가 겪고 있는 노동력 부족 문제 및 인구 고령화 현상도 완화하는 효과를 거둘 수 있다. 뿐만 아니라 경제 규모가 확대되면서 높은 경제 성장을 이룩할 수 있는 변화가 나타난다.

11 남북 통일로 각 지역의 특성에 맞는 개발이 가능해지고 이를 통해 한반도의 균형 있는 발전을 이룩할 수 있다. 또한 중국이나 러시아와 철도 등의 육로를 통한 교류가 활발해질 것으로 예상된다.

12 통일 이후 국민 생활권이 확대되고, 경제 규모 확대로 인해 일자리가 증가하는 등 국민 삶의 질이 좋아질 것이다. 또한 자유 민주주의가 확대되면서 다양한 생각과 가치관이 존중받는 사회가 될 것으로 예상된다.

13 예시답안 남한의 높은 경제력을 바탕으로 하여 북한의 풍부한 자원을 활용한다면 높은 경제 발전을 이룩할 수 있다.

구분	채점 기준
상	남한의 자본과 기술, 북한의 자원을 결합할 수 있다는 내용을 바르게 서술한 경우
중	남한과 북한의 장점을 결합할 수 있다고만 서술한 경우
하	남한과 북한의 경제적 결합 외의 내용을 서술한 경우

올리드 특강

111쪽

유형 1 (1) ○ (2) × (3) × (4) ○ (5) ○
유형 2 **1** (1) A, B, C, F, G, H, I (2) D, E
2 (1) 자본, 기술 (2) 노동력, 자원
유형 3 **1** (1) ↑ (2) ↑ (3) ↑ (4) ↓
2 (1) ○ (2) × (3) ○
유형 4 (1) ㉠ (2) ㉠ (3) ㉡ (4) ㉡

자료1 ❶ 영공 ❷ 영토 ❸ 영해 ❹ 배타적 경제 수역 ❺ 영토, 12, 영공 ❻ 배타적 경제 수역
자료2 ❶ 직선 ❷ 3 ❸ 통상
자료3 ❶ 울릉도 ❷ 경상북도, 동 ❸ 해양 심층수, 메탄하이드레이트
자료4 ❶ 지역 브랜드 ❷ 평창 ❸ 기후
자료5 ❶ 지역 축제 ❷ 머드
자료6 ❶ 반도국 ❷ 태평양

01 ① 02 ④ 03 ③ 04 ⑤ 05 ⑤ 06 ③ 07 ③ 08 ⑤
09 ④ 10 ⑤ 11 ① 12 ⑤ 13 ③ 14 ④ 15 ④ 16 ⑤
17 ③ 18 ⑤ 19 ③ 20 ③ 21 ②

✎서술형 문제

22 (1) 어업 협정 (2) (예시답안) 우리나라와 일본, 중국은 거리가 인접하여 200해리의 충분한 배타적 경제 수역 확보가 어렵기 때문에 어업 협정을 통해 중간 수역을 설정하게 되었다.

23 (1) 메탄하이드레이트 (2) (예시답안) 메탄하이드레이트는 독도 주변 바다의 깊은 곳에 존재하는 고체화된 천연가스로, 미래 에너지 자원으로서 주목받고 있다.

24 (예시답안) 남북 통일로 군사비가 대규모로 감소될 경우 경제, 사회, 문화, 복지 등 다양한 분야에 대한 투자를 늘릴 수 있어 국민의 삶의 질이 향상될 것으로 기대된다.

01 영역은 영토, 영해, 영공으로 구성되며 다른 국가의 간섭을 받지 않고 지배할 수 있는 공간으로 정치적 주권을 행사할 수 있다.

02 A는 영해 범위로 일반적으로 기준선으로부터 12해리까지로 설정한다. B는 배타적 경제 수역의 범위로 기준선으로부터 200해리까지로 설정한다. 단, 이때 영해의 범위는 제외한다.

03 (가)의 배타적 경제 수역은 연안국의 자원 탐사 및 이용 등 경제적 권리만을 인정하는 곳으로, 정치적 주권은 미치지 않는다.
바로잡기 ③ 다른 국가의 선박과 항공기 운항이 가능하다.

04 우리나라는 국토가 남북으로 길게 뻗은 형태를 하고 있어 다양한 기후가 나타난다.

05 서해안은 가장 바깥쪽의 섬들을 직선으로 연결한 직선 기선을 적용하고 있다. 반면 동해안은 최저 조위선을 기준으로 영해를 설정하는 통상 기선을 적용하고 있다.

06 B의 대한 해협은 우리나라와 일본 사이의 해역이 좁아 직선 기선으로부터 3해리만을 영해로 설정하고 있다.

07 독도는 512년 신라 장군 이사부가 우산국을 편입한 이후 우리 영토가 되었다. 일본은 불법적으로 자국 영토로 주장하고 있는 상황이다.

08 독도는 우리나라에서 가장 먼저 형성된 화산섬으로 해저 화산의 진화 과정을 살펴볼 수 있는 대표적인 지역이다.

09 해양 심층수는 수심 200m의 깊은 바다에 존재하며 영양 염류가 풍부하고 병원균이 거의 없어 식수 및 의약품, 식료품의 원료로 사용되고 있다.

10 「삼국접양지도」와 「태정관지령」은 일본의 역사적 자료로서, 독도를 조선의 영토로 규정하고 일본과는 관련이 없는 것으로 표현하고 있다.

11 안용복은 일본에 건너가 일본 어부들의 독도 어로 행위를 항의하였다. 심흥택은 일본이 독도를 자국 영토로 편입하려는 것을 관찰사에게 보고하고, 1953년 독도 의용 수비대를 조직하여 한국령 표지석을 만들기도 하였다.

12 우리는 독도를 지키기 위한 노력의 하나로 해외 여러 곳에 독도 관련 광고판을 게시하고 있다. 이를 통해 독도가 오래전부터 우리 영토임을 세계 여러 지역에 알리고 있다.

13 순천만은 세계 5대 연안 습지에 해당하는 곳으로, 최근에는 순천만 일대를 국가 정원으로 조성하여 생태적 가치를 높이고 있다.

14 공주시는 과거 백제의 도읍지였던 곳으로 백제의 다양한 유물과 유적이 많이 분포해 있다. 이러한 역사적 특성을 바탕으로 공주시는 이곳의 대표적인 역사 유적인 무령왕릉을 형상화하여 지역 브랜드를 제작하였다.

15 지역 브랜드를 제작하기 위해서는 각 지역만이 지닌 정체성을 파악하여 핵심적이면서도 매력적인 가치가 담길 수 있도록 해야 한다.

16 지리적 표시제를 통해 특산물의 품질 향상, 특화 산업 육성, 생산자의 안정적인 생산 활동 보장, 소비자에게 신뢰 제공, 지역 경제 활성화 등의 효과를 볼 수 있다.
바로잡기 ⑤ 같은 농산물이라도 다른 지역에서 생산한 농산물은 해당 상표를 사용할 수 없다.

17 장소 마케팅은 지역의 특성을 활용한 축제 등에 많이 활용되고 있으며, 다른 지역과 차별화를 통한 지역의 매력적인 이미지를 구축하고 있다.

18 우리나라를 비롯한 동아시아 지역은 역사적 배경부터 정치, 문화 등의 관련성이 매우 높아 오늘날까지 활발한 교류가 이루어지고 있다. 또한 인구 규모가 매우 크고 경제 규모도 세계적인 지역이다.

19 분단이 장기화되고 인적·물적 교류가 단절되면서 남북 주민 간의 생활 양식과 문화적 측면에서 이질성이 심화되고 있다.

20 북한은 남한에 비해 많은 양의 지하자원이 매장되어 있다. 통일 이후 남한의 기술력과 북한의 자원이 결합된다면 높은 경제 성장을 이룩할 수 있을 것으로 예상된다.

21 남북 통일로 인해 남북한 간의 상호 보완적인 경제 성장을 통해 급속한 경제 성장을 이루고, 세계 경제에서 차지하는 위상 또한 상승할 것으로 예상된다.

22 (1) 어업 협정
(2) **예시답안** 우리나라와 일본, 중국은 거리가 인접하여 200해리의 충분한 배타적 경제 수역 확보가 어렵기 때문에 어업 협정을 통해 중간 수역을 설정하게 되었다.

구분	채점 기준
상	삼국 간 거리가 인접한 내용을 바르게 서술한 경우
하	삼국 간 거리가 인접한 내용을 서술하지 못한 경우

23 (1) 메탄하이드레이트
(2) **예시답안** 메탄하이드레이트는 독도 주변 바다의 깊은 곳에 존재하는 고체화된 천연가스로, 미래 에너지 자원으로서 주목받고 있다.

구분	채점 기준
상	독도 주변 해저에 매장, 고체화된 천연가스, 미래 에너지원의 내용을 모두 포함하여 바르게 서술한 경우
중	독도 주변 해저에 매장, 고체화된 천연가스, 미래 에너지원의 내용 중 두 가지만 포함하여 서술한 경우
하	독도 주변 해저에 매장, 고체화된 천연가스, 미래 에너지원의 내용 중 한 가지만 바르게 서술한 경우

24 **예시답안** 남북 통일로 군사비가 대규모로 감소될 경우 경제, 사회, 문화, 복지 등 다양한 분야에 대한 투자를 늘릴 수 있어 국민의 삶의 질이 향상될 것으로 기대된다.

구분	채점 기준
상	군사비 절감으로 인해 다양한 분야에 대한 투자 증대와 삶의 질 향상 관련 내용을 서술한 경우
중	군사비 절감으로 다양한 분야에 투자가 가능하다고만 서술한 경우
하	군사비 절감과 관련된 내용을 서술하지 못한 경우

XII. 더불어 사는 세계

주제 20 지구상의 지리적 문제

문제로 실력다지기

121~122쪽

개념 문제 **01** (1) × (2) ○ (3) × (4) ○   **02** (1) ㉠ (2) ㉡
03 ㄱ, ㄴ, ㄷ, ㄹ
실력 문제 **04** ① **05** ④ **06** ① **07** ② **08** ② **09** ③ **10** ①
11 ⑤ **12** ① **13** **예시답안** 카슈미르는 주민의 대부분이 이슬람교를 믿고 있으나, 힌두교를 믿는 인도에 속하게 되면서 파키스탄과 인도 간의 갈등이 발생하였다.

01 (1) 세계 여러 지역에서 다양한 지리적 문제가 나타난다.
(3) 기아 문제는 아프리카와 일부 아시아 국가 등지에서 심각하게 나타나고 있다.

04 제시된 지도를 보면 사하라 이남의 중남부 아프리카에서 높은 비율이 나타나고 있다. 따라서 제시된 항목 중 세계의 기아 현황이 적절하다.

05 기아는 인간 생존에 필요한 물과 영양소를 충분히 섭취하지 못하는 상태로, 아프리카와 아시아 일부 지역에서 심각하게 나타나고 있다.
바로잡기 ㄱ. 주로 인구가 급증하는 지역에서 발생한다. ㄷ. 생물 다양성 협약은 생물 종 보호를 위해 체결한 국제 협약이다.

06 국가 간의 영역 갈등은 주로 영토와 영해의 주권을 두고 벌어지는데, 지역마다 역사적 배경이나 사회·문화적 상황, 자원 확보 등의 다양한 원인이 복합되어 복잡한 양상을 띠며 군사적 충돌로 확대되기도 한다.

07 과거 유럽의 식민지였던 아프리카 지역은 유럽 강대국의 이해관계에 따라 국경선이 설정되었는데, 독립 이후 국경과 부족 경계가 일치하지 않는 문제로 부족 간의 분쟁과 내전, 그로 인한 난민이 끊임없이 발생하고 있다. 지도에서 A는 영국, C는 카스피해, D는 센카쿠 열도(댜오위다오), E는 아이티이다.

08 지도에 표시된 A는 다르푸르 지역, B는 팔레스타인 지역, C는 카스피해, D는 투발루, E는 퀘벡이다. 제시된 글에서 설명하고 있는 팔레스타인 분쟁을 통해 삶의 터전을 잃은 팔레스타인 사람들이 이스라엘과 전쟁을 시작하였고, 여기에 유대교와 이슬람교 간의 종교 갈등이 겹쳐지면서 갈등이 심화되었다.

09 지도의 (가)는 파키스탄과 인도 간의 종교 및 민족 갈등에 영토 분쟁이 더해진 카슈미르 지역이다. 인도가 영국에서 독

립하는 과정에서 힌두교도가 많은 지역은 인도로, 이슬람교도가 많은 지역은 파키스탄으로 각각 분리되었는데, 이슬람교가 많이 거주하던 카슈미르가 파키스탄이 아닌 인도에 포함되면서 갈등이 시작되었다.

바로잡기 ㄱ. 카슈미르는 자원 분쟁 지역은 아니다. ㄹ. 부족 경계와 국경선의 불일치로 분쟁이 잦은 곳은 아프리카 북동부 일대이다.

10 쿠릴 열도 분쟁은 일본이 러시아를 상대로 끊임없이 영유권을 주장하고 있는 쿠릴 열도 남단의 4개 섬에 관련된 분쟁이다. 지도의 B는 울릉도와 독도, C는 센카쿠 열도(댜오위다오), D는 하이난섬, E는 난사 군도이다.

올리드 포인트 | 영해를 둘러싼 갈등 지역

쿠릴 열도	자원 확보, 군사적 요충지, 일본과 러시아 간 갈등
센카쿠 열도 (댜오위다오)	자원 확보, 해상 교통과 군사적 요충지, 일본·중국·타이완 간의 갈등
난사 군도 (스프래틀리)	해상 교통과 군사적 요충지, 자원 확보, 중국·필리핀·말레이시아·브루나이 등의 갈등

11 센카쿠 열도(댜오위다오)는 동중국해 서남부에 있는 무인도로 해상 교통의 요지이자 전략적 요충지이다. 또한 주변 해역에서 석유와 천연가스가 발견되면서 주변국의 경쟁이 심화되었고, 중국과 일본 사이에 군사적 충돌까지 발생하면서 외교 문제로 확대되었다.

바로잡기 ㄱ. 현재 일본이 실효 지배하고 있다. ㄴ. 센카쿠 열도 주변 해역은 조경 수역이 형성된 곳은 아니다.

12 최근 인구 증가와 경제 발전에 따라 삼림과 습지가 감소하고 있으며 생태계 파괴가 확산되면서 생물 다양성이 감소하고 있다. 이에 따라 국제 사회는 생물 종 보호를 위해 생물 다양성 협약을 채택하였다.

13 **예시답안** 카슈미르는 주민의 대부분이 이슬람교를 믿고 있으나, 힌두교를 믿는 인도에 속하게 되면서 파키스탄과 인도 간의 갈등이 발생하였다.

구분	채점 기준
상	카슈미르 분쟁에 관해 제시된 두 가지 조건을 모두 포함하여 바르게 서술한 경우
중	카슈미르 분쟁에 관해 한 가지 조건만 충족하여 서술한 경우
하	카슈미르 분쟁과 관련하여 제시된 조건 외의 내용을 서술한 경우

올리드 특강 123쪽

유형 1 1 (1) B (2) A, D (3) C, E ⠀⠀ 2 (1) ○ (2) ○ (3) ×
유형 2 1 (1) D (2) B (3) A (4) C ⠀⠀ 2 (1) × (2) ○ (3) ×

문제로 실력다지기 125~126쪽

개념 문제 **01** (1) × (2) ○ ⠀⠀ **02** (1) ㄱ, ㄴ, ㄹ, ㅂ (2) ㄷ, ㅁ
03 (1) ㄱ (2) ㄷ (3) ㄴ
실력 문제 **04** ③ **05** ③ **06** ③ **07** ① **08** ⑤ **09** ② **10** ③
11 ③ **12** ⑤ **13** **예시답안** 지역마다 자연환경과 자원 보유량, 기술과 자본, 교육 수준 등이 차이나기 때문이다.

01 (1) 세계화가 진행되면서 지역별 경제 수준 차이는 더욱 벌어지고 있다.

04 세계화의 진행으로 자국의 경제적 이익을 실현하려는 국가 간 경쟁이 더욱 치열해지면서 발전 여건이 좋은 선진국은 더욱 발전하고, 자력 발전이 어려운 큰 저개발 국가는 여러 가지 문제점이 나타났다.

바로잡기 ③ 세계화로 선진국과 저개발 국가 간의 발전 격차는 더욱 커지고 있다.

05 인간 개발 지수란 각국의 실질 국민 소득, 교육 수준, 기대 수명 등 인간의 삶과 관련된 지표를 조사해 각국의 발전 수준과 선진화 정도를 평가하는 것이다.

바로잡기 ① 행복 지수는 국내 총생산, 기대 수명, 사회적 자본, 부패 지수, 관용의 총 다섯 개 지표를 종합한 결과이다. ② 경제 성장률은 일정 기간(1년) 동안의 국민 총생산 또는 국민 소득의 실질적인 증가율을 의미한다. ④ 1인당 국내 총생산은 일정 기간 한 나라 내에서 생산된 모든 최종 재화와 서비스의 시장 가치의 합을 인구수로 나눈 것이다. ⑤ 성 불평등 지수는 국가별 모성 사망률과 청소년 출산율, 여성 의원 비율, 중등학교 이상 교육 받은 여성 인구, 남녀 경제 활동 참가율 격차 정도를 측정한 지표이다.

06 그래프에서 A는 선진국에서 높게 나타나는 항목으로 기대 수명, 성인 문자 해독률, 인간 개발 지수, 국내 총생산, 1인당 국내 총생산, 행복 지수, 교사 1인당 학생 수 등이 들어갈 수 있다. B는 개발 도상국에서 상대적으로 높게 나타나는 항목으로 영아 사망률, 성 불평등 지수, 문맹률 등이 들어갈 수 있다.

07 선진국은 주로 서부 유럽과 앵글로아메리카에 분포하며, 18세기 후반 산업 혁명을 통해 일찍부터 산업화를 이루어 경제 수준과 국민 소득 수준이 매우 높다. 개발 도상국은 주로 아프리카와 라틴 아메리카에 분포하며 대부분 제2차 세계 대전 이후 독립한 국가들로 산업화가 늦게 시작되어 현재 경제 성장률은 높지만, 전체적으로는 국내 총생산과 소득 수준이 선진국보다 낮게 나타난다.

개념학습편

08 국가별 1인당 국내 총생산과 인간 개발 지수는 비슷한 분포가 나타난다. 왜냐하면 인간 개발 지수를 산정할 때 국가의 실질 국민 소득과 교육 수준 등을 반영하기 때문이다. 그래서 두 지표는 선진국이 많은 서부 유럽과 북아메리카에서 높게 나타나고, 개발 도상국이 많은 사하라 이남 아프리카와 남아시아에서 낮게 나타난다.

바로잡기 ㄱ. 우리나라는 소득 수준과 인간 개발 지수가 모두 높은 편이다. ㄴ. 소득 수준은 1인당 국내 총생산으로 알 수 있으며, 소득 수준이 높은 국가는 주로 북아메리카와 유럽에 집중한다.

09 그래프에서 국내 총생산이 많은 (가)는 선진국, 국내 총생산이 적은 (나)는 개발 도상국이다. 선진국은 18세기 산업 혁명 이후 산업화가 진행된 데 비해 개발 도상국은 20세기 이후 산업이 발달하기 시작하였다.

바로잡기 ㄴ. 서부 유럽과 북아메리카는 (가)에 속한다. ㄹ. 소득 수준이 높은 (가)에는 선진국이 많은 유럽과 아메리카 등이 분포하며, 소득 수준이 낮은 (나)에는 개발 도상국이 많은 아프리카와 남아시아 등이 분포한다.

10 저개발 지역은 경제 개발을 통해 빈곤을 퇴치하기 위해 노력하고 있다. 특히 사회 기반 시설 구축을 위해 국가의 공공 지출을 꾸준히 늘려 가고 있으며, 식량 생산량을 늘리기 위해 관개 시설을 확충하고 수확량이 많은 품종을 개발하고 있다.

바로잡기 ③ 저개발 지역의 식량 문제는 급격한 인구 증가와 국제적 식량 분배의 불균형 등이 원인이기 때문에 대부분의 개발 도상국에서 출산 억제 정책을 추진하고 있다.

11 르완다는 독립 이후 후투족과 투치족의 갈등으로 내전이 발생했었다. 그러나 오늘날에는 같은 비극을 반복하지 말자며 역사 교육을 강화하고, 여성의 권리 신장으로 출산율을 높이고 아동의 영양 결핍을 줄이는 데 노력하고 있다.

12 국제 연합은 지속 가능 발전 목표를 정하여 2030년까지 전 세계의 빈곤 퇴치를 최우선으로 하고 있다. 이는 지속 가능한 발전을 위협하는 요인들을 완화해 나가기 위한 조치이다.

13 **예시답안** 지역마다 자연환경과 자원 보유량, 기술과 자본, 교육 수준 등이 차이나기 때문이다.

구분	채점 기준
상	지역별 격차 발생에 영향을 주는 요인을 두 가지 포함하여 바르게 서술한 경우
중	각 지역의 발전 수준 차가 나타나는 이유를 서술하였으나 내용이 미흡한 경우
하	지역별 격차 발생에 영향을 주는 요인을 한 가지만 바르게 서술한 경우

주제 22 지역 간 불평등 완화를 위한 노력

문제로 실력 다지기 128~129쪽

개념 문제 **01** (1) ○ (2) × (3) ×　　**02** (1) ㄴ, ㄹ (2) ㄱ, ㄷ
03 (1) ㉠ (2) ㉡ (3) ㉢
실력 문제 **04** ③ **05** ④ **06** ② **07** ⑤ **08** ⑤ **09** ③ **10** ③
11 ④ **12** ③ **13** **예시답안** (가)는 경제 수준이 낮고 빈곤 문제가 나타나 원조를 받고 있는 저개발 국가들이며, (나)는 경제 및 생활 수준이 높아 주로 원조를 하고 있는 선진국이다.

01 (2) 유니세프는 아동 구호 및 복지 향상을 위한 활동을 한다. (3) 세계 무역에서 차지하는 비중은 지속적으로 증가하고 있으나, 아직까지 경제 격차를 해소한 것은 아니다.

04 지역 간 불평등 문제를 해결하기 위해서는 당사국의 경제 성장과 빈곤 퇴치를 위한 노력과 함께 국제적 협력이 필요하다.

바로잡기 ③ 다국적 기업의 유통망을 활용하면 생산자에게 정당한 이익을 돌려줄 수 없다. 공정 무역은 중간 상인의 개입을 줄여 유통 비용을 낮추는 무역 방식이다.

05 국제 연합은 지역 간 경제 불평등을 완화하고 세계 모든 사람의 삶의 질을 개선하기 위해 새천년 개발 목표(MDGs)를 설정하여 추진하였고, 2016년부터는 제시된 자료의 지속 가능 개발 목표(SDGs)를 추진하고 있다.

06 유엔 아동 기금(UNICEF)은 인종, 종교, 국적, 성별에 관계 없이 저개발 국가의 아이들과 어린이 노동자, 난민 어린이 등 어려운 처지에 놓인 어린이를 돕기 위해 만들어진 국제 연합 산하 기구이다.

올리드 포인트 | **국제 연합 산하 기구의 활동**

유엔 평화 유지군(PKF)	국제 분쟁 해결
유엔 세계 식량 계획(WFP)	기아 및 빈곤 문제 해결
유엔 아동 기금(UNICEF)	아동 구호 및 아동 복지 향상
유엔 난민 기구(UNHCR)	난민 보호와 난민 문제 해결

07 국제 비정부 기구(NGO)는 시민들의 자발적인 참여에 의해 만들어진 민간단체이다.

바로잡기 ⑤ 유엔 평화 유지군은 국제 연합 산하 기구로 각국 정부가 자발적으로 파견한 병사로 조직되며, 분쟁 지역에 파견되어 질서를 유지하고 주민들의 안전을 지키며 분쟁의 재발을 방지하는 활동을 한다.

08 세계 각국 정부와 국제 연합을 비롯한 국제기구는 지역 간의 경제 격차와 불평등 문제를 해소하기 위해 공적 개발 원

조와 난민 보호, 빈곤 퇴치 노력 등의 활동을 하고 있다.

09 유엔 아동 기금(유니세프)은 열악한 환경 속에서 살아가는 어린이를 돕기 위한 유엔 산하의 국제기구이고, 세이브 더 칠드런은 인종·종교·정치적 이념을 초월하여 아동 권리 실현을 위해 활동하는 국제 비정부 기구(NGO)이다.

10 공적 개발 원조란 정부나 국제기구가 도움을 주는 것을 말하는데, 회원국의 대부분이 선진국인 경제 개발 협력 기구(OECD)의 개발 원조 위원회(DAC)가 주도하여 저개발 국가에 원조를 제공하고 있다.
바로잡기 ㄱ. 개발 원조는 경제 협력 개발 기구(OECD) 산하의 개발 원조 위원회가 주도하고 있다. ㄹ. 비정부 기구와 민간 재단이 중심이 되는 것은 민간 개발 원조로, 제시된 자료는 공적 개발 원조에 관한 것이다.

11 개발 원조는 정부나 국제기구가 저개발 국가를 공식적으로 지원하는 공적 개발 원조(ODA)와 국제 비정부 기구 및 민간 재단이 지원하는 민간 개발 원조가 있다.
바로잡기 ㄱ. 우리나라는 광복 이후 국제 원조를 받던 나라였지만, 2009년 선진국이 주를 이루는 개발 원조 위원회에 가입하여 다른 국가에 원조하는 나라가 되었다. 이로써 우리나라는 공적 개발 원조를 받던 국가에서 원조를 하는 국가로 바뀐 최초 사례가 되었다. ㄷ. 아프리카와 남아시아의 국가들은 국제 원조를 받고 있는 경우가 많다.

12 제시된 인증 마크는 공정 무역 제품 표시이다. 공정 무역은 선진국과 저개발 지역 사이의 불공정한 무역을 개선하여 생산자에게 정당한 대가를 지급하는 무역 방식이다.
바로잡기 ㄱ. 생산 지역 주민의 소득 향상과 개발에 도움을 준다. ㄹ. 공정 무역 상품은 다국적 기업이 유통하는 상품에 비해 가격은 비싼 편이다.

올리드 포인트 **공정 무역의 성과와 한계**

성과	생산자에게 무역의 혜택이 돌아가게 함, 생산지의 빈곤 완화, 건강한 노동 환경 제공, 환경친화적 제품 소비 가능 등
한계	많은 비용과 노동력이 필요함. 상품의 가격이 비싼 편이고 판매점을 찾기 어려움

13 **예시답안** (가)는 경제 수준이 낮고 빈곤 문제가 나타나 원조를 받고 있는 저개발 국가들이며, (나)는 경제 및 생활 수준이 높아 주로 원조를 하고 있는 선진국이다.

구분	채점 기준
상	경제 수준과 연관 지어 원조를 하는 선진국과 원조를 받는 저개발 국가를 바르게 구분하여 서술한 경우
중	원조를 하는 선진국과 원조를 받는 저개발 국가를 구분하여 서술하였으나, 경제 수준을 연관 짓지 못한 경우
하	선진국과 저개발 국가만을 구분하여 서술한 경우

자료1 ❶ 카스피해 ❷ 팔레스타인 ❸ 카슈미르 ❹ 석유 ❺ 유대교, 이슬람교 ❻ 인도
자료2 ❶ 일본 ❷ 석유 ❸ 중국
자료3 ❶ 서부 유럽 ❷ 아프리카
자료4 ❶ 인간 개발 지수 ❷ 높게
자료5 ❶ 개발 원조 위원회(DAC) ❷ 아프리카
자료6 ❶ 공정 무역 ❷ 선진국 ❸ 개발 도상국

01 ② **02** ① **03** ③ **04** ③ **05** ① **06** ③ **07** ② **08** ④
09 ④ **10** ⑤ **11** ① **12** ⑤ **13** ② **14** ① **15** ② **16** ①
17 ③ **18** ③ **19** ② **20** ④

서술형 문제

21 (1) 카스피해 (2) **예시답안** 카스피해는 석유와 천연가스가 풍부하게 매장되어 있는 지역이다. 카스피해가 바다인지 호수인지에 따라 영역의 분할 방법이 달라져 자원을 확보할 수 있는 권리도 달라지기 때문에 연안국의 갈등이 심화되고 있다.
22 **예시답안** A 지역은 주로 선진국으로 1인당 국내 총생산(GDP), 성인 문자 해독률, 기대 수명, 행복 지수 등이 상대적으로 높게 나타난다.
23 **예시답안** 공정한 노동의 대가를 받게 되어 수익을 높일 수 있다.

01 아프리카의 수단, 소말리아, 에티오피아는 기아 문제를 겪고 있는 대표적인 나라들로, 굶주림에 고통 받는 어린이의 모습을 볼 수 있다.

02 기아 문제는 가뭄과 병충해, 급격한 인구 증가와 식량 분배의 국제적 불균형, 잦은 분쟁 등으로 식량 부족 문제가 발생하여 영양 결핍 인구가 증가하는 것이다.

03 아프리카의 동북부 지역은 유럽 열강의 이해관계에 따라 국경선이 결정되었다. 이로 인해 독립 이후에도 부족 경계와 국경선이 불일치하여 분쟁과 내전이 끊이지 않고 있다.

04 영역 분쟁은 영토와 영해의 영유권을 두고 주로 발생하며 종교과 언어 등 문화적 차이로 인한 갈등이 더해지면 더욱 심화된다.
바로잡기 ㄱ. 최근 육상 자원의 고갈로 영해를 둘러싼 갈등이 늘어나고 있다. ㄹ. 영역 갈등은 지속적인 대화와 협상, 국제기구 등을 통해 해결해야 한다. 당사국에만 맡겨 둘 경우 쉽게 해결되지 않는다.

05 지도의 (가)는 팔레스타인 지역이다. 제2차 세계 대전 이후 이슬람교도가 많은 팔레스타인 지역에 유대교를 믿는 이스라엘을 건국하면서 종교 및 민족, 영토 갈등이 시작되었다.

개념학습편

06 ㉠은 카슈미르로, 인도와 파키스탄 간의 영토 분쟁 지역이자 이슬람교도와 힌두교도 간의 종교 갈등 지역이다. 국제 연합의 중재로 영토가 분할되기는 하였으나 여전히 크고 작은 분쟁이 끊이지 않고 있다. 지도의 A는 다르푸르 지역, B는 카스피해, C는 카슈미르 지역, D는 북극해, E는 캐나다의 퀘벡주이다.

07 제시된 지역은 모두 민족과 종교 차이로 인한 분쟁이 발생하고 있는 지역이다.

08 A는 팔레스타인, B는 카스피해, C는 난사 군도, D는 북극해, E는 캐나다의 퀘벡주이다.

바로잡기 A는 이스라엘과 팔레스타인 간의 민족·종교 분쟁이고, E는 영어를 주로 사용하는 캐나다와 프랑스어를 사용하는 퀘벡주 간의 갈등이 나타난다.

09 난사 군도는 인도양과 태평양을 잇는 곳에 있어서 전략적 가치가 높고, 수산 자원이 풍부하고 석유가 매장되어 있어 영유권 분쟁이 있는 곳이다.

10 ㈎는 쿠릴 열도, ㈏는 센카쿠 열도(댜오위다오), ㈐는 난사 군도이다.

바로잡기 ㄱ. 쿠릴 열도는 현재 러시아가 실효 지배하고 있다. ㄴ. 센카쿠 열도와 난사 군도는 인근 해역에서 석유와 천연가스의 매장이 확인되면서 영유권 분쟁이 심해졌다.

11 인구 증가와 산업화로 인한 경제 개발 등으로 삼림이 제거되면서 동식물의 서식지가 사라지고, 외래종의 침입으로 생태계가 파괴되면서 생물 다양성이 감소하고 있다.

12 열대 우림은 아프리카 중부의 콩고 분지, 인도네시아와 말레이시아, 브라질의 아마존 분지 등에 주로 분포한다.

13 사하라 이남 아프리카에서 높은 수치를 보이는 A는 영양 부족 인구 비율이고, 유럽과 중동에서 높은 비율이 나타나는 B는 비만 인구 비율이다.

바로잡기 ㄴ, ㄹ. 영양 결핍으로 인한 기아 문제가 발생하는 지역에는 저개발 국가가 많으며, 교육 수준이 낮아 문맹률이 상대적으로 높다.

14 A 국가군은 1인당 국내 총생산(GDP)이 많은 선진국이고, B 국가군은 1인당 국내 총생산이 적은 저개발 국가이다. 인간 개발 지수와 행복 지수는 경제 및 생활 수준, 교육 수준이 높은 선진국에서 대체로 높게 나타난다.

15 A에는 유럽과 앵글로아메리카의 선진국이, B에는 중남부 아프리카의 저개발 국가가 많이 포함된다.

16 저개발 지역은 빈곤 문제 해결을 위해 다양한 노력을 하고 있다. 새천년 마을 발전 프로젝트는 국제 연합이 아프리카 10개국에 개발 원조 자금을 지원하여 학교와 병원, 전력 망, 도로 등을 건설하여 빈곤 문제를 완화하기 위해 진행한 사업이다.

17 보츠와나는 다이아몬드 수출로 얻은 소득을 사회 기반 시설과 교육에 투자하여 빠른 경제 성장을 이룩하였다.

18 국제 연합 산하의 전문 기구에는 어린이를 돕는 유엔 아동 기금(UNICEF), 난민을 지원하는 유엔 난민 기구(UNHCR), 세계의 질병을 책임지는 세계 보건 기구(WHO), 유엔 평화 유지군(PKF) 등이 있다.

바로잡기 ㄱ. 세계 무역 기구(WTO)는 자유 무역 증진을 위한 국제기구이다. ㄹ. 개발 원조 위원회(DAC)는 경제 협력 개발 기구(OECD)의 산하 기구이다.

19 제시된 글은 국제 비정부 기구(NGO)에 대한 것이다.

바로잡기 ② 유니세프는 국제 연합 산하의 전문 기구이다.

20 공정 무역 제품은 일반 제품에 비해 가격이 비싼 편이다. 최근 공정 무역 커피 등의 소비량이 증가하고 있기는 하지만 여전히 다국적 기업에 의해 유통되는 일반 상품이 많이 팔리고 있다.

21 (1) 카스피해

(2) **예시답안** 카스피해는 석유와 천연가스가 풍부하게 매장되어 있는 지역이다. 카스피해가 바다인지 호수인지에 따라 영역의 분할 방법이 달라져 자원을 확보할 수 있는 권리도 달라지기 때문에 연안국의 갈등이 심화되고 있다.

구분	채점 기준
상	카스피해를 바다 혹은 호수로 볼 경우 각국의 자원 확보가 달라짐을 포함하여 바르게 서술한 경우
중	카스피해를 바다 혹은 호수로 볼 경우 각국의 자원 확보가 달라짐을 서술하였으나 내용이 미흡한 경우
하	카스피해의 자원을 확보하기 위해서라고만 서술한 경우

22 **예시답안** A 지역은 주로 선진국으로 1인당 국내 총생산(GDP), 성인 문자 해독률, 기대 수명, 행복 지수 등이 상대적으로 높게 나타난다.

구분	채점 기준
상	선진국에서 높게 나타나는 발전 지표를 세 가지 서술한 경우
중	선진국에서 높게 나타나는 발전 지표를 두 가지만 서술한 경우
하	선진국에서 높게 나타나는 발전 지표를 한 가지만 서술한 경우

23 **예시답안** 공정한 노동의 대가를 받게 되어 수익을 높일 수 있다.

구분	채점 기준
상	생산자에게 나타나는 변화를 바르게 서술한 경우
하	생산자에게 나타나는 긍정적 변화를 미흡하게 서술한 경우

VII. 인구 변화와 인구 문제

① 인구 분포
2~5쪽

01 ⑤ 02 ② 03 ⑤ 04 ⑤ 05 ② 06 ③ 07 ⑤ 08 ③
09 ② 10 ⑤ 11 ② 12 ③ 13 ① 14 ④ 15 ① 16 ②
17 ①

18 예시답안 A는 아시아이다. 아시아는 넓은 평야와 계절풍의 영향으로 벼농사가 발달하여 인간 생활에 유리한 조건을 갖추고 있다.

19 (1) A, C (2) 예시답안 인구 밀집 지역은 냉·온대 기후가 나타나고, 인구 희박 지역은 건조하거나 고온 다습하여 거주에 불리하다.

20 예시답안 1960년대 산업화 이후 일자리가 많은 도시 지역으로 인구가 모여드는 이촌 향도 현상이 활발해져 수도권에는 우리나라 인구의 절반 정도가 거주하게 되었다.

02 바로잡기 ㄴ. 하천 유역의 넓은 평야 지역은 농경에 유리하기 때문에 인구가 밀집한다. ㄹ. 열대·건조·한대 기후 지역과 지형이 험준한 산지 지역은 인구가 희박하다.

03 바로잡기 ⑤ 전쟁과 분쟁이 자주 발생하는 대표적인 지역은 서남아시아와 북부 아프리카이다. 캐나다 북부 지역과 그린란드는 연중 기온이 낮기 때문에 사람들이 거주하기에 불리하다.

04 바로잡기 ① 너무 덥거나 추운 곳은 인구 밀도가 낮다. ② 오세아니아는 인구 희박 지역이다. ③ 북반구에 관한 설명이다. ④ 유목 지역보다 벼농사 지역의 인구 밀도가 더 높다.

05 A는 서부 유럽으로 산업 혁명의 발상지이며 인구가 밀집한 곳이다. B는 사하라 사막으로 건조하여 물을 구하기 어려워 인구가 희박하다. C는 몽골을 포함한 고원 지역으로 해발 고도가 높고 건조하여 거주에 불리하다. D는 동남 및 남부 아시아 지역으로 계절풍 기후가 나타나 벼농사가 발달해 많은 인구가 거주한다. E는 아마존강 유역으로 기온이 높고 열대 우림이 분포하여 거주에 불리하다.

06 그래프의 (가)는 아시아이다. 지도의 A는 유럽, B는 아프리카, C는 아시아, D는 북아메리카, E는 남아메리카이다.

07 바로잡기 ⑤ 오스트레일리아는 국토 면적의 4분의 3 정도가 건조 기후 지역으로 거주에 불리하여 인구 밀도가 낮다.

08 지도의 A는 사하라 사막, B는 오스트레일리아의 내륙 지역, C는 미국 북동부 지역이다.
바로잡기 ① C에 관한 설명이다. ② 아마존강 유역에 관한 설명이다. ④ A와 B는 건조 기후가 나타나 인구가 희박하다. ⑤ A~C 중 C의 인구 밀도가 가장 높다.

09 A는 서부 유럽, B는 인도, C는 중국, D는 미국 북동부 지역, E는 아마존강 유역이다.

10 제시된 기후 그래프는 연중 기온이 높고 강수량이 많은 열대 우림 기후로, 적도 부근의 아프리카 콩고 분지와 인도네시아, 아마존강 유역 등지에서 나타난다.

11 몽골은 국토 대부분이 건조하여 초원이 넓게 나타나며 주민들은 전통적으로 물과 풀을 찾아 이동하는 유목을 한다.

12 지도의 A는 서부 유럽, B는 동남 및 남부 아시아 지역이다. 그러므로 A에서 볼 수 있는 경관은 ③ 영국의 런던이다.
바로잡기 ①은 사하라 사막, ②는 그린란드, ④는 방글라데시, ⑤는 열대 우림이다.

14 바로잡기 ④ 산업화 이전의 우리나라는 농사에 유리한 남서부 지역에 인구가 밀집하였다.

16 A는 서울, B는 강원도 인제, C는 전라남도 해남, D는 울산광역시이다.
바로잡기 ㄴ. 강원도 인제는 태백산맥에 위치하여 지형이 험준하기 때문에 인구가 적게 거주한다. ㄷ. 전라남도 해남은 벼농사가 발달한 지역이지만 많은 인구가 도시로 빠져나가 인구 밀도가 낮다.

17 산업화 이후 일자리가 많은 대도시와 공업 도시로 인구가 이동하는 이촌 향도 현상이 본격적으로 나타나면서 농촌과 도시의 인구 밀도 차이가 커졌다.

18 예시답안 A는 아시아이다. 아시아는 넓은 평야와 계절풍의 영향으로 벼농사가 발달하여 인간 생활에 유리한 조건을 갖추고 있다.

구분	채점 기준
상	아시아를 정확하게 쓰고, 벼농사 발달 이유와 인구 밀집 간의 관계를 정확하게 서술한 경우
중	아시아를 정확하게 쓰고, 벼농사 발달 지역이라고 서술한 경우
하	아시아만 정확하게 쓴 경우

19 (1) A, C
(2) 예시답안 인구 밀집 지역은 냉·온대 기후가 나타나고, 인구 희박 지역은 건조하거나 고온 다습하여 거주에 불리하다.

구분	채점 기준
상	두 지역의 기후 모두 정확하게 서술한 경우
하	한 지역의 기후만 정확하게 서술한 경우

20 예시답안 1960년대 산업화 이후 일자리가 많은 도시 지역으로 인구가 모여드는 이촌 향도 현상이 활발해져 수도권에는 우리나라 인구의 절반 정도가 거주하게 되었다.

구분	채점 기준
상	이촌 향도 현상에 따른 수도권의 인구 집중을 서술한 경우
하	도시로 인구가 이동하였기 때문이라고 서술한 경우

❷ 인구 이동　6~7쪽

01 ⑤　**02** ②　**03** ③　**04** ⑤　**05** ④　**06** ④　**07** ③
08 (1) ㉠ 이촌 향도, ㉡ 역도시화　(2) **예시답안** ㉠ 이촌 향도는 촌락의 인구가 대도시나 공업 도시로 일자리를 찾아 이동한다. ㉡ 역도시화는 도시의 인구가 쾌적한 주거 환경을 찾아 주변 지역이나 촌락으로 이동한다.

03 ㉠은 강제적 이동이다. 지도의 A는 신항로 개척 이후 유럽인들이 식민지 개척을 위해 신대륙으로 이동한 것, B는 아시아에서 높은 임금을 받을 수 있는 선진국인 미국으로 이동한 것, C는 아프리카인들이 노예 무역으로 아프리카에서 아메리카로 이동한 것, D는 중국인들이 19세기 이후 일자리를 찾아 동남아시아로 이동한 것, E는 라틴 아메리카인들이 일자리를 찾아 미국으로 이동한 것이다.

04 **바로잡기** ①, ② 개발 도상국에서 선진국으로의 경제적 목적의 이동이 활발하다. ③ 출발지가 동부 및 동남아시아인 이동은 경제적 목적의 이동으로, 목적지는 대부분 아시아에 위치한 우리나라와 일본이다. ④ 과거 청교도들은 종교 탄압을 피해 아메리카로 이주하였다.

05 A는 개발 도상국에서 선진국으로 취업을 위해 떠나는 경제적 이동, B는 정치적 목적에 따른 북부 아프리카와 서남아시아 난민의 이동이다.
바로잡기 ㄴ. 경제적 이동(A)은 주로 개발 도상국에서 출발하여 선진국으로 향한다.

06 제시된 인구 이동은 1960년대 이후 우리나라에서 활발하게 일어난 이촌 향도 현상으로, 경제적 이동에 해당한다.
바로잡기 ①은 종교적 이동, ②는 난민의 정치적 이동, ③은 강제적 이동, ⑤는 주로 선진국에서 나타나는 쾌적한 환경을 갖춘 지역으로의 자발적 이동이다.

07 제시된 글은 역도시화에 관한 것이다. 그러므로 대도시에서 주변 지역으로 이동하는 ③번이 해당한다.
바로잡기 ①은 일제 강점기, ②는 1960년대 이후, ④는 광복 후, ⑤는 6·25 전쟁의 이동을 나타낸 것이다.

08 (1) ㉠ 이촌 향도, ㉡ 역도시화
(2) **예시답안** ㉠ 이촌 향도는 촌락의 인구가 대도시나 공업 도시로 일자리를 찾아 이동한다. ㉡ 역도시화는 도시의 인구가 쾌적한 주거 환경을 찾아 주변 지역이나 촌락으로 이동한다.

구분	채점 기준
상	㉠, ㉡ 인구 이동의 방향과 이유를 모두 바르게 서술한 경우
하	㉠, ㉡ 인구 이동의 방향과 이유 중 한 가지만 바르게 서술한 경우

❸ 인구 문제　8~11쪽

01 ③　**02** ④　**03** ③　**04** ⑤　**05** ⑤　**06** ④　**07** ③　**08** ⑤
09 ③　**10** ⑤　**11** ③　**12** ⑤　**13** ④　**14** ①　**15** ⑤　**16** ③
17 ①
18 **예시답안** 개발 도상국은 높은 출생률에 따른 폭발적 인구 증가로 식량 부족, 기아와 빈곤, 인구의 도시 집중과 같은 문제가 나타난다.
19 **예시답안** 가족계획 정책의 실시로 출생률이 낮아지면서 총인구 감소 및 노동력 부족 문제 등이 심화될 우려가 커지자 정부는 출산 장려 정책을 추진하게 되었다.
20 **예시답안** 우리나라는 저출산과 인구의 고령화가 빠른 속도로 진행되어 청장년층의 노인 부양 부담 증가가 나타나고 있다. 고령화 문제를 해결하기 위해서는 노인 복지 제도 확대, 연금 제도의 정비, 노인 일자리 제공, 실버산업 육성 등의 대책이 필요하다.

01 **바로잡기** ㄹ. 영아 사망률이 감소하면서 인구가 급증하였다. ㅁ. 인구 급증으로 출생률을 낮추기 위한 정책이다.

02 세계 인구 중 가장 많은 비중을 차지하는 A는 아시아이다.
바로잡기 ④ 세계 인구는 1950년대 이후에 급격히 증가하고 있는데, 이는 개발 도상국의 생활 환경이 개선되고 의학 기술이 발달하면서 인구가 폭발적으로 증가했기 때문이다.

03 제시된 인구 피라미드를 보면 노년층의 비율이 높고 유소년층의 비중이 낮으므로 저출산과 고령화 문제가 나타나는 선진국의 인구 구조이다.

04 제시된 국가들은 개발 도상국으로, 근대화 및 산업화, 생활 환경의 개선으로 영아 사망률이 감소하고 평균 수명이 연장되었다. 이 국가들은 대체로 경제 성장 속도가 인구 증가 속도를 따라가지 못해 기아와 빈곤 문제가 발생하고 있다.

05 출산 억제 정책과 인구 부양력을 높이기 위한 정책이 필요한 지역은 폭발적 인구 증가가 나타나는 개발 도상국이다.

07 선진국은 저출산·고령화로 노동력이 부족해지자 외국인 노동자의 유입을 적극적으로 수용하고 있다.

08 A 지역은 서부 유럽과 미국이다. 두 지역은 선진국이 밀집한 곳으로, 저출산과 고령화를 해결하기 위한 대책인 외국인 노동자 유입 확대 정책과 노인 복지 정책을 강화해야 한다.

10 ㈎는 1980년대 인구 급증으로 출산을 억제하기 위한 가족계획과 관련 있고, ㈏는 1990년대 남아 선호 사상에 따른 출생 성비 불균형 문제를 해결하기 위한 홍보 자료이다.

11 **바로잡기** ㄱ. 유소년층 부양 비용은 감소하고 노년층 부양 비용은 증가한다. ㄹ. 출산 장려 정책이 강화된다.

12 <mark>바로잡기</mark> ⑤ 합계 출산율을 높이기 위해서는 청장년층의 경제력이 안정되어야 하므로 청장년층의 취업 기회를 보장해야 한다. 또한 노인의 빈곤 문제를 해결하기 위해 정년 연장이나 재취업 기회를 제공해야 한다.

13 <mark>바로잡기</mark> ④ 합계 출산율이 낮아지면 인구가 정체되거나 감소하고 생산 가능 인구가 줄어들어 노동력 부족에 따른 경기 침체와 국가 경쟁력 약화가 발생할 수 있다.

14 <mark>바로잡기</mark> ㄷ. 2015년의 노년층 인구 비율은 13.2%이므로 고령화 사회에 해당한다. 고령 사회는 노년층 인구 비율이 20% 이상일 때이다. ㄹ. 합계 출산율이 낮아지고 있으므로 유소년층 인구 부양 비용은 감소하고, 고령화로 노년층 인구 부양비는 증가할 것이다.

15 <mark>바로잡기</mark> ⑤ 유소년층의 인구 비율이 계속 낮아지면 유소년층을 부양하는데 드는 비용은 감소하고 노인 인구를 부양하기 위한 재정 부담이 증가할 것이다.

16 <mark>바로잡기</mark> ③ 우리나라는 2000년대에 고령화 사회에 진입하였고, 2015년 기준으로 고령 사회 직전까지 왔다.

18 <mark>예시답안</mark> 개발 도상국은 높은 출생률에 따른 폭발적 인구 증가로 식량 부족, 기아와 빈곤, 인구의 도시 집중과 같은 문제가 나타난다.

구분	채점 기준
상	개발 도상국의 인구 문제를 세 가지 모두 서술한 경우
중	개발 도상국의 인구 문제를 두 가지만 서술한 경우
하	개발 도상국의 인구 문제를 한 가지만 서술한 경우

19 <mark>예시답안</mark> 가족계획 정책의 실시로 출생률이 낮아지면서 총인구 감소 및 노동력 부족 문제 등이 심화될 우려가 커지자 정부는 출산 장려 정책을 추진하게 되었다.

구분	채점 기준
상	출생률 감소에 따른 문제와 인구 정책 변화를 구체적으로 서술한 경우
하	저출산 현상 때문이라고만 서술한 경우

20 <mark>예시답안</mark> 우리나라는 저출산과 인구의 고령화가 빠른 속도로 진행되어 청장년층의 노인 부양 부담 증가가 나타나고 있다. 고령화 문제를 해결하기 위해서는 노인 복지 제도 확대, 연금 제도의 정비, 노인 일자리 제공, 실버산업 육성 등의 대책이 필요하다.

구분	채점 기준
상	저출산과 고령화라는 원인을 밝히고, 그 대책을 세 가지 모두 서술한 경우
중	원인 서술이 간략하고 대책을 두 가지 서술한 경우
하	원인과 대책 중 한 측면만 서술한 경우

VIII. 사람이 만든 삶터, 도시

① 세계의 다양한 도시
12~13쪽

01 ③ **02** ⑤ **03** ① **04** ③ **05** ④ **06** ③ **07** ②
08 <mark>예시답안</mark> 중국의 시안과 이탈리아의 로마는 역사와 문화 관련 유적이 많은 도시이다.

01 <mark>바로잡기</mark> ㄱ. 도시는 인구 밀도가 촌락보다 높게 나타난다. ㄹ. 촌락의 특징이며, 도시는 고층 건물이 밀집한다.

02 사진 (가)는 도시, (나)는 촌락의 경관이다. 촌락과 비교한 도시의 상대적 특성은 고층 건물이 많고 고령 인구가 적으며 공동체 의식이 약하다는 점이다. 또한 2·3차 산업 종사자 비율이 높고 편의 시설과 문화적 자원이 풍부하다.
<mark>바로잡기</mark> ①~④ 도시와 비교한 촌락의 상대적 특징이다.

03 고대 도시는 농업에 유리한 큰 강 유역에서 발생하였다. 산업 혁명 이후 석탄 산지를 중심으로 공업 도시가 발달하였다. 중세에는 상업 도시가 발달하였다.

04 (가)는 독일의 프라이부르크, (나)는 에콰도르의 키토에 관한 설명이다. 지도에서 A는 프랑스의 파리, B는 독일의 프라이부르크, C는 오스트레일리아의 시드니, D는 미국의 뉴욕, E는 에콰도르의 키토이다.

05 지도에 표시된 도시는 순서대로 런던(영국), 도쿄(일본), 뉴욕(미국)이다. 세 도시의 공통점은 다국적 기업의 본사가 모여 있고 자본과 정보가 집중하여 세계 경제의 중심적인 역할을 하는 것이다.

06 사진 ①은 홍콩의 야경, ②는 터키 이스탄불의 독특한 건축물, ③은 캐나다 옐로나이프의 오로라, ④는 미국 뉴욕의 스카이라인, ⑤는 영국 런던의 스카이라인이 나타나 있다. 독특한 자연 경관이 매력적인 도시는 오로라 관광으로 유명한 옐로나이프이다.

07 이스탄불(터키)과 카이로(이집트)는 역사적인 건축물이 많아 관광객의 방문이 끊이지 않는 역사·문화 도시이다.
<mark>바로잡기</mark> 을. 시드니는 오스트레일리아에 위치한 도시이다. 정. 브뤼셀에는 북대서양 조약 기구(NATO)와 유럽 연합(EU)의 본부가 있다. 국제 연합(UN) 본부는 뉴욕(미국)에 있다.

08 <mark>예시답안</mark> 중국의 시안과 이탈리아의 로마는 역사와 문화 관련 유적이 많은 도시이다.

구분	채점 기준
상	역사·문화 도시로서의 공통점을 정확하게 서술한 경우
하	공통점을 미흡하게 서술한 경우

② 도시의 경관　　　　　　　　　　14~15쪽

01 ③　**02** ③　**03** ④　**04** ③　**05** ①　**06** ⑤　**07** ②　**08** ④
09 (1) A-도심, B-부도심, C-주변 지역 (2) **예시답안** A 지역은 도심으로 고층 건물이 밀집한다. B 지역은 부도심으로 업무 및 상업 지구와 주택과 학교 등이 섞여 있다. C는 주변 지역으로 학교와 대규모 아파트 단지, 공장 등이 있고, 도시와 농촌의 모습이 혼재한다.

01 도심은 지가가 높아 토지를 집약적으로 이용하여 고층 건물이 밀집하며, 행정 및 금융 기관, 기업의 본사, 고급 상점 등이 나타난다.
바로잡기 ㄱ, ㄹ. 주변 지역에 나타나는 경관이다.

02 (가)는 중추 관리 기능을 수행하며 고층 건물이 밀집하는 지역이므로 도심이고, (나)는 다양한 규모의 주택·학교·공장이 입지하고 도시와 농촌의 모습이 혼재하므로 주변 지역이다.

03 제시된 자료는 개발 제한 구역에 관한 설명이다. 개발 제한 구역은 도시의 무질서한 팽창을 막기 위해 도시 주변 지역에 설정한 구역으로 다른 도시와의 경계가 되기도 한다.

04 도시 내부의 지역 분화는 다양한 기능이 서로 다른 입지 조건을 가지고 있기 때문에 나타난다. 이때 주요 원인은 접근성과 지가(땅값), 지대이다.
바로잡기 ③ 교통이 편리한 지역일수록 접근성과 지가, 지대는 모두 높다.

05 인구 공동화 현상은 주로 도심에서 나타나므로 ㉠에 들어갈 용어는 도심이다. 도시 내부 구조 모식도에서 A는 도심, B는 부도심, C는 주변 지역, D는 개발 제한 구역, E는 위성 도시이다.

06 모식도에서 A는 도심, B는 부도심, C는 주변 지역, D는 개발 제한 구역, E는 위성 도시이다.
바로잡기 ⑤ 위성 도시는 도시 외부에서 대도시의 기능을 분담하는 역할을 한다. 도시 내에서 도심의 기능을 분담하는 것은 부도심(B)이다.

07 A는 이심 현상으로 비싼 땅값을 지급할 수 없으며 넓은 토지가 필요한 주거 및 공업 기능이 주변 지역으로 향하는 현상을 말하며, 주택·학교·공장 등이 해당된다.

08 제시된 사진을 보면 A는 고층 건물이 빽빽한 도심, B는 대규모 아파트 단지가 건설된 주변 지역에 해당한다.
바로잡기 ㄱ. 도심은 접근성이 도시 내에서 가장 높다. ㄷ. 백화점이 여러 개 밀집한 곳은 도심으로, 주변의 교통 혼잡이 심각하다.

09 (1) A-도심, B-부도심, C-주변 지역
(2) **예시답안** A 지역은 도심으로 고층 건물이 밀집한다. B 지역은 부도심으로 업무 및 상업 지구와 주택과 학교 등이 섞

여 있다. C는 주변 지역으로 학교와 대규모 아파트 단지, 공장 등이 있고, 도시와 농촌의 모습이 혼재한다.

구분	채점 기준
상	세 지역의 경관을 모두 바르게 서술한 경우
중	두 지역의 경관만을 바르게 서술한 경우
하	한 지역의 경관만을 바르게 서술한 경우

③ 선진국과 개발 도상국의 도시화　　　　16~21쪽

01 ④　**02** ⑤　**03** ③　**04** ②　**05** ④　**06** ⑤　**07** ④　**08** ④
09 ②　**10** ②　**11** ③　**12** ③　**13** ④　**14** ③　**15** ④　**16** ②
17 ②　**18** ③　**19** ④　**20** ①　**21** ②　**22** ⑤　**23** ②　**24** ②
25 ①　**26** ②　**27** ③
28 **예시답안** A 국가는 경제가 발달한 선진국으로 현재 도시화의 종착 단계에 해당하고, B 국가는 경제 수준이 다소 낮은 개발 도상국으로 현재 도시화의 가속화 단계에 해당한다.
29 (1) A-초기 단계, B-가속화 단계, C-종착 단계 (2) **예시답안** 초기 단계인 A는 도시의 인구 비율이 매우 낮은 단계로 대부분의 인구가 촌락에 거주한다. B에서는 이촌 향도 현상이 일어나 도시화율이 급격히 증가한다. C에서는 도시 인구 비율의 증가가 점차 둔화되며 일부 지역에서는 역도시화 현상이 발생한다.
30 (1) 교통 문제 (2) **예시답안** (가) 지역은 짧은 시간에 많은 인구가 도시로 몰리면서 대중교통 수단 혹은 도로 시설이 부족하여 교통 문제가 발생한다. (나) 지역은 도심을 떠나 외곽 지역에 거주하는 사람들이 출근길에 몰리면서 발생하는 교통 문제이다.

01 도시화는 도시 수가 증가하거나 도시에 거주하는 인구 비율이 높아지고 2·3차 산업에 종사하는 인구가 증가하며 도시적 생활 양식이 확대되는 현상이다.
바로잡기 ㄱ. 도시화로 도시 면적이 넓어질 수 있지만, 국토 면적이 넓어지지는 않는다. ㄷ. 역도시화에 관한 설명이다.

02 도시에는 다양한 생활 편의 시설이 있어 이를 이용하는 주민의 생활 모습을 볼 수 있다.
바로잡기 ⑤ 손수 농사지은 쌀로 밥을 지었다는 것은 농업 활동이 이루어지고 있음을 의미하며, 이는 촌락에서 볼 수 있는 생활 모습이다.

03 제시된 자료에서 A는 유럽, B는 아프리카, C는 아시아, D는 오세아니아, E는 북아메리카, F는 남아메리카이다. 도시화율이 낮은 두 대륙은 아프리카와 아시아로, 두 대륙이 앞으로 세계의 도시화를 주도할 것이다.

04 총인구 중 도시에 거주하는 사람의 비율을 도시화율이라고 한다. 따라서 도시화율이 가장 높은 국가인 B가 도시 거주 인구 비율이 가장 높다.

05 도시화율을 통해 특정 지역 또는 국가의 산업 및 경제 발전 수준 정도를 파악할 수 있다.

06 2014년 기준으로 A 국가(중국)는 도시화의 가속화 단계, B 국가(미국)는 종착 단계에 해당하므로 A는 개발 도상국, B는 선진국이다.
바로잡기 ① 도시화율이 가장 높은 대륙은 북아메리카이다. ② 아시아의 도시화율은 아프리카보다 높다. ③ 대륙별 도시화율로 도시화의 진행 속도를 파악할 수 없다. ④ A 국가 도시화율의 변화 폭이 B 국가의 변화 폭보다 더 크다.

07 도시화 곡선의 A는 초기 단계이다. 도시화의 초기 단계는 1차 산업이 주를 이루고 인구 대부분이 촌락에 거주하여 도시 인구 비율이 매우 낮다.
바로잡기 ①, ②, ⑤ 종착 단계에서 주로 나타나는 현상이다. ③ 가속화 단계에 주로 나타나는 현상이다.

08 제시된 그래프에서 A는 초기 단계, B는 가속화 단계, C는 종착 단계에 해당한다.
바로잡기 ㄱ. 인구 집중에 따른 도시 문제는 가속화 단계에서 주로 나타난다. ㄷ. 가속화 단계에서는 이촌 향도가 본격적으로 진행되어 특정한 도시로 인구가 밀집하면서 국토의 불균형이 발생하기도 한다.

09 도시화의 종착 단계는 도시 인구 비율이 크게 증가하지 않거나 정체한다. 또는 도시 인구가 쾌적한 주거 환경을 찾아 주변 도시나 촌락으로 향하는 역도시화 현상이 나타나기도 한다.
바로잡기 ㄴ. 농업 사회는 도시화의 초기 단계에 해당한다. ㄷ. 이촌 향도는 도시화의 가속화 단계에서 활발하다.

10 ㈎는 도시화의 종착 단계에서 주로 발생하는 역도시화 현상이다.

11 제시된 기사에서 ㉠시는 도시 인구가 빠져나가는 역도시화 현상이 나타나고 있으며, ㉡시는 도시로 인구가 집중하는 이촌 향도 현상이 나타나고 있다.
바로잡기 ①, ② ㉠시는 역도시화 현상이 나타나는 도시화의 종착 단계에 해당하고, ㉡시는 이촌 향도 현상이 나타나는 도시화의 가속화 단계에 해당한다. ④ 도시화의 종착 단계에 해당하는 ㉠시의 경제 수준이 ㉡보다 높을 것이다. ⑤ 도시 문제는 가속화 단계에서 가장 심각하다.

12 선진국의 도시화는 산업의 발달과 함께 점진적으로 진행되었다. 오늘날 일부 지역에서는 쾌적한 환경을 찾아 촌락으로 이동하는 역도시화 현상이 나타나기도 한다.
바로잡기 ① 개발 도상국에 관한 설명이다. ② 선진국은 산업 혁명 이후 도시화가 진행되었다. ④, ⑤ 선진국 일부 지역에 쾌적한 환경을 찾아 도시를 떠나는 역도시화 현상이 나타나기도 한다.

13 A 지역은 서부 유럽과 미국으로 선진국에 해당하며, 선진

국은 산업화와 도시화의 역사가 길다. 산업 혁명 이후 도시화가 시작되어 점진적으로 진행되었으며, 현재는 도시화의 종착 단계에 해당한다.
바로잡기 ①, ②, ③, ⑤ 개발 도상국의 도시화에 관한 설명이다.

14 선진국과 개발 도상국의 도시화에 모두 영향을 준 것은 이촌 향도이다.

15 ㈎는 촌락을 떠나 산업화된 도시로 가는 이촌 향도를 나타낸 그림이고, ㈏는 도시를 떠나 주변 촌락으로 향하는 역도시화를 나타낸 그림이다. 도시화 곡선에서 A는 초기 단계 B는 가속화 단계, C는 종착 단계이다. 따라서 ㈎는 B 시기, ㈏는 C 시기와 연결할 수 있다.

16 ㈎는 1950년에 이미 종착 단계에 접어들었으므로 선진국, ㈏는 현재 가속화 단계이므로 개발 도상국, ㈐는 현재 도시화 속도가 느린 초기 단계로 도시화의 수준이 가장 낮은 상태이다. 지도에서 A는 영국, B는 니제르, C는 중국이므로 ㈎는 영국, ㈏는 중국, ㈐는 니제르로 짝지을 수 있다.

17 제시된 그래프에서 A는 선진국, B는 개발 도상국이다.
바로잡기 ② 선진국은 도시화의 역사가 길어 도시화가 완만하게 진행되었고, 개발 도상국은 단기간에 빠르게 진행되었다.

18 우리나라는 1960년 이후부터 촌락 인구의 비중이 줄어들었고 1970년 이후 인구의 절반 이상이 도시에 살고 있다.
바로잡기 ㄱ. 1960년 이후 도시화의 진행으로 도시 인구가 증가하였다. ㄷ. 2000년 전후를 비교하면 이전의 증가 속도가 더 빠르다.

19 수위 도시는 인구가 가장 많은 제1의 도시로, 우리나라에서는 서울이 이에 해당한다.

20 A 지역은 서부 유럽과 미국으로 선진국에 해당한다.
바로잡기 ㄷ. 실업 및 환경 문제는 선진국에서도 나타난다. ㄹ. 개발 도상국이 겪는 도시 문제이다.

21 제시된 사진은 뉴욕 도심에 형성된 불량 주거 지역인 슬럼의 모습이다. 도심에 불량 주거 지역이 형성된 이유는 노후화된 도심의 건물과 땅값 상승으로 삶의 질이 악화된 상황에 교외 지역에 쾌적한 주거 단지가 조성되면서 도시의 인구가 이동했기 때문이다.
바로잡기 ④ 사진에 나타난 슬럼에서 도심 재활성화가 진행되면 임대료는 상승하고 기존 거주민은 밀려나게 된다.

22 시설 노후화가 발생한 이유는 산업화와 도시화의 역사가 오래 되어 도시화의 초기 단계에 건설되었던 건물이나 주택 등이 낡고 노후화되었기 때문이다.

23 불량 주거 지역의 형성과 빈부 격차, 교통 혼잡과 쓰레기 처리 관련 환경 문제는 도시의 인구 급증으로 기반 시설이

나 각종 편의 시설이 부족하여 발생한다.

24 도시화가 서서히 진행된 A는 선진국, 도시화가 빠르게 진행된 B는 개발 도상국이다.

25 일부 선진국의 도시에서는 역도시화 현상이 나타나 도시에서 농촌으로 이주하고 있는 사람들로 도시 인구가 감소하는 현상이 나타나고 있다. 반면 개발 도상국의 도시에서는 촌락에서 도시로 인구가 유입하는 이촌 향도 현상으로 도시 인구가 급증해 도시 문제가 나타난다.

26 도심 재활성화를 통해 낙후 지역의 경제가 활기를 띠면서 지역 경쟁력이 상승하지만, 기존 거주민이 형성한 지역 공동체가 파괴된다는 문제가 나타나기도 한다.

27 제시된 자료에서 두 지역 모두 좁은 구역에 밀집한 가옥들이 보인다. 따라서 ㉠은 주택 문제이다. 그러나 도쿄는 높은 지가로 주택이 좁은 지역에 밀집한 상태이고, 리우데자네이루는 급격한 도시화로 주택 보급률이 낮아 집을 구하지 못한 빈민들이 불량 주거 지역을 형성한 것이다.

28 (예시답안) A 국가는 경제가 발달한 선진국으로 현재 도시화의 종착 단계에 해당하고, B 국가는 경제 수준이 다소 낮은 개발 도상국으로 현재 도시화의 가속화 단계에 해당한다.

구분	채점 기준
상	지역을 바르게 구분하고, 도시화 단계를 정확하게 서술한 경우
중	지역 구분과 도시화 단계 중 한 가지만 정확하게 서술한 경우
하	모두 미흡하게 서술한 경우

29 (1) A – 초기 단계, B – 가속화 단계, C – 종착 단계
(2) (예시답안) 초기 단계인 A는 도시의 인구 비율이 매우 낮은 단계로 대부분의 인구가 촌락에 거주한다. B에서는 이촌 향도 현상이 일어나 도시화율이 급격히 증가한다. C에서는 도시 인구 비율의 증가가 점차 둔화되며 일부 지역에서는 역도시화 현상이 발생한다.

구분	채점 기준
상	세 단계의 특징을 도시화율과 인구 이동의 측면에서 모두 바르게 서술한 경우
중	세 단계의 특징을 도시화율이나 인구 이동의 측면 중 하나만 바르게 서술한 경우
하	세 단계의 특징을 도시화율과 인구 이동의 측면에서 모두 미흡하게 서술한 경우

30 (1) 교통 문제
(2) (예시답안) ㈎ 지역은 짧은 시간에 많은 인구가 도시로 몰리면서 대중교통 수단 혹은 도로 시설이 부족하여 교통 문제가 발생한다. ㈏ 지역은 도심을 떠나 외곽 지역에 거주하는 사람들이 출근길에 몰리면서 발생하는 교통 문제이다.

구분	채점 기준
상	도시 문제의 차이점과 원인을 모두 정확하게 서술한 경우
중	도시 문제의 차이점과 원인 중 하나만 정확하게 서술한 경우
하	도시 문제의 차이점과 원인을 모두 미흡하게 서술한 경우

❹ 살기 좋은 도시   22~23쪽

01 ⑤   **02** ②   **03** ③   **04** ③   **05** ⑤   **06** ⑤   **07** ①   **08** ②
09 (1) 순천 (2) (예시답안) 살기 좋은 도시가 되기 위해서는 인간과 환경이 공존할 수 있도록 생태 환경이 우수해야 하고 경제적으로 안정된 상태여야 한다.

01 제시된 신문 기사 제목을 통해 교통 체증과 주차난 문제가 해당 지역에 나타나고 있음을 알 수 있다. 두 문제의 공통 발생 원인은 도시로의 인구와 기능 집중이다.

02 (바로잡기) ② 석탄과 석유 등의 화석 에너지 사용은 환경 오염, 특히 대기 오염의 발생 원인이 된다.

03 (바로잡기) ㄱ. 울산광역시는 우리나라의 대표적인 공업 도시이다. ㄹ. 국가 정원 제1호로 지정된 곳은 순천만 정원이다.

04 ㉠은 삶의 질이다.
(바로잡기) ㄱ, ㄹ. 삶의 질은 주관적 개념으로 소득 순위와 삶의 질 순위가 일치하는 것은 아니다.

05 (바로잡기) ㄱ. 너무 많은 인구가 유입되는 도시는 살기 좋은 도시가 되기 어렵다. 살기 좋은 도시는 적정한 인구 규모를 유지해야 한다. ㄴ. 소득은 높지만 물가가 높아 생활비 부담이 크면 살기 좋은 도시라고 보기 어렵다.

06 ㈎는 에스파냐의 빌바오, ㈏는 독일의 프라이부르크 사례이다. 두 도시 모두 도시 문제를 해결하여 살기 좋은 도시가 된 곳이다.

07 제시된 자료는 오스트레일리아의 멜버른에 관한 내용이다.

08 (바로잡기) ② ㈏에서 모든 시민의 평등을 실현해 가는 대표적인 다문화 도시라 하였으므로 민족의 단일성은 살기 좋은 도시의 조건이라 말할 수 없다.

09 (1) 순천
(2) (예시답안) 살기 좋은 도시가 되기 위해서는 인간과 환경이 공존할 수 있도록 생태 환경이 우수해야 하고 경제적으로 안정된 상태여야 한다.

구분	채점 기준
상	생태와 경제적 측면에서 두 가지를 모두 바르게 서술한 경우
중	생태와 경제적 측면 중 한 가지만 바르게 서술한 경우
하	생태와 경제적 측면 모두 서술하지 못한 경우

IX. 글로벌 경제 활동과 지역 변화

❶ 농업의 기업화와 세계화에 따른 변화 24~25쪽

01 ① **02** ② **03** ③ **04** ⑤ **05** ④ **06** ⑤

07 (1) 열대 (2) **예시답안** 과거에는 가족 노동력을 이용하여 소비할 만큼의 식량 작물을 생산하는 자급적 농업이 이루어졌지만, 현재는 대규모 농장에서 임금을 받는 농부들이 시장에 팔기 위한 상품 작물을 생산하는 상업적 농업으로 바뀌었다.

08 **예시답안** ㉠ 일자리 증가, 팜유의 국제적 판매 증가로 지역 경제 활성화 등, ㉡ 열대 우림 파괴, 수질 및 토양 오염 발생, 오랑우탄을 비롯한 다양한 생물 종의 멸종 위기 등

01 제시된 지도는 세계의 기업적 농업 지역으로 주로 기업적 목축과 기업적 곡물 농업이 이루어지는 지역이다.
바로잡기 ㄷ. 자급적 농업에 관한 설명이다. ㄹ. 열대 기후 지역에서 이루어지는 개발 도상국의 플랜테이션 농업에 관한 설명이다.

02 바나나의 생산부터 공급까지의 과정이 소수 대기업에 집중하여 이들의 시장 지배력이 높아지면서 대기업의 이윤 극대화 과정에서 바나나 가격의 안정성을 해칠 수 있다.
바로잡기 ② 농업 시장의 개방과 교통의 발달로 농산물의 생산지에서 소비지로의 국제 이동이 활발해지고 외국산 과일의 수입이 증가하게 되었다.

03 곡물 메이저는 전 세계에 곡물 생산지를 두고 곡물을 수출입하는 다국적 기업이다.
바로잡기 ① 곡물을 대규모로 생산한다. ② 곡물 시장에 미치는 영향력이 크다. ④ 곡물 생산과 가공, 유통의 전 과정을 담당한다. ⑤ 대규모 생산을 위해 화학 비료를 많이 사용한다.

04 농업 생산의 기업화로 개발 도상국의 경우 상품 작물 재배가 확대되면서 식량 부족 문제가 발생하기도 하고, 상품 작물의 국제 가격이 하락할 경우 농민들의 생활이 어려워지기도 한다.
바로잡기 ㄱ, ㄴ. 농업 생산의 기업화로 미국과 네덜란드 등 농업 선진국은 농사 기술에 정보 통신 기술을 접목해 농작물 재배의 생산성을 최대한 향상하고 있다.

05 식량 자급률은 한 나라의 식량 소비량 중 국내에서 생산 및 공급하는 식량의 비율이다. 우리나라는 과거에 자급했던 밀, 옥수수 등과 같은 식량 자원의 수입이 증가하면서 식량 자급률이 지속적으로 감소하고 있다. 식량 자급률이 낮을 경우 국제 곡물 가격이 급등하면 식량 부족 문제가 발생할 수 있다.

06 **바로잡기** ⑤ 수입 과일이 늘어나면서 국내산 과일에 관한 수요가 줄어들어 우리나라 농민의 수익이 줄어들고 있다.

07 (1) 열대
(2) **예시답안** 과거에는 가족 노동력을 이용하여 소비할 만큼의 식량 작물을 생산하는 자급적 농업이 이루어졌지만, 현재는 대규모 농장에서 임금을 받는 농부들이 시장에 팔기 위한 상품 작물을 생산하는 상업적 농업으로 바뀌었다.

구분	채점 기준
상	과거 자급적 농업 방식과 오늘날의 상업적 농업 방식을 비교하여 모두 바르게 서술한 경우
중	과거 자급적 농업 방식과 오늘날의 상업적 농업 방식을 비교하여 서술하였으나 미흡한 경우
하	오늘날의 상업적 농업 방식만 바르게 서술한 경우

08 **예시답안** ㉠ 일자리 증가, 팜유의 국제적 판매 증가로 지역 경제 활성화 등, ㉡ 열대 우림 파괴, 수질 및 토양 오염 발생, 오랑우탄을 비롯한 다양한 생물 종의 멸종 위기 등

구분	채점 기준
상	㉠과 ㉡에 들어갈 내용을 모두 바르게 서술한 경우
중	㉠과 ㉡에 들어갈 내용을 중 한 가지만 바르게 서술한 경우
하	㉠과 ㉡에 들어갈 내용을 중 한 가지를 서술하였으나 미흡하게 서술한 경우

❷ 다국적 기업의 발달과 지역 변화 26~29쪽

01 ⑤ **02** ③ **03** ② **04** ② **05** ③ **06** ① **07** ③ **08** ⑤
09 ① **10** ④ **11** ② **12** ② **13** ② **14** ③ **15** ①

16 **예시답안** A 생산 공장은 풍부하고 저렴한 노동력을 이용하기 위하여 개발 도상국에 입지한 반면, B 생산 공장은 무역 장벽을 극복하고 시장을 확대하기 위해 선진국에 입지하였다.

17 **예시답안** ㉠ 시기에는 다국적 기업의 공장이 들어서면서 일자리가 생기고 관련 산업이 발달하면서 경제가 활성화되었다. 그러나 ㉡ 시기에 생산 공장이 해외로 이전하면서 실업률이 증가하고 지역 경제가 침체되었다.

01 교통과 통신의 발달로 세계 여러 지역 간 교류가 늘면서 전 세계를 대상으로 생산, 소비와 같은 경제 활동을 하게 되었다. 또한 세계 무역 기구(WTO)의 출범과 자유 무역 협정(FTA)의 확대로 자본과 기술, 상품과 서비스의 국제 이동이 활발해졌다.

02 ㉠은 국경을 넘어 세계적으로 생산과 판매 활동을 하는 다국적 기업이다.
바로잡기 ③ 다국적 기업은 생산비와 인건비를 줄이고 시장을 개척하기 위해 생산 공장과 영업 지점 등을 세계 여러 국가로 분산하는 과정에서 발달한다.

03 H 자동차는 국내 및 해외에서 생산 활동이 이루어지고 있으므로 다국적 기업이다.

바로잡기 ② 자동차 생산량은 국내보다 해외가 더 많다.

04 (가) 단계는 기업의 조직을 확대해 가는 단계로 기업 경영이 아직 국내에 머물러 있으므로 다국적 기업의 형태가 아니다. 그러나 (나) 단계는 국외에 생산 공장을 설립하여 다국적 기업의 조직이 완성된 단계이다.

바로잡기 ㄴ. 다국적 기업은 국내 기업에 비해 판매 시장의 범위가 넓다. ㄹ. 기업의 기능이 세분화되어 공간적 분업이 활발해지기 때문에 의사 결정 기능은 선진국에 위치한 본사가, 생산 기능은 개발 도상국에 위치한 공장이 담당한다.

05 여러 나라의 부품과 기술력을 이용하여 스마트폰을 생산하고 있다. 이렇게 다국적 기업은 여러 기능의 공간적 분업을 통해 생산성을 높이는 전략을 택한다.

바로잡기 ①, ② 최종 조립 공장은 생산비를 절감할 수 있는 개발 도상국인 중국에 위치한다. ④, ⑤ 부품 생산과 조립은 서로 멀리 떨어진 국가에서 진행되고 있다.

06 미국에는 △△사 전체를 관리하고 경영 전략을 세우는 본사가 위치한다.

바로잡기 ② 연구소가 위치한 캐나다는 고임금의 전문 인력이 많다. ③, ④ 제품 생산이 이루어지는 중국과 베트남은 상대적으로 임금이 저렴하다. ⑤ 티셔츠가 판매되는 대한민국과 여러 나라는 제품에 관한 수요가 큰 지역이다.

07 A는 연구소로 전문 기술 인력을 확보하기 쉽고 연구 및 교육 시설이 잘 갖추어진 곳에 주로 들어선다. B는 생산 공장으로 노동력이 풍부하고 지가가 저렴한 개발 도상국에 주로 입지한다.

08 다국적 기업은 주로 선진국에 본사를 두고, 판매 시장 확보를 위해 다른 선진국에 생산 공장을 세우거나 저렴한 노동력과 원료 등의 확보를 위해 개발 도상국에 생산 공장을 세우기도 한다.

09 미국은 디자인과 핵심 기술(충격 흡수 소재)을 연구하는 곳으로 본사가 위치한 곳이다. 베트남은 운동화가 최종 생산되는 곳으로 인건비와 지가가 저렴하여 생산비를 줄일 수 있는 곳이다.

10 다국적 기업은 생산비를 줄여 이윤을 극대화하고 기업의 효율성을 높이기 위해 공간적 분업을 한다.

11 ㉠에 들어갈 용어는 '무역 장벽'이다.

바로잡기 ①은 경제 블록, ③은 산업 공동화, ④는 세계 무역 기구(WTO), ⑤는 자유 무역 협정(FTA)에 관한 설명이다.

12 생산 공장이 계속 이전하는 이유는 인건비를 절감하기 위해서이다. 신발 및 의류 제조와 같은 노동 집약적 공업은 저임금의 노동력 확보가 중요하다.

13 다국적 기업의 생산 공장이 중국에서 동남아시아로 이전하면서 생산 공장이 철수한 중국은 실업자가 증가하고 소득이 줄어들어 지역 경제가 침체될 수 있다.

14 베트남에 생산 공장을 지으려는 다국적 기업의 투자가 증가하고 있다. 베트남에서는 고용 증가 및 실업률 감소, 지역 경제 활성화, 기술 및 경영 기법 습득 등의 긍정적 영향이 나타난다. 그러나 환경 오염 가능성 증대, 국내 산업 경쟁력 약화 등의 부정적 영향이 나타날 수 있다.

15 다국적 기업의 생산 공장이 들어서면 일자리가 증가하고 인구가 증가하면서 지역 경제가 활성화될 수 있다.

16 **예시답안** A 생산 공장은 풍부하고 저렴한 노동력을 이용하기 위하여 개발 도상국에 입지한 반면, B 생산 공장은 무역 장벽을 극복하고 시장을 확대하기 위해 선진국에 입지하였다.

구분	채점 기준
상	A, B 생산 공장의 입지 이유를 모두 바르게 서술한 경우
중	A, B 생산 공장의 입지 이유 중 하나만 바르게 서술한 경우
하	A, B 생산 공장의 입지 이유 모두 미흡하게 서술한 경우

17 **예시답안** ㉠ 시기에는 다국적 기업의 공장이 들어서면서 일자리가 생기고 관련 산업이 발달하면서 경제가 활성화되었다. 그러나 ㉡ 시기에 생산 공장이 해외로 이전하면서 실업률이 증가하고 지역 경제가 침체되었다.

구분	채점 기준
상	㉠, ㉡ 시기의 지역 변화를 모두 바르게 서술한 경우
중	㉠, ㉡ 시기의 지역 변화 중 하나만 바르게 서술한 경우
하	㉠, ㉡ 시기의 지역 변화 모두 미흡하게 서술한 경우

❸ 세계화 시대의 서비스 산업 변화　30~33쪽

01 ②　**02** ①　**03** ①　**04** ⑤　**05** ④　**06** ⑤　**07** ③　**08** ①
09 ①　**10** ④　**11** ①　**12** ③　**13** ④　**14** ④

15 **예시답안** 해외 직접 구매가 증가하면서 국내에서 살 수 없는 물건을 구입할 수 있게 되었고, 오프라인보다 저렴한 가격으로 구매가 가능해졌다. 그러나 국내 온라인 쇼핑 업체나 해외 상품을 수입하여 판매하는 업체는 수익이 감소하게 될 것이다.

16 **예시답안** ㉠ 일자리가 증가하고 관련 산업이 성장한다. ㉡ 고용 불안정이 증대되고 외국 기업에 대한 의존도가 높아진다.

01 **바로잡기** ① 재화에 관한 설명이다. ③ 서비스 산업은 표준화가 어렵고 기계화 수준이 낮기 때문에 찾는 사람이 증가할수록 노동력이 많이 필요하다. ④ 생산자 서비스업에 해당한다. ⑤ 소비자 서비스업에 해당한다.

02 A 국가들은 서비스 산업의 비중이 높고 경제 발전 수준도 높은 선진국이 대부분이고, B 국가들은 서비스 산업의 비중이 낮고 경제 발전이 수준도 상대적으로 낮은 개발 도상국이 대부분이다. 개발 도상국은 농업 종사자 비율이 높고 서비스업 종사자 비율이 낮다.

03 제시된 지도의 A는 차드, B는 중국, C는 미국이다. 경제 발전 수준이 낮은 차드는 농업 중심의 경제 구조로 1차 산업 비중이 높은 반면, 경제 발전 수준이 높은 미국은 3차 산업 비중이 높다. 중국의 경우 공업화가 빠르게 진행되고 있어 2차 산업의 비중이 높다. 따라서 1차 산업 비중이 높은 (가)는 차드(A), 2차 산업 비중이 높은 (나)는 중국(B), 3차 산업 비중이 높은 (다)는 미국(C)이다.

04 다국적 기업의 콜센터는 전화와 온라인으로 업무를 처리하기 때문에 고객과 근접할 필요가 없으며, 저렴한 인건비와 영어 회화 능력을 갖춘 곳을 사업 지역으로 선호한다.

05 경제 활동의 시간적·공간적 제약이 감소되면서 식당과 편의점, 대형 상점 등은 세계 여러 지역으로 확대되고 있다. 반면 광고 및 금융, 영화 제작 산업 등과 같은 전문화된 서비스업은 서비스를 받는 기업이 집중해 있으며 고급 정보를 획득할 수 있는 주요 대도시에 집중된다.

06 (가)는 기존 상거래, (나)는 전자 상거래이다. 전자 상거래는 소비자가 상점을 방문할 필요 없이 상품을 구매하고 원하는 곳에서 받을 수 있는 편리함으로 빠르게 성장하고 있다.

07 인터넷을 통해 전 세계와 연결된 온라인 환경과 간편한 결제 수단의 이용이 가능해지면서 해외 직접 구매 방식이 활성화될 수 있었다.
바로잡기 ③ 해외 직접 구매가 늘어나면서 소비자는 오프라인보다 저렴한 가격으로 상품을 구매할 수 있게 되었지만, 국내 온라인 쇼핑 업체의 수익성은 악화될 수 있다.

08 제시된 그래프를 통해 해외 직접 구매 규모가 급성장하고 있음을 알 수 있다. 인터넷과 스마트폰을 이용한 서비스 제공이 활발해지면서 서비스의 범위가 해외까지 확대되고 있으며, 해외 배송 관련 업체들이 다양한 형태로 발달하면서 해외 직접 구매가 활발해지고 있다.

09 전자 상거래의 발달로 소비자에게 직접 물건을 배송해 주는 택배 산업 등의 유통 산업이 발달하게 되었다. 이에 따라 공항이나 고속 도로, 철도역, 항만 등 운송이 유리한 지역에 대규모의 물류 창고가 들어서는 경우가 늘고 있다.

10 유통의 세계화란 생산과 서비스를 연결하는 유통이 국가를 초월하여 전 세계적으로 확대되는 것을 의미한다. 편의점이나 대형 마트를 운영하는 다국적 유통 업체들이 세계 각 지역으로 진출하면서 유통의 세계화가 이루어지고 있다.

11 **바로잡기** ㄷ. 소비자는 물건을 저렴하게 구입할 수 있게 된다. ㄹ. 다국적 유통 업체는 현지의 시장을 조금씩 차지하여 중소 상인과 유통 업체, 전통 시장과 같은 기존 소매업자들은 피해를 보기도 한다.

12 전자 상거래의 활성화로 소비자가 직접 찾아가 구매하는 상점은 줄어들고 있다. 또한 전 세계적으로 관광 산업이 발달하고 있다. 최근에는 여행을 즐기는 차원에서 벗어나 영화, 음악, 축제 등을 활용한 체험 관광과 공정 여행이 주목받고 있다.

13 관광 산업이 발전하면 지역의 고용 창출과 소득 증가 등의 다양한 경제 효과가 나타난다. 그러나 관광 시설 건설과 도로 확장 등으로 자연환경이 파괴되거나 지나친 상업화로 지역의 고유문화가 사라지는 경우가 있다.

14 제시된 여행 방식은 현지의 자연과 문화를 존중하고 현지인에게 이익이 많이 돌아가는 소비를 하며 환경 피해를 최소화하는 공정 여행 방식이다. '착한 여행', '책임 여행'이라고도 불린다.

15 **예시답안** 해외 직접 구매가 증가하면서 국내에서 살 수 없는 물건을 구입할 수 있게 되었고, 오프라인보다 저렴한 가격으로 구매가 가능해졌다. 그러나 국내 온라인 쇼핑 업체와 해외 상품을 수입하여 판매하는 업체는 수익이 감소하게 될 것이다.

구분	채점 기준
상	긍정적 효과와 부정적 효과를 모두 바르게 서술한 경우
중	긍정적 효과와 부정적 효과 중 하나만 바르게 서술한 경우
하	긍정적 효과와 부정적 효과 모두 미흡하게 서술한 경우

16 **예시답안** ㉠ 일자리가 증가하고 관련 산업이 성장한다. ㉡ 고용 불안정이 증대되고 외국 기업에 대한 의존도가 높아진다.

구분	채점 기준
상	콜센터 입지에 따른 긍정적 영향과 부정적 영향을 모두 바르게 서술한 경우
중	콜센터 입지에 따른 긍정적 영향과 부정적 영향 중 하나만 바르게 서술한 경우
하	콜센터 입지에 따른 긍정적 영향과 부정적 영향 모두 미흡하게 서술한 경우

시험대비편

X. 환경 문제와 지속 가능한 환경

① 기후 변화　　　　　　　　34~37쪽

01 ⑤　**02** ⑤　**03** ③　**04** ⑤　**05** ②　**06** ②　**07** ③　**08** ③
09 ①　**10** ④　**11** ①　**12** ②　**13** ⑤　**14** ③　**15** ④　**16** ⑤
17 ⑤　**18** ③　**19** ②

20 (1) **예시답안** 산업 혁명 이후 화석 연료 사용 증가, 도시화와 무분별한 삼림 개발 등 (2) **예시답안** 극지방과 고지대의 빙하가 녹아 내려 해수면이 상승한다. 태풍·홍수·가뭄 등 다양한 기상 이변이 발생한다. 식생 분포 등 생태계의 변화가 나타난다 등

21 **예시답안** • ㉠ : 우리는 현재 산업화를 통한 경제 발전이 중요합니다. 또한 오늘날의 지구 온난화는 선진국의 산업화로 인해 나타난 문제이므로, 선진국에서 먼저 온실가스 배출을 줄여야 합니다.
• ㉡ : 현재 세계적으로 배출되고 있는 온실가스의 대부분은 개발 도상국에서 발생하고 있습니다. 따라서 개발 도상국도 온실가스 감축 노력에 동참해야 합니다.

01 일정 지역에서 장기간에 걸쳐 나타나는 기후의 평균적 상태가 변화하는 현상을 기후 변화라고 한다.

02 화석 연료 등 에너지 사용 증가, 삼림 개발, 농업 면적 확대, 쓰레기 매립과 소각 등은 인간의 활동으로 지구 환경 변화에 영향을 미치는 것들이다.

03 인간 활동의 영향으로 온실 효과가 확대되어 지구의 평균 기온이 상승하게 된다.
바로잡기 ㄱ. 해수면 상승으로 침수 면적이 확대된다. ㄹ. 대기 중 이산화 탄소의 농도가 증가한다.

04 자연 상태의 지구에서 인간의 다양한 활동으로 온실가스 배출이 증가하면 지구 평균 기온이 상승하는 지구 온난화 현상이 발생하게 된다. 따라서 A에는 이산화 탄소 배출 증가가 들어갈 수 있다.

05 산업화와 도시화 이후 나타난 화석 연료의 과다 사용과 무분별한 삼림 벌채 등의 인간 활동으로 인해 온실가스의 배출량이 증가하였다.

06 이산화 탄소 등의 온실가스 배출량이 증가하면 지구의 평균 기온도 꾸준하게 상승하는데, 이러한 현상을 지구 온난화라고 한다.

07 온실 효과에 의한 지구 기온 상승으로 해수면 상승, 생태계 변화, 가뭄과 폭우 등 기상 이변 증가 등의 문제가 나타난다.
바로잡기 ③ 극지방과 고지대의 빙하가 녹아 축소된다.

08 극지방에서는 지구 기온 상승으로 인해 빙하가 녹아서 축소되는 문제가 발생하고 있다.

09 투발루 등 해발 고도가 낮은 지역에서는 지구 온난화로 인해 해수면이 상승하면서 국토의 침수 피해를 겪고 있다.

10 인삼은 기온이 너무 높은 곳에서는 재배가 불가능한 작물이다. 따라서 지구의 평균 기온이 상승하면 인삼의 재배 조건이 지금보다 불리해져 재배 면적은 줄어들게 된다.

11 지구 온난화로 인해 꽃의 개화 시기가 빨라지거나 외래 동식물이 유입되어 생태계를 교란하는 문제가 발생하고 있다. 또한 해수 온도의 변화로 인해 난대성 어종이 유입되는 등의 변화가 나타나고 있다.

12 기상 이변은 평균과 다른 기상 현상이 나타나는 것으로 태풍의 강도가 강해지거나 가뭄, 폭우, 홍수, 폭설 등의 현상이 빈번해지는 것을 말한다. 또한 지구 온난화로 인해 여름철 폭염과 열대야 등이 증가하기도 한다.

13 지구적 차원의 기상 이변으로 인해 겨울철 기온이 상승하여 눈이 내리지 않거나 툰드라 지역의 영구 동토층이 녹아 주택이 붕괴하는 등의 문제가 발생하고 있다.

14 지구의 평균 기온 상승으로 A 지역, 즉 북극의 빙하가 녹으면서 새로운 항로가 개척되는 긍정적인 효과도 나타나고 있다. 북극 항로 개척으로 선박의 운항 시간과 물류비의 절감이 기대되고 있다.

15 기후 변화는 식생 분포에 큰 영향을 미치게 된다. 지구의 평균 기온 상승으로 식물의 개화 시기가 빨라지고 고산 식물의 서식지 범위가 줄어들거나 멸종 위기 생물 종이 많아진다. 무엇보다 농작물 재배에 나쁜 영향을 주어 인간의 생존에도 위협을 미치게 된다.

16 기후 변화는 세계 곳곳에서 발생하고 있으며, 그 피해 역시 전 세계적으로 나타나고 있다. 또한 기후 변화의 원인을 제공하는 지역과 피해 지역이 다르게 나타나는 경향이 있어 지구적 차원에서 공동의 노력과 협력이 필요하다.

17 세계 이산화 탄소의 배출량은 산업화가 활발한 지역에 집중되어 있다. 또한 산업 규모가 크고 경제가 발달하였으며 인구 규모가 큰 국가일수록 이산화 탄소의 배출량이 많은 편이다.

18 우리나라는 탄소 배출량이 동종 제품의 평균 배출량보다 적은 제품에 저탄소 제품 인증을 해 줌으로써 온실가스 배출을 줄이기 위해 노력하고 있다.

19 2015년에 맺어진 파리 협정은 2020년 이후 적용할 신기후 체제로, 교토 의정서(1997년)를 대체하는 것이다. 교토 의

42 바른답·알찬풀이

정서는 선진국에만 온실가스 감축 의무가 있었지만, 파리 협정에서는 197개의 기후 변화 당사국이 모두 감축 목표를 지켜야 한다.

20 (1) **예시답안** 산업 혁명 이후 화석 연료 사용 증가, 도시화와 무분별한 삼림 개발 등

(2) **예시답안** 극지방과 고지대의 빙하가 녹아 내려 해수면이 상승한다, 태풍·홍수·가뭄 등 다양한 기상 이변이 발생한다, 식생 분포 등 생태계의 변화가 나타난다 등

구분	채점 기준
상	지구 온난화와 관련된 환경 문제를 세 가지 이상 바르게 서술한 경우
중	지구 온난화와 관련된 환경 문제를 두 가지만 바르게 서술한 경우
하	지구 온난화와 관련된 환경 문제를 한 가지만 바르게 서술한 경우

21 **예시답안** • ㉠ : 우리는 현재 산업화를 통한 경제 발전이 중요합니다. 또한 오늘날의 지구 온난화는 선진국의 산업화로 인해 나타난 문제이므로, 선진국에서 먼저 온실가스 배출을 줄여야 합니다.

• ㉡ : 현재 세계적으로 배출되고 있는 온실가스의 대부분은 개발 도상국에서 발생하고 있습니다. 따라서 개발 도상국도 온실가스 감축 노력에 동참해야 합니다.

구분	채점 기준
상	개발 도상국과 선진국의 입장에서 각각 의견을 바르게 서술한 경우
중	개발 도상국과 선진국의 입장에서 서술하였으나 내용이 미흡한 경우
하	개발 도상국 또는 선진국의 의견을 한 가지만 바르게 서술한 경우

❷ 산업 이전에 따른 환경 문제   38~39쪽

01 ⑤ **02** ⑤ **03** ① **04** ④ **05** ③ **06** ④ **07** ④ **08** ①
09 **예시답안** 호수의 물이 감소하게 되고, 장미 재배를 위한 비료와 농약 사용이 증가하면서 수질 오염 및 토양 오염이 나타난다.

01 세계화로 인한 국제 교류 활성화, 선진국의 임금 상승과 선진국의 환경 규제 강화 등으로 인해 공해 유발 산업의 해외 이전이 이루어지고 있다. 이에 따라 방글라데시 등지로 의류 산업 등이 이전하고 있다.

02 의류 산업이 유입됨에 따라 염색 과정 등에서 다량의 폐수가 발생하게 되고, 이로 인해 수질 오염이 심화되어 주민들은 각종 질병에 시달리는 문제점이 나타난다.

03 개발 도상국은 제조 설비 등이 낙후되어 오염 물질 발생이 많으며, 화학 및 금속 공업 등 제조업의 비중이 높다. 또한 환경보다 경제 성장 우선 정책을 추진하고 있어 환경 오염이 가속화되고 있다.

바로잡기 ① 선진국에 비해 개발 도상국은 환경 관련 규제가 느슨한 편이다.

04 선진국은 오염 물질 배출을 최소화할 수 있는 청정 산업과 고부가 가치 산업을 주로 유치하고, 오염 물질을 배출하는 산업을 개발 도상국으로 이전시키고 있다.

05 1급 발암 물질로 규정된 석면 관련 규제가 강화되면서 공해 유발 산업인 석면 산업은 선진국에서 개발 도상국으로 이전되고 있다.

06 전자 쓰레기는 주로 선진국을 중심으로 많은 양이 발생하고 있으며, 대부분 개발 도상국에서 처리되고 있다. 전자 쓰레기의 국제 이동량 증가로 인해 개발 도상국은 각종 환경 문제와 주민들의 질병 문제가 나타나고 있다.

07 과일을 비롯한 다양한 농작물이 임금과 땅값이 저렴한 개발 도상국에서 플랜테이션 형태로 재배되고 있다. 이를 통해 개발 도상국은 일자리 창출 및 경제 성장 효과가 나타날 수 있지만, 토양의 황폐화, 물 부족, 토양 및 식수 오염 등 환경 문제가 심각해졌다.

08 바젤 협약은 유해 폐기물의 발생을 최소화하며, 이들 폐기물의 국제적 이동을 제한하기 위한 국제 협약이다.

09 **예시답안** 호수의 물이 감소하게 되고, 장미 재배를 위한 비료와 농약 사용이 증가하면서 수질 및 토양 오염이 나타난다.

구분	채점 기준
상	호수의 물 감소, 수질 및 토양 오염 등의 내용을 바르게 서술한 경우
중	호수의 물 감소, 수질 및 토양 오염 발생 중 일부 내용만 포함하여 서술한 경우
하	호수의 물 감소, 수질 및 토양 오염 발생 중 한 가지 내용만 서술한 경우

❸ 생활 속 환경 이슈   40~41쪽

01 ② **02** ② **03** ③ **04** ⑤ **05** ④ **06** ④ **07** ④ **08** ②
09 **예시답안** • ㉠ : 새로운 생명체를 인위적으로 만들면 생물 다양성을 파괴하고 생태계를 교란할 위험이 있습니다.

• ㉡ : 병충해에 잘 견디고 생산성을 향상시킬 수 있어 생산량 증대에 도움을 줍니다.

01 환경 이슈는 환경 문제 중에서 각자의 이해관계에 따라 서로 다른 주장이 제기되는 문제를 의미한다.

02 환경 이슈는 그림의 사례와 같이 일상생활에서 접하는 환경 문제 중 다양한 이해관계와 가치관 등에 따라 서로 다른 주장이 제기된다.

바로잡기 ① 각자의 입장이 달라 결론을 내기가 쉽지 않다. ③, ⑤ 주민들의 이익이나 환경 보호를 최우선으로 하지는 않는다. ④ 최근에는 많은 환경 이슈가 발생하고 있다.

03 지구 온난화, 기후 변화 등은 세계적 차원에서 발생하는 대표적인 환경 이슈이다. 황사, 산성비, 신공항 건설, 생활 하수 문제 등은 국가 및 지역적 자원의 환경 이슈이다.

04 유전자 변형 농산물은 병충해에 강하고 많은 양을 생산할 수 있는 장점이 있으나 인체 안전성이 검증되지 않았다는 문제점이 있다.

05 로컬 푸드는 지역에서 생산된 먹거리를 그 지역에서 소비하자는 운동이다. 이를 통해 식품의 신선도와 안전성이 확보되고 온실가스를 감축할 수 있으며 지역 농민에게 많은 수익이 돌아가게 된다.

바로잡기 ㄱ. 식품의 이동 거리가 멀지 않아서 푸드 마일리지는 낮다. ㄷ. 지역에서 생산되어 소비되므로 방부제를 거의 사용하지 않는다.

06 미세 먼지는 중국에서 주로 발생하여 우리나라에 영향을 미치고 있다. 최근 미세 먼지의 발생 빈도가 잦아져 이로 인한 문제가 심각하게 발생하고 있다.

07 빛 공해, 화학 제품 사용으로 인한 문제, 케이블카 건설, 원자력 발전소 건설 등 일상생활에서 다양한 환경 이슈가 발생하고 있다.

08 생활 속 환경 문제 해결을 위해 환경 보전 활동에 참여하고, 자전거 타기, 대중교통 이용, 저탄소 제품 사용, 에너지 절약 생활, 쓰레기 분리 배출, 법과 제도 정비 등의 노력이 필요하다.

09 **예시답안** • ㉠ : 새로운 생명체를 인위적으로 만들면 생물 다양성을 파괴하고 생태계를 교란할 위험이 있습니다.
• ㉡ : 병충해에 잘 견디고 생산성을 향상시킬 수 있어 생산량 증대에 도움을 줍니다.

구분	채점 기준
상	환경 단체와 생산자의 입장에서 모두 바르게 서술한 경우
중	환경 단체와 생산자의 입장을 서술하였으나 내용이 미흡한 경우
하	환경 단체와 생산자의 입장 중에서 한 측면만 바르게 서술한 경우

XI. 세계 속의 우리나라

❶ 우리나라의 영역과 독도의 중요성 42~45쪽

01 ③ **02** ⑤ **03** ② **04** ② **05** ① **06** ② **07** ② **08** ①
09 ⑤ **10** ④ **11** ⑤ **12** ⑤ **13** ⑤ **14** ③ **15** ③ **16** ①
17 ① **18** ①

19 **예시답안** A는 가장 바깥쪽의 섬들을 연결한 직선 기선, B는 썰물 때의 해안선을 기준으로 한 통상 기선을 적용하여 영해를 설정하고 있다.

20 **예시답안** 독도는 우리나라의 가장 동쪽 끝에 위치해 있으며, 일본보다 우리나라와 더 가까운 우리 고유의 영토이다.

21 **예시답안** 독도 주변 바다는 한류와 난류가 만나 조경 수역을 형성하여 어족이 풍부하고 수산업 발달에 유리하다.

01 영역은 한 나라의 주권이 미치는 범위로, 외부의 침입으로부터 보호받아야 하는 공간이다.

02 한 국가의 주권이 미치는 영역은 영토, 영해, 영공으로 구성된다. 그림에서 A는 공해, B는 배타적 경제 수역, C는 영공, D는 영해, E는 영토를 나타낸다.

바로잡기 A. 공해는 모든 국가의 선박이나 항공기가 자유로이 운항할 수 있는 곳이다. B. 배타적 경제 수역은 경제적 권리만이 인정되는 공간이다.

03 배타적 경제 수역은 연안국의 경제적 주권이 인정되지만 다른 국가의 선박 운항은 자유로운 곳이다.

04 일반적으로 한 국가의 정치적 주권이 미치는 영해는 기선으로부터 12해리로 설정한다. 배타적 경제 수역의 경우 200해리 범위 내에서 경제적 권리 행사가 가능하다.

05 최근 항공 교통의 발달, 군사적 중요성, 인공위성 관측 기술의 발달 등으로 영공의 중요성이 확대되고 있다.

06 우리나라 영토는 한반도와 부속 섬으로 이루어져 있으며, 남북으로 긴 형태를 하고 있어 비교적 다양한 기후가 나타난다.

바로잡기 ② 우리 국토의 총면적은 약 22만 km²이고, 남한의 면적은 약 10만 km²로 북한보다 좁다.

07 우리나라는 기선으로부터 12해리까지를 영해로 설정하고 있다. 그러나 대한 해협의 경우 일본과의 거리가 가까워 3해리만을 영해로 설정하고 있다.

08 동해안은 해안선이 단조로워 최저 조위선을 기준으로 하여 12해리까지를 영해로 설정하고 있다. 이때 기준이 된 최저 조위선을 통상 기선이라고 하며, 제주도, 울릉도, 독도에서도 이와 같은 방법으로 영해를 설정하고 있다.

바로잡기 ② 해안선의 형태가 영향을 주었다. ③ 통상 기선을 적용하였다. ④ 일반적으로 설정하는 12해리가 적용되었다. 좁게 설정된 곳은 대한 해협의 3해리가 대표적이다. ⑤ 썰물 때의 해안선인 최저 조위선을 기준으로 삼았다.

09 우리나라와 중국, 일본은 거리가 인접하여 200해리의 배타적 경제 수역 확보가 어렵다. 따라서 어업 질서의 혼란을 막기 위해 어업 협정을 체결하여 공동으로 관리하고 있다.
바로잡기 ① 중국, 일본과 가까운 수역은 200해리를 확보하지 못하였다. ② 영해 기선으로부터 200해리의 수역 중 영해를 제외한 곳이다. ③, ④ 우리나라의 경제적 권리만 인정되는 곳으로 타국의 통항은 가능하다.

10 이어도는 우리나라의 최남단인 마라도에서 약 149km 정도 떨어진 곳에 있는 수중 암초이다. 국제법상 우리나라의 배타적 경제 수역에 속해 있으며, 종합 해양 과학 기지가 설치되어 기상 및 해양 관측을 하고 있다.

11 독도는 해저 화산 폭발로 형성된 화산섬으로 오래전부터 우리의 영토였다. 또한 해양성 기후가 나타나 일 년 내내 기후가 온화하고 강수량이 연중 고른 편이다.

12 독도에는 선박을 댈 수 있는 접안 시설과 항해 중인 선박을 위한 등대 시설이 있으며, 독도를 지키려는 경비대 시설 및 주민 숙소 등이 들어서 있다.

13 독도는 우리나라 영토 중 가장 동쪽에 위치한 섬으로, 우리나라에서 해가 가장 빨리 뜨는 지역이다.

14 독도 주변 해역의 수심 200m 이하에는 해양 심층수가 풍부하게 분포해 있다. 해양 심층수는 다양한 용도로 활용이 가능한 자원이다.

15 해양 심층수는 영양 염류가 풍부하고 병원균이 거의 없어 식수, 의약품, 식료품의 원료로 사용이 가능하다.

16 독도는 오래전 해저 화산 폭발로 형성된 섬으로 제주도나 울릉도보다 먼저 형성되었다. 독도에는 다양한 암석과 독특한 지질 구조가 나타나고 해저 화산의 진화 과정을 살펴볼 수 있는 지형 경관이 분포한다.

17 과거 일본에서 제작된 「삼국접양지도」에서는 조선과 울릉도, 독도를 같은 색으로 표현하고 있으며, 제2차 세계 대전 이후 연합국과 일본이 맺은 각서에서도 울릉도와 독도를 우리 영토로 표현하고 있다. 즉 독도는 오래전부터 우리 고유의 영토로 인정되었다.

18 독도를 지키기 위해 다양한 민간단체 활동에 참여하고 독도에 대한 역사 인식을 바르게 정립하며, 사이버 외교 사절단 활동, 독도가 우리 땅이라고 알리는 해외 광고 게재 등의 노력이 이루어지고 있다.

19 **예시답안** A는 가장 바깥쪽의 섬들을 연결한 직선 기선, B는 썰물 때의 해안선을 기준으로 한 통상 기선을 적용하여 영해를 설정하고 있다.

구분	채점 기준
상	A, B의 영해 설정 방법을 모두 정확히 서술한 경우
중	A, B의 영해 설정 방법을 서술하였으나 내용이 미흡한 경우
하	A 또는 B의 영해 설정 방법만을 바르게 서술한 경우

20 **예시답안** 독도는 우리나라의 가장 동쪽 끝에 위치해 있으며, 일본보다 우리나라와 더 가까운 우리 고유의 영토이다.

구분	채점 기준
상	지리적 거리를 비교하고 이를 통해 우리 영토임을 밝힌 경우
중	단순히 지리적으로 우리나라와 더 가깝다고만 서술한 경우
하	지리적 특징과 이로 인한 우리 영토라는 사실을 밝히지 못한 경우

21 **예시답안** 독도 주변 바다는 한류와 난류가 만나 조경 수역을 형성하여 어족이 풍부하고 수산업 발달에 유리하다.

구분	채점 기준
상	조경 수역 형성, 어족 자원 풍부, 수산업 발달의 내용을 모두 바르게 서술한 경우
중	조경 수역 형성, 어족 자원 풍부, 수산업 발달 내용 중 두 가지만 바르게 서술한 경우
하	조경 수역이 형성되었다고만 서술한 경우

❷ 우리나라의 여러 지역과 지역화 전략 46~47쪽

01 ① **02** ① **03** ① **04** ① **05** ② **06** ② **07** ④ **08** ③
09 **예시답안** 지리적 표시제를 시행함으로써 지역 특산물의 품질 향상과 특화 산업의 육성, 안정적인 생산 활동, 소비자에게 알 권리 제공, 지역 경제 활성화 등에 도움을 줄 수 있다.

01 지역성이란 지역의 자연환경과 그곳에 거주하는 주민들의 상호 작용에 의해 형성된 다른 지역과 구별되는 그 지역만의 특성을 말한다.

02 세계화로 물자와 사람의 교류가 활발해지고 지역 간 경쟁이 치열해지면서 그 지역만이 가지고 있는 독특한 특성이 중요시되고 있다.

03 유네스코에서는 서울의 종묘, 수원 화성, 경주 문화 유적 지구 등을 세계 문화유산으로, 제주도의 한라산, 성산 일출봉과 거문오름 용암동굴계를 세계 자연 유산으로 등재하여 그 가치를 인정하고 있다.

04 성공적인 지역화 전략을 위해서는 지역이 가지고 있는 특징적인 자연환경과 문화적 요소를 개발하여 지역의 특성을 살릴 수 있어야 한다.

바로잡기 ① 다른 지역과 차별화할 수 있는 지역화 전략을 모색해야 한다.

05 충청남도 보령시에는 해안선을 따라 고운 바다 진흙이 펼쳐진 지형적 특성이 나타난다. 보령시는 이를 이용하여 매년 머드 축제를 개최하고 많은 관광객을 유치하고 있다.

06 평창은 해발 고도 약 700m에 위치해 있어 'HAPPY 700'이라는 지역 브랜드를 내세우고 있다. 해발 고도 700m가 동식물과 인간 거주에 가장 적합한 장소임을 강조한 것이며, 캐릭터인 눈동이는 많은 눈이 내리는 지역의 기후적 특징을 반영한 것이다.

07 전라남도 보성은 차나무가 자라기 좋은 최적의 자연환경이 나타나고, 이곳에서 생산된 녹차는 우수한 기술로 가공되어 독특한 맛과 향을 지녔다. 보성 녹차는 이러한 우수성을 인정받아 2002년 우리나라의 지리적 표시 제1호로 등록되어 해외로도 수출하고 있다.

08 성공적인 지역화 전략을 위해서는 지역의 정체성을 기반으로 한 지역의 고유한 특성을 강조해야 한다. 지역화 전략은 지방 자치 단체 주도하에 추진되는 것으로, 주민들이 적극적으로 참여할 때 성공할 수 있다.

09 **예시답안** 지리적 표시제를 시행함으로써 지역 특산물의 품질 향상과 특화 산업의 육성, 안정적인 생산 활동, 소비자에게 알 권리 제공, 지역 경제 활성화 등에 도움을 줄 수 있다.

구분	채점 기준
상	지리적 표시제의 효과를 세 가지 이상 바르게 서술한 경우
중	지리적 표시제의 효과를 두 가지만 바르게 서술한 경우
하	지리적 표시제의 효과를 한 가지만 바르게 서술한 경우

❸ 통일 한국의 미래　　　　48~49쪽

01 ⑤　**02** ⑤　**03** ③　**04** ④　**05** ⑤　**06** ⑤　**07** ③　**08** ⑤
09 **예시답안** 통일로 인해 인구가 증가하고 우리나라의 고령화 문제를 완화할 수 있으며, 군사비 절감으로 경제, 사회, 문화, 복지 등 다양한 분야에 대한 투자가 증가하여 국민의 삶의 질이 향상될 것으로 예상된다.

01 우리나라는 유라시아 대륙 동쪽에 위치하고 있으며, 삼면이 바다로 이루어진 반도국으로 대륙과 해양을 연결하는

위치 특성이 나타난다. 이러한 위치 특성으로 인해 역사적으로 중국 및 일본과 많은 교류가 이루어졌다.

02 우리나라가 속해 있는 동아시아는 천연자원과 인적 자원이 풍부하며, 경제 규모가 큰 지역이다. 특히 우리나라는 이들 국가의 중심에 위치하고 있어 성장 잠재력이 커서 발전 가능성이 크다.

03 남북 분단으로 인해 육로를 통해 중국이나 러시아로 가는 길이 제한을 받게 되고, 북한을 거치지 않고 먼 거리를 돌아 항공기를 이용하거나 오랜 시간이 걸리는 선박을 이용해야 하는 문제점이 발생하고 있다.

04 남북 분단으로 인해 국제 사회에서의 신용 등급이 낮아져 경제 발전의 걸림돌로 작용하고 있다. 또한 오랜 갈등과 대립으로 인한 과도한 군사비 지출, 남북 문화의 이질화 심화, 이산가족의 아픔 증대, 지리적 장점 제한, 불균형적인 국토 개발 등의 문제점이 나타난다.

05 군사비 지출, 지리적 장점을 활용하지 못함으로써 발생하는 추가 비용 등 분단 상황으로 인해 어쩔 수 없이 발생하는 비용을 분단 비용이라 한다. 한편 남북한이 통일을 이룬 후 사회 각 분야가 정상적인 기능을 하기까지 소요되는 비용을 통일 비용이라고 한다.

06 우리나라는 대륙과 해양을 연결하는 반도국으로, 통일이 된다면 대륙과 해양을 활용하는 물류의 중심지로 발전할 수 있다. 특히 부산항은 이러한 물류의 중심지로서 세계의 중심 항구로 성장할 것으로 예상된다.

07 비무장 지대는 오랜 기간 사람의 손이 닿지 않은 곳으로 생태계가 잘 보존되어 있으며, 남북 분단을 상징하는 곳이다. 따라서 통일 이후 평화를 상징하고 생태계가 잘 보존된 생태 공원으로 조성하는 것이 적절하다.

08 남북 통일로 남한의 높은 경제력과 북한의 풍부한 자원 및 노동력을 결합할 수 있게 되면 높은 경제 성장과 함께 경제 규모의 확대를 기대할 수 있다.

09 **예시답안** 통일로 인해 인구가 증가하고 우리나라의 고령화 문제를 완화할 수 있으며, 군사비 절감으로 경제, 사회, 문화, 복지 등 다양한 분야에 대한 투자가 증가하여 국민의 삶의 질이 향상될 것으로 예상된다.

구분	채점 기준
상	고령화 완화, 군사비 절감을 통한 다양한 분야 투자 증대의 내용을 모두 바르게 서술한 경우
중	고령화 완화 또는 군사비 절감 효과 중 한 가지만 바르게 서술한 경우
하	자료와 관련 없는 통일의 효과를 서술한 경우

XII. 더불어 사는 세계

❶ 세계의 다양한 지리적 문제

50~51쪽

01 ⑤ **02** ③ **03** ③ **04** ③ **05** ① **06** ④ **07** ⑤

08 (1) 기아 문제 (2) 예시답안 기아는 자연재해로 인한 식량 생산 감소나 급격한 인구 증가 및 식량 분배의 국제적 불균형 등에 의해 발생한다.

09 예시답안 A는 센카쿠 열도 또는 댜오위다오라 불리는 해역으로 일본과 중국 간에 석유 및 천연가스와 관련한 경제적 이권을 차지하기 위해 영유권 분쟁이 나타나고 있다.

01 기아 문제는 세계 인구 증가로 인한 곡물 수요의 증대, 기후 변화로 인한 식량 생산 면적의 감소, 이윤 극대화를 위한 식량의 상업화 등으로 식량의 생산과 분배가 어려워져 더욱 심각해지고 있다.

02 세계적으로 기아, 영역 분쟁, 난민, 생물 종 다양성 감소 등 다양한 지리적 문제가 발생하고 있다.
　바로잡기 ③ 지도에서 ⓒ은 태평양과 인도양을 잇는 교통의 요지에 위치한 난사 군도(스프래틀리 군도)이다. 쿠릴 열도는 태평양 북서부 캄차카 반도와 일본 홋카이도 사이에 걸쳐 있다.

03 바로잡기 ③ 북아일랜드는 개신교와 가톨릭교 간의 종교 갈등이 발생하고 있다. 프랑스어 사용권의 분리·독립 운동이 일어나고 있는 곳은 캐나다의 퀘벡주이다.

04 아프리카는 유럽 열강에 의해 부족 경계를 고려하지 않은 채 국경선이 직선으로 설정되었다. 이로 인해 독립 이후에도 분쟁과 내전이 빈번하게 발생하였으며, 이로 인한 난민이 끊이지 않고 있다.

05 A 지역은 일본에서는 센카쿠 열도, 중국에서는 댜오위다오로 불리는 동중국해의 무인도이다. 센카쿠 열도는 청·일 전쟁 이후 일본이 실효 지배하고 있으며, 중국이 영유권을 주장하고 있다.

06 카스피해와 센카쿠 열도, 북극해 등은 석유와 천연가스를 확보하기 위한 각국의 경쟁이 치열한 지역이고, 북아일랜드와 팔레스타인 등은 민족과 종교 문제가 얽혀 갈등이 심한 곳이다.

07 생물 다양성 협약은 생물 다양성의 보전, 생물 다양성 구성 요소의 지속 가능한 이용을 목적으로 한다.

08 (1) 기아 문제
　(2) 예시답안 기아는 자연재해로 인한 식량 생산 감소나 급격한 인구 증가 및 식량 분배의 국제적 불균형 등에 의해 발생한다.

구분	채점 기준
상	기아의 발생 원인을 세 가지 모두 바르게 서술한 경우
중	기아의 발생 원인을 두 가지만 바르게 서술한 경우
하	기아의 발생 원인을 한 가지만 바르게 서술한 경우

09 예시답안 A는 센카쿠 열도 또는 댜오위다오라 불리는 해역으로, 일본과 중국 간에 석유 및 천연가스와 관련한 경제적 이권을 차지하기 위해 영유권 분쟁이 나타나고 있다.

구분	채점 기준
상	세 가지 조건의 내용을 모두 포함하여 바르게 서술한 경우
중	세 가지 조건 중 두 가지 내용만 바르게 서술한 경우
하	세 가지 조건 중 한 가지만을 바르게 서술한 경우

❷ 지역 격차와 빈곤 문제

52~53쪽

01 ⑤ **02** ④ **03** ⑤ **04** ④ **05** ③ **06** ④ **07** ②

08 예시답안 지역별 발전 수준의 차이는 국내 총생산, 국내 총소득 등의 경제 지표와 행복 지수, 인간 개발 지수 등의 비경제 지표로 비교할 수 있다.

09 (1) 빈곤 (2) 예시답안 식량 생산량을 늘리기 위해 수확량이 많은 품종을 개발하고, 산업에 대한 투자를 늘려 경제 성장을 꾀하며, 교육을 강화하여 인적 자원 개발에 힘쓰고 있다.

01 세계화로 국가 간의 경쟁이 치열해지면서 개발 여건이 좋은 선진국은 더욱 발전하고, 지역 발전에 어려움이 있는 저개발 국가는 뒤처져 지역 격차가 커졌다.

02 성 불평등 지수는 각국의 성 불평등성을 측정하기 위하여 새로 도입한 발전 지표로, 개발 도상국에서 대체로 높게 나타난다.

03 사하라 이남의 국가들은 발전 수준이 낮아 소득 수준도 낮다. 이러한 저개발 지역은 발전 지역보다 국민 총생산이 낮으며 주거 환경도 열악하여 삶의 질이 낮기 때문에 행복 지수도 대체로 낮은 편이다.

04 A 국가군은 인간 개발 지수가 높은 선진국으로 유럽과 앵글로아메리카, 오세아니아의 국가들이 해당된다. 인간 개발 지수가 낮은 B 국가군은 주로 아프리카와 남아시아의 저개발 국가가 해당된다.

05 B 국가군은 인간 개발 지수가 낮은 저개발 국가로 의료 수준과 여성의 지위가 낮아 영아 사망률과 성 불평등 지수가 높게 나타난다.
　바로잡기 ㄱ, ㄹ. 기대 수명과 중등학교 진학률은 선진국이 상대적으로 높게 나타난다.

06 최빈곤 지역에 해당하는 사하라 이남의 아프리카 국가들은 풍부한 자원을 바탕으로 사회 기반 시설과 산업에 대한 투자를 늘려 경제 성장을 꾀하고, 인재 개발과 국외 자본 및 기술 투자 유치를 통한 산업 향상을 위해 노력하고 있다.

07 라이프스트로와 큐(Q) 드럼은 물 부족 문제가 심각하게 나타나고 있는 사하라 주변의 건조 지역에서 이용되고 있는 대표적인 적정 기술이다.

08 (예시답안) 지역별 발전 수준의 차이는 국내 총생산, 국내 총소득 등의 경제 지표와 행복 지수, 인간 개발 지수 등의 비경제 지표로 비교할 수 있다.

구분	채점 기준
상	경제 지표와 비경제 지표를 각각 두 가지씩 포함하여 바르게 서술한 경우
중	경제 지표와 비경제 지표를 각각 한 가지씩만 바르게 서술한 경우
하	경제 지표 및 비경제 지표 중 한 측면에 한 가지만 바르게 서술한 경우

09 (1) 빈곤
(2) (예시답안) 식량 생산량을 늘리기 위해 수확량이 많은 품종을 개발하고, 산업에 대한 투자를 늘려 경제 성장을 꾀하며, 교육을 강화하여 인적 자원 개발에 힘쓰고 있다.

구분	채점 기준
상	저개발국의 빈곤 해결 노력을 두 가지 모두 바르게 서술한 경우
하	저개발국의 빈곤 해결 노력을 한 가지만 바르게 서술한 경우

③ 지역 간 불평등 해결을 위한 국제적 협력
54~55쪽

01 ⑤ **02** ⑤ **03** ③ **04** ② **05** ⑤ **06** ①
07 (예시답안) 환경 보호 운동을 주로 하는 그린피스, 분쟁 및 재해 지역에서 의료 지원 활동을 하는 국경 없는 의사회, 아동 긴급 구호 사업을 펼치고 있는 세이브 더 칠드런 등이 대표적이다.
08 (예시답안) 빈곤과 기아 문제 해결을 위한 봉사 활동이나 기부에 참여한다, 문화의 다양성을 인정하고 존중하려는 태도를 지닌다, 공정 무역 제품을 구매한다 등

01 국제 연합(UN)은 국제적 차원의 평화와 국가 간 협력을 꾀하기 위해 가장 활발하게 활동하는 국제기구이다.

02 (가)는 국경 없는 의사회, (나)는 유엔 평화 유지군에 대한 설명이다. 국경 없는 의사회는 국제 민간 인도주의 의료 구호 단체로 분쟁 지역이나 소외된 지역에서 독립적이고 중립적인 의료 활동을 한다. 유엔 평화 유지군은 분쟁 지역에 파견되어 질서를 유지하고 주민들의 안전을 지키며 분쟁의 재발을 방지하기 위해 노력하는 유엔 산하 기구이다.
(바로잡기) ㄱ. 월드 비전은 저개발국에 대한 구호 활동을 주로 하는 국제 비정부 기구이다. ㄴ. 세계 보건 기구는 세계 인류가 가능한 한 최고의 건강 수준에 도달하는 것을 목적으로 하는 유엔 산하의 전문 기구이다.

03 공적 개발 원조(ODA)란 선진국이 주로 회원국인 경제 개발 협력 기구(OECD)의 산하 기관인 개발 원조 위원회(DAC)를 통해 다양한 방식으로 저개발 국가에 제공하는 도움을 말한다.

04 굿네이버스는 빈곤 퇴치, 더불어 사는 세상을 만들기 위해 사회 복지 사업과 국제 개발 협력 사업을 활발히 수행하고 있는 국제 비정부 기구(NGO)이다.
(바로잡기) ㄴ, ㄹ. 민간이 주도하는 활동이다.

05 지도상에서 원조를 받는 A는 주로 아프리카에 집중적으로 분포해 있고, 원조를 하는 B에는 유럽, 앵글로아메리카, 일본, 우리나라 등의 선진국이 속해 있다.

06 공정 무역은 저개발 국가의 가난한 생산자가 만든 상품을 직거래를 통해 공정한 가격으로 사고파는 방식의 무역으로, 목적은 생산자에게 노동에 대한 공정한 대가를 주는 것이다.
(바로잡기) ① 개발 도상국의 상품에 관세를 부과하면 가격이 상승하여 국제적인 가격 경쟁력이 낮아질 수 있다.

07 (예시답안) 환경 보호 운동을 주로 하는 그린피스, 분쟁 및 재해 지역에서 의료 지원 활동을 하는 국경 없는 의사회, 아동 긴급 구호 사업을 펼치고 있는 세이브 더 칠드런 등이 대표적이다.

구분	채점 기준
상	국제 비정부 기구의 사례를 주요 활동 내용을 모두 바르게 서술한 경우
중	국제 비정부 기구의 사례와 주요 활동 내용을 서술하였으나 내용이 미흡한 경우
하	국제 비정부 기구의 명칭만을 서술한 경우

08 (예시답안) 빈곤과 기아 문제 해결을 위한 봉사 활동이나 기부에 참여한다, 문화의 다양성을 인정하고 존중하려는 태도를 지닌다, 공정 무역 제품을 구매한다 등

구분	채점 기준
상	빈곤 해결을 위한 개인적 노력을 두 가지 모두 바르게 서술한 경우
하	빈곤 해결을 위한 개인적 노력을 한 가지만 바르게 서술한 경우

www.mirae-n.com

학습하다가 이해되지 않는 부분이나 정오표 등의 궁금한 사항이 있나요?
미래엔 홈페이지에서 해결해 드립니다.

교재 내용 문의
나의 교재 문의 | 수학 과외쌤 | 자주하는 질문 | 기타 문의

교재 정답 및 정오표
정답과 해설 | 정오표

교재 학습 자료
개념 강의 | 문제 자료 | MP3 | 실험 영상

수학 EASY 개념서

개념이 수학의 전부다! 술술 읽으며 개념 잡는 EASY 개념서

수학　0_초등 핵심 개념,
　　　1_1(상),　2_1(하),
　　　3_2(상),　4_2(하),
　　　5_3(상),　6_3(하)

수학 필수 유형서

 유형완성

체계적인 유형별 학습으로 실전에서 더욱 강력하게!

수학　1(상), 1(하), 2(상), 2(하), 3(상), 3(하)

미래엔 교과서 연계 도서

자습서

 자습서

핵심 정리와 적중 문제로 완벽한 자율학습!

국어	1-1, 1-2, 2-1, 2-2, 3-1, 3-2	역사	①, ②
영어	1, 2, 3	도덕	①, ②
수학	1, 2, 3	과학	1, 2, 3
사회	①, ②	기술·가정	①, ②
		생활 일본어, 생활 중국어, 한문	

평가 문제집

 평가 문제집

정확한 학습 포인트와 족집게 예상 문제로 완벽한 시험 대비!

국어　1-1, 1-2, 2-1, 2-2, 3-1, 3-2
영어　1-1, 1-2, 2-1, 2-2, 3-1, 3-2
사회　①, ②
역사　①, ②
도덕　①, ②
과학　1, 2, 3

내신 대비 문제집

 시험직보 문제집

내신 만점을 위한 시험 직전에 보는 문제집

국어　1-1, 1-2, 2-1, 2-2, 3-1, 3-2

예비 고1을 위한 고등 도서

룩 LOOK

이미지 연상으로 필수 개념을 쉽게 익히는
비주얼 개념서

국어　문법
영어　분석독해

손쉬운

작품 이해에서 문제 해결까지
손쉬운 비법을 담은 문학 입문서

현대 문학, 고전 문학

수학중심

개념과 유형을 한 번에 잡는
개념 기본서

고등 수학(상), 고등 수학(하),
수학Ⅰ, 수학Ⅱ, 확률과 통계, 미적분, 기하

유형중심

체계적인 유형별 학습으로
실전에서 더욱 강력한 문제 기본서

고등 수학(상), 고등 수학(하),
수학Ⅰ, 수학Ⅱ, 확률과 통계, 미적분

##

탄탄한 개념 설명, 자신있는 실전 문제

사회　통합사회, 한국사
과학　통합과학

수능 국어에서 자신감을 갖는 방법?
깨독으로 시작하자!

고등 내신과 수능 국어에서 1등급이 되는 비결 -
중등에서 미리 깨운 독해력, 어휘력으로 승부하자!

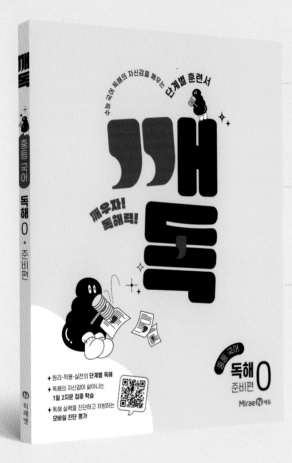

단계별 훈련
독해 원리 → 적용 문제 → 실전 문제로
단계별 독해 훈련

교과·수능 연계
중학교 교과서와 수능 연계 지문으로
수준별 독해 훈련

독해력 진단
모바일 진단 평가를 통한
개인별 독해 전략 처방

| 추천 대상 |

• 중등 학습의 기본이 되는 문해력을 기르고 싶은 초등 5~6학년
• 중등 전 교과 연계 지문을 바탕으로 독해의 기본기를 습득하고 싶은 중학생
• 고등 국어의 내신과 수능에서 1등급을 목표로 훈련하고 싶은 중학생

수능 국어 독해의 자신감을 깨우는
단계별 독해 훈련서

깨독 시리즈 (전6책)

[독해] 0_준비편, 1_기본편, 2_실력편, 3_수능편
[어휘] 1_종합편, 2_수능편

중등 국어 교과 필수 개념 및 어휘를 '종합편'으로,
수능 국어 기초 어휘를 '수능편'으로 대비하자.

독해의 시작은
어휘력에서!